# HUMANO
## À SUA MANEIRA

Portuguese Language Translation copyright © 2023 by Edipro Edições Profissionais Ltda.
(Original English language title from Proprietor's edition of the Work)
Copyright © 2015 by Childhood Communication Services, Inc.
All Rights Reserved.
Published by arrangement with the original publisher, Simon & Schuster, Inc.

Título original: *Uniquely Human: A Different Way of Seeing Autism*. Traduzido com base em uma edição de abril de 2022.

Todos os direitos reservados. Nenhuma parte deste livro poderá ser reproduzida ou transmitida de qualquer forma ou por quaisquer meios, eletrônicos ou mecânicos, incluindo fotocópia, gravação ou qualquer sistema de armazenamento e recuperação de informações, sem permissão por escrito do editor.

Grafia conforme o novo Acordo Ortográfico da Língua Portuguesa.

1ª edição, 1ª reimpressão 2024.

**Editores:** Jair Lot Vieira e Maíra Lot Vieira Micales
**Produção editorial:** Carla Bettelli
**Edição de textos:** Marta Almeida de Sá
**Assistente editorial:** Thiago Santos
**Preparação de texto:** Marlon Magno
**Revisão:** Aline Canejo
**Diagramação:** Estúdio Design do Livro
**Capa:** Desenho Editorial
**Índice remissivo:** Tathyana Viana

Dados Internacionais de Catalogação na Publicação (CIP)
(Câmara Brasileira do Livro, SP, Brasil)

---

Prizant, Barry M.

    Humano à sua maneira: um novo olhar sobre o autismo / Barry M. Prizant ; Tom Fields-Meyer ; tradução Marcelo Brandão Cipolla. – 1. ed. – São Paulo : Edipro, 2023.

    Título original: Uniquely Human
    Índice.

    ISBN 978-65-5660-113-7 (impresso)
    ISBN 978-65-5660-114-4 (e-pub)

    1. TEA (Transtorno do Espectro Autista) 2. TEA (Transtorno do Espectro Autista) - Tratamento I. Fields-Meyer, Tom. II. Brandão Cipolla, Marcelo. III. Título.

23-146515                                                     CDD-616.85882

Índice para catálogo sistemático:
1. Transtorno do Espectro do Autismo :
Ciências médicas : 616.85882

Eliane de Freitas Leite - Bibliotecária - CRB 8/8415

---

São Paulo: (11) 3107-7450 • Bauru: (14) 3234-4121
www.edipro.com.br • edipro@edipro.com.br
 @editoraedipro    @editoraedipro

*O livro é a porta que se abre para a realização do homem.*
Jair Lot Vieira

BARRY M. PRIZANT, ph.D.
e TOM FIELDS-MEYER

# HUMANO À SUA MANEIRA

## UM NOVO OLHAR SOBRE O AUTISMO

Prefácio e revisão técnica
**WANDERSONIA MEDEIROS**
Psicóloga, neuropsicóloga, doutora em neurociências
e apaixonada pelo espectro do autismo.

Tradução
**MARCELO BRANDÃO CIPOLLA**

A todos os indivíduos autistas e neurodivergentes, já diagnosticados ou ainda não, e às suas famílias, na esperança de que este livro os ajude a obter o que tanto merecem: compreensão, respeito e uma vida de autodeterminação.

E a todos os que se dedicam a melhorar a qualidade de vida dos autistas e dos indivíduos neurodivergentes e de suas famílias, rogo para que vocês "olhem de perto, com o propósito de finalmente ver que todos nós somos humanos, cada um à sua maneira".[1]

---

1. Da música "Uniquely Human", letra de Justin Anthony Long, do álbum *Journey to Namuh*, The Miracle Project (2021).

# SUMÁRIO

Nota do autor **9**
Prefácio à edição brasileira **11**
Prefácio da edição original **13**
Introdução: Um jeito diferente de ver o autismo **19**

## PARTE I: COMPREENDER O AUTISMO

1. Pergunte "por quê?" **33**
2. Escute **54**
3. Entusiasmos **72**
4. Confiança, medo e controle **91**
5. Memória emocional **111**
6. Compreensão social **127**

## PARTE II: A VIDA NO ESPECTRO DO AUTISMO

7. O "fator X" **155**
8. A sabedoria da roda **175**
9. Os verdadeiros especialistas **195**
10. A visão de longo prazo **209**

## PARTE III: O FUTURO DO AUTISMO

11. Ressignificar a identidade autista **233**
12. Retribuir e abrir caminho **255**
13. Energizar o espírito **278**

Epílogo **289**
Perguntas frequentes **293**
Um guia de recursos **313**
Agradecimentos **319**
Índice remissivo **323**
Sobre os autores **335**

## NOTA DO AUTOR

A filosofia, os valores e as práticas que partilho neste livro são compatíveis com o Modelo SCERTS® (2006) e, às vezes, derivados dele. O Modelo SCERTS® é uma estrutura de educação e tratamento que desenvolvi com meus colegas que prioriza a comunicação social, a regulação emocional e o suporte transacional como as áreas mais importantes que precisam de foco no caso de indivíduos autistas. Distritos escolares, clínicas e órgãos públicos de todos os Estados Unidos e de mais de uma dezena de outros países implementaram o SCERTS®. Uma descrição mais detalhada do modelo será apresentada ao final deste livro.

# PREFÁCIO À EDIÇÃO BRASILEIRA

Receber o convite para escrever o prefácio de *Humano à sua maneira: um novo olhar sobre o autismo* foi uma grande honra; considero, inclusive, um dos maiores presentes que recebi em minha trajetória profissional.

Como neurocientista e neuropsicóloga que estuda e trabalha com autismo há mais de quinze anos, posso afirmar que nunca encontrei uma obra tão extraordinária reunindo conteúdo técnico-científico, prática e sensibilidade sobre o transtorno do espectro autista (TEA).

Apesar dos avanços no estudo do TEA, ainda nos deparamos com um cenário de desinformação, em que muitos tratamentos surgem com a promessa de "curar" o autismo, trazendo aos pais ansiedade, gerando gastos exorbitantes e frustração e, além de tudo, impedindo-os de enxergar seus filhos como eles realmente são, com seus desafios e suas potencialidades.

Em contrapartida, a busca do conhecimento científico não deve limitar nossa visão. Infelizmente, muitos profissionais acabam mergulhados em teorias e métodos de intervenção a ponto de não conseguir enxergar mais a pessoa por trás do transtorno. Trabalhar com indivíduos que estão dentro do espectro e com suas famílias é muito mais do que aplicar protocolos de intervenção; é preciso considerar a individualidade de cada um. A presente obra resgata no leitor esse olhar humano e compassivo, muitas vezes, perdido diante das preocupações com a técnica.

Este livro traz uma compreensão única do autismo, colocando-nos sob a perspectiva dos próprios indivíduos, de seus familiares, de seus professores e dos profissionais envolvidos. Também apresenta histórias reais de crianças, adolescentes e adultos em todos os níveis de comprometimento do espectro, descrevendo suas vivências, suas preocupações, a forma como desenvolveram suas habilidades e como convivem com suas características na vida.

O currículo do doutor Prizant dispensa comentários. Durante cinquenta anos, o autor colecionou experiências como professor universitário, palestrante, consultor e fundador de diversos programas de intervenção para autistas em muitas partes do mundo. Entretanto, quando li este livro, o que mais chamou minha atenção não foi seu currículo ou suas publicações científicas, e sim sua humanidade. Prizant me trouxe a sensação de estar sentada no jardim, em sua companhia, com uma xícara de café, tendo a honra de ouvir, por horas, suas vivências de forma descomplicada e mágica.

O Brasil é presenteado com a tradução de *Humano à sua maneira: um novo olhar sobre o autismo* (*Uniquely Human: A Different Way of Seeing Autism*). Todas as pessoas que convivem com o autismo (professores, pais, profissionais, colegas e a própria pessoa autista) e querem aprofundar sua percepção do tema devem ler este livro.

*Doutora Wandersonia Medeiros*

## PREFÁCIO DA EDIÇÃO ORIGINAL

Quando *Uniquely Human: A Different Way of Seeing Autism* (*Humano à sua maneira: um novo olhar sobre o autismo*) foi publicado, em 2015, eu não tinha ideia de como ele seria recebido. Tudo o que queria era partilhar o que eu aprendera com os autistas e suas famílias no decorrer de mais de quarenta anos e fazê-lo de forma envolvente e acessível. Lisonjeado e contente, vi que o livro foi acolhido desde o começo por pais, professores, profissionais de saúde e — mais importante que tudo isso — pelos próprios autistas. Em poucos anos, tornou-se o livro mais vendido sobre o tema, foi traduzido para 22 línguas e ganhou o prêmio Temple Grandin da Autism Society of America (ASA), oferecido a obras literárias que tratam do assunto, entre outras distinções. Entre os recursos da Autistic Self-Advocacy Network (ASAN) recomendados para os pais, este livro é o único que não foi escrito por um autista.

Fico satisfeito ao ouvir tantos pais me dizerem que *Humano à sua maneira: um novo olhar sobre o autismo* mudou a vida deles, apresentando-lhes uma nova maneira de compreender seus filhos e renovando suas esperanças para o futuro. Sinto-me contente também ao ver os muitos autistas que me expressaram sua gratidão pelo modo com que o livro reflete sua experiência de vida. Uma das reações de que mais gosto é a de Chloe Rothschild, uma jovem autista que me contatou para dizer que meu livro era o centésimo livro sobre autismo que ela adquirira para sua biblioteca. (Veja o capítulo 12.) Chloe, que se tornou minha amiga, contou-me que leva um exemplar do livro na bolsa ou na mochila e diz a quem esteja disposto a ouvir que a melhor maneira de entendê-la é "simplesmente ler este livro".

Em *Humano à sua maneira: um novo olhar sobre o autismo*, defendo a ideia de que o autismo não é uma doença, mas um jeito diferente de ser gente. Sempre acreditei que a melhor forma de dar apoio ao autista é fazer com que os não autistas e a sociedade em geral colaborassem com os autistas, ouvissem e compreendessem melhor as experiências de cada pessoa e mudassem seu modo de agir para dar o apoio adequado se fosse necessário e quando fosse necessário.

Essa mensagem também está no âmago de um novo movimento pela neurodiversidade, que admite e celebra os diferentes tipos de mente humana que existem e as diferentes experiências de vida. Depois que o livro foi publicado, essa perspectiva deixou de ser marginal e ganhou proeminência, e hoje já existem programas de televisão, filmes e romances com participação destacada de indivíduos autistas e neurodivergentes. Várias celebridades — desde a ativista climática Greta Thunberg até o ator Anthony Hopkins, passando por Elon Musk, diretor executivo da Tesla — não só reconheceram que se enquadram no espectro do autismo como também atribuíram seu sucesso ao jeito singular como sua mente funciona. Milhões de pessoas se familiarizaram com esse tipo de mente em programas de televisão como *Amor no espectro* e *Atypical*. Até *Vila Sésamo* acrescentou um bonequinho autista a seu elenco, a encantadora Júlia.

O mais importante é que são autistas que estão à frente de muitas dessas novidades — organizando eventos, dando palestras, partilhando suas histórias e seus pontos de vista e pautando a cultura e as pesquisas.

Para esta nova edição, atualizei e ampliei o livro levando em conta em grande medida o que os próprios autistas nos dizem e as experiências que partilham. No passado, essas vozes eram ouvidas sobretudo em conferências e em círculos pequenos, mas a tecnologia permitiu que agora sejam amplificadas e difundidas. Em 2020, lancei *Uniquely Human — The Podcast*, produzido e apresentado por mim e meu amigo David Finch, um escritor campeão de vendas e engenheiro de áudio que se enquadra no espectro autista. O *podcast* nos permitiu ouvir e partilhar as histórias de dezenas de pessoas no espectro, como Morénike Giwa-Onaiwu, professora universitária, escritora e ativista negra; Ron Sandison, líder religioso; Danny Whitty, uma pessoa que, embora não fale, representa a si mesma e tem experiência nas artes culinárias; Carly Ott, que é autista e vice-presidente de um banco; Scott Steindorff, produtor executivo de filmes e programas de televisão; Dominique Brown, ator de televisão autista; e algumas crianças e alguns adultos autistas que partilharam o que os "entusiasma".

Essas conversas, meu trabalho contínuo de consultoria junto a órgãos públicos que atendem autistas de todas as idades e níveis de capacidade e suas famílias, nossos retiros de fim de semana para pais, meu envolvimento com os programas do Miracle Project em Los Angeles e na Nova Inglaterra e com o Spectrum Theater Ensemble em Providence, Rhode Island, Estados Unidos, ajudaram a divulgar muitas mudanças, introduzidas nesta nova edição, que se refletem nas áreas descritas a seguir.

**Linguagem.** O modo como falamos e descrevemos as pessoas autistas e neurodivergentes evolui constantemente. A primeira edição de

*Humano à sua maneira: um novo olhar sobre o autismo* usava uma linguagem que "põe a pessoa em primeiro lugar", como se diz, e em regra falava de "uma pessoa com autismo" ou "uma pessoa que tem autismo". Hoje em dia, a maioria dos autistas expressa sua preferência por uma linguagem que ponha em primeiro lugar o grupo identitário, referindo-se às pessoas como "autistas" ou "enquadradas no espectro autista". Mudamos nossa linguagem de acordo com essa nova preferência.

Os termos *neurodiverso* e *neurodivergente* também entraram em uso comum, embora seus sentidos variem. Em alguns casos, são usados para reconhecer que cada mente tem sua peculiaridade e que não há mente "normal". Usamos esses termos para nos referir a quem é autista ou tem outras diferenças, entre as quais podemos incluir, além do autismo, doenças como transtorno do déficit de atenção com hiperatividade (TDAH), deficiências de aprendizado e deficiências mentais. Na maioria das vezes, quando usamos o termo "criança autista" ou "pessoa autista", o que diremos pode se aplicar também a esses outros indivíduos neurodivergentes que não receberam um diagnóstico específico do espectro do autismo. Usamos o termo "neurotípico" para quem não é autista, neurodiverso ou neurodivergente.

De vez em quando, farei referência ao autismo nível 1, que foi, durante muitos anos, uma subcategoria do transtorno do espectro autista no Manual Diagnóstico e Estatístico de Transtornos Mentais (Diagnostic and Statistical Manual of Mental Disorders [DSM]) da Associação Americana de Psiquiatria (American Psychiatric Association [APA]). Embora a síndrome de Asperger tenha perdido o status de subcategoria do autismo em 2013, quando da edição mais recente do livro (chamada DSM-5), o termo continua sendo comumente usado para qualificar pessoas com capacidade cognitiva e linguística média ou maior que a média associada a problemas sociais e sensoriais e outros problemas comuns entre os autistas.

Ao me referir a indivíduos que (ainda) não se comunicam por meio da fala, uso o termo "não falante" e outros termos semelhantes. Há quem se refira a essas pessoas como "não verbais", mas muitas delas são, sim, "verbais", pois usam palavras e outros meios simbólicos para se comunicar por linguagem de sinais, por tablets e outros veículos alternativos, muito embora não usem a fala como modo principal de comunicação.

Muita gente usa os termos "autorrepresentação" (*self-advocacy*) e "autorrepresentante" (*self-advocate*) para se referir a adolescentes ou adultos autistas ou neurodivergentes que assumem papel ativo na direção da própria vida, expressam suas opiniões e preferências e exercem controle sobre as decisões acerca de moradia, educação, emprego e forma de vida. Alguns preferem o termo "representante", mais geral, pois muitos autor-representantes passaram, depois, a dar apoio e mentoria a outras pessoas que se enquadram no espectro autista e a educar o público neurotípico, sobretudo os que atendem aos neurodivergentes. Decidi usar o termo mais comum "autorrepresentante" ao me referir a indivíduos autistas ou neurodivergentes que representam ativamente a si mesmos e a outras pessoas e defendem os seus direitos e os de outros.[2]

**Idade e diversidade.** Os autistas autorrepresentantes têm sublinhado que as pesquisas e discussões sobre o autismo tendem a enfocar demais crianças e adolescentes, deixando de lado os importantes desafios e experiências dos adultos que se enquadram no espectro. Esforcei-me para falar de forma mais ampla sobre os que se enquadram no espectro, não somente a respeito das crianças, e para tratar de muitas dificuldades enfrentadas pelos adultos. Esta edição também inclui atualizações sobre algumas crianças e alguns adolescentes que se tornaram adultos depois da publicação da primeira edição de *Humano à sua maneira: um novo olhar sobre o autismo.*

Acontecimentos que transcendem em muito o mundo do autismo têm demonstrado a importância de reconhecermos e assumirmos a diversidade da humanidade a fim de sermos tão inclusivos e respeitosos quanto possível. Fiz um esforço extra para representar neste livro uma diversidade de experiências de vida, vozes e pontos de vista.

**Questões novas.** Os autistas têm chamado atenção para certas questões importantes e urgentes, entre as quais, como e quando revelar um diagnóstico de autismo e assumir o autismo como identidade, além das relações do autismo com raça, sexo, orientação sexual e outros aspectos da identidade pessoal. O capítulo 11 mergulha nesses assuntos, além de destacar algumas abordagens animadoras que vêm habilitando os autistas não falantes a dar voz a suas experiências e a partilhar suas histórias.

Muitos autistas autorrepresentantes e muitas associações formadas por eles, com destaque para a ASAN, adotaram um *slogan* popularizado pelos ativistas a favor dos direitos dos deficientes: "Nada que nos diz respeito pode ser feito sem nós" (*Nothing about us without us*). Essas palavras refletem meus valores e orientaram a abordagem que adoto há quarenta anos, colaborando com autistas autorrepresentantes e convidando-os a palestrar para meus alunos em nossas conferências ao vivo

---

2. O termo *advocacy* será traduzido por "defesa de direitos". (N.T.)

e em nosso *podcast*. Nesta nova edição, ampliei esses esforços a fim de elevar e amplificar as vozes e perspectivas das pessoas enquadradas no espectro, muitas das quais são, hoje, amigos e colegas queridos.

Deve-se ter claro que não afirmo compreender plenamente a experiência vivida das pessoas autistas e neurodivergentes, e certamente não estou apresentando verdades incontestáveis. Estou partilhando o que aprendi por experiência durante meio século, período em que convivi com pessoas autistas e neurodivergentes e com aqueles que lhes são próximos e trabalhei junto com eles, buscando sempre o que fosse mais útil para apoiar a eles e a suas famílias.

Há não muito tempo, comemorei cinquenta anos de trabalho e aprendizado com crianças e adultos autistas e neurodivergentes e suas famílias. Quando os amigos me perguntam quando pretendo me aposentar, sempre digo que me encontro entre aquelas pessoas afortunadas cujas vidas pessoal e profissional se misturam — cada uma delas inspira e informa a outra e representa o combustível que dá energia ao meu crescimento pessoal e à minha qualidade de vida. Com infinita gratidão, espero continuar aprendendo e crescendo junto com tantas pessoas que deram sentido e propósito à minha vida.

# INTRODUÇÃO

## UM JEITO DIFERENTE DE VER O AUTISMO

Não faz muito tempo, eu me reuni com um grupo de educadores numa escola de educação básica; de repente, a conversa tornou-se pessoal. Eu estava ali na qualidade de consultor do distrito escolar para programas que atendiam crianças com necessidades especiais. Quando a reunião terminou, o diretor pediu para conversar comigo em particular. Supus que quisesse falar sobre sua equipe, mas o diretor — um homem sério, veemente — fechou a porta, aproximou sua cadeira da minha, olhou-me nos olhos e começou a me falar sobre seu filho de 9 anos.

Descreveu um jovem tímido, estranho e solitário que fora ficando cada vez mais distante e isolado. Passava a maior parte do tempo sozinho, jogando videogame, e quase nunca se misturava com outras crianças de sua idade. Então, o diretor entrou no assunto que queria: havia pouco tempo, um psicólogo diagnosticara o menino com transtorno do espectro autista (TEA). O diretor inclinou o corpo para a frente e deixou o rosto a poucos centímetros do meu.

— Barry, eu devo morrer de medo? — ele perguntou.

É o tipo de pergunta que me acostumei a ouvir. Quase toda semana, converso com pais e mães que são inteligentes e capazes, muitas vezes, confiantes e bem-sucedidos em outras áreas da vida. No entanto, quando essas mães e esses pais se veem frente a frente com o autismo, sentem-se desorientados e perdem a fé no próprio instinto. Diante desse território inesperado e desconhecido, ficam perplexos, amedrontados e perdidos.

Há alguns anos, um músico famoso em todo o mundo me fez a mesma pergunta. Junto à sua esposa, ele me chamou para observar a filhinha de 4 anos. A menina não vinha reagindo bem a uma terapia intensiva para autismo, que exigia que ficasse sentada por longos períodos e atendesse a diretrizes e comandos. Os pais queriam uma segunda opinião a respeito da melhor abordagem para ajudá-la e apoiá-la. Em minha primeira visita à imensa casa da família, o pai me fez sinal para que o seguisse até outro cômodo.

— Posso lhe mostrar uma coisa? — ele perguntou.

De trás de uma poltrona, ele puxou uma sacola de compras de papel e tirou de dentro dela um brinquedo. Era uma Bumble Ball, um brinquedo texturizado, de borracha e movido a pilha, com um motor que o fazia vibrar quando ligado. Vi que ainda estava na embalagem original.

— Comprei isto para minha filha no Natal passado — disse o pai, apreensivo. — Foi errado? Achei que ela fosse gostar.

— Não vejo por que seria ruim — respondi, dando de ombros.

— Bem, a terapeuta dela me disse que isto a deixaria mais autista — ele retrucou.

Não fazia sentido: um músico brilhante e talentoso, conhecido por sua franqueza e autoconfiança, ficara tão paralisado pelas palavras de uma terapeuta relativamente inexperiente que teve medo de dar um brinquedo à filha.

Há mais de quatro décadas, assumi o encargo de ajudar pais como esses, pessoas de todas as profissões e classes sociais que se veem diante da difícil consciência e realidade de que seus filhos se enquadram no espectro do autismo — e, além disso, de dar apoio aos educadores e outros profissionais que trabalham com essas crianças. Com frequência cada vez maior, conheço pais que perderam o equilíbrio — que de repente se sentem perplexos, tristes e ansiosos com a situação dos filhos, sem saber o que o diagnóstico de autismo reserva para o futuro da criança e da família. Depois, quando começam a buscar clareza e orientação na internet e nas mídias sociais, perdem-se na selva das controvérsias sobre o autismo e, muitas vezes, sentem-se assoberbados.

A aflição e a confusão nascem, em parte, do excesso de informação. O transtorno do espectro autista é, hoje, um dos transtornos do neurodesenvolvimento cujo diagnóstico é mais comum. O Centers for Disease Control and Prevention (CDC), centro de controle e prevenção de doenças, dos Estados Unidos, estima que cerca de 2,3% das crianças em idade escolar, ou uma em cada 44 crianças, enquadram-se no espectro do autismo, e aproximadamente entre 15% e 20% da população em geral é composta de neurodivergentes. Uma enxurrada de profissionais, programas e estabelecimentos surgiu para atender essas crianças: médicos, terapeutas, escolas e programas educacionais. Há cursos de caratê e programas de teatro para crianças autistas, acampamentos esportivos, escolas religiosas e aulas de ioga. Ao mesmo tempo, charlatães e oportunistas sem experiência ou com uma experiência mínima — além de alguns que de fato têm algumas credenciais profissionais — propagandeiam suas abordagens como "revolucionárias" ou como o único meio de recuperar a criança, "resgatando-a" do autismo. Infelizmente, o tratamento do autismo é uma área que não conta com quase nenhuma regulamentação.

Isso tudo dificultou ainda mais a vida dos pais. Em qual profissional confiar? Quem será capaz de me explicar as questões que tenho sobre o meu filho? Qual tratamento dará certo, qual dieta, qual terapia, qual medicamento, qual escola, qual tutor? Anos depois, adultos autistas e seus pais continuam às voltas com novas escolhas de cuidados de saúde e sistemas de vida.

Como quaisquer pais e mães, eles também querem o melhor para seus filhos. Diante de uma doença neurológica que afeta o desenvolvimento e que eles não entendem, no entanto, não sabem para onde se voltar. Até famílias que estão há anos na jornada do autismo se veem perplexas diante dos novos estágios e dos desafios que se apresentam durante a caminhada. O que meu filho fará quando a escola terminar? Quem cuidará da nossa filha quando morrermos?

Há cinco décadas que meu trabalho consiste em ajudá-los a transformar o desespero em esperança, a substituir a ansiedade pelo conhecimento, a transformar a dúvida em autoconfiança e tranquilidade e a ver como possível o que antes lhes parecia impossível. Trabalhei com milhares de famílias tocadas pelo autismo e pelas afecções neurodivergentes, ajudando-as a reenquadrar suas vivências, confiar em seus instintos e, assim, construir uma vida mais saudável e plena. É assim que espero que este livro ajude você — mãe, pai, parente, amiga ou amigo ou profissional que trabalha para dar apoio a esses indivíduos e a suas famílias, ou se você mesma/mesmo for autista ou neurodivergente.

Tudo começa com uma mudança no modo como entendemos o autismo. Já testemunhei inúmeras vezes o mesmo fenômeno: os pais começam a ver seu filho como tão radicalmente diferente das outras crianças que o comportamento dele parece estar além de sua compreensão. Passam a acreditar que as ferramentas e os instintos que aplicariam à criação de qualquer outro filho não funcionam com uma criança que teve um diagnóstico de autismo. Influenciados por certos profissionais, veem determinados comportamentos como "autistas" e indesejáveis e entendem que sua meta é eliminar esses comportamentos e, de algum modo, consertar a criança e "derrotar" o autismo.

Minha crença, hoje, é que esse entendimento é falho e essa abordagem, errônea. Minha mensagem central é: o comportamento de crianças e adultos autistas não é aleatório, anormal ou bizarro, como muitos profissionais vêm afirmando há décadas. Os autistas não são marcianos. As coisas que dizem não são — ao contrário do que sustentam muitos profissionais — sem sentido ou "disfuncionais".

O autismo não é uma doença. É um jeito diferente de ser humano. Crianças e adultos autistas não são doentes; progridem como todos nós ao longo de determinados estágios de desenvolvimento. Para ajudá-los, não precisamos "mudá-los" ou "consertá-los". É claro que devemos tratar problemas biomédicos ou de saúde mental que ocorrem em concomitância com o autismo, a fim de reduzir o sofrimento e melhorar a qualidade de vida.[3] O mais importante, porém — para pais, profissionais e a sociedade como um todo —, é trabalhar para compreendê-los e, depois, mudar os *nossos* atos.

Em outras palavras, a melhor forma de ajudar quem se enquadra no espectro autista a mudar para melhor é mudar a nós mesmos — nossas atitudes, nosso comportamento e o tipo de apoio que proporcionamos.

Como fazer isso? Em primeiro lugar, temos de ouvir. Trabalhei nos mais altos escalões da universidade e fui professor da escola de medicina de uma das melhores universidades dos Estados Unidos. Meus artigos foram publicados em dezenas de revistas e livros acadêmicos. Dei conferências e presidi seminários em todos os estados americanos e nos mais diversos países do mundo, da China a Israel e da Nova Zelândia à Espanha. No entanto, as lições mais valiosas que aprendi sobre o autismo não foram colhidas em aulas ou periódicos. Vieram das crianças, de seus pais e de alguns adultos que se expressam muitíssimo bem — pela fala ou por outros meios — e são capazes de explicar sua própria experiência como autistas ou neurodivergentes.

Uma dessas pessoas é Ros Blackburn, uma britânica que fala de modo mais influente que praticamente qualquer pessoa que eu conheça acerca da sensação de viver como autista. Ros repete com frequência este mantra: "Se eu fizer algo que você não entende, você tem de perguntar: por quê? Por quê? *Por quê?*".

---

3. Embora muitos indivíduos autistas sofram de outras enfermidades que ocorrem juntamente com o autismo — entre as quais, problemas gastrointestinais e de sono, alergias, enxaqueca e otite — e que podem resultar em graves prejuízos à saúde, nem todos sofrem com esses problemas, que não definem o autismo em si.

Este livro fala de tudo o que aprendi depois de passar mais de meio século perguntando "por quê?" — o que compreendi ao perceber qual é a sensação de viver no espectro do autismo tendo de lidar o tempo todo com um mundo que, em razão das condições neurológicas da pessoa, apresenta infinitas dificuldades.

Os pais e cuidadores preocupados partilham as mesmas perguntas: por que ele não me deixa abraçá-lo? Por que ela balança o corpo? Por que ele não consegue ficar sentado à mesa de jantar? Por que ela repete sem parar as mesmas frases do filme? Por que ele bate nas têmporas com o punho fechado? Por que ele tem pavor de borboletas? Por que ela não para de olhar para os ventiladores do teto? Por que certos sons e cheiros são insuportáveis para essa pessoa?

Alguns profissionais se limitam a categorizar essas coisas como "comportamentos autistas". Com demasiada frequência, o objetivo último dos profissionais e dos pais é reduzir ou eliminar esses comportamentos — fazê-los parar de girar, de bater os braços, de repetir frases. Ou então fazer o indivíduo obedecer ao que lhe é ordenado, aceitar abraços, sentar-se quieto, parar de se balançar, ficar sentado à mesa de jantar com "as mãos, a boca e o corpo em repouso". E tudo isso sem fazer a simples pergunta: "Por quê?".

Eis o que aprendi com meus anos de experiência e com Ros Blackburn e outros autistas: o "comportamento autista" é algo que não existe. Todos esses comportamentos são reações *humanas* e comportamentos *humanos* baseados em algo que a pessoa está vivendo.

Quando apresento oficinas e seminários sobre autismo, costumo dizer ao público que nunca vi um autista fazer algo que eu não tenha visto ser feito por uma pessoa chamada neurotípica. É claro que, para muitos, é difícil acreditar nisso. Então, convoco o público — em geral, pais, professores e profissionais de saúde — a um desafio. Peço que proponham um comportamento que considerem exclusivo do autismo e prevejo que já o terei testemunhado numa pessoa neurotípica. Muitas pessoas da plateia levantam imediatamente a mão.

— E repetir a mesma frase mil vezes?

Muitas crianças fazem isso quando pedem sorvete ou perguntam quanto falta para chegar ao seu destino numa viagem de carro.

— Falar sozinho quando não há ninguém por perto.

Faço isso no meu carro todos os dias.

— Bater a cabeça no chão quando está frustrada.

O filho "típico" dos meus vizinhos fazia isso aos 2 anos de idade.

— Morder com frequência os dedos.

Muita gente rói as unhas quando está nervosa.

Balançar para a frente e para trás, falar sozinho, andar pra lá e pra cá, pular sem parar, bater os braços, mergulhar num universo interior...? Todos nós fazemos essas coisas. A diferença é que talvez você não tenha presenciado esses comportamentos de forma tão persistente ou intensa numa pessoa neurotípica (ou em crianças mais velhas). E, quando fazemos essas coisas, geralmente tomamos o cuidado de não as fazer em público.

Ros Blackburn diz que as pessoas a encaram quando ela pula e bate os braços. Não estão acostumadas a ver um adulto agir de maneira tão espontânea. Observa que é comum ver na televisão pessoas que fazem o que ela faz depois de ganharem um prêmio na loteria ou um concurso de programa de auditório. "A diferença é que me animo com mais facilidade que vocês", ela diz.

Todos nós somos humanos, e esses comportamentos são humanos.

Essa é a mudança de paradigma que este livro vai provocar: em vez de classificar comportamentos legítimos e funcionais como sinais de uma patologia, vamos examiná-los como partes de estratégias de controle, adaptação e comunicação por meio das quais a pessoa pode lidar com acontecimentos que parecem opressivos, assustadores ou apenas emocionantes demais. Algumas das terapias mais populares para o autismo têm o objetivo único de reduzir ou *eliminar* esses comportamentos ou treinar o indivíduo para que ele obedeça a ordens passivamente. Pretendo demonstrar que é melhor aperfeiçoar a capacidade de comunicação, ensinar habilidades de uso cotidiano, construir estratégias de enfrentamento e oferecer apoios que ajudem a prevenir padrões de comportamento que causam preocupação. Essa abordagem proporciona o fundamento que conduz naturalmente a comportamentos mais desejáveis, constrói a autoconfiança e a autodeterminação e melhora a qualidade de vida dos autistas e dos que os apoiam e os amam.

Patologizar os comportamentos desses indivíduos, denominando-os de "comportamento autista", "comportamento anormal" ou "comportamento desobediente" (expressão usada por muitos terapeutas), é algo que não ajuda em nada. É melhor perguntar: o que motiva esse comportamento? Para que ele serve? O que essa pessoa está sentindo? Será que o comportamento de fato ajuda a pessoa, embora pareça estranho?

Os autistas são seres humanos complexos; por isso, não pretendo apresentar aqui nenhuma resposta fácil. Contudo, posso sugerir caminhos que levem a uma compreensão melhor de crianças, adolescentes e adultos que se enquadram no espectro do autismo, bem como da experiência de suas famílias. As histórias narradas em *Humano à sua maneira: um novo olhar sobre o autismo* foram colhidas em diversos contextos e variados papéis que assumi ao longo de minha carreira: os primeiros trabalhos que desenvolvi em acampamentos de verão, os cargos que ocupei em universidades e ambulatórios hospitalares, meus 25 anos de consultório. Além disso, representam as experiências que tive ao dar consultoria em mais de cem distritos escolares americanos, hospitais e agências particulares e para famílias, sem contar os muitos anos ao longo dos quais viajei pelo mundo comandando oficinas de treinamento e fazendo atendimentos. O retiro de fim de semana para pais do qual venho sendo o facilitador há 25 anos me deu a oportunidade de aprender muito e desenvolver amizades profundas e duradouras, testemunhando a jornada de famílias e pessoas autistas desde os primeiros anos de intervenção até a meia-idade. Por fim, no decorrer de muitas conferências e muitos seminários, conheci líderes internacionais do movimento pela autorrepresentação autista e me apresentei ao lado deles, além de ter feito contato com corajosos "heróis anônimos" autistas; muitos dos quais se tornaram importantes amigos e colaboradores.

Este livro oferece uma abordagem ampla e se fundamenta numa mentalidade baseada em valores que está por trás das minhas pesquisas e do trabalho que faço com colegas, da minha experiência com famílias e profissionais e, sobretudo, das ideias partilhadas por pessoas que se enquadram no espectro autista, com quem tanto aprendi.

Este é o livro que eu gostaria de ter lido há mais de cinquenta anos, quando comecei a conviver com crianças e adultos autistas e a cuidar deles. Muitos profissionais entram no campo do autismo por motivos pessoais — por exemplo, por ter um filho ou um parente no espectro. Eu entrei quase por acidente. Depois do primeiro ano de faculdade, peguei um frustrante emprego de verão numa gráfica de Nova York. Minha namorada ensinava música num acampamento para crianças e adultos com deficiências. Na segunda ou na terceira semana do verão, ela me ligou dizendo que havia uma vaga de consultor. Candidatei-me, consegui o emprego e praticamente da noite para o dia me vi, aos 18 anos de idade, responsável por uma cabana cheia de meninos com as mais diversas doenças neurológicas que afetavam seu desenvolvimento.

Para um rapaz do Brooklyn, aquele recanto rural isolado do interior do estado de Nova York parecia uma selva primitiva. No entanto, nada me pegou tão desprevenido quanto as pessoas que, então, conheci. Um menino de 8 anos na minha cabana parecia distante e desligado, mas tinha habilidade para repetir expressões ou frases inteiras que ouvia. Outro campista, um jovem chamado afetuosamente de tio Eddie, movimentava-se devagar e falava arrastado em consequência dos remédios que tomava para suas convulsões. Tinha o hábito encantador de nos elogiar sem inibições. Do nada, dizia "Olá, Barry. Você está *muuuito* bonito hoje!".

Eu me sentia como se estivesse ingressando numa cultura diferente, em que as regras que governavam o jeito de ser e os relacionamentos eram diversificadas e as pessoas agiam de modo muito diverso de qualquer um que eu conhecesse. No entanto, logo me senti à vontade e gostei tanto dos hóspedes do acampamento que quis compreendê-los melhor. Enfim, por que essas pessoas tinham tanta dificuldade para comunicar seus pensamentos e sentimentos? E o que poderíamos fazer para ajudá-las? Por que se aborreciam tanto com probleminhas aparentemente tão pequenos quanto mudanças de rotina ou barulhos altos? Essa primeira experiência me inspirou a estudar o desenvolvimento infantil e a psicolinguística do desenvolvimento, e, depois, as patologias da fala e da linguagem. Por fim, acabei fazendo um doutorado em transtornos e ciências da comunicação.

Este livro também me levaria a compreender melhor um dos amigos mais íntimos que tive na infância, no Brooklyn da década de 1960. Lenny era um aluno brilhante — estava dois anos à frente de sua idade no ensino médio — e um talentoso guitarrista autodidata. Era um gênio da música e já tirava de ouvido as frases de guitarra de Eric Clapton e Jimi Hendrix muito antes de termos sequer ouvido falar deles.

Era uma das pessoas mais interessantes que eu conhecia, e também uma das mais ansiosas, francas, diretas e mordazes. Os colegas se ressentiam com seus frequentes comentários sobre sua própria inteligência superior. Quando Lenny já morava em seu próprio apartamento, no começo da idade adulta, suas estantes ostentavam uma extensa coleção de livros e primeiras edições de histórias em quadrinhos, todas dentro de capas plásticas, organizadas e catalogadas de modo impecável. No entanto, a pia da cozinha estava habitualmente cheia de louça suja e suas roupas viviam jogadas por toda parte. Lenny passara com nota máxima no exame SAT[4] e acabou fazendo dois mestrados e se formando em Direito, mas tinha

---

4. O exame SAT seria algo como o ENEM, aqui no Brasil. (N.E.)

dificuldade para permanecer no emprego, pois para ele não era fácil lidar com pessoas.

Contudo, quando Lenny conhecia alguém, gostava da pessoa e tinha interesses em comum com ela, era um amigo leal e atencioso. Embora volta e meia eu me visse obrigado a explicar os modos excêntricos e decepcionantes de Lenny para nossos conhecidos — a maioria das pessoas o considerava mal-educado e arrogante —, levei décadas para começar a perceber, muito tempo depois de termos perdido contato, que ele provavelmente tinha o que chamavam na época de síndrome de Asperger. (Essa condição só se tornou uma opção formal de diagnóstico nos Estados Unidos em 1994.) Quando Lenny morreu, com sessenta e poucos anos, depois de fumar como uma chaminé durante décadas, ocorreu-me que sua vida certamente teria sido mais fácil se ele tivesse consciência de estar enquadrado no espectro e se as pessoas ao seu redor tivessem compreendido melhor o que provocava seus hábitos incomuns e seu jeito ríspido de ser.

Por fim, este é o livro que eu gostaria de ter oferecido, há algumas décadas, aos pais de Michael, um dos primeiros meninos autistas cuja família cheguei a conhecer bem. Eu havia acabado de terminar o doutorado e ensinava numa grande universidade do Meio-Oeste americano; Michael, de 9 anos, era filho de um professor de inglês. Como tantas outras crianças autistas, Michael tinha o hábito de balançar os dedinhos diante dos olhos e olhar para eles, aparentemente animado e encantado. Permanecia longos períodos sentado, hipnotizado pelo movimento de suas mãozinhas. Os professores e os pais o incomodavam constantemente na tentativa de dissuadi-lo: "Michael, baixe as mãos... Michael, pare de olhar para as mãos!".

Era uma tentativa de "extinguir o estímulo". No entanto, ele continuou e, com o tempo, aprendeu a olhar em segredo para as mãos durante as atividades de rotina, como tocar piano.

Mais ou menos naquela época, o avô de Michael morreu. Michael havia se tornado muito próximo do avô e ia visitá-lo todos os fins de semana. A morte do avô foi sua primeira experiência de perda. É claro que ele se sentiu confuso e ansioso e passou a perguntar reiteradamente aos pais se poderia ver o avô de novo. Eles explicaram que o vovô estava no céu e que, um dia, num futuro distante, Michael iria reencontrá-lo ali. Michael os ouviu com atenção e, então, retrucou:

— No céu, as pessoas podem olhar para as mãos?

Quando Michael pensou na ideia de felicidade eterna, foi isto que lhe ocorreu: não anjos, harpas e dias ensolarados, mas um mundo em que pudesse olhar para o movimento de seus dedos sempre que quisesse e não fosse repreendido por fazer algo de que gostava tanto e que lhe proporcionava uma sensação de paz.

Essa simples pergunta me ensinou muita coisa sobre Michael e o autismo. Já vi centenas de crianças autistas que fixam o olhar em algo — os dedos, um brinquedo que levam consigo, um ventilador, um aspersor de jardim. Temos a opção de simplesmente rotular esse gesto como um comportamento "autista" ou de observar, ouvir, prestar atenção e nos perguntar por que fazem isso. Quando optei pela segunda alternativa, descobri o que está por trás de uma fixação como a de Michael: isso o acalma e o estabiliza, proporciona uma sensação de previsibilidade, está sujeito a seu controle e é algo que ele próprio pode regular. Se compreendermos isso, veremos que um comportamento como o de Michael não é tão estranho — é apenas um jeito peculiar de ser um ser humano.

Este livro abarca todo o espectro do autismo, até os desafios mais difíceis enfrentados por indivíduos de todas as idades e suas famílias. Sei muito bem o quanto determinados padrões de comportamento são desgastantes e estressantes. Já cuidei de pessoas tão assoberbadas pela dor ou pela confusão que seu comportamento se tornava imprevisível, perigoso, destrutivo e até danoso para si mesmas e para os outros. Nesses casos extremos, a maioria dos indivíduos afetados sofre de problemas concomitantes de saúde física ou mental, como alergias, gastroenterites, transtorno bipolar ou severas dificuldades motoras ou de fala. Eu mesmo já sofri lesões diretas (mordidas, hematomas, arranhões, dedos quebrados) ao tentar apoiar pessoas em estados extremos de aflição. Já morei com autistas que também sofriam de transtornos do sono e senti o quanto é frustrante esforçar-se para proporcionar uma nutrição suficiente a indivíduos cujas preferências alimentares são altamente restritas. Já trabalhei com crianças e adultos que se perderam, fugiram ou, sem querer, colocaram a si mesmos e aos outros em perigo.

Embora eu não afirme sofrer do estresse e da preocupação crônica que pode afligir mães e pais, conheço intimamente tais preocupações e medos. Ao observar e apoiar inúmeras famílias, aprendi esta importante lição: mesmo em situações extremamente difíceis, nossas atitudes a respeito dos autistas e de seu comportamento, bem como nossa forma de vê-los, fazem uma diferença fundamental em suas vidas — e na nossa.

Esta é a mensagem que espero partilhar neste livro — uma mensagem capaz de eliminar o medo que detectei no diretor da escola e no músico, substituindo-o por deslumbramento e amor. É a essência do que ensinei há alguns anos numa oficina de autismo em Nanaimo, uma cidadezinha no Canadá, província da Colúmbia Britânica. Nos dois dias em que passei ali, um jovem pai, usando um boné de beisebol, sentou-se na primeira fileira com sua esposa, ouvindo tudo com atenção, sem, no entanto, dizer nada. No instante em que a oficina terminou, ele correu em minha direção, me abraçou e encostou o rosto em meu ombro.

— Você abriu meus olhos — ele disse —, e eu lhe serei grato para sempre.

Espero que este livro abra seus olhos — bem com seus ouvidos e seu coração. Tentei capturar e partilhar o espírito próprio de crianças, adolescentes e adultos autistas e neurodivergentes que eu conheci — seu entusiasmo, seu maravilhamento, sua honestidade e sua justiça, sua lealdade e sua inocência. Descrevi também os muitos obstáculos que já vi serem superados por essas pessoas e suas famílias. Não afirmo que conheço em primeira pessoa a experiência vivida de um autista, mas espero que você consiga aprender algo com o meio século de vida profissional que partilhei com tantas crianças e tantos adultos autistas e suas famílias. Apesar de todos os desafios que você possa vir a enfrentar como mãe ou pai, membro da família, educadora ou educador ou um dos muitos profissionais que ajudam aqueles que estão no espectro, minha esperança é de que a compreensão do que significa ser "humano à sua maneira" torne sua experiência e, no fim das contas, sua própria jornada de vida na companhia dessas pessoas especiais mais profunda, mais inspiradora e mais feliz.

# PARTE I
## Compreender o autismo

# CAPÍTULO 1

## PERGUNTE "POR QUÊ?"

A princípio, notei o medo e a ansiedade nos olhos de Jesse.

Eu estava visitando um pequeno distrito escolar da Nova Inglaterra quando me falaram de um menino de 8 anos que tinha sido transferido havia pouco tempo de um distrito próximo no qual se tornara famoso por um motivo triste: os coordenadores diziam que Jesse apresentava os piores problemas de comportamento que já haviam visto — ele era teimoso, desobediente e agressivo.

E, em virtude de suas dificuldades, não era difícil entender por quê. Jesse, um menino robusto de cabelos castanhos lisos e óculos de aro de metal, sofria de ansiedade social grave, extrema sensibilidade ao toque e dificuldade de processamento de linguagem. Também sofria de um transtorno que lhe causava convulsões; o transtorno fora detectado quando ele tinha cerca de 2 anos, na mesma época em que perdera a capacidade de falar. Comunicava-se com sons e grunhidos guturais, empurrando pessoas e objetos ou arrastando as pessoas pela mão até a coisa que queria.

Como Jesse tinha muita dificuldade para comunicar suas necessidades, muitas vezes parecia irritado e infeliz. Às vezes, descontava em si mesmo suas ansiedades e frustrações batendo com os punhos fechados nas coxas e na testa e, assim, cobrindo seu próprio corpo de hematomas. Quando os professores procuravam levá-lo de uma atividade para outra e colocavam as mãos nele para direcioná-lo, ele quase sempre agitava os braços e as pernas ou usava os membros para afastar o professor. Relatórios da escola anterior citavam chutes, arranhões e mordidas, os quais, intensificando-se, culminavam em acessos tão severos que, quase todos os dias, três ou quatro adultos tinham de segurar o menino para controlá-lo e, depois, isolá-lo numa sala até que se acalmasse.

Os funcionários interpretavam tudo isso como sinais de má vontade e de um comportamento caprichoso. A mãe de Jesse, porém, não concordava. Compreendia que seus atos eram formas de comunicação — reflexos diretos de sua confusão, agitação e medo. Quando ela explicou aos coordenadores que o filho sofria de problemas sensoriais que o tornavam anormalmente sensível a ruídos altos e ao toque físico, eles não aceitaram essa justificativa. Insistiram em afirmar que o menino exibia, sem dúvida, um comportamento desobediente. Aos olhos deles, Jesse era obstinado, teimoso e insolente, e a reação deles consistia em tentar domá-lo — tratá-lo como um treinador trata um cavalo, por exemplo.

O que esses educadores ofereceram a Jesse para ajudá-lo a se comunicar? Praticamente nada. A política do distrito consistia em, primeiro, treinar a obediência, controlar o comportamento da criança e, só depois de alcançar o sucesso nesse quesito, cuidar da questão da comunicação. O objetivo principal que constava do plano de educação individualizado não era ajudá-lo a conquistar a capacidade de se expressar, mas fazê-lo obedecer.

Eles não entenderam nada.

Ouvi tantas coisas terríveis sobre Jesse que fiquei até curioso para encontrá-lo pessoalmente. Quando isso enfim aconteceu, não vi nada do que me tinha sido descrito — nenhuma insolência, nenhuma agressividade, nenhuma desobediência voluntária. O que vi foi um menino que, compreensivelmente, estava assustado, ansioso e constantemente em guarda; via-se o tempo todo na situação de ter de lutar ou fugir. E percebi também outra coisa: a vigilância e a ansiedade extremas de Jesse eram manifestações dos danos inevitáveis que ocorrem quando as pessoas — por mais bem-intencionadas que sejam — não compreendem em absoluto o comportamento e a experiência interna dos indivíduos autistas.

Como isso acontece? Em resumo, os cuidadores e até os profissionais não se lembram de perguntar "Por quê?". Não ouvem com atenção nem observam com cuidado. Em vez de procurar compreender a perspectiva e a experiência interna da pessoa, simplesmente tentam administrar seu comportamento.

Infelizmente, essa abordagem que consiste em identificar um comportamento e simplesmente categorizá-lo como anormal ou típico se tornou o modo comum de determinar se alguém é autista. Dizemos que uma pessoa é autista quando exibe uma série de características e comportamentos que se consideram problemáticos: dificuldade de comunicação, problemas para estabelecer relacionamentos, sensibilidades sensoriais e um repertório restrito de interesses e comportamentos, entre os quais a repetição de palavras — chamada ecolalia — e de ações como balançar o corpo, sacudir os braços e girar. Os profissionais observam esses "comportamentos autistas" e avaliam as pessoas que os exibem usando uma espécie de raciocínio circular: por que Rachel balança as mãos? Porque é autista. E por que foi diagnosticada como autista? Porque balança as mãos.

Seguir essa abordagem é o mesmo que definir uma criança, ou mesmo um adulto, como a soma de suas deficiências. Qual é a melhor maneira de ajudar essa pessoa? Administrar esses comportamentos ou tentar eliminá-los — fazê-la parar de balançar, impedi-la de repetir tudo o que ouve, reduzir o sacudir de braços. E qual é o sinal de sucesso? Quanto mais formos capazes de fazer a pessoa parecer e agir como alguém "normal" e obedecer ao que lhe mandam, melhor. Nas palavras de um destacado terapeuta do comportamento, o objetivo é fazer com que a pessoa autista seja "indistinguível" de uma pessoa neurotípica.

Esse modo de compreender e apoiar os autistas é incrivelmente limitado. Trata a pessoa como um problema a ser resolvido e consertado, não como um indivíduo a ser compreendido. Não demonstra respeito pelo indivíduo e ignora o ponto de vista e a experiência interior da pessoa. Ignora o fato de que, em razão das diferenças neurológicas, os autistas aprendem, se comunicam e sentem a vida cotidiana de maneira também diferente.

Passa completamente em branco a importância de ouvir e prestar muita atenção no que a pessoa quer nos dizer, seja pela fala, seja por meio de padrões de comportamento.

Acima de tudo, a experiência me diz que essa abordagem não funciona — e, muitas vezes, piora a situação. Muitos adultos autistas submetidos na infância à verificação da "lista de deficiências" e ao treinamento para a obediência me contaram o quanto essas experiências foram difíceis e até traumáticas. Além disso, as pesquisas registram um índice de ansiedade muito maior nesses indivíduos. Nas palavras de Paul Collins, um escritor autista, "os autistas são o pino quadrado por excelência, e o problema de querer encaixar um pino quadrado num buraco redondo não é a dificuldade de martelar; é a destruição do pino".

O que ajuda é se aprofundar: perguntar o que motiva aqueles comportamentos, o que está por trás daqueles padrões. É mais adequado e mais eficaz perguntar "por quê?". Por que ela está balançando? Por que ele alinha os carrinhos desse jeito, e só quando chega em casa da escola? Por que ele cai no chão ou foge quando pedimos que entre numa academia barulhenta? Por que ele olha fixamente para as mãozinhas se mexendo diante dos olhos e sempre durante a aula de inglês e no intervalo? Por que ela repete determinadas frases quando está aborrecida? Embora cada pessoa seja um indivíduo único, com suas próprias reações e experiências, para responder a essas perguntas e aprender a ajudar é preciso ouvir o que os autistas dizem a respeito de padrões comportamentais semelhantes aos que apresentam e sobre qual é a reação mais útil.

## O DESAFIO DA DESREGULAÇÃO

Em geral, a resposta é que a pessoa está sofrendo algum grau de *desregulação emocional*. Quando nossas emoções e nossa fisiologia estão bem-reguladas, temos mais facilidade para aprender com as outras pessoas e nos relacionar com elas. Nós nos esforçamos para nos manter atentos, concentrados e preparados para fazer parte das atividades da vida cotidiana. Nosso sistema neurológico nos ajuda, filtrando o excesso de estímulos e nos alertando quando estamos com fome ou cansados, ou quando precisamos nos proteger de algum perigo. As pessoas que se enquadram no espectro do autismo são anormalmente vulneráveis aos desafios emocionais e psicológicos do cotidiano, sobretudo em razão das diferenças neurológicas no modo como funcionam as ligações de seu cérebro. Por isso, suas sensações de desconforto, ansiedade e confusão são maiores do que para as outras pessoas. Elas também têm mais dificuldade para aprender a lidar com esses desafios e sensações.

Para ser bem claro, a dificuldade de regulação emocional e fisiológica deve ser vista como uma característica essencial que define o autismo. Infelizmente, há muito tempo os profissionais a ignoram, enfocando muito mais os *comportamentos* resultantes do que as *causas* subjacentes.

Se você conhece algum autista, pense no que torna essa pessoa *menos* capaz de autorregulação: problemas de comunicação, ambientes caóticos, pessoas que as confundem porque falam ou se movimentam rápido demais, imprevisibilidade e mudanças inesperadas, preocupação excessiva com coisas incertas. Há também as dificuldades associadas a essas, como a excessiva sensibilidade ao toque e aos sons, perturbações motoras e de movimento, privação de sono, alergias e problemas gastrintestinais. Para algumas pessoas, um histórico de experiências estressantes e traumáticas — combinadas com a viva lembrança dessas experiências — acarreta complicações adicionais.

É claro que os autistas não são os únicos a viver esses desafios. *Todos nós* nos sentimos desregulados de tempos em tempos. Se tiver de falar em público, talvez sua testa comece a suar, suas mãos tremam, seu coração acelere. Uma malha de lã pode irritar tanto sua pele a ponto de tirar sua concentração. Quando sua rotina matinal — café, jornal, banho — é perturbada por um acontecimento inesperado, você pode se sentir mal durante toda a manhã. Procuramos evitar as pessoas, os lugares ou as atividades que associamos a incidentes desagradáveis ou estressantes. Quando esses fatores se acumulam — quando não conseguimos dormir, quando temos de entregar um projeto importante, quando ficamos presos no trânsito, quando não conseguimos almoçar e, para culminar, o computador para de funcionar —, tendemos a ficar bastante agitados.

Todos nós enfrentamos esses desafios, mas as pessoas enquadradas no espectro do autismo são anormalmente mal equipadas para lidar com eles por causa de sua neurologia. Isso as torna muito mais frágeis que as outras — ou seja, seu limiar de tolerância é muito mais baixo —, e elas dispõem de um número menor de estratégias inatas de enfrentamento. Em muitos casos, as diferenças de processamento sensorial também contribuem para a desregulação: os autistas podem ser ou altamente sensíveis ou insensíveis aos sons, à luz, ao toque e a outras sensações, por isso, podem ser menos capazes de lidar com elas. Além disso, muitos autistas têm uma consciência intuitiva de como os outros podem vir a interpretar seus atos nos momentos de desregulação. Caso contrário, as reações prejudiciais das outras pessoas aumentam o estresse e contribuem ainda mais para a desregulação.

A sensação de desregulação emocional afeta as pessoas de diferentes maneiras. Muitas vezes, as reações são imediatas e impulsivas. O comportamento da pessoa pode mudar de modo repentino e imprevisível, sem causa aparente. Quando a criança é exposta a um ruído muito alto, por exemplo, pode se jogar no chão. Algumas vezes, vejo crianças que se negam a entrar no ginásio ou no refeitório da escola. Os professores podem interpretar esse ato como uma desobediência voluntária, uma tentativa planejada de escapar de uma atividade que a criança não aprecia. Em regra, a razão é muito mais profunda: a criança não suporta o volume ou a qualidade do ruído ou o caos do ambiente. Ocorre também, por exemplo, de um adulto se sentir confuso ou agitado por encontrar a calçada bloqueada por uma obra em seu caminho habitual entre a biblioteca e sua casa e, por isso, ele acaba chegando em casa muito ansioso.

Trabalhei num hospital, num programa direcionado para o autismo em crianças de idade pré-escolar, e observei que elas almoçavam na sala de aula; as bandejas lhes eram trazidas do refeitório. Certa vez, eu e uma professora levamos as crianças de 4 e 5 anos até a cozinha do refeitório, para que vissem como as bandejas eram lavadas. No exato momento em que chegamos, a máquina industrial de lavar louça soltou um jato de vapor e emitiu um chiado fortíssimo, de alta frequência. No mesmo instante, todas as crianças deixaram cair as bandejas no chão e saíram correndo de lá. Foi como se um monstro aparecesse de repente a poucos centímetros delas.

É uma manifestação clara e repentina de desregulação.

Às vezes, a causa da desregulação não é tão óbvia. Certa vez, ao visitar uma pré-escola para a qual eu dava consultoria, eu estava caminhando pelo pátio com Dylan, um menino autista de 4 anos, quando, de repente, sem aviso, ele se jogou no chão e se recusou a continuar andando. Com todo o cuidado, eu o levantei do chão e o incentivei a continuar, mas ele logo se jogou no chão de novo. Quando tentei o ajudar pela segunda vez, ouvimos um cachorro latindo. Ele entrou em pânico e tentou fugir na direção oposta ao som. Percebi de repente que Dylan, com sua audição hipersensível, já estava ouvindo o cachorro havia algum tempo, mas, para mim, seu latido estava tão distante que eu não o tinha percebido. Um comportamento que poderia ter parecido aleatório, contestador ou desobediente era, na verdade, uma compreensível expressão de medo.

Isso também é desregulação.

Muitas crianças (e alguns adultos) autistas agitam os braços para expressar entusiasmo ou para se acalmar. Quando Conner estava feliz, e às vezes quando estava ansioso por encontrar-se em transição entre duas atividades, ele fazia o que seus pais chamavam de "dança da felicidade". Ficava nas pontas dos pés e dava um passo para a frente e outro para trás, ao mesmo tempo que balançava os dedos diante dos olhos. Um terapeuta com quem se consultou antes havia aconselhado os pais de Conner a ordenar com firmeza, nessas horas, algo como "Abaixe as mãos!", e, se ele não obedecesse, "Sente-se em cima das mãos!". (Devo dizer que os pais ignoraram essas sugestões e preferiram ajudar Conner a dar nome a seus sentimentos, além de facilitar-lhe as transições, dizendo-lhe o que aconteceria em seguida.)

É fácil rotular o ato de sacudir os braços, balançar o corpo ou dançar aleatoriamente de "comportamento autista". No entanto, os pais de crianças autistas e os professores que trabalham com essas crianças precisam ver as coisas de um jeito diferente. Como se fôssemos detetives, precisamos examinar e considerar todas as pistas disponíveis e trabalhar para definir o que está por trás de uma determinada reação e o que a desencadeia. O que está deixando a criança desregulada? Será algo interno ou externo? Será que é visível? Será que é sensorial? Será que é uma dor, um desconforto físico, uma lembrança traumática? Na maioria dos casos, a criança é incapaz de explicar o comportamento em palavras. Por isso, cabe aos que lhe são próximos averiguar as pistas.

## ESTRATÉGIAS DE ENFRENTAMENTO E COMPORTAMENTOS REGULADORES

O paradoxo mais importante é o seguinte: a maioria dos comportamentos rotulados de "comportamentos autistas" não é sobre deficiências, de forma alguma. Trata-se de estratégias que a pessoa usa para se sentir mais regulada dos pontos de vista emocional e fisiológico.

Em outras palavras, quando funcionam, são pontos fortes, não pontos fracos.

Quando uma criança com extrema sensibilidade sensorial entra num local barulhento, tampa os ouvidos com as mãos e começa a balançar o corpo, esse padrão de comportamento é ao mesmo tempo um sinal de desregulação e uma estratégia de enfrentamento. Podemos chamá-lo de "comportamento autista" ou podemos nos perguntar: "Por que ela está fazendo isso? Será que de fato a ajuda?". Há dois motivos principais: a criança está revelando que há algo de errado e que desenvolveu uma resposta para eliminar ou controlar o que lhe causa ansiedade.

Vejamos o caso do adolescente Sam, um "barista dançarino" que trabalhava num Starbucks de Toronto cujo vídeo conquistou milhões de visualizações na internet e um convite a participar do programa de Ellen DeGeneres.

"Eu me concentro muito mais quando danço", ele disse a Ellen.

Em outras palavras, a movimentação constante de Sam (que alguns talvez vissem como uma deficiência que poderia estigmatizá-lo) o ajudava a permanecer concentrado e a aumentar sua coordenação. Habilitaram-no a conseguir um emprego e a cumprir bem sua função.

Quer o percebamos, quer não, todos os seres humanos usam rituais e hábitos buscando regulação — para sossegar, acalmar a mente e o corpo, às vezes, para suportar uma situação. Como muitas outras pessoas, talvez você se sinta nervoso quando precisa falar em público. Talvez respire fundo, algumas vezes, para se acalmar, ou ande pra lá e pra cá enquanto fala. Não é essa a maneira típica de os seres humanos respirarem ou se comportarem em público, mas um observador não julgaria sua *performance* como um comportamento anormal. Ele compreenderia que esse é o seu jeito de lidar com o estresse da situação e acalmar os nervos para poder fazer o que tem de fazer da melhor forma possível.

Quando chego em casa depois de um dia de trabalho, a primeira coisa que faço é verificar a caixa do correio. Depois, separo tudo o que chegou: as contas numa pilha, as revistas em outra, e jogo no lixo reciclável tudo de que não preciso. Seria necessário algo que me tirasse completamente da rotina para que eu não cumprisse esse pequeno mas importante ritual; eu me sentiria mal em certa medida até que conseguisse cuidar disso. É uma rotina que me acalma; é o modo como chego em casa. Quando minha esposa tem um dia ruim ou quando está preocupada, ela organiza e limpa a casa. Quando chego em casa e encontro meus objetos pessoais todos juntos, sendo que antes estavam espalhados pela casa, e quando a casa está mais limpa do que de costume, sei que algo a está incomodando. Os cultos religiosos incluem várias sessões de rituais reconfortantes — cantar, orar, fazer gestos e movimentos corporais simbólicos — que habilitam as pessoas a esquecer as preocupações e trivialidades da vida cotidiana e penetrar num mundo espiritual mais elevado. E as práticas orientais de atenção plena — como a meditação, o *tai chi* e a ioga — são definidas por rituais cujo objetivo é a obtenção de um estado de bem-estar emocional e físico.

Para os autistas, os rituais reconfortantes e os mecanismos de enfrentamento são os mais diversos possíveis: determinadas formas de movimento, diversos padrões de fala, hábitos como pegar objetos familiares, fechar as portas dos armários, alinhar objetos para criar um ambiente previsível e imutável. Até a proximidade com determinadas pessoas pode servir como uma estratégia de regulação.

Ao chegar em casa depois de um dia movimentado na escola, Aaron, de 8 anos, tinha o hábito de apoiar as palmas das mãos numa mesa à sua frente e pular de uma forma ritmada no mesmo lugar. Os pais notaram que a intensidade e a duração desses movimentos eram um bom indicativo da quantidade de estresse que ele tivera de enfrentar durante as aulas. Assim como os bebês se acalmam quando são balançados e as crianças de 1 ou 2 anos correm em círculos para não dormir, todos nós usamos o movimento para modular nossa estimulação emocional e fisiológica. Quando os autistas se sentem subestimulados, podem subir nas coisas, girar, pular ou balançar para aumentar seu estado de alerta. Quando se sentem superestimulados, podem andar de um lado para o outro, apertar os dedos das mãos, ligar e desligar um ventilador ou cantar reiteradamente uma frase para se acalmar.

Muita gente dá a tudo isso o simples nome de "comportamento". Quantas vezes já não ouvi pais ou educadores dizerem que as pessoas enquadradas no espectro autista apresentam certos "comportamentos"! Mas nós também não apresentamos? É só no campo do autismo que a palavra *comportamento* — sem nenhum adjetivo — tem conotação negativa. O professor diz "Sally, nossa nova aluna, apresenta vários comportamentos!" ou diz "Estamos trabalhando para livrar Scott de seus comportamentos!".

Outros usam o termo *stim* ou *stimming*[5] para designar comportamentos repetitivos de autoestimulação. Esse termo teve conotações negativas outrora e, em certas abordagens, ainda tem. Há algumas décadas, muitos pesquisadores tinham por objetivo livrar as crianças de seus estímulos. Alguns empregavam castigos físicos e até choques elétricos para eliminar os "comportamentos autistas".

Graças às boas ideias e à autorrepresentação de muitos adultos autistas, compreendemos agora que os *stims* têm função autorreguladora: ajudam a pessoa a se sentir com os pés no chão quando o ambiente sensorial é agitado demais ou quando ela se sente ansiosa, com medo ou até entediada. Outros usam os *stims* porque são agradáveis, divertidos e criativos. Prue Stevenson, uma artista australiana, autista, cria *performances* e obras de artes visuais baseadas em seus estímulos. Um rapaz autista me disse: "Recuperamos o direito de nos estimular!".

Ou seja, nada disso deve ser visto como mero *comportamento*. Em sua maioria, são *estratégias* para enfrentar a desregulação ou simplesmente fazer algo divertido e tranquilizador.

Quando um psiquiatra americano chamado Leo Kanner criou o diagnóstico de autismo, em 1943, chamou a atenção para uma característica impressionante das crianças que ele descreveu, nomeada como "insistência na preservação da uniformidade" (uma característica ainda considerada definidora do autismo). Com efeito, muitos autistas procuram autorregular-se controlando seu ambiente ou o comportamento das outras pessoas, visando à uniformidade. Isso não é o sintoma de uma patologia. É uma estratégia de enfrentamento.

---

5. Em português, "estímulo". (N.T.)

Toda vez que Clayton voltava para casa, ele verificava todas as janelas e ajustava as persianas para deixá-las todas na mesma altura. Por quê? Para se acalmar, tentava controlar o ambiente, tornando--o previsível e visualmente simétrico. Outros comem habitualmente os mesmos alimentos, fecham todas as portas de armários na sala de aula, assistem reiteradamente ao mesmo vídeo ou insistem em se sentar na mesma cadeira todos os dias. Peter, um jovem conhecido, insiste em solicitar que cumprimentemos seus colegas em determinada sequência toda vez que começamos a aula semanal de artes expressivas pelo Zoom.

Será que rituais como os de Clayton e Peter são indícios de transtorno obsessivo-compulsivo (TOC)? Na verdade, a finalidade deles é muito diferente. O comportamento que caracteriza o verdadeiro TOC é prejudicial e raramente faz com que a pessoa se sinta melhor. Em outras palavras, a necessidade de lavar repetidamente as mãos ou de tocar em todas as cadeiras antes de sair da sala pode atrapalhar as atividades cotidianas. No entanto, quando um criança autista busca usar as mesmas roupas ou criar uma ordem visual mediante a organização sequencial de objetos ou eventos, é porque descobriu que essas coisas a ajudam a se regular emocionalmente, e, assim, ela se torna mais capaz de aprender e se relacionar com as outras pessoas.

Certa vez, um casal trouxe o filho, Anton, de 7 anos, para ser avaliado em minha clínica. Eu e um colega interagimos com o menino por algum tempo e depois fomos conversar com os pais. Então, demos a Anton uns papéis e algumas canetas coloridas para que ele se divertisse.

Enquanto conversávamos, Anton desenhava com atenção. Com todo o cuidado, ele pegava uma caneta por vez, tirava a tampa, escrevia um número, recolocava a tampa e punha a caneta de novo no porta-lápis; depois, repetia o mesmo processo com outra caneta, e assim dezenas de vezes. Quando fizemos uma pausa para vermos o que ele havia desenhado, eu fiquei impressionado. Anton tinha criado uma complexa grade com os números de 1 a 180 dispostos em ordem, alternando sistematicamente sete cores. O resultado foi uma sequência organizada e precisamente ordenada de fileiras de números na qual as colunas diagonais criavam um arco-íris colorido. Esse menino só conseguia falar uma palavra por vez e repetir algumas frases, mas havia conseguido permanecer calmo e concentrado por cerca de meia hora mantendo-se atento à criação desse engenhoso diagrama visual.

"Ele nunca fez nada assim antes", disse a mãe.

O desenho revelou não apenas que a mente de Anton era mais ágil e complexa do que imaginávamos como também nos mostrou que ele havia criado sistemas próprios para se autorregular. Nesse ambiente novo, com adultos conversando ao seu redor — alguns dos quais desconhecidos —, ele encontrara um jeito de permanecer calmo. Outro observador talvez concluísse que ele estava se autoestimulando. Eu chamo isso de *autorregulação* (e que criatividade!).

Às vezes, é um objeto que ajuda a criança a se autorregular. Um menino carregava consigo o tempo todo uma pedrinha preta e brilhante, como os bebês carregam uma fralda ou um bicho de pelúcia. A pedra o acalmava; o regulava. Quando ele a perdeu, o pai ficou angustiado.

"Nós experimentamos inúmeras outras pedras pretas", disse o pai, "mas ele sabia que elas não eram *aquela* pedra."

Com o tempo, o menino encontrou um substituto: um chaveiro com chaves de plástico. Ron Sandison (ver capítulo 12), escritor, ministro e palestrante autista, descreveu com grande afeto seu confiável companheiro de infância, um cão-da-pradaria de pelúcia chamado Prairie Pup, que ele levou consigo para toda parte durante muitos anos.

Muitas vezes, as crianças autistas põem coisas na boca, mastigam-nas ou lambem-nas para se autorregular, do mesmo modo que algumas pessoas mascam chicletes ou comem salgadinhos crocantes. Glen pegava pedacinhos de galhos no pátio do jardim de infância e os lambia — às vezes, até mastigava. Roía constantemente os lápis em sala de aula, e sua mãe disse que ele mastigava tanto as mangas e os colarinhos das camisas que a família passou a gastar muito dinheiro com roupas. Quando observei Glen na sala de aula, ficou claro que ele procurava coisas para pôr na boca ou mastigar naqueles momentos em que se sentia mais desregulado: nos horários de atividade livre (como o intervalo), nas transições entre aulas ou quando o barulho aumentava. Trabalhando junto ao seu terapeuta ocupacional, sugeri modos de produzir a estimulação sensorial adequada: oferecer alimentos crocantes (cenouras, *pretzels*) e um brinquedo ou um tubo de borracha para que ele mastigasse. Também proporcionamos diversos apoios para diminuir seu índice de ansiedade e confusão.

## AS PESSOAS COMO FATORES DE REGULAÇÃO

Um dos muitos mitos prejudiciais sobre os autistas é que eles são solitários e isolados e que não precisam de relacionamentos nem os buscam. Isso não é verdade. Aliás, para muitos, a presença e a proximidade de um ser humano de confiança formam a chave da regulação emocional. A família McCann tinha mudado de cidade e matriculou Jason, o filho autista de 4 anos, numa pré-escola do governo. A mãe pediu à direção da escola que permitisse ao menino fazer pausas para se movimentar a intervalos regulares — que o deixasse sair da sala ou ir ao ginásio uma ou duas vezes por dia —, e solicitou que deixassem que o irmão de 8 anos o acompanhasse. Como os meninos estavam se adaptando ao novo ambiente, ela sentiu que isso os ajudaria, pois eles eram muito próximos. Além de se autorregular movimentando o corpo, como precisava fazer, Jason pôde contar com a presença reguladora do irmão, uma pessoa conhecida e de confiança.

Às vezes, os autistas se desregulam quando determinada pessoa está ausente. Jamal, de 7 anos, perguntava reiteradamente à professora: "Mamãe está em casa?". Uma terapeuta sugeriu que a professora respondesse afirmativamente apenas uma vez e depois ignorasse as repetidas perguntas. Isso só serviu para tornar Jamal mais ansioso, e suas perguntas se tornaram mais ruidosas e urgentes. Sugeri, então, que colocassem em sua mesa uma foto de sua mãe em casa e o tranquilizassem dizendo: "Mamãe está em casa. Você vai ver a mamãe depois da aula!". Isso reduziu sua necessidade de ficar perguntando e o ajudou a se concentrar nas atividades escolares.

Caleb, que estava na 3ª série, tinha outro tipo de companheiro que o ajudava: um amigo imaginário chamado Stephen. Na classe, Caleb, às vezes, insistia para que o lugar ao seu lado fosse deixado vago para Stephen. No pátio, imaginava que estava brincando com Stephen. A professora disse que Caleb, em geral, só evocava Stephen nos momentos mais difíceis: nas transições entre atividades ou em momentos particularmente caóticos. Quando visitei a escola como consultor, seus coleguinhas me contaram que Stephen era o amigo de mentirinha de Caleb que o ajudava porque ele era autista. Eles entenderam! Estava claro que Caleb usava o amigo imaginário como estratégia de regulação emocional, um meio de se acalmar nos momentos difíceis.

"Devemos desencorajá-lo?", perguntou a professora. Eu disse a ela que, se aquilo não atrapalhava sua atenção e sua concentração, parecia ser uma estratégia útil. À medida que Caleb foi fazendo amigos e ficando mais à vontade, passou a mencionar Stephen com menos frequência até deixar de mencioná-lo totalmente.

Algumas estratégias são verbais. Muitos autistas apresentam ecolalia, a repetição de palavras ouvidas. As palavras são repetidas imediatamente ou algum tempo depois (ver capítulo 2). Isso também foi "jogado" na categoria do "comportamento autista" e do palavreado inconsequente e sem sentido. No entanto, essa repetição serve a várias finalidades para os autistas. Uma delas é a regulação emocional. Pode acontecer de um menino perguntar repetidamente "Vamos nadar esta tarde?". Uma das alternativas é rotular a criança como inconveniente e tentar fazê-la parar de repetir a pergunta. A outra é nos perguntarmos: por que ela tem necessidade de fazer isso? A que finalidade isso serve? Talvez ela precise de previsibilidade nos acontecimentos. Nesse caso, as perguntas podem ser ao mesmo tempo um sinal de que a criança não está tranquila e uma estratégia de enfrentamento que ela usa para obter informação e saber o que esperar, a fim de reduzir sua incerteza e sua ansiedade.

Alguns autistas não só repetem sempre as mesmas coisas como também dominam as conversas, partilhando uma grande quantidade de informações sobre um tema de sua predileção (geografia, por exemplo, ou filmes da Disney, dinossauros ou horários de trens) sem prestar atenção nos pensamentos, sentimentos ou interesses das outras pessoas. Também pode ser um sinal de desregulação ou de um intenso interesse na partilha de informações. Para a pessoa que tem dificuldade para captar os sinais sutis da vida social e se sente estressada diante da imprevisibilidade de uma conversa normal, falar incessantemente sobre um assunto de que ela gosta e que conhece bem pode lhe dar uma sensação de controle. Um autista me contou, certa vez: "Entrar numa conversa livre é como pisar num campo minado. Qualquer coisa que você fale ou faça pode explodir na sua cara!".

Talvez seja por isso que Paul, um homem de trinta e tantos anos, quase sempre me cumprimenta dizendo "Oi, Barry. Você me visitou pela primeira vez quando eu tinha quatro anos, na pré-escola Stonehill, não é mesmo?". Esse é o modo ritualizado pelo qual ele inicia uma conversa. No fundo, é como se ele estivesse dizendo "Olá, Barry. Tudo bem com você?".

Muitas vezes, as pessoas avançam uma etapa e tentam controlar os *dois* lados da conversa. Alguns dizem aos pais o que eles devem dizer, como, por exemplo: "Pergunta pra mim: você quer Cheetos ou Corn Flakes? Pergunta pra mim!".

Muitas crianças repetem perguntas cujas respostas já conhecem:

"Para que time de beisebol você torce?"

"Qual é a cor do seu carro?"

"Onde você mora?".

Se eu, brincando, der a resposta errada de propósito, elas me corrigem de imediato. Por que perguntam, então? Talvez seja mais uma tentativa de exercer controle, de aumentar a previsibilidade e a regularidade em face da ansiedade desencadeada pelas conversas sociais. Ao mesmo tempo, essa atitude evidencia o desejo da criança de fazer amizade e manter um contato social.

## POR QUE É IMPORTANTE COMPREENDER OS "COMPORTAMENTOS"

Quando se compreende o papel da regulação e da desregulação emocional no autismo, é fácil perceber por que a abordagem da "lista de deficiências" não funciona como tratamento. Na verdade, essa abordagem pode *aumentar* a ansiedade da pessoa, sobretudo quando o objetivo é levá-la a eliminar o uso das estratégias que de fato a ajudam. Os métodos utilizados definem certos comportamentos e certas características como autistas; esses comportamentos são vistos como patológicos, e alguns profissionais buscam "suprimi-los" (termo usado por muitos terapeutas do comportamento). Não se aprofundam nas verdadeiras motivações por trás dos comportamentos e, muitas vezes, culpam a pessoa por ser desobediente ou manipuladora, em vez de reconhecer que ela está usando com sucesso estratégias de apropriação — por menos convencionais que sejam na aparência. Quando conseguem eliminar esses comportamentos, roubam da pessoa suas estratégias de enfrentamento e dão a entender que o que ela está fazendo é desprezível ou errado, e isso pode levar o indivíduo à queda da autoestima, à depressão e à visão de si mesmo como incapaz e incompetente. A melhor abordagem consiste em reconhecer o objetivo e o valor desses comportamentos e, quando necessário, ensinar outras estratégias de autorregulação.

A tentativa de eliminar o comportamento sem compreender de fato o seu propósito não é apenas inútil como também evidencia uma falta de respeito pelo indivíduo. Pior ainda: quando essas tentativas se repetem, podem tornar a vida ainda mais difícil para o autista e, com o tempo, corroer o seu amor-próprio, fazendo-o sentir que "deu mancada" ou "está fazendo coisas erradas de novo".

Foi o que aconteceu com Lucy, uma menina de 11 anos. Os professores da escola pública relataram que, sem ainda dispor de um sistema de comunicação confiável e eficaz, Lucy era infeliz e extremamente agressiva; ela costumava arranhar e agarrar o rosto e o pescoço de professores e terapeutas. Certa vez, passei uma manhã observando-a como consultor do distrito escolar e vi que o problema se evidenciou. Boa parte do trabalho que os educadores e terapeutas faziam com Lucy se resumia ao treinamento da obediência, por exemplo, por meio de exercícios em que repetidamente pediam que ela mostrasse duas figuras iguais ou apontasse para determinadas imagens.

Rapidamente compreendi por que Lucy atacava as professoras. No meio da atividade, a assistente de repente mudou de rumo. Parou de mostrar imagens e, em vez disso, escreveu o nome de Lucy num cartão, colocou-o numa fileira de outros cartões e pediu que Lucy o identificasse. Quase no mesmo instante, Lucy atacou a jovem, agarrando-a pela blusa. Por quê? A terapeuta mudara de padrão e modificara as regras sem nenhum aviso. Quando uma criança extremamente ansiosa precisa de uma rotina para entender o mundo, não é de admirar que uma mudança brusca a tire do prumo e desencadeie nela uma reação radical.

Para pôr minha teoria à prova, naquele mesmo dia observei Lucy enquanto ela caminhava ao lado de uma professora por um corredor que ela conhecia. Sugeri, então, que a professora mudasse a rota costumeira, levando-a por outro caminho. Quando fez isso, Lucy se aborreceu de repente e mais uma vez se lançou contra a professora, agarrando-a pelo pescoço e pela blusa. Não achei nem um pouco agradável ter provocado essa reação, mas isso fez com que a professora compreendesse um ponto importante. Até então, ela via o comportamento de Lucy como um simples esforço para "fugir" de determinadas atividades.

Estava claro que os ataques não eram um comportamento de agressão, mas um protesto e um pedido de socorro num momento de confusão extrema. Lucy não tinha más intenções. Ela se confundia no meio de uma atividade com que estava acostumada e que era alterada; tornava-se mais ansiosa e desregulada e aproximava-se de um estado de pânico.

## COMO OS ADULTOS PODEM CAUSAR A DESREGULAÇÃO

A experiência de Lucy mostra como as pessoas que fazem parte da vida de um autista podem causar desregulação. Quando dirijo oficinas de autismo para pais e profissionais, costumo dizer ao público: "Se o seu comportamento já foi responsável pelo fato de seu filho, aluno ou cliente adulto ter entrado num colapso grave, levante a mão!".

Depois de alguns risos nervosos, praticamente todas as mãos se levantam. Contudo, gostaria de esclarecer que não somos pessoas más. Talvez tenhamos a melhor das intenções ao pedir que uma criança ou uma pessoa mais velha permaneça por mais cinco minutinhos numa atividade social barulhenta e difícil, por exemplo, ou que faça mais dois exercícios de matemática. Mas isso é o suficiente.

É claro que também podemos desempenhar um papel significativo ajudando as pessoas a lidar com seus problemas. Se a criança for hipersensível ao som, o pai pode lhe dar fones que diminuam o ruído. Muitas vezes, a criança faz a mesma pergunta repetidamente — "Vamos para o parque esta tarde? Vamos para o parque esta tarde?" —, muito embora a mãe ou o pai já tenham respondido mais de uma vez. Em vez de responder diretamente, o pai ou a mãe podem dizer algo como "Vamos escrever a resposta na agenda para não esquecermos". Com isso, não somente reconhecerá a preocupação da criança e ajudará a acalmá-la e tranquilizá-la naquele momento como também apresentará um modelo, uma estratégia, que ela mesma poderá usar para se autorregular no futuro. Do mesmo modo, podemos encorajar um estudante universitário autista a se autorrepresentar dizendo ao professor que, para permanecer concentrado, precisa de uma pausa para se movimentar no meio de uma aula longa.

Muitas vezes, as coisas mais importantes que podemos fazer para ajudar consistem em aceitar e validar as sensações de desregulação da pessoa. No entanto, professores e outros muitas vezes ignoram essa atitude básica. Fiz uma visita-consulta a James, de 8 anos, num dia que estava sendo bastante difícil para ele. James era um menino doce, miúdo e muito ativo, de olhos grandes e redondos, que às vezes tinha episódios imprevisíveis e incontroláveis de desregulação. Uma das coisas que ele mais gostava de fazer todos os dias era frequentar as aulas de educação física no ginásio, onde podia gastar energia e relaxar o corpo. Naquele dia, entretanto, o ginásio estava sendo usado como cenário para fotos das classes. Essas mudanças de rotina costumam ser difíceis para crianças autistas, que ficam confusas. Por isso, não era de surpreender que James tivesse ficado decepcionado. Os professores lhe propuseram sair para fazer uma longa caminhada, mas isso não atendia à sua necessidade de regulação.

— Mas eu *preciso* ir — disse ele, já gritando. — Preciso correr *no* *ginásio.*

Quando, enfim, fui chamado de outra ala do edifício, o colapso de James já havia se tornado tão grave que o professor o havia levado da sala de aula para uma pequena sala de reuniões. O menino estava escondido debaixo da mesa, rosnando e recusando-se a sair de lá. Um terapeuta anterior havia sugerido que os funcionários ignorassem esse comportamento para não o reforçar com sua atenção. Eu, ao contrário, ofereci a James um pufe, em que ele gostava de se sentar, e um sapo de pelúcia, que ele gostava de segurar quando precisava se acalmar. Empurrei delicadamente as duas coisas para debaixo da mesa, onde ele estava deitado em posição fetal.

— James — falei com calma —, acho que você está chateado porque não pôde ir ao ginásio hoje.

— Não pôde ir ao ginásio — ele disse, ecoando o que eu havia falado.

— *Preciso* me mexer.

Aos poucos, esgueirei-me para debaixo da mesa e me aproximei do garoto. Sentado ao lado dele, aceitei seus sentimentos de confusão e raiva e lhe ofereci algumas palavras de encorajamento:

— Todos estão tristes porque sabem que você está chateado.

Absorvendo minhas palavras, ele se acalmou aos poucos e se voltou para mim.

— Sem fotos amanhã? — disse, por fim. — Ir para o ginásio amanhã?

— Sim — respondi. — Você vai ao ginásio amanhã.

James saiu sozinho de debaixo da mesa, deixou a sala quietinho e pediu para dar um passeio no corredor. Os professores disseram que ele se recuperou bem mais rápido do que quando o ignoravam.

O que James precisava não era ser ignorado, e sua reação deixou isso bem claro. A rotina de regulação com que contava fora interrompida. As regras haviam sido modificadas sem aviso. Suas expectativas não tinham sido atendidas. Ele precisava que alguém se fizesse presente e ouvisse, aceitasse e validasse seus sentimentos.

Ao final do período letivo, uma auxiliar da escola me chamou com um gesto no corredor e me levou até James, que segurava nas mãos o sapo de pelúcia.

— Doutor Barry, eu queria dizer tchau — disse James. — E meu sapo também quer dizer tchau.

Não foi a primeira vez que um gesto simples de uma criança meiga encheu meus olhos de lágrimas.

Pais e professores podem ter uma influência positiva ou negativa. Para isso, bastam o tom de voz, o nível de energia e a previsibilidade — ou, ao contrário, a surpresa, a aceitação ou a intrusão. Se um desconhecido, ou até um parente, procura abraçar uma criança autista sem avisar, pode ser que a criança reaja de forma defensiva. Mas a mesma criança pode apreciar um abraço se ela mesma iniciar o movimento. Certa vez, quando minha amiga britânica Ros Blackburn visitou os Estados Unidos, eu a acompanhei em vários locais em que daria palestras e a apresentei a conhecidos. Ela quase sempre dava um passo para trás e até se encolhia quando as pessoas se aproximavam de seu espaço pessoal com mais entusiasmo e energia dizendo algo como "Ros! Que *incrível* poder conhecê-la!". Ela ia enrijecendo o corpo e assumindo uma posição de guarda, de proteção. Porém, quando as pessoas ficavam mais longe, se movimentavam lentamente e falavam mais devagar e com mais calma, Ros reagia com muito mais tranquilidade e confiança.

Às vezes, para oferecer o melhor apoio, temos de reprimir nossas reações emocionais instintivas. Barbara ia todos os dias à escola às três da tarde para pegar seu filho Nick, de 4 anos. Certa vez, o pneu do carro furou e ela teve de esperar 45 minutos até chegar um guincho. Barbara avisou a escola, mas seu filho era tão dependente daquela rotina fixa que ela se preocupou. Como ele reagiria? Entraria em pânico? Teria um colapso?

Barbara finalmente chegou e encontrou Nick sentadinho num tapete no "canto tranquilo" da sala de aula balançando freneticamente o corpo. Parecia desligado do ambiente, confuso e transtornado. Todas as outras crianças já tinham ido embora; ele era o último. A professora contou que Nick sabia que ela viria, mas Barbara, também ansiosa, sentiu-se tentada a correr para tranquilizá-lo. Em vez disso, ela parou, respirou fundo algumas vezes, caminhou lentamente em direção a ele e, com toda a calma, sentou-se ao seu lado.

— Nick, meu amor, mamãe chegou — disse ela, num tom suave, comedido. — Está tudo bem.

Aos poucos, Nick olhou para ela, parou de balançar e repetiu:

— *Mamãe* chegou, mamãe chegou, mamãe chegou.

Então, ele se levantou, tomou-a pela mão e, em silêncio, puxou-a até a porta. Barbara compreendeu que, para ajudar Nick a se recuperar, ela própria tinha de se autorregular emocionalmente. Seu controle emocional naquele momento ilustra uma ideia importante: em vez de tentar mudar o modo como um autista reage a nós, precisamos prestar muita atenção na forma como *nós* reagimos a ele.

## O PODER DA ESCUTA E DA CONSTRUÇÃO DA CONFIANÇA

Aprendi essa lição geral na minha experiência com Jesse, o menino de 8 anos cujo comportamento difícil fora tão problemático na escola que frequentava antes. Na escola nova, onde eu dava consultoria, estava claro que precisávamos trabalhar para construir sua confiança e ajudá-lo a ver a escola de forma positiva. Sempre que possível, procuro trabalhar como membro de uma equipe em vez de presumir que tenho todas as respostas. Juntos, pais, professores, terapeutas, administradores e outras pessoas envolvidas na vida da criança podem criar e executar o melhor plano possível. Quando a equipe da nova escola se reuniu pela primeira vez depois da chegada de Jesse, quase todos compreenderam que ele não era agressivo; apenas se defendia, pois estava com medo e confuso.

"Teremos de construir a confiança", eu disse à equipe.

Jesse não falava, e, como a escola anterior priorizava o treinamento para a obediência e não a comunicação social, ele não dispunha de um meio eficaz para se comunicar. Não tinha o menor controle sobre suas atividades, nem mesmo sabia o que esperar, pois os professores não usavam cronogramas visuais, que podem tornar as coisas mais previsíveis e ajudar as crianças a se preparar. Enquanto professores e terapeutas procuravam a todo custo fazê-lo se comportar, ele lutava para se expressar e sobreviver.

Vivia desregulado em sua rotina e não dispunha de meios para dizer o que sentia e expressar suas necessidades. O máximo que conseguia fazer era obrigar as pessoas a se afastar.

A nova equipe escolar imediatamente se concentrou em lhe proporcionar ferramentas para se comunicar, usando cartões com imagens e fotos e sempre lhe dando escolhas, para garantir que ele sentisse algum grau de autonomia e dignidade. Oferecemos a ele um cronograma para que ele soubesse o que iria acontecer. Entendíamos que enfrentava dificuldades sensoriais severas; assim, uma terapeuta ocupacional criou um plano que incluía várias estratégias sensoriais para ajudá-lo a regular o corpo. Em sua rotina matinal, por exemplo, ele se sentava numa cadeira de balanço num canto tranquilo da sala de aula enquanto uma terapeuta ocupacional lhe massageava as mãos com loção e depois a testa; esse contato o acalmava. Certa vez, brinquei, dizendo que deveriam chamar aquela sala de Spa Jesse.

Em poucas semanas, a equipe organizou as fotos e as imagens de Jesse num livro de comunicação que ele podia usar para se expressar, apontando para o que queria ou gostaria de fazer. (Isso foi antes do tablet.) O livro incluía atividades que o regulavam, como correr no ginásio, apertar a cabeça, receber massagem e ouvir música. A terapeuta o deixava escolher qual mão ou braço ele queria que fosse massageado e também o ensinou a praticar uma automassagem. Já capaz de se comunicar, Jesse — que antes vivia tão ansioso e amedrontado que afastava aos tapas quem quer que se aproximasse — ficou à vontade para interagir com colegas e professores por períodos mais extensos. Passava parte do dia na sala de aula comum, ajudado por uma auxiliar; e, poucos meses depois de sua chegada, a professora veio com boas notícias: Jesse tinha aberto um largo sorriso pela primeira vez na nova escola. Pela primeira vez na vida, Jesse ia para a escola com gosto, todos os dias.

O que havia mudado? Na escola anterior, a equipe se concentrara em fazer Jesse obedecer e seguir o plano deles — não em escutá-lo, não em ajudá-lo a se comunicar. Agora, o foco era a promoção da comunicação social e a busca por meios de apoiar um estado emocional bem-regulado. A nova equipe lhe deu a sensação de que ele tinha controle sobre a própria vida — não um controle ilimitado, mas a oportunidade de fazer escolhas dentro de uma estrutura previsível. Ensinaram-lhe o que ele podia fazer por conta própria para ter a sensação de controle e se autorregular. Ajudaram-no a compreender que estavam ali para apoiá-lo, não para controlá-lo.

É verdade que Jesse ainda enfrentava problemas e tinha alguns dias difíceis. No entanto, estes foram se tornando menos frequentes com o tempo, e Jesse se acalmou; ficou claro que se sentia mais à vontade nas aulas, perto das pessoas, e com suas próprias sensações. Quando estava no ensino fundamental II, Jesse continuou progredindo e passou a ter duas ocupações. Ao lado de um colega neurotípico, ele coletava papel das salas de aula para reciclagem. Além disso, também distribuía a correspondência pelas salas de aula. Embora não soubesse ler com fluência, os funcionários criaram um código de cores para ajudá-lo a separar as cartas. Nesse processo, ele tinha a oportunidade de interagir com adultos e com crianças de sua idade. Com a ajuda de um equipamento de geração de fala, Jesse mantinha breves conversas com os professores quando lhes entregava, todos os dias, as cartas e encomendas.

Não havia mais colapsos, golpes nem resistência; pelo contrário, havia muitos sorrisos baseados numa grande confiança.

O menino que antes parecia tão amedrontado, ferido e sozinho estava agora trabalhando numa loja da escola, vendendo lanches e bebidas aos colegas de classe e aos professores, recebendo o dinheiro e dando o troco. Para comemorar o fim do ensino fundamental, ele foi ao baile de fim de ano com uma amiga. Mais tarde, no ensino médio, esse adolescente, antes tão ansioso e imprevisível que os funcionários se afastavam dele nos corredores, passou a trabalhar como assistente do professor de química. Deixava os béqueres e os tubos de ensaio tão bem arrumados nas prateleiras (com a ajuda de um guia visual) que, segundo o professor, o laboratório nunca estivera tão bem organizado.

Lembro-me muito bem de uma reunião da equipe quando Jesse tinha 10 anos. Dois anos antes disso, sua mãe desistira do distrito escolar anterior, frustrada e nervosa por causa do modo como Jesse era tratado; ele era classificado como uma criança com problemas de comportamento. Nesse dia, no entanto, ela olhou para os terapeutas, professores e funcionários sentados à mesa e, com lágrimas nos olhos, disse: "Vocês salvaram a vida do meu filho!".

Se o fizemos, não foi à custa de medidas heroicas ou ideias brilhantes. Foi simplesmente porque, em vez de tentar mudar o jeito de ser de Jesse, nós o escutamos, o observamos, nos perguntamos "por quê?" e mudamos nossa abordagem com base no que vimos e ouvimos. Detectamos o que o fazia sentir-se desregulado e o ajudamos com as ferramentas de que precisava para aguentar seus problemas e exercer algum controle sobre a própria vida. O mais importante: nós o ajudamos a compreender que as pessoas se preocupam com ele e são dignas de confiança.

Se essa abordagem funcionou no caso de Jesse, é porque pode ajudar praticamente qualquer criança.

# CAPÍTULO 2

## ESCUTE

David me ensinou a escutar.

David era um menino alegre e cheio de energia, de 4 anos, que vivia em constante movimento, pulando pra lá e pra cá como uma bolinha de fliperama. Observando-o na sala de aula da pré-escola, no começo de minha carreira, compreendi que, embora David falasse muito, quase todas as suas palavras ecoavam o que outra pessoa já havia dito. Em vez de apresentar uma fala e uma linguagem típica, criativa, ele se comunicava a seu modo: ou imitava algo que alguém acabara de dizer ou produzia expressões ou frases que pareciam completamente fora de contexto ou até sem nenhum sentido. Às vezes, repetia de imediato o que ouvia; outras vezes, repetia por horas, ou durante dias ou meses depois.

David era fascinado por texturas e sensações táteis, e ele gostava em especial dos meus suéteres. Um dia, eu tentei encorajá-lo a se revezar comigo numa atividade que se compunha de encaixar as peças num quebra-cabeça, mas percebi que ele não estava prestando atenção. Com aquele jeito espontâneo das crianças novas, ele começou a pinçar bolinhas de lã da manga do meu suéter e depois da parte da frente. Examinava cada bolinha de perto, aproximando-a dos olhos e rolando-a entre o polegar e o indicador. Em vez de protestar, decidi acompanhar seu interesse.

— Está vendo, David? É a penugem da lã.

— É a penugem da lã, da lã, *da lã* — repetiu ele, animado pelo fato de eu me interessar pelo que o fascinava.

Enquanto ele brincava com a bolinha de lã e, depois, com a própria palavra, eu escutava. Ele parecia gostar da sensação do ar passando por entre os lábios:

— É a penugem da lã, da lã, da lã! É a penugem *da lã!*[6]

---

6. A palavra em inglês é *fuzz*, cujo som final pode ser prolongado com o ar passando por entre os dentes. (N.T.)

Ficou evidente, para mim, que essa combinação de tato e som havia deixado David feliz. Assim, encarei-a como um meio de me aproximar dele e atrair sua atenção. No dia seguinte, levei uma vasilha cheia de bolas de algodão. Ele ficou encantado. Espalhei as bolas pela sala e inventei um jogo; pedi que David seguisse minhas pistas verbais e encontrasse as bolas — no assento de uma cadeira, por exemplo, ou debaixo de um bicho de pelúcia. Ficou claro que havia algo nas texturas que o entusiasmava, e isso fez com que ele se tornasse mais presente e mais disposto a se relacionar comigo. Se eu lhe impusesse atividades, isso poderia aumentar o distanciamento entre nós; mas, seguindo seus interesses e o fluxo de sua energia, percebi que David ficava motivado e até interessado em descobrir maneiras de se comunicar. Seu aprendizado poderia ser divertido, em vez de estressante.

Certo dia, pedimos que as crianças criassem um projeto artístico com tintas, mas, em vez de pincel, usamos pedaços de esponja. Depois da atividade, David achou pedacinhos cortados de esponja no chão da sala de aula. Como havia feito com as bolinhas de lã, começou a pegá-los um por um e a examinar detidamente cada um, esfregando-o entre os dedos e sentindo a textura.

— É um pedaço de esponja — eu disse.

— É um pedaço de esponja — ecoou ele, olhando para mim. — É um pedaço de esponja, esponja, *esponja*!

Mais uma vez, eu via a alegria que ele sentia ao combinar a sensação do material, o som das palavras que lhe saíam pela boca e a partilha dessa descoberta comigo. Enquanto juntava os pedacinhos de esponja cortada nas mãos em concha e olhava para os que ainda se espalhavam pelo chão, ele começou a dançar pela sala nas pontas dos pés dando olhadelas breves e furtivas em minha direção.

— É um pedaço de esponja, esponja, *esponja*! — ele repetia. — É um pedaço de *esponja*!

A verdadeira revelação ocorreu no dia seguinte. Àquela altura, já haviam limpado a sala de aula. Tínhamos tirado as pinturas e alguém havia arrumado a sala e aspirado toda a sujeira. Quando David chegou, no entanto, ele voltou ao lugar exato onde havia encontrado os pedacinhos de esponja no dia anterior. Repetiu sua dança, olhando para mim a intervalos e dizendo:

— David, é um pedaço de esponja, esponja, esponja! É um pedaço de esponja!

Pense no seguinte: e se um visitante entrasse na sala de aula naquele dia para observar as crianças? Imagine essa pessoa observando esse menininho entrando na sala, cheio de energia, e depois fazendo uma dancinha e falando coisas sem sentido sobre uma esponja. O visitante poderia facilmente pensar que aquele comportamento era absurdo, tolo, aleatório. Estaria a criança alucinando? Teria perdido o contato com a realidade? Ou simplesmente não sabia o que significava a palavra *esponja*?

Se, no entanto, ele tivesse estado na sala no dia anterior, se tivesse conversado com David como eu fizera, se conhecesse o entusiasmo do menino pelas texturas, teria compreendido exatamente o que estava acontecendo. O menininho estava lembrando e reproduzindo a experiência do dia anterior — não somente os fatos da experiência (os materiais usados no projeto de artes), mas sobretudo sua sensação de entusiasmo e sua ligação comigo.

Ele estava contando uma história.

## REENQUADRANDO A ECOLALIA

Quem quer que já tenha feito companhia a um autista que fala conhece essa tendência de repetir palavras, expressões ou mesmo frases e canções inteiras, muitas vezes, *ad infinitum*. De fato, a ecolalia é uma das características que definem o autismo. Nas crianças que sabem falar, é, às vezes, um dos primeiros indícios que levam os pais a perceber que algo está errado; quando, em vez de responder ou iniciar uma conversa usando a própria linguagem, a criança repete palavras ou expressões emprestadas de outras pessoas.

> Mãe: Meu amor, quer ir lá fora?
> Filha: Quer ir lá fora?

Essas manifestações iniciais podem assumir muitas formas: a criança repete trechos de vídeos a que assistiu, anúncios do sistema de alto-falantes do metrô, cumprimentos de professores, vozes de animais ou até frases pinçadas de discussões que os pais tiveram em casa. Qualquer coisa pode se tornar um eco. Palavras que as crianças ouvem em momentos de grande entusiasmo, dor, ansiedade ou alegria parecem ganhar vida própria, tornando-se fontes de ecos. A criança parece reviver o momento e a emoção que o acompanhou.

Certa vez, um colega me pediu que visitasse uma escola de ensino básico para dar minha opinião a respeito de uma menina autista chamada

Eliza, que estava na 5ª série. Quando cheguei à sala de aula para observá--la, a professora indicou, com um gesto, que eu deveria entrar e me sentar. Quando me aproximei de Eliza, no entanto, a menina assumiu de repente uma expressão de preocupação, olhou cautelosamente em minha direção e disse três palavras:

— Tem uma farpa!

Eu não sabia se havia entendido. Uma farpa? Mas segui em frente, com a expressão mais amistosa e tranquila do mundo, e me sentei perto dela. Eliza repetiu as mesmas palavras:

— Tem uma farpa! Tem uma farpa! — E me olhava ansiosa pelos cantos dos olhos.

Olhei para suas mãos a fim de ver se ela havia se machucado, mas a professora interveio.

— Não se preocupe — disse à menina. — Barry é uma boa pessoa. Ele está nos visitando hoje.

Eliza repetiu palavra por palavra:

— Barry é uma boa pessoa. Ele está nos visitando hoje.

Isso pareceu acalmá-la, mas fiquei imaginando o que Eliza estava sentindo e o que lhe passava pela cabeça quando dizia "Tem uma farpa!". Do que ela estava falando? Teria algo a ver comigo? Seria aleatório? E por que a professora reagira daquele jeito?

Quando conversei com a professora, mais tarde, ela explicou que Eliza sofrera com uma farpa dolorosa no pátio da escola havia dois anos. Desde então, dizia "Tem uma farpa!" sempre que se sentia ansiosa ou assustada.

Assim como a professora de Eliza sabia o que ela queria dizer e eu compreendi e me alegrei com a lembrança das espumas que David usou como recurso, os pais e outras pessoas próximas de crianças autistas, muitas vezes, compreendem com exatidão o que a criança está dizendo e sabem por quê.

"É uma frase de um episódio do *Bob Esponja* que ele ouviu no ano passado."

"Ele ouviu o professor dizer isso num treinamento de incêndio no mês passado."

"Eu lhe disse isso quando lhe dei banho na semana passada."

"Essa é uma frase que um anunciante diz num programa de tevê."

No entanto, esses mesmos pais ficam apreensivos quando ouvem alguns "especialistas" falando de ecolalia do ponto de vista da patologia — quando lhes dizem que a ecolalia é mais um "comportamento autista" que atrapalha o aprendizado, uma característica problemática, vista como um obstáculo à capacidade da criança de se enturmar e parecer "normal".

Mas isso é um erro.

É claro que, de um ponto de vista superficial, as coisas parecem ser assim mesmo. Desse modo, baseados nos conselhos errôneos de alguns profissionais, muitos pais se preocupam pensando que a repetição insistente prejudica a capacidade da criança de fazer amizade com outras crianças, desenvolver relacionamentos, aprender a língua (e se comunicar) e frequentar a escola. Os pais, às vezes, ouvem de "profissionais" que esse tipo de comportamento pode isolar a criança, fazendo com que seja vista como esquisita ou estranha, ou apenas diferente (como se ser diferente fosse algo ruim).

Alguns profissionais desinformados reforçam essas crenças dando a esse tipo de comunicação o rótulo de "conversa boba" [*silly talk*] ou "conversa de vídeo" [*video talk*], já que tantas dessas frases vêm de filmes e programas de televisão. Convencem os pais de que a ecolalia não tem valor algum e trabalham para muni-los de estratégias para eliminá-la. No começo da minha carreira, os educadores e profissionais em geral usavam técnicas agressivas e negativas para fazer com que as crianças abandonassem aqueles padrões de fala. Diante da "conversa boba" de uma criança, os terapeutas reagiam emitindo ruídos altos e irritantes (para a criança) — batendo palmas diante do rosto dela, por exemplo, mais ou menos como se faz com um cachorro quando se tenta impedi-lo de latir dentro de casa. Numa escola que visitei, os professores esguichavam sumo de limão na boca da criança para puni-la por qualquer comportamento "indesejável" ou lembrá-la de só falar quando fosse a "sua vez" ou de não fugir do assunto. As práticas mais recentes são menos agressivas e aversivas; algumas envolvem ignorar a criança ("ignorância planejada"). Alguns profissionais instruem os pais a levantar o dedo indicador e emitir uma ordem firme, como "Fique quieto!", ou "Sem falar!", ou "Sem falar bobagem!". Todas essas abordagens têm o mesmo objetivo: impedir a criança de falar. Muitos adultos autistas que foram expostos a essas "contingências" comportamentais na infância hoje dão a entender que elas eram irritantes, assustadoras e até, em certos casos, traumatizantes.

Há muito tempo acredito que isso é errado, que esses profissionais não entendiam a ecolalia e que as reações que "prescreviam" para os pais não somente eram errôneas como também podiam ser prejudiciais. Na tentativa de fazer com que as crianças parecessem mais "normais", esses "especialistas" simplesmente ignoravam manifestações que eram, sem a menor dúvida, tentativas legítimas de comunicação, e — pior ainda — prejudicavam gravemente o processo pelo qual a criança aprendia a se comunicar e interagir com o mundo.

## COMO COMECEI A COMPREENDER A ECOLALIA

Pouco tempo depois que defendi meu mestrado em patologias da fala e da linguagem, consegui um emprego que parecia o emprego dos sonhos. Como parte da minha residência clínica, me ofereceram um cargo no Programa de Autismo do John R. Oishei Children's Hospital (Hospital da Criança) em Buffalo, no estado de Nova York. (As pessoas, às vezes, se surpreendem ao saber que esse programa já existia em 1975, mas posso garantir que existia, sim, e que era excelente.) Naquele ano, trabalhei como especialista em fala e linguagem numa sala com cinco meninos, todos eles se enquadravam no espectro. Ao mesmo tempo, conduzi um estudo-piloto observando esses meninos para tentar compreender o papel específico que a ecolalia desempenhava em sua comunicação e no desenvolvimento de sua linguagem.

Um dos motivos pelos quais quis estudar a ecolalia era que muitos juízos sobre as crianças autistas tinham sido emitidos por pessoas que não conheciam nem haviam estudado nada sobre o desenvolvimento da linguagem e da comunicação nas crianças, ou mesmo sobre o desenvolvimento infantil em geral. Eram terapeutas do comportamento, ou seja, especialistas no desenvolvimento de programas para reduzir comportamentos indesejáveis e aumentar os desejáveis. A maioria acreditava, e muitos ainda acreditam, que a ecolalia se enquadrava na categoria dos comportamentos "indesejáveis" mesmo sem compreender o que ela é. Como diz Ros Blackburn, não haviam perguntado "Por quê?". Viam-se como especialistas e não respeitavam suficientemente as crianças e seus pais para tentar compreender seus pontos de vista.

Eu achava que, por trás desse comportamento, havia algo mais do que uma simples patologia ou uma expressão aleatória. Minhas observações, como também minha formação em psicolinguística e em patologias da fala e da linguagem, haviam me ensinado que a ecolalia era muito mais complexa do que uma "imitação sem sentido"; que esse tipo de fala tinha uma finalidade ou, talvez, várias finalidades diferentes. E queria testar essa hipótese.

Até então, as poucas pesquisas feitas sobre ecolalia tinham sido conduzidas no ambiente artificial de um laboratório. Meu estudo, por sua vez, era social-pragmático; ou seja, eu estudava a linguagem tal como as crianças a utilizavam no contexto de atividades e ambientes cotidianos. Observei aqueles menininhos na sala de aula e em casa, gravei vídeos de suas interações com os colegas e os irmãos. Em resumo, observei-os e escutei-os enquanto conduziam sua vida cotidiana.

Era a primeira vez que eu trabalhava com tantas crianças que apresentavam ecolalia, então, à medida que as fui conhecendo melhor, percebi que aquele tipo de fala não era sem sentido para nenhuma delas. Aqueles menininhos estavam se comunicando e também usando a ecolalia para outras finalidades. Conversando com suas mães e seus pais, percebi que eles tinham a mesma impressão.

Vi isso primeiro em David, o mesmo menino que se lembrara com alegria dos pedaços de esponja. Toda vez que uma professora ou um auxiliar lhe dizia "não" de um jeito que indicasse desagrado, ele reagia da mesma maneira. Saltitava pela sala repetindo numa voz carregada de emoção negativa "Nós não batemos a porta. Nós não fazemos xixi na parede!".

Essas onze palavras contavam toda uma história. Ele não estava dando ordens a ninguém, nem eram palavras aleatórias ou tolas — embora eu tenha de admitir que os adultos presentes se divertiam. David já tinha sido repreendido, e este era o modo pelo qual ele reconhecia o significado social do momento: "Nós não batemos a porta. Nós não fazemos xixi na parede!". Significava que ele compreendia que os adultos reprovavam o que ele tinha feito e que por isso ele estava sendo censurado. As coisas que ele estava fazendo naquele momento se encaixavam na mesma categoria que bater a porta ou urinar: coisas que não devem ser feitas na sala de aula. Ele estava sintonizando a emoção por trás da mensagem e indicando, do seu jeito, que havia compreendido.

Aprendi que os ecos também podiam cominar importantes informações e sentimentos. Numa tarde, Jeff, outro menino da sala, parecia menos cheio de energia do que de costume, mas, como ainda não se comunicava diretamente, não sabíamos por quê. Ele começou, então, a se aproximar dos diversos adultos na sala, botar o rosto perto do rosto deles e fazer um ruído que ainda não conhecíamos: "Faiz-aaah! Faiz-aaah!". Quando dizia isso, abria bem a boca e estendia a mandíbula inferior para baixo, num "aaah" prolongado.

Ele continuou fazendo isso a tarde inteira. Andava pela sala, mas depois voltava, fazia contato visual e repetia aquelas duas sílabas: "Faiz-aaah!

PARTE I: COMPREENDER O AUTISMO | 61

Faiz-aaah!". Minha primeira impressão era a de que ele estava brincando com os sons e procurando perceber as sensações dos diversos sons que lhe saíam pela boca. Por mais que tentasse, não entendi o que ele queria dizer — embora o jeito com que se aproximava, sua expressão atenta e sua persistência deixassem claro que ele queria comunicar algo. Ele buscava e esperava uma resposta.

Quando Jeff repetiu o mesmo "Faiz-aaah!" na manhã seguinte, a professora telefonou para a mãe dele. Ela nem mesmo precisou pensar muito no assunto para responder "Ah! Acho que ele está ficando resfriado...".

Ficamos esperando que ela dissesse mais alguma coisa.

— E daí? — perguntou a professora.

— Quando acho que ele está ficando doente, peço que ele abra a boca e faça "aaah" — respondeu a mãe.

Fazia total sentido. Jeff estava tentando nos dizer que não estava se sentindo bem. Estava resfriado ou talvez com dor de garganta. Em seu estágio de desenvolvimento, era incapaz de explicar essas sensações com suas próprias palavras. Assim, representava para nós uma cena, reproduzindo o que a mãe lhe dissera em casa: "Faz "aaah!".

Fora de contexto, aquilo não significava nada; era um menininho soltando ruídos estranhos. Mas nos perguntamos "Por quê?". Escutando e investigando com cuidado, compreendi perfeitamente o que Jeff queria dizer.

E escutei muito mais naquele ano. Com uma subvenção federal da Secretaria de Educação para Deficientes do Ministério da Educação, gravei 25 fitas de vídeo dos meninos em atividades cotidianas: na escola durante a brincadeira, no almoço, nas sessões de terapia individual e em grupo e em casa com seus pais e irmãos, tudo isso durante um ano. Passei meses analisando a fala, os gestos e os atos das crianças, e nesse processo identifiquei 1.009 ecos distintos e os dividi em sete categorias funcionais (como fazem os bons pesquisadores). Distingui a ecolalia imediata (quando a criança repete uma palavra ou expressão dita naquele momento) da ecolalia tardia ou *scripting* (quando as palavras são repetidas horas, dias ou até meses ou anos depois).[7]

Para resumir: aqueles menininhos estavam se comunicando das mais diversas maneiras. Às vezes, estavam afirmando que tinham entendido. Outras vezes, se revezavam, como se faz numa conversa. Algumas

---

7. Nesse estudo, concentrei-me na ecolalia imediata, mas depois estudei a ecolalia tardia com Patrick Rydell, um aluno meu, e chegamos às mesmas conclusões.

vezes, repetiam palavras para ensaiar algo que iriam dizer depois. Em outras, repetiam determinados sons porque os próprios sons produziam um efeito tranquilizador, como o de quem repete um mantra. Às vezes, repassavam as etapas de um processo ou raciocinavam em voz alta algo sobre uma situação, para se acalmar e ganhar segurança. E em outros momentos, enfim, a repetição tinha o objetivo de apoiar a regulação emocional: eles diziam a si mesmos que não deveriam ter medo nem ficar ansiosos.

Em outras palavras, estavam usando a linguagem para as mesmas finalidades que todos nós. Tudo o que tivemos de fazer foi escutar, observar e prestar atenção.

## UM MODO ALTERNATIVO DE SE COMUNICAR

No decorrer dos anos, quanto mais escutei, mais desenvolvi minha capacidade de reconhecer e entender os ecos que ouço em crianças autistas e até em adultos que usam a ecolalia. Existem casos em que a ecolalia tem pouco valor comunicativo, no sentido de que somos incapazes de decifrar seu sentido ou seu propósito? É claro que sim. Por exemplo, quando indivíduos que, em regra, não falam emitem palavras ou expressões, isso é chamado, hoje, de "fala não confiável". Eles não têm a intenção de usar as palavras ou os sons para se comunicar (ver capítulo 11). Na maioria das vezes, entretanto, com uma escuta cuidadosa e um trabalho de investigação, torna-se claro que a criança (ou o adulto) está se comunicando — à sua maneira. Minhas pesquisas provaram isso, e outros pesquisadores chegaram a conclusões semelhantes.[8]

Aidan, por exemplo, era um menino adorável de 3 anos cuja capacidade de falar não estava se desenvolvendo como se esperava, mas ele demonstrava a habilidade de se lembrar de longos trechos de fala. A maioria das crianças em desenvolvimento acrescenta a seu vocabulário uma palavra por vez (*mamãe, papai, bebê*). As crianças combinam essas palavras de forma flexível e só então começam a construir frases curtas ("mamãe, abraço", "papai, comer biscoito"). Aidan, ao contrário, surpreendia os pais com expressões e frases inteiras, às vezes, bastante

---

8. Inspirada por nossas pesquisas, Marge Blanc tratou do assunto e da própria pesquisa no livro *Natural Language Acquisition on the Autism Spectrum: The Journey from Echolalia to Self-Generated Language* (Madison: Communication Development Center, 2013).

sofisticadas do ponto de vista gramatical. Aos 4 anos, ele não cumprimentava as pessoas dizendo "oi" ou "olá", mas com uma frase de seu filme favorito. Inclinava a cabeça para o lado, apertava os olhinhos brilhantes e perguntava: "Você é uma bruxa boa ou uma bruxa má?".

Sabemos que é assim que Glinda, a Bruxa do Norte, cumprimenta Dorothy numa cena famosa de *O mágico de Oz*. É um momento dramático. Assim que Dorothy chega a Oz, uma bolinha iridescente aparece e vai crescendo até arrebentar, revelando Glinda, que parece uma princesa de conto de fadas, com um longo vestido e de varinha na mão. Ela chega perto de Dorothy e diz as palavras imortais: "Você é uma bruxa boa ou uma bruxa má?".

Há um exemplo melhor de cumprimento entre duas pessoas? O menino não estava dizendo algo sem sentido; pelo contrário, estava capturando a própria essência do encontro entre dois seres humanos. (Mais tarde, os professores e terapeutas o ensinaram a usar o convencional "Olá, eu me chamo Aidan!". Embora a mãe tenha apreciado a novidade, ela sentia falta do cumprimento característico do filho.)

Às vezes, as crianças falam em eco para narrar o que está acontecendo — até mesmo em experiências muito comuns da vida cotidiana. Era o caso de Bernie. Ele era um jovem entusiasmado e cheio de energia, e boa parte de sua comunicação consistia simplesmente em repetir coisas que evidentemente ele tinha ouvido de outras pessoas, entre as quais a mãe. Tinha a incrível habilidade de imitar o sotaque de quem havia falado. Quando trabalhei na escola que ele frequentava, há algumas décadas, eu o acompanhava, algumas vezes, ao banheiro. De repente, do nada, eu ouvia sua voz de dentro de um dos cubículos, exatamente igual à da sua mãe: "Já chega, menino! Agora, limpe essa bunda!".

Como ele tinha ascendência afro-americana e fora criado na cidade, seus ecos refletiam características do que, então, se chamava "inglês negro" e hoje é chamado de inglês vernacular afro-americano (African-American Vernacular English [AAVE]). Quando ele ecoava algo que eu havia dito, sua fala refletia claramente meu sotaque do Brooklyn, pois ele sabia que eu era de "New Yawk".[9]

Algumas vezes, as crianças usam o eco para dizer o que estão pensando, mas raramente o fazem de um jeito que seja óbvio de imediato. O pai de Kyle, um menino autista, me chamou certa vez para velejar com

---

9. O modo convencional como se escreve a pronúncia que os próprios nova-iorquinos dão ao nome de sua cidade. (N.T.)

eles em Narragansett Bay, no estado de Rhode Island. No meio de uma tarde adorável, estávamos ancorando numa pequena baía quando o menino começou a correr de um lado para o outro do convés, parando de vez em quando para olhar ansioso para a água.

— Nada de cachorro! Cachorro morde! — dizia com uma urgência cada vez maior, olhando para o pai. — Nada de cachorro! Cachorro morde!

Cachorro? Estávamos no mar, sem nenhum barco por perto, nenhuma pessoa, nenhum animal. Éramos nós, as ondas e o vento. Do que ele estava falando? O pai sabia exatamente o que ele queria dizer.

— Ele está perguntando se pode nadar.

Pedi ao pai que me explicasse. Ele me disse que Kyle tinha medo de cachorro. Quando se sentia ansioso e em perigo, era assim que o expressava: "Nada de cachorro! Cachorro morde!". Naquele momento, ele queria nadar na baía rasa, mas não sabia se aquele lugar em que estávamos era seguro, por isso estava perguntando se podia. Com aquele modo de falar, ele fez três coisas: expressou seu medo, pediu permissão ao pai e se assegurou de que o lugar não era perigoso. O pai respondeu: "Tudo bem, não tem perigo! Nada de cachorro!". E Kyle pulou na água cheio de alegria.

## CADA FAMÍLIA TEM UMA LINGUAGEM

Como mostram essas histórias, a ecolalia nos ensina algo não somente sobre o desenvolvimento da linguagem e da comunicação, mas também sobre a criação de filhos. Muitos pais veem os médicos ou terapeutas como especialistas e pedem que lhes expliquem seus filhos. Com o tempo, percebi que a melhor abordagem para proporcionar um apoio eficaz e significativo a crianças e adultos autistas é aquela centrada na família e nas pessoas mais próximas. Os pais quase sempre conhecem seus filhos melhor do que ninguém. Os irmãos adultos e os avós, muitas vezes, compreendem profundamente o autista com quem partilharam boa parte de sua vida. E, com base em inúmeras experiências em comum no decorrer de tantos anos, cada família desenvolve sua própria linguagem: suas expressões familiares, sua terminologia, seus modos abreviados de falar. Em outras palavras, cada família desenvolve sua própria cultura, que permite a comunicação, o entendimento e o apoio entre seus membros.

Cada família tem a sua cultura, e a maioria dos que estão de fora não a conhece. Por isso, em vez de os pais se apoiarem em gente de fora

— profissionais de saúde, por exemplo — para entender as coisas, são os profissionais que devem se apoiar nos pais, em seus filhos e nos outros membros da família. Quando algum casal me pede que explique o hábito de seu filho de repetir frases e palavras (ou qualquer outro padrão de comportamento que o deixe perplexo), minha primeira resposta consiste sempre em inverter a situação: "O que vocês mesmos acham?".

Em geral, as pessoas são capazes de me dizer — ou pelo menos de fazer uma boa suposição baseada na experiência. Tanto num caso como no outro, os pais me proporcionam importantes informações sobre a criança, informações que eu não conhecia; e, nesse processo, seu conhecimento do filho é validado — eles se sentem respeitados e valorizados como membros de uma parceria de colaboração com o profissional.

Num estudo, enviei questionários aos pais para que me falassem de suas experiências com a ecolalia. Quase todos os seus filhos autistas faziam uso da ecolalia, à qual os pais davam suas próprias explicações: "Às vezes, ele faz isso para não se esquecer de alguma coisa que ele quer entender melhor..."; "Às vezes, ela a usa para pedir algo..."; "É assim que ele fala quando não entendeu algo..."; "Quando ele faz eco, está dizendo 'sim'!". Quase todos eles encontravam um sentido na fala não convencional dos filhos.

## A ECOLALIA COMO ESTRATÉGIA DE APRENDIZAGEM

Na verdade, constatei que a ecolalia tem uma finalidade ainda mais essencial para muitas crianças autistas: é um caminho para a aquisição da linguagem. Simplificando, funciona assim: muitas crianças autistas têm dificuldade para se comunicar, mas têm uma excelente memória. Assim, aprendem a língua ouvindo-a e repetindo-a, quer imediatamente, quer depois de um tempo. À medida que a criança vai crescendo no aspecto social, cognitivo e linguístico, começa a discernir as regras da linguagem, mas o faz, em parte, usando um estilo de aprendizagem baseado na *gestalt*[10] — usando a ecolalia para decompor os trechos de fala memorizados.

---

10. Teoria que considera os fenômenos psicológicos como totalidades organizadas, indivisíveis, articuladas, isto é, como configurações. É uma doutrina que defende que, para compreender as partes, é preciso, antes, compreender o todo. (N.E.)

É claro que isso não significa que seja fácil conviver com a ecolalia. Sempre digo aos pais que, embora ela seja funcional e possa servir de etapa rumo ao desenvolvimento da linguagem — essencial para desenvolver a capacidade de comunicação da criança —, isso não significa que, de vez em quando, não possa levá-los à loucura! Na quinquagésima vez que sua filha repete uma fala de *Frozen*, talvez sua cabeça já esteja a ponto de estourar. Na centésima vez em que seu filho diz "não batemos a porta e não fazemos xixi na parede", talvez você esteja a ponto de você mesma bater a porta. Mas há duas coisas que podem nos animar: a princípio, a consciência de que esse tipo de comunicação atende a uma necessidade da criança; e, também, que representa um processo de desenvolvimento em permanente evolução. Com o tempo, e à medida que o sistema linguístico criativo da criança se desenvolve, o eco tende a diminuir, embora o progresso ocorra em ritmos diferentes e em momentos diferentes para cada criança.

Os pais e outras pessoas podem ajudar a criança a aprender a usar uma linguagem mais criativa (em vez de simplesmente ecoar o que os outros dizem) por meio de diversas estratégias, entre as quais simplificar a linguagem usada com a criança, dividir os fragmentos ecoados em palavras e expressões mais curtas, acrescentar gestos e introduzir apoios visuais e linguagem escrita. Se o pai, por exemplo, disser à filha "Por favor, vá até a geladeira, pegue o leite e traga algumas bolachas...", talvez a criança preencha sua "vez" de falar simplesmente ecoando a frase ou parte dela, sem responder de fato. O pai pode, então, simplificar a frase complexa dividindo-a em segmentos, dizendo algo como "Vá até a geladeira (apontando para a geladeira). Pegue o leite. Abra o armário. Pegue as bolachas!".

Outra estratégia consiste em introduzir fotografias e outras imagens ou palavras escritas por meio de um mostrador visual ou num tablet, em vez de usar exclusivamente a linguagem falada. Isso pode ajudar a criança a entender com mais prontidão e rapidez, diminuindo a necessidade de uso da ecolalia como estratégia de entendimento.

Algumas crianças podem achar útil para si mesmas escrever ou digitar o que gostariam de dizer. Isso pode melhorar sua capacidade de formular a linguagem, em vez de usar apenas fragmentos memorizados e repetidos. A maioria dos autistas é mais forte no uso de meios visuais para expressar e compreender a linguagem do que no uso da comunicação simplesmente ouvida e falada. Alguns autistas que não falam e que apresentam formas mais automáticas e menos confiáveis de ecolalia

PARTE I: COMPREENDER O AUTISMO | **67**

são capazes de digitar ou soletrar para comunicar pensamentos ou sentimentos complexos. Embora seja fundamental aceitar e compreender as intenções e as funções da ecolalia, bem como seus diferentes tipos, também é importante ajudar a criança a passar ao uso de uma linguagem mais criativa, gerada por si mesma, e de métodos mais convencionais de comunicação por meio da fala ou de outros sistemas que reforcem a fala ou lhe sirvam de alternativa.

Muitas crianças que fazem uso constante da ecolalia quando novas passam a usá-la cada vez menos à medida que amadurecem; mas, diante de situações desafiadoras ou momentos difíceis de desregulação, podem voltar a ecoar. Elijah, aluno do ensino fundamental II, era um fã ardoroso dos musicais da Broadway, principalmente de *O rei leão*. Embora enfrentasse dificuldades significativas na vida escolar, sobretudo nas disciplinas que exigiam uma compreensão da linguagem abstrata em alto nível, ele assistia às aulas regulares na escola pública que frequentava para desenvolver relacionamentos com colegas neurotípicos e permanecer na companhia deles. No geral, ele se dava bem, exceto quando se sentia sobrecarregado e ansioso por causa dos trabalhos escolares mais difíceis. Quando a ansiedade aumentava, Elijah se punha em pé no meio da aula de história e começava a cantar "O ciclo da vida" em voz bem alta, primeiro em inglês e depois em alemão (que ele aprendera assistindo a vídeos na internet).

Os professores respeitavam o espírito criativo de Elijah, mas um aluno começar a cantar no meio da aula de história era prejudicial para a classe. Por isso, perguntei a Elijah por que ele cantava naquela aula. Sua explicação: o professor falava rápido demais, e ele não conseguia acompanhar. Tinha dificuldade para prestar atenção, e aquele era o meio de que dispunha para se autorregular emocionalmente e diminuir a ansiedade. A canção era apenas uma forma de eco que alguns profissionais chamam de *scripting*.[11] Ele não estava sendo esquisito ou apresentando um comportamento aleatório; estava procurando lidar com uma situação, assim como outra pessoa talvez cante uma música na cabeça quando se sente entediada ou tensa (mas sem projetar o canto em público).

Trabalhando com seu professor, os pais e outras pessoas na escola, procurei algo que ele pudesse usar para se acalmar sem causar problemas. Além de cantar, Elijah também gostava de desenhar os personagens

---

11. Quando a criança faz o recorte de uma fala de um filme ou de um desenho e cola em uma situação social de forma contextualizada ou não. (N.R.T.)

de *O rei leão*. Então, sugerimos que trouxesse um caderno de desenho para a aula e, depois, um pequeno quadro branco e canetas hidrocor. Assim, quando se sentisse ansioso, poderia desenhar em silêncio em vez de interromper a aula. (Alguns anos depois, Elijah se tornou um artista plástico e passou a produzir cartões comemorativos e vender seus trabalhos em feiras de arte.)

Outro adolescente que se beneficiou desse tipo de válvula de escape criativa foi Justin, um artista talentoso. Quando tinha 11 anos, uma pequena cafeteria do bairro concordou em fazer uma exposição de seus trabalhos artísticos. Os pais aproveitaram a oportunidade para aperfeiçoar o modo como o menino cumprimentava as pessoas em encontros sociais. Assim, ele passou algum tempo ensaiando o modo como cumprimentaria amigos e desconhecidos que fossem à exposição. Na noite de abertura, conseguiu apertar a mão dos primeiros convidados e cumprimentá-los da forma devida, mas, à medida que mais e mais pessoas foram chegando, Justin começou a se sentir ansioso e tenso. Então, em vez de cumprimentar cada um que chegava, ele começou a perguntar para as pessoas: "Qual é o seu personagem favorito de desenho animado?".

Justin adorava desenhos animados, os quais inspiravam muitas de suas obras. Mesmo quando conhecia bem a pessoa que devia cumprimentar, ele se esquecia do que havia preparado e deixava escapar aquela pergunta sem demonstrar muito interesse pela resposta. A ansiedade em sua voz parecia aumentar a cada repetição. Para Justin, repetir essa pergunta era como cantar músicas de *O rei leão* para Elijah. Nos dois casos, o eco era um meio de resistir à sensação de ansiedade.

Para substituir o estranho cumprimento de Justin por outro mais convencional, seus pais prepararam uma ficha com lembretes do que ele poderia dizer em situações de interação social. Não era um roteiro, mas algumas palavras-chave que o lembravam de prestar atenção na conversa e agradecer seus amigos por terem comparecido, em vez de voltar à pergunta familiar. O fato de saber que dispunha de lembretes visuais e escritos foi suficiente para ajudar Justin a navegar com mais tranquilidade pelas situações sociais em que se sentia tenso e ansioso.

A ecolalia também atende a uma finalidade básica de desenvolvimento. Nenhuma criança pode se tornar um usuário criativo e funcional da língua pela mera repetição de palavras ou frases memorizadas, mas a ecolalia é um começo. Para muitas dessas crianças, é o primeiro passo para entender o conceito básico de que podem usar o próprio corpo como instrumento de produção da fala, que expressa desejos, necessidades, observações e sentimentos. E que, desse modo, podem fazer contato com outros seres humanos.

Até alguns adultos autistas, que já deixaram para trás os estágios da ecolalia e desenvolveram uma linguagem mais criativa e *conversacional*, dizem que boa parte do que falam se baseia em "roteiros". Julia Bascom, diretora-executiva da Autism Self Advocacy Network (ASAN) [Rede de Autorrepresentação do Autismo], confessou que busca em seu "armazém de enunciados" o que gostaria de dizer.

## A ESCUTA ENCORAJA A COMUNICAÇÃO

Por tudo isso, é importante que os pais escutem seus filhos e familiares autistas e não desprezem esse tipo de comunicação. Um dos meus primeiros mentores, o saudoso doutor Warren Fay, especialista em fala e linguagem que trabalhava no que hoje é a Oregon Health & Science University, o expressou da seguinte maneira: se ainda não compreendemos plenamente o que é a ecolalia, não devemos ao menos dar às crianças o benefício da dúvida?

Pense na perspectiva de uma pessoa que procura desesperadamente se comunicar, apesar das dificuldades neurológicas que acompanham o autismo — ansiedade social, sobrecarga sensorial, frequentes problemas de processamento da linguagem. Quando as primeiras tentativas de comunicação da criança se deparam com as ordens incisivas — recomendadas por alguns profissionais — "fique quieta!" ou "pare de falar bobagem!", isso não só é inútil como também, na verdade, desestimula seus esforços de se comunicar e compreender o que são a fala, a linguagem e a comunicação. Além disso, a repressão dessas tentativas de se comunicar pode aumentar ainda mais o estresse e a confusão, levando o indivíduo a evitar certas pessoas, a se fechar dentro de si e desistir de tentar. Como já observei, em casos mais extremos, os adultos autistas que sofreram tentativas de supressão de sua ecolalia se lembram dessas experiências como desgastantes ou até mesmo traumatizantes.

Meu conselho mais sucinto é: escute, observe e pergunte "Por quê?".

Quando pais, professores e profissionais cuidadosos fazem isso — prestam muita atenção nas palavras, nos gestos e nos contextos —, muitas vezes, compreendem intuitivamente que a ecolalia faz parte do processo de aprender a se comunicar. Vi isso acontecer no caso de Namir, um menininho que conheci quando ele tinha pouco mais de 2 anos e estava encantado com os vídeos da Disney.

Esse é um tema comum às crianças com as quais trabalhei. Os desenhos animados de todo tipo produzem um fascínio particular nas crianças que estão no espectro do autismo, capturando sua atenção de forma incomparável ao efeito de qualquer outra atividade. Por quê? Porque, para muitas crianças, a previsibilidade e a constância no comportamento dos personagens de animação (e da música) são reconfortantes, e isso tudo contrasta favoravelmente com a natureza imprevisível das pessoas do mundo real em situações cotidianas. Em *Meu malvado favorito* ou em *Madagascar*, a linguagem vocal, visual e corporal dos personagens é exagerada, o que facilita a decifração das emoções para essas crianças e até para adultos. Muitos autistas também consideram a delineação clara de personagens bons e maus uma alternativa atraente às áreas cinzentas e cheias de nuances que encontram na vida real. Por fim, assistir reiteradamente ao mesmo filme cria uma sensação tranquilizante de familiaridade e controle.

Muitos pais se preocupam com o fato de seus filhos passarem muito tempo concentrados em *O rei leão* ou *Shrek*, com medo de que isso possa prejudicar o desenvolvimento da criança. Terapeutas e outros profissionais os assustam ainda mais, avisando-lhes de que o ato de assistir reiteradamente a esses filmes pode colaborar para *piorar* os comportamentos ou, de algum modo, intensificar o autismo da criança. Muitas vezes, os pais me perguntam se esses filmes só servem para alimentar a "conversa boba", fornecendo mais e mais frases inúteis a serem ecoadas pelas crianças.

Namir e seus pais me ensinaram a ver essa questão de uma perspectiva mais distanciada e mais sutil. Aos 3 anos, Namir parecia estar perdido dentro dos filmes da Disney. Boa parte do que ele dizia consistia em trechinhos de *Peter Pan*, seu desenho preferido. Em vez de usar a linguagem para interagir com as outras pessoas, ele repetia frases do filme para si mesmo, dando, às vezes, a impressão de ignorar por completo os seres humanos ao seu redor.

Talvez algumas pessoas tenham tentado dissuadi-lo, exigindo que parasse de usar aquele tipo de fala, por estarem convictas de que essa "imitação sem sentido" estava atrapalhando seu progresso. Mas os pais de Namir o escutaram — e juntaram-se a ele. Compraram bonequinhos do filme *Peter Pan* e interagiram com ele enquanto ele representava cenas imaginárias com os brinquedos. Respeitaram seu interesse e deram apoio a seu envolvimento, então Namir se sentiu ouvido e respeitado.

Com o tempo, suas brincadeiras progrediram. Ele demonstrava entender cada vez melhor o que dizia. Ainda usava as frases que aprendera em *Peter Pan*, mas encontrava meios de usar os diálogos da Disney num contexto social apropriado. Como Aidan, o menino que usava a fala de *O mágico de Oz* para cumprimentar as pessoas, Namir começou a integrar os fragmentos de fala que giravam em sua cabeça para interagir com as outras pessoas.

À medida que aprendeu a usar a linguagem de um modo mais criativo, ele foi fazendo também um uso mais seletivo das falas da Disney quando elas eram adequadas ao contexto social e a suas intenções. Quando queria que alguém fosse embora, por exemplo, ele dizia: "Sininho, expulso você daqui para sempre!".

Estimulando seus esforços de comunicação, os pais de Namir auxiliaram imensamente o seu desenvolvimento. Entre a pré-escola e o ensino fundamental, ele se transformou — de um menino que brincava sozinho e parecia perdido num mundo de repetição aleatória de trechos de filme em um menino comunicativo e sociável.

Quando a professora da 4ª série pediu que os alunos fizessem uma pesquisa sobre algum americano famoso, Namir escolheu Walt Disney. E, quando produziu um trabalho muito bem-feito, os pais aproveitaram mais essa oportunidade para homenagear o menino — e demonstrar o valor de ter fé no próprio filho.

# CAPÍTULO 3

## ENTUSIASMOS

Às vezes, uma palavra basta para mudar nossa perspectiva para sempre.

Certa vez, convidei a falecida Clara Claiborne Park para proferir uma palestra numa conferência anual de levantamento de fundos para o autismo que ajudei a organizar. Clara, professora de inglês no Williams College, era mãe de Jessy Park, uma talentosa pintora autista. Clara e seu marido, David, eram pioneiros no universo do autismo. Ainda na década de 1960, fundaram, junto a outras pessoas, a National Society for Autistic Children [Sociedade Nacional para Crianças Autistas], a primeira organização desse tipo, precursora da Autism Society of America (ASA) [Sociedade Americana do Autismo]. Em 1967, Clara publicou *The Siege* [O cerco], o primeiro relato autobiográfico de uma mãe ou pai sobre a criação de filhos autistas que conquistou um grande número de leitores. Tive o privilégio de conhecer Clara e David no começo de minha carreira e aproveitava cada oportunidade que tinha de estar ao lado deles.

Jessy apresenta muitas características clássicas do autismo. Tem dificuldade para interagir socialmente e para se expressar por meio da fala. Também recua quando alguém a toca sem avisar. No decorrer dos anos, os pais de Jessy apreciaram e apoiaram seus interesses mais profundos, muitos dos quais se tornaram temas de suas pinturas vivas e multicoloridas: arquitetura, números primos, nuvens, hodômetros, aquecedores a quartzo, constelações, lâmpadas de rua, caixas automáticos e muitos outros.

Na conferência, depois de ministrar sua palestra, Clara — à época já com quase 80 anos — respondeu a perguntas da plateia.

— Estou curiosa com as obsessões da sua filha — disse alguém. — Como a senhora lidou com elas?

— Obsessões... — repetiu Clara, pensando um pouquinho na pergunta. — Hummm... Sempre as vimos como *entusiasmos*.

Clara e David tinham uma atitude particularmente construtiva diante dos muitos temas que atraíam a atenção da filha, por estranhos que fossem. Clara explicou que, quando algo realmente atraía a atenção de Jessy, ela e o marido procuravam direcionar o interesse da filha de maneira a ajudá-la.

Isso nem sempre era fácil, pois o gosto de Jessy era imprevisível. Durante algum tempo, ela se concentrou em aquecedores a quartzo. Admirava o *design*, categorizava os estilos e as marcas, examinava cuidadosamente seus detalhes. Esse entusiasmo deu lugar a outro: os logotipos de bandas de rock. Ela analisava diversas capas de disco e fotografias de revista, estudando atentamente as letras e os desenhos. Começou a integrar aquecedores a quartzo e logotipos de bandas de rock em suas pinturas, muitas das quais foram expostas em museus e vendidas em galerias. Em vez de afastar a filha de seus interesses, Clara tratava Jessy com respeito, supondo que seus diferentes fascínios tivessem uma razão de ser — supondo que, para Jessy, tudo aquilo fazia sentido.

Crianças e adultos autistas se entusiasmam com as coisas mais diversas. Falam sem falar ou se concentram por um tempo sem fim em temas como arranha-céus, espécies de animais, geografia, determinados tipos de música, as horas do nascer e do pôr do sol ou as saídas de rodovias com pedágio. Talvez a concentração num único tema dê à criança uma sensação de controle, previsibilidade ou segurança num mundo que pode ser imprevisível e assustador.

## CONSTRUIR COM BASE NO ENTUSIASMO

Alguns pais e profissionais, no entanto, veem esses interesses profundos como mais um sintoma indesejável do autismo, o que torna ainda mais difícil a integração da criança na sociedade. Muitas vezes, eles têm o ímpeto de desencorajar a criança, redirecionar sua atenção e sugerir uma gama maior de interesses mais convencionais e socialmente aceitáveis. Todavia, desencorajar um entusiasmo pode ser apenas mais uma tentativa de desmontar uma estratégia que apoia o interesse e o engajamento e ajuda o autista a se sentir mais regulado. Quando tentamos desencorajar ou remover as fontes de interesse e alegria, perdemos a oportunidade de aprender e construir um relacionamento de confiança. Seria mais útil fazer o que os pais de Jessy fizeram e usar o entusiasmo como um meio para expandir os horizontes da pessoa e melhorar sua qualidade de vida.

Foi o caso de Eddie, um garoto da 4ª série que demonstrava pouco interesse em ler as estórias que sua professora indicava seguindo o

74 | HUMANO À SUA MANEIRA

currículo-padrão de leitura. Ele não aparentava ter dificuldade para ler e, em regra, não fugia dos trabalhos escolares. No entanto, os temas lhe pareciam muito abstratos e as estórias nada tinham a ver com suas experiências de vida.

Na qualidade de consultor do distrito escolar, eu me reuni com Kate, sua talentosa professora de educação especial. Sugeri, então, que fizéssemos um esforço para encontrar um gancho que o atraísse para as atividades escolares. Certamente, seríamos capazes de descobrir *alguma coisa* que o motivasse a ler e escrever. Será que havia algo que atraía a atenção de Eddie? Kate percebeu uma coisa: Eddie gostava de examinar detidamente as placas dos carros no estacionamento da escola. Depois, ele relacionava, de memória, os números das placas aos carros a que pertenciam.

Um observador casual ou um professor menos atento poderia não perceber que o interesse de uma criança por algo tão comum quanto placas de carro poderia se tornar uma oportunidade. Sugeri que Kate prestasse atenção naquele interesse. Talvez ele inspirasse uma ideia para envolver Eddie.

Quando voltei, um mês depois, ela me mostrou, animada, um projeto que Eddie acabara de completar. Trabalhando a partir de um plano que ela o ajudara a criar, ele havia fotografado todos os carros, com suas respectivas placas, no estacionamento da escola. Com a ajuda da professora e da secretária, ele relacionou cada carro ao funcionário a quem o veículo pertencia. Depois, ele encontrou o dono de cada um dos carros, fotografou-o e fez uma entrevista para conhecer melhor a pessoa: você tem algum *hobby*? É casado? Quantos filhos tem?

Ele juntou as fotografias, documentou as entrevistas e criou uma apresentação em PowerPoint para sua classe. O projeto não só atendeu à sua finalidade imediata, dando a Eddie a oportunidade de ler, escrever, pesquisar e organizar materiais, como também fora uma experiência transformadora. O mesmo menino que parecia desinteressado e desmotivado para a leitura se dedicou com afinco a seu projeto, envolvendo-se com os professores, juntando informações e reunindo-as para partilhar com a classe. Além disso, ele teve a oportunidade de desenvolver suas habilidades sociais e de comunicação ao apresentar, orgulhoso, o projeto finalizado a seus colegas e responder às suas perguntas.

Seus pais ficaram surpresos e felicíssimos. Na reunião seguinte, em que repassamos o progresso de Eddie, Kate explicou o projeto e seus objetivos. Os olhos do pai de Eddie se arregalaram de espanto.

— Ele fez *o quê*? Entrevistou *professores*? — ele exclamou. — *Incrível!*

Quando Kate lhe mostrou fotos de Eddie apresentando o projeto diante da sala repleta de colegas, o pai se emocionou. Eddie estava fazendo conquistas que os pais jamais haviam imaginado. Ele estava progredindo não só na escola como também no convívio social, e sua autoestima estava em alta.

Outros pais talvez recriminassem uma professora que envolvesse o filho num tema tão banal quanto placas de carro. Outra professora talvez insistisse para que Eddie lesse os mesmos livros que os colegas de classe, independentemente de ele apreciar a leitura de determinado livro. Outra escola talvez não se abrisse para uma abordagem educacional alternativa e individualizada e talvez deixasse a criança encontrar dificuldades (possivelmente insuperáveis) no currículo-padrão. No entanto, o sucesso de Eddie não exigiu mais dinheiro nem uma inovação radical; tudo o que foi necessário foi uma professora que prestou atenção e teve o instinto de ver seu entusiasmo como um ponto forte. Kate se concentrou naquilo que mais motivava Eddie e usou o interesse dele como uma forte inspiração para o aprendizado. Ela viu o entusiasmo dele como uma fonte de potencial, não como um impedimento ou um problema.

## O QUE INSPIRA OS ENTUSIASMOS?

Por que os autistas cultivam os entusiasmos? Para responder a essa pergunta, vale a pena observar que todo mundo gosta de se dedicar a um *hobby*, uma paixão, uma coleção... Se você visitasse minha casa, talvez se surpreendesse ao ver que tenho uma cristaleira com mais de cem peças de presas de morsa de diversos tamanhos e formas. Há anos, numa visita a Vancouver Island, conheci os entalhes em marfim dos inuítes,[12] e algo neles me cativou. (O marfim de morsa usado para esses entalhes é adquirido legalmente pelos povos nativos, que caçam morsas para comer, fazer roupas e ferramentas e obter materiais para suas artes tradicionais.) Talvez tenha sido o brilho do marfim ou a sensação de sua textura lisa em minhas mãos. À medida que fui aumentando minha coleção, percebi que parte de seu atrativo era certamente o detalhamento e o apelo visual das esculturas — o modo com que os artesãos entalham o marfim bruto para criar formas de morsas, ursos e baleias. Sejam quais forem as

---

12. Os inuítes são os membros da nação indígena esquimó que habitam as regiões árticas do Canadá, do Alasca e da Groenlândia. (N.E.)

razões, comecei a colecionar essas peças e encontrei nesse hábito uma satisfação emocional.

Não creio que eu seja obsessivo, mas, como muita gente, já colecionei diversas coisas. Quando tinha trinta e poucos anos e morava no Meio--Oeste, aproveitava os fins de semana para ir a lojas de móveis usados ou leilões de fazendas em busca de móveis antigos. Depois, colecionei colchas de retalhos e tapetes navajos e, também, relógios antigos, bancos de piano e abajures de vidro à base de escória de alto-forno.

O fato de eu me dedicar a essas modestas coleções não me torna esquisito — e essa é a questão. Quase todo mundo tem paixões e interesses. Nossos hábitos atendem a uma necessidade; não nos dão prazer, mas nos dão uma sensação boa, às vezes, por motivos que nós mesmos não compreendemos. São coisas típicas do ser humano.

Por que, então, muitos autistas manifestam uma tendência maior que a das outras pessoas a ter esses desejos desenfreados? Por que seus entusiasmos parecem exponencialmente mais poderosos que os interesses das outras pessoas? Como no caso de qualquer *hobby* ou passatempo, muitas vezes, tudo começa com uma ligação e uma resposta emocional. Uma experiência de vida alimenta uma necessidade neurológica básica de se envolver com algo, apreciar a beleza e sentir emoções positivas. Quando um autista desenvolve um interesse, temos de supor que o objeto de interesse combina com sua neurofisiologia e atende a uma função importante. Um adulto com autismo nível 1 me explicou que, em razão das dificuldades envolvidas no contato social, muitos autistas dirigem suas energias para suas áreas de interesse, o que, em alguns casos, pode produzir anseios mais fortes e mais concentrados do que o normal.

O foco de Michael era a música. Aos 8 anos de idade, muito antes de conseguir conversar com facilidade, ele demonstrou que tinha o dom do ouvido absoluto. Ao ouvir a buzina de um automóvel que passava, ele identificava espontaneamente sua nota musical. Agitava-se de repente, olhava para cima e exclamava: "Si bemol!".

Mais tarde, ao ouvir uma música no rádio, ele se sentava ao piano e a recriava na primeira tentativa. Também era capaz de transpor músicas para outro tom.

Cerca de 15% dos autistas demonstram esses talentos ou dons naturais de alto nível, chamados habilidades extraordinárias — certas qualidades, como uma memória excepcional ou grande talento artístico ou musical, que se destacam quando comparadas ao perfil geral da pessoa. Essas habilidades incomuns são determinadas por diferentes estilos de aprendizagem que se baseiam em diferenças no modo pelo qual o cérebro processa e retém informações. Algumas crianças se sentem atraídas por informações, atividades ou tarefas que combinam com seus modos de aprendizagem. Algumas gostam de informações factuais e concretas, que possam ser memorizadas com facilidade; outras preferem atividades que exijam uma boa noção visual e especial, como encaixar coisas umas nas outras. Pode acontecer de uma criança mais velha memorizar sem esforço inúmeros fatos e detalhes acerca de dinossauros ou times de futebol. Crianças de 1 a 3 anos se mostram capazes de montar quebra-cabeças complexos.

Alguns pais de crianças mais novas ou daquelas que enfrentam mais dificuldades de desenvolvimento confessam que elas não manifestam nenhuma habilidade, um talento ou um interesse surpreendente — ou, pelo menos, ainda não o manifestaram. Mesmo assim, as crianças podem revelar uma preferência evidente por determinados tipos de estimulação sensorial. Pode ser que busquem estímulos visuais, auditivos ou táteis balançando os dedinhos diante dos olhos, produzindo certos padrões vocais ou explorando determinadas texturas por meio do tato. Muitas vezes, ocorre de as crianças se sentirem atraídas por certos brinquedos em razão dos dados sensoriais que estes proporcionam. No caso de um menininho com quem trabalhei, ventiladores elétricos de todos os tipos o atraíam como um ímã. Quando sabia que em determinado cômodo havia um ventilador, ele quase brigava para poder entrar, vê-lo e tocá-lo; e, quando encontrava um ventilador, inspecionava-o de perto por todos os ângulos. Havia algo naquela sensação — sentir o vento, ver o giro das hélices, sentir as vibrações, ou ainda uma combinação disso tudo — que o entusiasmava, capturava a sua atenção e o deixava intensamente alerta.

## O REI DOS LAVA-RÁPIDOS E OUTRAS HISTÓRIAS NOTÁVEIS DE PAIXÃO

Quando a criança se dá conta de uma preferência desse tipo, aquilo que começa como uma sensação agradável às vezes se transforma num foco de atenção, interesse e até obsessão. A criança procura determinar o que está causando aquelas sensações positivas, e isso pode ocupar seus pensamentos ao longo de todo o dia.

Os lava-rápidos tomavam a atenção de Alexander. Desde muito cedo, quando o pai levava o carro para uma ocasional lavagem, Alexander se mostrava ao mesmo tempo fascinado e assustado — pelo som, com os esguichos de água, as escovas, o espetáculo dos carros passando no meio daquilo tudo. Alexander não saberia explicar o motivo, mas implorava aos pais que o levassem de novo ao lava-rápido para que pudesse vê-lo e ouvi--lo. Frequentavam tanto o local que o dono do estabelecimento se tornou amigo da família e aceitou que Alexander o ajudasse. Ele ficava na entrada e indicava, com gestos, que os motoristas podiam entrar na máquina.

Os pais não compreendiam o motivo da fascinação de Alexander, mas percebiam o quanto aquilo o empolgava e o alegrava. Outras crianças gostavam de parques de diversões ou de esquiar, mas o filho deles gostava de lava-rápidos. Sempre que a família ia viajar, eles procuravam lava-rápidos no mapa e, assim, planejavam o trajeto, visitando estabelecimentos desse tipo desde a Flórida até o Maine. A cada parada, Alexander saía animado para explorar o local e inspecionar sua operação da mesma forma que outra criança poderia assistir a um jogo da NBA ou a um filme de ação.

Quando tinha 10 anos, os pais contataram a Associação Internacional dos Lava-Rápidos para pedir catálogos do que, achavam, Alexander gostaria. Para sua surpresa, o resultado foi uma viagem dos sonhos para Alexander e sua família — não para a Disney ou para o Havaí, mas para Las Vegas, na qualidade de convidados de honra da convenção anual da associação. Alexander ficou tão empolgado que, durante três dias, mal conseguiu dormir. Seu interesse continuou firme até a idade adulta. O pai de Alexander o chama de Rei dos Lava-Rápidos. Depois de décadas, já adulto, ele ainda gosta de visitar lava-rápidos.

Há também o caso de Chad, que era apaixonado por aspersores de jardim. Na infância e na adolescência, aonde quer que fosse, ele saía em busca de sistemas de aspersão. Num parque lotado de gente para ver um espetáculo de fogos de artifício, Chad mantinha os olhos voltados para o chão, à procura de aspersores. Quando encontrava um, puxava-o para identificar a marca. Aos 8 anos, já era capaz de distinguir um Toro de um Orbit de um Rain Bird. Quando desenhava na aula de artes, ao lado dos animais e das árvores, sempre incluía um aspersor saindo do chão e lançando um jato de água no ar.

O que inspirou esse gosto por aspersores de jardim? Talvez tudo tenha começado com uma experiência sensorial: talvez Chad tenha ficado curioso ao ver e ouvir os aspersores surgindo do chão de repente e depois desaparecendo misteriosamente, ou as sensações suaves da água borrifando a grama. Com o tempo, seu interesse se transformou numa obsessão. Em locais desconhecidos, tinha dificuldade para se concentrar em qualquer coisa antes de ter inspecionado a área e encontrado os aspersores.

E, embora isso não tivesse nada a ver com as preocupações de outras crianças de sua idade, os pais gostaram do fato de o filho ter encontrado algo que lhe desse alegria. Outros pais levavam o filho para um jogo de beisebol ou uma pescaria. O pai de Chad navegava pelo eBay para comprar aspersores usados. Chad lhes dava nomes e os levava para a escola na mochila. O pai pintava carinhas sorridentes nos aspersores. Às vezes, Chad os levava para a cama à noite, como se fossem bichinhos de pelúcia.

Esses interesses profundos podem ajudar as crianças a permanecer mais envolvidas e atentas. Podem ser usados para motivar o aprendizado e permitir que elas participem de situações que, de outro modo, seriam difíceis. Foi o que aconteceu com Ken, um adolescente autista. Desde a infância, Ken era fascinado por desenhar — não desenhos artísticos, mas simplesmente concentrar-se em traçar linhas sobre o papel. Com o tempo, interessou-se por resolver problemas de labirinto: olhava atento para a página enquanto usava um lápis ou uma caneta para percorrer o labirinto. Para ele, o atrativo não estava em somente traçar linhas; estava em resolver problemas. Cada labirinto lhe dava uma sensação de lógica e de ordem, de começo e de fim.

Aonde quer que a família fosse, Ken levava consigo os livros de labirintos. Embora se comunicasse muito pouco através da fala — estava aprendendo a usar um dispositivo de geração de fala —, os pais sempre o levavam às reuniões de sua equipe educacional, pois sabiam que sua capacidade de compreensão era muito maior. Era difícil para ele simplesmente se sentar e assistir à reunião, mas a pilha de livros de labirintos o ajudava a permanecer na sala. Enquanto traçava seus labirintos, ele estava envolvido na reunião. Quando se interessava pela conversa, levantava a cabeça e olhava com atenção; quando não, voltava a atenção para seu labirinto. Com essa estratégia, Ken conseguia permanecer concentrado e bem-regulado, deslocando a atenção da tarefa mais exigente de acompanhar a conversa para uma tarefa na qual se sentia mais competente.

Muitos autistas acham útil levar consigo um brinquedo ou outro objeto, ou uma atividade relacionada a um entusiasmo, para ambientes que talvez possam apresentar dificuldades, como restaurantes, eventos familiares ou grandes atividades em grupo na escola. Praticamente qualquer entusiasmo pode ter esse tipo de utilidade. O interesse de Vinny, de 5 anos de idade, eram os aspiradores de pó da marca Oreck. Quando Vinny se sentia sobrecarregado na escola, às vezes, pedia para ir ao banheiro, quer precisasse ir, quer não. Lá ele se refugiava num cubículo e, algumas vezes, se recusava a voltar para a sala. A mãe criou uma estratégia especial para usar seu interesse como forma de lhe proporcionar uma folga quando ele precisasse, sobretudo nas atividades feitas em grupos maiores. Juntou vários catálogos da Oreck, recortou as imagens dos aspiradores e organizou-as num livro a que chamou de "Livro Feliz do Vinny". Quando precisava de uma pausa em meio às atividades em grupo na sala de aula, ele pedia o Livro Feliz e se sentava por alguns minutos num canto da sala, num pufe, onde examinava as fotos de aspiradores verticais e depósitos de pó. Assim, refazia-se para poder se juntar de novo aos colegas.

Alguns entusiasmos vêm e vão; são fases passageiras. Outros duram décadas. Certos interesses profundos e específicos podem ter uma relação mais óbvia com *hobbies* que a pessoa adota no futuro. Matt tinha paixão por tudo o que se relacionasse com o tempo. Quando ainda era um menino e eu visitava sua sala de aula na qualidade de consultor escolar, ele corria e pegava meu braço para ver meu relógio de pulso. "Doutor Barry", dizia ele, sem olhar para mim, "são 9h15 da manhã!".

Era assim que ele começava uma interação social. Numa manhã de dezembro, quando ainda tinha pouco mais de 5 anos, ele me contou, cheio de entusiasmo, sua mais recente descoberta.

— Doutor Barry, você sabe o que acontece depois das 11h59 da noite do dia 31 de dezembro?

— O que acontece? — eu perguntei.

Seu corpo se tensionou e ele ficou nas pontas dos pés, batendo as mãozinhas como se fossem as asas de um pássaro.

— A bolona desce! — disse ele, com a alegria estampada no rosto.

— E, daí, vira o *ano que vem*!

Era esse o seu entusiasmo, seu jeito de manter uma conversa, de partilhar o que ele sabia e algo de que gostava. Anos depois, já um jovem adulto, Matt continuava entusiasmado com os relógios e o tempo e até preferia esportes que contivessem algum elemento de tempo (hóquei, por exemplo) a outros que não tivessem (como o beisebol).

O entusiasmo de Danny, de 9 anos, eram os temperos usados na culinária. Ainda novo, ele ficava olhando a mãe cozinhar. Sem nenhum tipo de apresentação formal, interessou-se pelos temperos utilizados. Habituou-se a organizá-los em ordem alfabética e depois começou a assistir a programas de culinária na televisão e a fazer buscas em sites de alimentos. Tornou-se um especialista das variações regionais do churrasco nos Estados Unidos. Era capaz de falar longamente sobre as diferenças entre o estilo do Texas e os de Kentucky, Louisiana e Carolina do

Norte. Os pais não sabiam o que havia estimulado seu interesse nesse assunto ou por que isso o atraía, mas estava claro que o deixava animado. A mãe imaginou que isso pudesse levar Danny a fazer faculdade de gastronomia e se tornar *chef* de cozinha. Longe de querer direcioná-lo para outro assunto, os pais se orgulhavam do conhecimento de Danny e se deixaram arrastar por seu entusiasmo.

Foi assim que me senti quando conheci Brandon. Numa consulta escolar periódica, estava visitando uma sala de aula quando uma das terapeutas me apresentou a um menino adorável e maravilhosamente falante, de 4 anos de idade, que me disse de imediato que sua família havia acabado de se mudar para aquela cidade.

— De que estado você é? — ele me perguntou imediatamente.

Disse-lhe que morava em Rhode Island.

— Na cidade de Providence?

Eu lhe disse que era nos arredores de Providence.

— Providence é uma cidade meio pequena. Você gosta de cidades grandes?

Eu lhe disse que sim e que tinha sido criado em Nova York. Os olhos de Brandon brilharam de repente.

— Você foi criado em *Nova York*? — ele perguntou. — Minha família gosta de visitar Nova York, e eu *amo* Nova York. Ficamos no Marriott Marquis, na Times Square. Sempre ficamos no décimo sexto andar, pois é esse andar que tem as melhores vistas de todos os cartazes da Times Square. — E continuou me falando dos números dos vários quartos em que tinham ficado em suas visitas recentes, e de quais tinham as melhores vistas.

Perguntei o que ele gostava de ver das janelas do hotel. Enquanto respondia, seu olhar se tornou distante, como se ele estivesse assistindo a uma cena de um filme em sua mente.

— Tinha um cartaz da Nike com uma foto de Kobe Bryant ali — ele começou, apontando para a parede da sala.

Continuou descrevendo todo o panorama que via na imaginação, como se revivesse a experiência.

## USAR INTERESSES PARA CONSTRUIR RELAÇÕES

Quando uma criança ou um adulto se fixa num assunto, como Brandon a respeito de Nova York, e nos envolvemos também, podemos fazer desse entusiasmo uma base para a construção de relações de confiança. Uma das principais razões pelas quais muitas pessoas que se enquadram no espectro se concentram num assunto em especial é que ele lhes proporciona um lugar seguro a partir do qual podem começar uma conversa. Até a pergunta mais obscura, fora de contexto e aparentemente descabida ("Qual é a raça de cachorro de que você mais gosta?"; "Que marca de geladeira você tem?") pode ser uma estratégia de conexão. Sempre que Brandon me via, ele aproveitava para falar de Nova York: "Você morou em Manhattan ou em alguma das outras quatro regiões? No Brooklyn? Em que parte?".

E esse não era o fim da conversa, mas o início. Muitas vezes, o entusiasmo nos oferece um gancho para envolver a criança, uma isca para que ela entre numa atividade ou numa conversa, orgulhosa de poder demonstrar seu conhecimento e os interesses que ela tem em comum conosco. Uma vez que a criança estiver envolvida, podemos aos poucos mudar ou expandir o assunto a fim de tornar a conversa mais rica. É claro que o quanto isso é possível depende muito das capacidades de desenvolvimento de cada indivíduo e de seu interesse por conversar. Com criatividade, entretanto, pais e professores podem aproveitar a paixão da criança por um assunto para motivar o engajamento social de modo agradável e para usar a comunicação com o objetivo de resolver problemas.

Matt, por exemplo, frequentava uma classe inclusiva do jardim de infância, mas a professora se perguntava se aquele era o lugar ideal para ele. O problema é que ele não conseguia se concentrar nas atividades em grupo. Sua participação na reunião matinal da classe se resumia a recitar em voz alta os dias da semana quando lhe pediam; depois, no entanto, ele se desligava, aparentemente perdido em pensamentos.

A mãe desse menino de 5 anos sabia muito bem no que ele prestava atenção: no Ursinho Pooh. Matt adorava esse filme da Disney e falava sem parar em seus personagens. A mãe levou para a professora alguns pacotes de adesivos com diversos personagens do Ursinho Pooh e disse: "Se você der um jeito de incorporar estas coisas à reunião matinal, talvez Matt se envolva mais!".

A professora introduziu os adesivos na roda de conversa matinal, atribuindo a cada personagem um dia da semana. Segunda-feira era dia do Tigrão, terça, do Guru, quarta era o dia do Bisonho. Isso foi suficiente para que Matt se envolvesse muito mais do que antes, e as outras crianças ficaram contentes de usar junto a ele os nomes dos personagens para designar os dias da semana.

Em vez de ver a fixação de Matt como um fator negativo, que o separava de seus colegas, a professora conseguiu usá-la como um modo de estabelecer um vínculo entre ele e os colegas, bem como com a matéria que estava ensinando (dias da semana, meses do ano). Matt passou a se sentir mais disposto do que nunca a participar das atividades com os colegas e começou a se distrair menos, pois a atividade conseguira envolvê-lo de modo que ele pudesse continuar progredindo.

George, de 6 anos, aprendeu a contar piadas assistindo a um programa infantil na televisão. Depois, começou a repeti-las nas reuniões do Zoom com a professora e os colegas. A mãe se perguntava se aquilo seria apropriado e cogitou mandá-lo parar, mas, antes disso, um dia, sentou-se para ver. A professora e os colegas apreciaram tanto seu novo talento que começaram a pedir que George contasse as últimas piadas que havia aprendido. ("O que a Lua disse ao Sol? 'Nossa, você é tão grande e ainda não te deixam sair à noite!'"; "Você sabe por que a água foi presa? Porque ela matou a sede!") As preocupações da mãe desapareceram quando ela viu o orgulho de George e a satisfação dos colegas com sua nova partilha — e as piadas o ajudaram a desenvolver amizades. Encorajado pela professora, George e os colegas começaram, então, a criar suas próprias piadas.

No segmento "Entusiasmo da Semana", do *podcast* semanal *Uniquely Human*, meu coapresentador autista, Dave Finch, que na infância era um entusiasta dos números, conversou longamente com Ryan, de 8 anos, que tinha o mesmo entusiasmo e revelou seu objetivo: tornar-se professor de matemática.

O mesmo tipo de crescimento e desenvolvimento pode ocorrer quando as famílias dão um jeito de reconhecer e honrar o interesse particular de um filho, partilhá-lo com os demais familiares e, por fim, integrá-lo às rotinas da família. A irmãzinha de Ryan, de 6 anos, também gostava de números e de jogos com números, o que rendia horas de brincadeiras agradáveis. Vi isso também há muitos anos quando um pai me levou para conhecer seu filho adolescente. Hakeem era um menino de 12 anos que estudava numa escola internacional no Kuwait, e meu objetivo era oferecer conselhos tanto sobre sua vida escolar quanto sobre a vida familiar. Embora o menino enfrentasse muitos desafios comuns a todos os autistas, a observação deixou claro que ele tinha muito mais flexibilidade e resiliência que um grande número de crianças autistas. Logo percebi que isso se devia à grande abertura de seus pais para com seus entusiasmos.

Quando fui visitá-los em casa, a primeira coisa que me contaram foi sobre o fascínio de Hakeem por trens, especialmente pelas tabelas de horários. Explicaram que o haviam encorajado a desempenhar um papel ativo no planejamento das férias anuais da família na Europa. Os pais deram ao menino voz ativa na escolha dos destinos e, depois, passaram meses pesquisando os detalhes, juntando mapas, guias de viagem e todas as informações necessárias para o planejamento. Uma vez delineado, em família, o contorno geral da viagem, coube a Hakeem determinar os detalhes: quais trens pegariam, quantos dias ficariam em cada cidade e quando se deslocariam rumo ao destino seguinte.

Como tudo isso aconteceu antes da internet, o planejamento exigiu um esforço concentrado e detalhado, mas Hakeem se mostrou à altura do desafio. Mostraram-me livros de recortes que haviam montado para cada viagem, com fotos e recortes de mapas e brochuras. Cada capítulo do livro começava com uma tabela de horários de trem — um emblema claro de o quanto a família honrava os interesses de Hakeem. Reconhecendo e honrando o foco do filho em cronogramas ferroviários, ajudaram-no a ampliar o alcance de seus esforços a fim de se envolver mais com a família e com o mundo, além de adquirir uma saudável sensação de orgulho pelas próprias realizações. Hakeem não só tinha um amplo conhecimento das cidades e dos marcos históricos europeus como também sentia que era um membro valorizado da família.

## ENTUSIASMOS DIRECIONADOS PARA PESSOAS

Às vezes, o foco da criança não é um assunto, mas uma pessoa. Os autistas, como muitas outras crianças, muitas vezes adquirem fascínio por determinados astros de cinema, músicos ou atletas. Às vezes, o foco da criança é um colega, mais ou menos como os adolescentes que se apaixonam uns pelos outros. A diferença é que algumas crianças autistas não têm noção de modo intuitivo dos limites que os outros percebem naturalmente; portanto, esse tipo de entusiasmo pode acabar se tornando constrangedor. Talvez a criança autista não compreenda que as crianças em geral normalmente não declaram o sentimento que têm por uma pessoa para a própria pessoa ou abertamente para os outros. Essas situações podem ser problemáticas, mas um interesse intenso por um colega também é uma oportunidade para que pais e professores conversem sobre a amizade e os limites da convivência social.

Tyler estava na pré-escola e tinha recebido diagnósticos de síndrome de Asperger (hoje conhecido como TEA nível 1 de suporte) e TDAH. Sua fixação era a diretora da escola que frequentava e o que ela fazia todos os dias. Na primeira vez em que vi Tyler, eu dava consultoria à escola de educação infantil que ele frequentava. Na época, ele era um menininho cheio de energia que rolava no chão da sala em vez de se juntar aos colegas na roda de conversa matinal. Loiro e pequeno, brilhante e falador, na época os objetos de sua obsessão eram robôs e Lego.

Algumas semanas depois de entrar na pré-escola, ele desenvolveu um fascínio pela senhora Anderson, a diretora. Sempre que a via, ele disparava uma série de perguntas: "Onde você se senta? O que você faz? Quais são suas tarefas? Você tem filhos?". Ela, por sua vez, correspondeu, desenvolveu um interesse especial por Tyler e convidou-o a visitá-la em seu escritório. Identificando aí uma oportunidade de usar seu interesse profundo para melhorar sua participação escolar, ela lhe ofereceu uma troca: se ele se esforçasse para participar das atividades da sala durante um mês, ela o deixaria acompanhá-la durante um dia inteiro nas atividades da direção. Para Tyler, isso queria dizer que, se ele entrasse na roda de conversa em vez de se esconder debaixo da carteira, se pedisse ajuda em vez de fazer birra e se melhorasse em algumas outras áreas, ganharia esse privilégio especial.

A transação chamou a atenção de Tyler, e ele imediatamente entrou na linha. Todos os dias, ele traçava o próprio progresso junto à professora. Treinou para pedir ajuda ou para fazer uma pausa quando fosse necessário, estratégia que o ajudava a permanecer com as emoções reguladas. Tornou-se mais atento em sala de aula; esforçou-se ao máximo para participar da melhor maneira. No fim do mês, a diretora cumpriu a palavra e deu a Tyler seu dia especial. A escola documentou a experiência num álbum de fotografias: Tyler, de paletó e gravata com estampa de caxemira, acompanhou a diretora em suas andanças e reuniões e ficou sentado numa carteira no cantinho do escritório dela. Ele adorou. Sentia-se um membro importante da escola e, para obter algo que lhe era importante, aprendeu sobre sua capacidade de permanecer bem-regulado e buscar ajuda quando necessário.

## QUANDO OS ENTUSIASMOS CAUSAM PROBLEMAS

Em certas situações, o objeto da atenção da criança é problemático em si. Gabriel tinha um interesse particular nos tornozelos das mulheres. No caso de outra pessoa, isso seria visto como um fetiche, mas para esse adolescente os tornozelos eram somente objetos de fascínio que ele queria explorar — bem de perto. De vez em quando, num shopping center ou na rua, quando via uma mulher de salto alto e com os tornozelos à mostra, Gabriel, que tinha mais de um metro e oitenta de altura, agachava-se e tentava tocar nos tornozelos dela. Os conhecidos sabiam que ele era uma alma pura e ingênua, mas as mulheres cujos tornozelos chamavam sua atenção não sabiam como reagir. Por mais inocente que fosse a sua motivação, seu comportamento podia facilmente ser interpretado como indecente, ameaçador ou até perigoso. Como Gabriel era negro, muitos, infelizmente, viam seu comportamento de forma diferente de como veriam se ele fosse branco (ver as discussões no capítulo 11 sobre autismo e raça).

Nessas situações, é importante ajudar o indivíduo a compreender as regras e as expectativas de comportamento aceitável, mas sempre num nível adequado às habilidades da pessoa e sem levá-la a se sentir mal consigo mesma. Para a pessoa com alto nível de compreensão, pode valer a pena criar uma lista de comportamentos esperados e aceitáveis nas situações sociais e discutir como a outra pessoa pode interpretar a situação. Para crianças mais novas ou para aquelas cuja compreensão é mais limitada, é importante declarar as regras de maneira mais direta, dando mais ênfase ao que elas devem fazer do que ao que não devem fazer. Para todos os níveis de habilidade, é bom usar apoios visuais — fotografias, desenhos e até vídeos — em vez de simplesmente falar. O objetivo de longo prazo é ajudar o indivíduo a ter uma noção de quais reações são apropriadas em diferentes situações sociais e ser capaz de inibir reações impulsivas e permanecer bem-regulado mesmo no que se refere a suas paixões ou seus interesses. Também é importante ajudar a pessoa a compreender como o seu comportamento é visto pelas outras pessoas e como as afeta.

Mesmo quando o foco do interesse profundo de uma criança é mais aceitável, os entusiasmos podem impor desafios. A preocupação mais comum que ouço dos pais é que a criança fala em excesso sobre um assunto — dinossauros, trens, desenhos animados, elevadores, instruções para chegar em algum lugar — e não para. Ainda que os pais e os colegas compreendam e respeitem o interesse da criança, mesmo assim podem se sentir frustrados pelo fato de ela não compreender que não é adequado falar a respeito de determinado assunto sem parar, sobretudo quando colegas e adultos indicam claramente seu desagrado ou simplesmente param de ouvir.

Todos nós temos assuntos prediletos, mas precisamos saber quando já falamos demais sobre eles. Quando encontro outro torcedor fanático dos New York Yankees, às vezes, passamos uma hora revivendo os destaques do jogo de beisebol da noite anterior. Outra pessoa, no entanto, poderia se entediar depois de um ou dois minutos e começaria a se perguntar por que não paro de falar. Se sou capaz de ler com fluência os sinais sociais, detecto a indiferença e mudo de comportamento. No entanto, se eu tivesse dificuldade para compreender esses indicadores sutis, talvez continuasse falando sobre os detalhes do nono *inning*[13] [turno] enquanto você estivesse desesperadamente tentando fugir de mim.

## ENSINAR "HORA E LUGAR"

Para ajudar a pessoa a desenvolver esse tipo de compreensão, vale a pena usar uma estratégia que chamei de "hora e lugar": às vezes, as outras pessoas querem ouvir algo sobre determinado assunto, mas em outras ocasiões estão menos interessadas. O pai, o professor ou o instrutor pode explicar ao autista que não há nada de errado em seu interesse por horários de trens e cereais matinais e dizer que esses interesses são bacanas, mas que não se deve falar deles na aula de matemática, na sessão com o dentista ou em outros compromissos sociais. ("Estamos aqui tomando lanche com nossos parentes, e todos querem saber o que você tem feito na escola. Mas estamos há uma hora ouvindo você falar sobre os horários de trens. Podemos mudar de assunto?") É uma oportunidade para aprofundar a compreensão social da pessoa. Vale a pena trabalhar com ela para produzir uma lista de momentos e lugares em que é adequado falar sobre um interesse e outra lista daqueles momentos em que isso não é adequado, bem como uma relação das pessoas com quem não há problema em falar sobre qualquer assunto. O uso de apoios visuais, como calendários e planilhas de horários, em vez da simples palavra falada, é algo que pode auxiliar a compreensão. Outros apoios, como ensaios de comportamento e alarmes específicos no celular, também podem facilitar o entendimento. O objetivo não é reprimir o entusiasmo, mas ajudar a pessoa a ser vista como uma parceira agradável para conversar ou brincar.

---

13. Divisão de tempo de uma partida de beisebol; qualquer um dos nove períodos em que cada time rebate a bola. (N.E.)

A verdade é que, mesmo com prática e apoio, as pessoas ainda podem ter dificuldade para "conter seu entusiasmo". Algumas pessoas — crianças, adolescentes ou adultos — ainda não chegaram a um estágio de desenvolvimento em que sejam capazes de compreender as convenções e as regras sociais que tornam as interações sociais mais fluentes e produtivas. Algumas podem até compreendê-las, mas têm dificuldade para se monitorar e coibir os impulsos momentâneos, para levar em conta o ponto de vista de um terceiro ou para reprimir seu desejo de partilhar informação. Os familiares mais próximos, às vezes, se sentem desesperados para encontrar um meio de ajudar a pessoa a controlar o impulso de se concentrar demais num assunto ou num interesse. Preocupam-se, pois pensam que isso acentua a diferença entre aquele indivíduo e seus colegas. Alguns familiares e outras pessoas próximas podem se cansar de ouvir informações sempre reiteradas sobre os mesmos temas. Muitas vezes, cheguei a ouvir até os pais mais pacientes dizerem "Só queremos que ele pare!".

O problema dessa reação é que ela enfoca o *comportamento* sem perguntar o que o *motiva*. É fundamental fazer perguntas: a pessoa se concentra mais nesse assunto em determinados momentos? É possível identificar um padrão? Será que isso ocorre quando a criança se sente estressada? O que pode estar causando o estresse? Como aliviar a tensão e a ansiedade? A pessoa está usando esse tipo de discurso para se acalmar? Se isso funciona, será mesmo uma prioridade eliminá-lo? A pessoa tem consciência do próprio comportamento? Como ajudá-la a ter mais consciência?

Em outras palavras, não é uma simples questão de eliminar aquele comportamento. Na verdade, esse não deve ser o objetivo principal. Como sempre, o primeiro passo consiste em se perguntar o que está por trás do comportamento, o que o motiva e, se possível, quais emoções a pessoa está sentido.

Também é importante lembrar que, se alguém sempre começa uma conversa falando sobre seus próprios interesses, isso ocorre porque, às vezes, esse ponto de partida é confortável. Para o autista, as interações sociais podem provocar ansiedade e confusão, pois elas não têm uma estrutura fixa e nem sempre é possível prever o que o outro dirá. Assim, para criar previsibilidade e conforto nas conversas, o autista procura limitar os assuntos às áreas que domina.

Quando uma criança ou um adolescente precisa de ajuda para desenvolver ou refinar as habilidades de conversação, grupos focados na compreensão social e nas competências sociais correlatas podem proporcionar esse auxílio, oferecendo um espaço seguro e acolhedor em que se pode adquirir consciência de como negociar uma conversa e como ouvir e demonstrar interesse pelos outros. Em vez de reprimir a criança e ferir sua autoestima, é preferível oferecer opções mais positivas, como atividades ou jogos que proporcionem oportunidades para a prática das habilidades de conversação ou a representação de interações cotidianas de um modo agradável para todos os envolvidos. As correções, por mais bem-intencionadas que sejam, podem, às vezes, dar à pessoa sensível a impressão de que ela nunca vai conseguir acertar — e, nesse caso, por que deveria tentar?

## CONSTRUIR A PARTIR DOS PONTOS FORTES

Embora envolvam desafios, os entusiasmos, muitas vezes, representam a maior fonte de potencial para os autistas. O que começa como um interesse ou uma paixão forte pode se tornar um meio de contato com outras pessoas com interesses semelhantes, um *hobby* para toda a vida ou, em muitos casos, uma carreira profissional. Você se lembra de Michael, o menino apaixonado por música que tinha a capacidade de ouvir uma melodia uma única vez e imediatamente reproduzi-la ao piano? Com mais de 40 anos e vivendo de um modo semi-independente, ele hoje toca órgão na igreja e canta num coral.

Quando Matt Savage era novo, era tão hipersensível ao som que, ao ouvir a mãe tocar piano, ele tampava os ouvidos e corria para longe berrando. Com ajuda terapêutica, ele superou esse desafio e começou a manifestar uma capacidade excepcional para a música. Na época em que conheci Matt, ele só tinha 11 anos, mas celebridades como Dave Brubeck e Chick Corea já elogiavam seu incrível talento no piano. Com vinte e poucos anos, Matt é hoje um pianista e compositor de jazz com uma carreira internacional que toca nos estúdios em gravações de outros artistas. Pessoa de espírito generoso e personalidade contagiante, ele tem tempo para ensinar música a crianças autistas, toca em eventos de caridade e cede generosamente sua música para o *podcast Uniquely Human*.

Quando Justin Canha (ver capítulo 10) tinha 2 anos, ele ainda não falava, mas adorava assistir a desenhos animados e filmes de animação. Desde cedo, demonstrava talento para o desenho. Agora, que já é adulto, ele expõe seus trabalhos em algumas galerias de Nova York, produz *storyboards* para filmes de animação, ensina arte para crianças pequenas e projeta e decora bolos de aniversário para confeitarias. Randall Rossilli Junior, dono de uma produtora de vídeo de Nova Jersey, onde Justin trabalhou como estagiário, diz que Justin "acrescenta um senso de humor, uma sensação de paz e, às vezes, até de encantamento a suas obras", e conclui: "Ele inspirou os artistas com quem trabalha a se tornar profissionais melhores e pessoas melhores!".

Uma das minhas histórias favoritas sobre entusiasmo é a de Stanford James, um jovem autista que foi criado por sua mãe solteira em um dos conjuntos habitacionais mais pobres de Chicago. Desde a infância, ele era apaixonado por trens e adorava ficar olhando pela janela do apartamento da avó para ver os trens passarem pela via elevada.

"Não sei o que os trens o faziam sentir", disse a mãe, Dorothy, a um repórter da *Chicago Tribune*. "Mas com certeza o atraíam."

Embora fosse jovem e pobre e pouco soubesse sobre o autismo, Dorothy lutou pelo filho. Estimulou o interesse de Stanford e o viu usar suas notáveis capacidades para compreender as rotas e os horários do extenso sistema de transportes públicos de Chicago, memorizando boa parte dessas informações. Com vinte e poucos anos, ele conseguiu um emprego na Regional Traffic Authority (RTA) [Autoridade Regional de Trânsito] de Chicago ajudando os clientes a encontrar rotas e horários que correspondessem a suas necessidades.

Além de esse emprego parecer ter sido feito sob medida para Stanford, ele demonstrou tanta dedicação, tanto foco e tanta responsabilidade que a RTA o nomeou Funcionário do Ano.

"Ele vem trabalhar, chova ou faça sol, e é sempre educado", disse seu supervisor ao jornal. "É dedicado, e é isso que os clientes querem."

O mais significativo é que Stanford se sentiu um membro importante e valorizado de sua comunidade. Quando era novo, a mãe se perguntava o que seria dele. Hoje em dia, depois de ajudar um cliente, Stanford diz, cheio de orgulho: "Eu cumprimento a mim mesmo na minha imaginação dizendo 'Stanford, você é o melhor, você consegue fazer tudo!'".

Stanford é a prova viva de que o entusiasmo pode nos levar longe.

# CAPÍTULO 4

## CONFIANÇA, MEDO E CONTROLE

Depois de passar apenas alguns minutos com Derek, eu já sabia que algo o estava incomodando, mas não sabia exatamente o que era.[14]

Fazia tempo que eu visitava Derek algumas vezes por ano, durante alguns anos, a pedido dos pais, para oferecer orientação e conselhos. Eu o observava na escola e em casa e depois me reunia com os pais e a equipe escolar. Minha visita de outono sempre ocorria em setembro, algumas semanas depois do início do ano letivo. No ano em que ele fez 8 anos, contudo, cheguei algumas semanas depois. Derek sempre me cumprimentava com entusiasmo — ou pelo menos com um sorriso discreto. Dessa vez, no entanto, ele pareceu ansioso e distante desde o momento em que cheguei e resistiu reiteradamente a minhas tentativas de estabelecer contato. Depois de algum tempo, questionei o motivo.

— Tem algo de errado? — perguntei. — Parece que você não está muito à vontade comigo.

Ele respondeu sem hesitar:

— Doutor Barry, você sempre vem em setembro. Por que desta vez veio em outubro?

Ele estava me vendo apenas duas semanas depois da data habitual, mas o mês virara, e, na sua cabeça, isso fazia uma grande diferença. Sem dizer nada, Derek havia interiorizado o ritmo de minhas visitas periódicas. Como ninguém sabia disso, ninguém tomara o cuidado de lhe explicar que naquele ano eu chegaria um pouco mais tarde. Por isso, ficou a cargo de Derek a tarefa de descobrir o motivo dessa violação na ordem de seu universo.

Sem saber, eu havia traído sua confiança. Derek desenvolvera um entendimento do modo como as coisas devem acontecer, baseando-se, para isso,

---

14. Algumas ideias expostas neste capítulo foram publicadas pela primeira vez na *Autism Spectrum Quarterly* em 2009.

na forma como elas sempre tinham acontecido ou, pelo menos, na forma como se lembrava delas. Agora ele tinha motivos para se perguntar se poderia confiar em mim — ou no mundo que achava que havia entendido.

## UMA DEFICIÊNCIA DE CONFIANÇA

A reação de Derek sublinha um desafio central do autismo: para a maioria das pessoas que estão no espectro, o autismo pode ser entendido como uma deficiência de confiança. Em razão de seus problemas neurológicos, os autistas enfrentam obstáculos imensos, que são de três tipos: confiar no próprio corpo, confiar no mundo ao redor e — o mais difícil de todos — confiar nas pessoas.

Daniel Tammet, autor de *Born on a Blue Day*, é conhecido por façanhas de memorização, como a de se lembrar de mais de 22 mil dígitos do número pi e aprender um idioma novo em uma semana. Entrevistado no programa *60 Minutes*, ele contou quanta dificuldade tivera, na infância, para interagir socialmente. Sentia-se pouco à vontade junto às outras crianças, cujo comportamento lhe parecia imprevisível. As inconstâncias das interações sociais o deixavam atordoado. Assim, ele encontrou consolo na matemática. "Os números eram meus amigos, porque nunca mudavam", ele disse. "Eram confiáveis, eu podia confiar neles."

Meu amigo Michael John Carley, um adulto com autismo nível 1 de suporte e líder do movimento pela autorrepresentação dos autistas, declarou, certa vez, o seguinte: "O contrário da ansiedade não é a calma, é a confiança!". Essa ideia ajuda a explicar boa parte do que provoca ansiedade em todos nós, não somente nos autistas, e mostra por que razão reagimos com medo e, muitas vezes, procuramos um modo de controlar nossa vida, nosso ambiente e nossos relacionamentos. Essas tendências são ainda mais pronunciadas nos autistas.

## CONFIANÇA NO CORPO

Quando uma pessoa neurotípica acorda resfriada, isso é um inconveniente de pouca importância. Como é quase certo que já ficou resfriado antes, você dispõe da perspectiva e da experiência necessária para compreender que a tosse e a coriza devem durar apenas uns poucos dias e que logo você passará a se sentir melhor. No entanto, quando uma pessoa no espectro sente esses mesmos sintomas físicos, pode reagir com ansiedade e medo. O que está acontecendo comigo? Por que não consigo respirar normalmente? Será que isso vai durar para sempre?

Essa reação não é tão diferente do modo como a maioria de nós reage perante uma doença mais grave. Há alguns anos, depois de passar um tempo rachando lenha para aquecer a casa, fiquei com uma grave síndrome do túnel do carpo. Eu tocava bateria desde criança, mas, depois desse evento, quando tocava, eu perdia a sensibilidade nas mãos e não conseguia segurar as baquetas. Quando tentava segurar o jornal para ler, sentia uma dor lancinante nos dedos. Meus braços e meus pulsos já não reagiam como eu esperava. De repente, *eu não podia mais confiar no meu corpo*. Fiquei chateado e preocupado com meu prognóstico. Felizmente, uma cirurgia bem-feita em ambos os pulsos aliviou os sintomas. Não sentia mais formigamento, e o entorpecimento diminuiu. Voltei a poder confiar nas minhas mãos e a tocar bateria.

Pessoas com câncer, muitas vezes, passam por dificuldades semelhantes. De certo modo, o câncer pode ser entendido como um ataque do corpo contra si mesmo. Boa parte da tensão acarretada pela doença vem dos problemas físicos que ela causa, da incerteza quanto ao prognóstico e da mesma pergunta: será que um dia poderei confiar novamente no meu corpo?

Boa parte dos autistas sofre de perturbações motrizes que, muitas vezes, envolvem movimentos involuntários em várias partes do corpo. Martin manifestou para a mãe sua perplexidade diante do modo como sua mandíbula se deslocava, seus braços se abriam de repente e de outros tiques imprevisíveis de que sofria, sobretudo quando se sentia desregulado.

— Será que estou enlouquecendo? — ele perguntou.

— Por quê? — questionou ela.

— Meu corpo faz algumas coisas que não consigo controlar — respondeu Martin.

Do mesmo modo, autistas que não falam costumam relatar que têm dificuldade para articular palavras por causa de perturbações motrizes. Quando me reuni com membros da Tribe, um grupo de autistas não falantes da University of Virginia que usa quadros de letras e teclados para se comunicar, muitos observaram o quanto tinham dificuldade para controlar o corpo nas atividades cotidianas. Ian Nordling, que na infância foi considerado como se tivesse deficiência intelectual e fosse severamente agressivo, disse que procurara desenvolver o controle do corpo e, com vinte e poucos anos, já era capaz de se comunicar bem, soletrando palavras que lia num quadro. "Foi só quando este corpo louco aprendeu a trabalhar que comecei a progredir", ele disse. "Aprendi a controlar meu corpo por meio do quadro de letras e pela prática de atividades motoras dirigidas. Tudo começou com a soletração, mas agora trabalho com o controle do corpo inteiro."

Por meio de seus esforços, Ian se tornou um comunicador fluente fazendo uso dos meios de comunicação alternativa e aumentativa (CAA). Ele já tem mais controle de seu corpo e confiança nele — e está trabalhando para acrescentar a fala a seus múltiplos meios de comunicação (ver o capítulo 11, onde discutiremos mais o caso dos autistas que não falam).

Colin, aluno da 3ª série com TEA nível 1, me mostrou certa vez dois diagramas elaboradíssimos que ele mesmo havia criado: um mapa de seu próprio cérebro e outro de um cérebro que ele chamou de "normal". O cérebro normal era uma grade ordenada com fileiras e colunas simétricas ao longo de todo o córtex cerebral — uma imagem de ordem e organização. O mapa do cérebro do próprio Colin era uma confusão desvairada, caótica, dividida em seções desiguais, de diversas formas e variados tamanhos. Incluía um telão de vídeo que ele descreveu como a fonte dos filmes virtuais que chamavam constantemente sua atenção. A medula espinhal estava rotulada como a origem das "câimbras" de que ele sofria. A maior seção do cérebro era a chamada "parte louca", a qual ele culpava pelos momentos em que não conseguia controlar seus próprios pensamentos e seu comportamento.

Parecia claro que Colin estava tentando dizer que não podia confiar no próprio cérebro.

## CONFIANÇA NO MUNDO

Mesmo que uma pessoa consiga confiar no próprio corpo, é difícil confiar no mundo ao redor. Costumo perguntar aos pais de crianças autistas: "O que mais perturba seu filho?". Muitas vezes, a fonte de frustração é um brinquedo mecânico que para de funcionar. Acaba a pilha de um carrinho ou o tablet entra em pane, desencadeando um acesso de nervosismo. Os pais ficam desconcertados; a reação parece desproporcional ao problema. Mas assuma o ponto de vista da criança: seu senso de ordem — de como as coisas funcionam — foi violado. Ela se viu diante de um mundo em que não pode confiar.

As crianças também manifestam essa experiência de formas mais sutis. Sharon notou que o comportamento de seu filho de 6 anos piorou muito numa determinada semana do outono, embora a mudança não parecesse ter relação alguma com qualquer coisa ocorrida em casa ou na escola. Dmitri ficou tão aborrecido que estava praticamente inconsolável, então, começou a se negar a jantar. Sua mãe logo identificou o gatilho: a mudança ocorreu pouco depois do fim do horário de verão. A rotina de Dmitri foi solapada. Durante meses, a família jantava ainda com dia claro. De repente, tinham de jantar quando já estava escuro. "É como se ele não pudesse confiar no que é um dia", disse Sharon, "ou no horário em que se deve jantar."

Do ponto de vista dele, os pais haviam mudado as regras sem aviso algum. Como estranhar que tenha ficado chateado? Por motivos semelhantes, muitos pais temem as férias escolares — a época que outras famílias esperam ansiosamente — porque a mudança na rotina perturba muito seus filhos autistas.

Matthew, de 15 anos, sofreu um tipo diferente de quebra de confiança em seu ambiente físico. Quando visitei sua casa, ele me contou, animado, que a família tinha viajado para Nova York havia pouco tempo.

— Você gostou da viagem? — perguntei.

— Foi ótima — ele disse —, a não ser pelo fato de que nos atrasamos quatro minutos perto da saída 87 da Rota 95 e depois nos atrasamos mais três minutos perto da saída 54! — E, assim, ele continuou listando todos os atrasos e desvios que a família sofrera até que sua mãe conseguiu fazê-lo parar.

O que Matthew se lembrava a respeito da viagem de três dias eram as coisas inesperadas, as vezes em que as coisas não aconteceram como ele achava que deveriam acontecer, as vezes em que descobriu que não podia confiar no mundo.

Certa vez, trabalhei como conselheiro num acampamento de verão para crianças com deficiências de desenvolvimento. Lá conheci Dennis, uma das crianças de quem eu mais gostava, um menino grande, de 12 anos, no espectro autista, que tinha cabelos encaracolados e bochechas rosadas. Numa manhã, nosso grupo saiu de ônibus para ir a um parque de diversões. Ele adorava a montanha-russa e a roda-gigante e vinha falando obsessivamente sobre o passeio havia dias. No entanto, quando o ônibus chegou ao parque, fiquei triste ao ver que o estacionamento estava vazio. O motorista pisou no freio e, sem se preocupar em conversar comigo antes, despejou as más notícias:

— Desculpem, crianças. O parque está fechado!

Dennis reagiu de forma explosiva; correu até mim, gritando:

— Não, não, *não*!

Ele olhou para cima, depois seu olhar se perdeu, e, de repente, ele começou a bater em mim com os punhos fechados. Enquanto tentava afastá-lo — garantindo ao mesmo tempo a segurança de nós dois —, ele rasgou minha camisa e, num frenesi descontrolado, enfiou as unhas no meu braço e no meu peito, causando arranhões profundos. Foi triste e assustador ver aquela criança, normalmente tão doce, naquele estado de descontrole.

Com a ajuda de outras pessoas, consegui levar Dennis a um banco do ônibus, onde ele cobriu a cabeça com um travesseiro e começou a se balançar, evidentemente perplexo e chocado com o que havia acontecido. Bem-regulado, ele era um menino dócil e feliz que arrancava sorrisos de todos ao seu redor. No entanto, quando se sentia demasiadamente ansioso, amedrontado ou confuso, e começava a ter um acesso, ele, às vezes, atacava as pessoas de quem mais gostava. Por quê? Nesse caso, foi porque o mundo traíra sua confiança. Foi como se alguém lhe desse uma martelada. Havíamos prometido um passeio naquele dia e o decepcionamos. Suas expectativas foram violadas de maneira súbita e abrupta.

Felizmente, consegui remediar a situação; foi como uma intervenção divina. Assim que pusemos Dennis em segurança e consegui me recompor, fiquei em pé e expliquei a ele que o parque estava fechado. Então, as palavras me vieram misteriosamente: "Mas nós vamos fazer agora um passeio mágico e misterioso!".[15] Isso foi em 1970, poucos anos depois do lançamento do disco *The Magical Mystery Tour*, dos Beatles. Dennis imediatamente olhou para mim, demonstrou interesse e repetiu: "Um passeio mágico e misterioso?". E então começou a repetir sem parar: "Um passeio mágico e misterioso! Um passeio mágico e misterioso...!".

Os conselheiros se reuniram para fazer um novo plano. Bem baixinho, perguntei ao motorista se havia outros destinos por perto. Então, decidimos parar pela manhã num pequeno jardim zoológico e, depois, ir ao minigolfe. Quando partilhamos o plano com as crianças, Dennis se acalmou e acabou apreciando o passeio — e prometemos marcar para outro dia a ida ao parque de diversões.

Compreendi que o acesso de Dennis escapou por completo ao seu controle e até à sua consciência. O evento inesperado desencadeou nele uma reação extrema em razão de seu déficit cognitivo. No entanto, nunca me esqueci das lições daquele dia: alguns autistas vão de zero a cem sem aviso algum; quando gravemente desregulados, podem descontar sua frustração

---

15. No original em inglês, *"magical mystery tour"*. (N.E.)

e confusão nas pessoas em quem mais confiam; e as quebras de confiança podem ocorrer de muitas formas.

Uma perturbação desse tipo que afetou a todos foi o começo da pandemia da covid-19, uma demonstração cabal da ansiedade que pode nos acometer quando não conseguimos mais confiar no mundo e nas rotinas que estabelecemos para navegar pela vida cotidiana. Quando a saúde e a segurança se tornaram prioridades máximas, a maioria de nós sofreu uma inquietante perda de previsibilidade. A escola seria presencial ou virtual? Teríamos coragem de tomar um avião para fazer a viagem de férias de que tanto precisávamos? Cultos religiosos, casamentos, enterros e outros eventos importantes que se baseiam na conexão interpessoal foram cancelados ou feitos online. Será que as vacinas se mostrariam eficazes? Não admira que tenha havido uma epidemia de doenças por conta da ansiedade e de outros problemas mentais em toda a população, não apenas naqueles cujo desenvolvimento neurológico era diferente.

## CONFIANÇA NAS PESSOAS

O desafio mais significativo envolvendo a confiança, para os autistas, é confiar nas pessoas. A maioria de nós tem um sistema neurológico capaz de prever o comportamento alheio — de ler intuitivamente a linguagem corporal e fazer juízos subconscientes com base no estado de relaxamento do corpo do outro, no modo com que uma pessoa olha para os outros ou no contexto social. É assim que determinamos as intenções de uma pessoa, se quer conversar ou não e até se é seguro ficar perto dela. Isso, no entanto, costuma ser bem mais difícil para quem está no espectro. Ros Blackburn explica que passa seus dias tentando compreender as intenções das pessoas que dela se aproximam. "Pelo fato de ser tão difícil para mim prever o comportamento das outras pessoas, daquelas que não estão no espectro", ela explica, "muitas vezes, seus atos me parecem imprevisíveis e ameaçadores!".

Essa ideia de Ros ajuda a explicar a reação defensiva que presenciei em Christopher. Ele era um adolescente que se comunicava de maneira multimodal. Usava um sistema de imagens de baixa tecnologia no qual apontava para figuras num quadro de comunicação e um tablet com saída de fala; além disso, ecoava frases ou dizia uma palavra de cada vez. Se um colega ou professor no corredor da escola dissesse de repente "Olá, Chris!", ele recuava instintivamente e se agachava com a expressão de espanto e assombro, como se lhe tivessem puxado uma faca.

O fato de não saber em quem confiar ou o que uma pessoa poderá fazer em seguida acarreta viver num estado constante de vigilância, como os soldados que trabalham nos batalhões antibomba. Imagine viver o tempo todo nesse estado de alerta intenso e hipervigilante, desconfiado de todos os objetos e pessoas. Se o sistema neurológico está sempre em alerta máximo, como prestar atenção em qualquer outra coisa? É esgotante. Torna-se difícil desempenhar as funções cotidianas. Toda a energia é direcionada para a manutenção dos sistemas de defesa.

Alguns autistas enfrentam um desafio quase oposto. São indivíduos que podem se movimentar e reagir com mais lentidão que os outros. Parecem menos alertas e aparentemente não prestam atenção nas pessoas e nos acontecimentos ao redor. Em geral, é mais difícil decifrar seus sentimentos, pois suas expressões faciais não variam muito. Permanecer num estado de baixa estimulação é como andar por aí desconcentrado e entorpecido. Os profissionais dizem que esses tipos de autistas têm um "viés de baixa estimulação". Pelo fato de manifestarem menos problemas de comportamento, parecem ser mais bem-regulados e, muitas vezes, são considerados "bons meninos" ou "não problemáticos", pois parecem muito bem-comportados. Mas será que isso significa que eles não sentem ansiedade? Não necessariamente. Quando se sentem desregulados, tendem a interiorizar sua ansiedade em vez de exteriorizar seus sentimentos. As sensações de ansiedade se acumulam neles com o tempo, e seus sinais de ansiedade ou desregulação observáveis são raros ou muito sutis, o que torna os acessos difíceis de prever.

## O PAPEL DO MEDO

Todos nós enfrentamos situações em que nos sentimos inseguros ou ameaçados. Quando pressentimos um perigo ou um risco, nossa reação natural é o medo — lutar ou fugir. Os autistas têm uma resposta inata parecida, mas seu limiar de reação é bem mais baixo, sobretudo para os que têm um perfil hiper-reativo. Um estímulo mais baixo desencadeia uma resposta emocional mais forte. A fonte de ansiedade não precisa ser um leão ou um homem armado. Quando a confiança é traída, quando a ordem de que a pessoa depende é rompida, isso provoca medo.

Temple Grandin talvez seja a pessoa autista mais famosa do mundo. Professora de zootecnia, é uma palestrante competente que transmite uma imagem de autoconfiança e elegância. Mas ela costuma descrever sua vida emocional da seguinte forma: "Minha principal emoção é e sempre foi o medo".

A maioria de seus medos tem origem em suas sensibilidades sensoriais. Embora um trovão não tenha muito efeito sobre ela, o alarme agudo de um caminhão que dá marcha a ré pode deixar seus batimentos cardíacos acelerados. As mudanças inesperadas de rotina também são grandes gatilhos de ansiedade.

Esse medo é algo que observo em meus primeiros encontros com crianças no espectro; é visível em seus olhos e em sua linguagem corporal. Quando enfrentam situações em que se sentem inseguras, quando são expostas à sobrecarga sensorial de um refeitório escolar lotado ou de um ginásio barulhento, é medo o que eu vejo.

Vi esse medo nos olhos de Jeremy, um garoto da 2ª série que, na primavera, começou a manifestar uma grande ansiedade na hora do intervalo. Quando chegava a hora de sua classe ir para o pátio, ele resistia, protestava e se recusava a sair bem na hora em que as outras crianças estavam felizes e animadas com a pausa.

Com o tempo, a razão se evidenciou: a cerca viva ao redor do parque atraía borboletas, e Jeremy tinha pavor de borboletas. Por que uma criança tem medo de borboletas, criaturas que a maioria das crianças considera bonitas e fascinantes? Elas não mordem, não picam, não fazem barulho. O que amedrontava Jeremy é que ele não conseguia controlá-las; era incapaz de prever o que elas fariam. Talvez uma borboleta tivesse, um dia, pousado em seu braço ou em seu rosto, assustando-o, e ele não tivesse sido capaz de espantá-la. Ele não entendia as borboletas. Apareciam do nada, voavam a esmo e o surpreendiam. No estado de desenvolvimento em que se encontrava, Jeremy não era capaz de raciocinar e considerar que, mesmo que pousasse em seu nariz, uma borboleta não o machucaria. Suas capacidades de comunicação eram muito limitadas; por isso, um desconhecido talvez concluísse que ele era irracional e profundamente perturbado. Mas seu comportamento tinha uma lógica: num sentido muito visceral, ele estava tentando permanecer seguro.

Para ajudá-lo, sugeri que a professora desse a Jeremy uma sensação de controle, brincando com borboletas de papel, deixando-as "voar" bem perto dele e ensinando-o a espantá-las, dizendo "Adeus, borboletas!". Ele também folheou livros sobre borboletas para compreender que eram inofensivas. Com o tempo, essa reestruturação superou sua ansiedade.

Lily tinha um medo muito particular; tinha medo de estátuas. Certa vez, quando tinha 7 anos, sua turma da escola estava passeando por um parque, na hora do almoço, quando ela viu a escultura de um homem montado a cavalo. Uma expressão de terror se estampou em seu rosto. Mas por que uma criança teria medo de uma figura de bronze que não se move? Porque desafiava a lógica. *Parecia* uma pessoa e *parecia* um cavalo, mas a regra que ela conhecia e compreendia é que as pessoas e os cavalos se movem. A estátua no parque demoliu a concepção que Lily tinha dos animais e das pessoas; assim, ela se sentiu abalada, ansiosa e assustada. Presenciei reações semelhantes de crianças autistas vendo atores que representam estátuas ou robôs — seres vivos comportando-se como se não fossem seres inanimados.

## COMO AJUDAR AS CRIANÇAS A SUPERAR O MEDO

Quando um autista desenvolve esse tipo de medo, pode ser difícil superá-lo. Ned, aluno da 5ª série numa escola de Nova York, ficou aterrorizado quando a professora anunciou uma excursão para a travessia de Staten Island. A ideia capturou a imaginação de seus colegas de classe. Cheia de empolgação, uma menina perguntou sobre as ondas que o barco enfrentaria. Um menino queria saber se seria possível avistar baleias. Ned, por sua vez, fixou-se em outra coisa: um acidente com um barco que ele tinha visto no noticiário. Mencionou depois outro desastre: o naufrágio do *Titanic*. Essas associações queriam dizer que, para ele, estava fora de questão subir numa embarcação. Reticente, ele se recusou sequer a considerar a possibilidade de fazer a excursão junto aos colegas.

À medida que a data da excursão se aproximava, Ned foi ficando cada vez mais obcecado pelo *Titanic*. Queria ver as fotos do desastre e do filme e perguntava frequentemente aos professores e aos pais como seria o fundo do oceano, com peixes nadando ao redor. Estava claro que seria difícil fazê-lo participar da excursão.

Quando me reuni com os professores e os pais, que haviam solicitado meus conselhos, discutimos o problema: Ned não se sentia seguro. Concordamos que a prioridade seria tranquilizá-lo e fornecer-lhe informações que lhe dessem confiança. Juntos, explicamos que, na embarcação, ele estaria protegido por um colete salva-vidas e que haveria botes, caso houvesse algum problema. Ele estava escutando tranquilamente até ouvir a palavra *problema*. Nesse instante, ele gritou de repente: "Que tipo de PROBLEMA?". Então, ele ficou mais ansioso e nervoso do que antes.

PARTE I: COMPREENDER O AUTISMO | **101**

Para tentar acalmá-lo e estimulá-lo, concentramo-nos em duas soluções: primeiro, buscamos criar uma conexão emocional positiva, descrevendo como seria legal embarcar junto com os amigos, ver as bandeiras coloridas do Battery Park e alguns outros destaques da excursão. Depois, introduzi o conceito de coragem: "Ter coragem é tentar fazer algo mesmo com medo", eu disse, "e confiar nas pessoas que estão com você!".

O que não fizemos foi obrigá-lo a ir. Ned estava com medo. Seu medo estava causando desregulação. Impor que ele fosse à excursão contra sua vontade só serviria para piorar as coisas. Ele perderia por completo a confiança nos adultos ao seu redor. Assim, depois de conversar com seus pais, dissemos que ele tinha a opção de ser corajoso — de enfrentar seu medo —, mas também lhe demos a opção de ficar com a mãe naquele dia. E lhe demos um prazo até poucos dias antes da excursão para que decidisse.

Quando chegou o dia, ele tomou sua decisão:

— Serei corajoso.

Ned foi à excursão e se divertiu muito com os colegas. Quando o vi na consulta seguinte, um mês depois, ele me contou com orgulho:

— Doutor Barry, fiz a travessia. Fiquei com um pouco de medo quando o barco balançava, mas fui corajoso!

Tanto eu quanto seus pais percebemos seu orgulho. Ele assumiu seu sucesso. Depois disso, Ned passou a usar com frequência a ideia de ser corajoso para enfrentar situações difíceis que, no passado, ele teria evitado. Ele sabia que poderia confiar nos outros caso precisasse de mais apoio.

A ansiedade de Ned nos lembra que certas coisas de que a maioria das crianças gosta podem causar medo em crianças e adultos autistas. Certa vez, ajudei a planejar uma festa de Natal para um grupo de crianças autistas. A ideia era criar uma experiência especial para crianças para as quais seria impossível, ou pelo menos muito difícil, comparecer a uma típica festa de Natal. Queríamos que os pais pudessem relaxar e não tivessem de se preocupar em ficar explicando o comportamento de seus filhos ou pedindo desculpas. Professores, pais e voluntários que ajudaram a planejar a festa tomaram o cuidado de criar um ambiente tranquilo, com baixa estimulação, em que as crianças se sentissem confortáveis e felizes. Levamos brinquedos que as crianças conheciam, criamos pontos de apoio visuais para que pudessem escolher entre suas atividades prediletas e integramos à festa alguns rituais que elas conheciam do programa da educação infantil, tudo para permitir que se sentissem à vontade.

E tudo correu muito bem — até que chegou o Papai Noel. O voluntário que se oferecera para representá-lo era colega de um dos pais, mas, ao que parece, não entendia muito de autismo. Depois de bater na porta de repente, fazendo um barulho bem alto, ele irrompeu na sala com sua roupa vermelha gritando "Ho, ho, ho!". Sua aparição abrupta assustou a tal ponto as crianças que elas se dispersaram. Algumas gritaram ou se jogaram no chão, outras fugiram para os cantos da sala, para junto de seus pais ou para dentro do *closet* onde estavam guardados os casacos. O Papai Noel foi um *tsunami* sensorial e, no contexto de um evento que por si já era pouco familiar e cheio de animação, as crianças não o suportaram. Por mais que nos preparemos, sempre pode haver uma surpresa. E muitos autistas não se dão bem com surpresas. Fizemos todo o possível para administrar a situação e ajudar as crianças a se recuperar.

Se acontecimentos inesperados provocam medo e ansiedade, os autistas podem apresentar diversas respostas: fogem, entram em pânico, às vezes, se fecham e ficam paralisados como um cervo diante do farol de um carro à noite. As cabras miotônicas pertencem a uma raça que sofre de miotonia congênita, uma doença que faz com que os músculos de suas patas se tensionem quando elas se entusiasmam ou se sentem ameaçadas; paralisadas, elas caem no chão. Algo parecido acontece com alguns autistas. Quando se sentem sobrecarregados, ansiosos ou amedrontados, eles param no lugar onde estão. Às vezes, fecham os olhos e tampam os ouvidos, procurando se isolar do mundo; em alguns momentos, correm de medo. Como disse Ros Blackburn, bombeiros, paramédicos e outros que trabalham em situações que podem gerar alta ansiedade são extensamente treinados para administrar suas reações e permanecer calmos, mas os autistas não recebem nenhum treinamento desse tipo.

Essas reações, muitas vezes, suscitam, nos pais e em outras pessoas próximas dos autistas, reflexões sobre um aparente paradoxo: por que eles parecem se amedrontar tanto diante de coisas comuns e inofensivas, como borboletas e estátuas, mas *não* se assustam com tantas outras coisas das quais *deveriam* ter medo? Por que um menino que tem horror a estátuas corre no meio do trânsito, consegue subir num telhado ou procura ficar em pé numa montanha-russa sem demonstrar medo algum?

É importante compreender que as crianças e alguns adultos que parecem não ter medo nessas situações realmente não o têm; ou seja, não sentem medo. Quando uma menina autista de 6 anos sobe no telhado, ela não avalia a situação nem é capaz de pensar nas possíveis consequências de seu ato. Age instintivamente. Ela pensa "Vou subir ali porque de lá poderei ver coisas que não consigo ver daqui de baixo!", apenas isso. Não pondera os riscos porque não os percebe. Não sente medo no corpo;

pelo contrário, subir no telhado é algo que pode até provocar entusiasmo ou prazer. O cérebro não lhe manda sinais para alertar que aquilo é perigoso, e a mente não prevê a consequência potencialmente perigosa do que ela fez. Talvez tenha medo da borboleta, pois não consegue controlá--la, mas a perspectiva de cair de oito metros de altura não lhe passa pela cabeça. Focada na sensação momentânea, não se preocupa com possíveis resultados nocivos. Para lidar com esse problema, muitos programas de educação para autistas dão ênfase a questões de segurança, a fim de fazê--los compreender quais situações podem acarretar dano ou perigo.

Embora esses esforços sejam cruciais para ajudar os autistas a compreender como reagir à polícia ou a outras equipes de emergência, na verdade, deveria se tratar de um esforço de mão dupla. Os policiais que nada sabem sobre o autismo podem ser fisicamente inoportunos ou falar em voz alta, desencadeando um alto nível de ansiedade nos autistas, que talvez reajam procurando se soltar, ou correndo, ou, ainda, não obedecendo às ordens recebidas. Os policiais, por sua vez, podem interpretar essas reações como indícios de culpa, o que pode resultar em abordagens mais violentas. Reconhecendo esses problemas, muitas corporações policiais hoje têm extensos programas de treinamento sobre o autismo. Alguns municípios enviam profissionais de saúde mental para atender emergências, em vez da polícia, a fim de poder avaliar a situação e proporcionar apoio caso não haja perigo imediato.

## CONTROLE: UMA REAÇÃO NATURAL AO MEDO E À ANSIEDADE

Quando nossa confiança é traída e sentimos medo ou ansiedade, nossa reação natural consiste em tentar exercer controle. Alguns profissionais ligados ao autismo falam do controle em termos negativos: "ela está sendo controladora de novo" ou "ele está tentando controlar a conversa". No entanto, quando se entendem as motivações subjacentes, fica claro que muitos desses comportamentos representam estratégias para lidar com a ansiedade ou a desregulação. Alguns profissionais se esforçam muito para tirar o controle das mãos dos autistas, mas isso não ajuda em nada; estão *aumentando* a desregulação na medida em que prejudicam suas estratégias para permanecer bem-regulados.

Falar sem cessar sobre um assunto de interesse profundo — trens, dinossauros, carros — é um meio de exercer controle (ver o capítulo 3). Talvez a criança se sinta ansiosa e pouco à vontade nas situações sociais, pois não consegue prever o que as outras pessoas dirão ou pedirão. Porém, quando preenche o silêncio com longos monólogos sobre sua área de interesse, ela sente que tem algum controle. O ato de falar afasta a ansiedade perante o desconhecido e restringe a imprevisibilidade das conversas abertas.

Enquanto algumas crianças reagem à ansiedade falando em excesso, outras se refugiam no silêncio. Grace, de 11 anos, tinha acabado de ser transferida para uma escola nova. Participava na medida de suas capacidades, flanando pelo refeitório, sentando-se com os colegas e brincando com uma terapeuta. Mas nunca falava — nem sorria.

Não que ela não soubesse falar. Na escola anterior, ela falava. No contexto da escola nova, no entanto, ficara em silêncio e, em vez de falar, usava gestos para comunicar suas necessidades. Segundo um relatório da equipe, em sete semanas, só a ouviram sussurrar, numa única ocasião, uma única palavra: "queijo".

A mãe disse que Grace falava em casa — embora boa parte de sua fala fosse composta de ecos — e que ela era capaz de ler em voz alta. Além disso, em vídeos que foram feitos em casa, mostrados pela mãe, via-se que Grace também sorria e gargalhava com facilidade. A mãe instou a equipe a não obrigar a filha a falar, com medo de que esses esforços aumentassem sua ansiedade e lhe fizessem mais mal do que bem. Como observador e consultor do distrito, concordei que era mais importante construir uma relação de confiança com Grace, encorajar sua participação nas atividades e sua comunicação (ainda que não verbal) em vez de tentar obrigá-la a falar contra a vontade.

Alguns profissionais talvez rotulassem o comportamento de Grace como "controlador" ou como "comportamento de retenção" — como se ela se recusasse a falar de modo voluntarioso e por teimosia. O que eu vi, no entanto, era uma menina atenta, inteligente e capaz que estava ansiosa pelo fato de se encontrar num ambiente novo, no qual ainda não sabia em quem ou no que confiar. Não falar era o modo como ela resolvia a situação, o modo como exercia algum controle e dava a si mesma uma oportunidade de se adaptar e ficar à vontade em seu novo ambiente. Ela estava manifestando uma forma de mutismo seletivo (ou eletivo), que também se vê em crianças fora do espectro autista. Não se trata, a princípio, de um problema da fala e de linguagem, mas de um reflexo de uma ansiedade significativa.

Com o tempo, os professores e terapeutas que trabalhavam com Grace construíram relações de confiança com ela. Quando ela ficou à vontade e se sentiu preparada, começou a ler em voz alta na escola e, no fim das

## COMO AS PESSOAS EXERCEM CONTROLE

Algumas pessoas tentam garantir o controle de uma forma imaginável: criam regras em sua cabeça para entender o mundo e tentam fazê-lo se comportar de acordo com sua própria lógica. Havia um menino desse tipo, da 2ª série, chamado José, que estava envolvido no planejamento da sua festa de 8 anos. Ao pensar na lista de convidados, José decidiu que só chamaria um grupo — o grupo dos meninos da sua classe. Os pais e os professores disseram que seria legal incluir também as meninas, além de outras crianças da escola e de outros contextos. No entanto José insistiu: só os meninos, e só os da sua classe. Não que ele não gostasse de outras crianças. Ele demonstrava muito interesse por diversas crianças em sua vida, mas, por algum motivo, restringira a lista de convidados da festa de aniversário a uma única categoria.

Na consultoria mensal que dava à escola primária em que ele estudava, eu me reuni com sua mãe, com as professoras e com uma das terapeutas que trabalhavam com ele a fim de discutir e encontrar a melhor maneira de ajudá-lo a cuidar da festa. Muitos adultos se perguntavam por que José parecia tão obstinado e irredutível em relação à lista de convidados para o evento. Estaria sendo insensível ou excluindo as pessoas? Eu achava que não. Suspeitei que ele estivesse apenas se sentindo sobrecarregado. Ele nunca havia planejado um evento daquele tipo e, certamente, estava acima de suas forças pensar em todo o universo de pessoas que faziam parte de sua vida. Para exercer alguma forma de controle, ele havia criado uma regra, por mais aleatória que parecesse, com o objetivo de restringir a imensa gama de possibilidades. Isso simplificava tudo e aplacava sua ansiedade.

Os pais queriam encorajar José a chamar mais gente, mas eu sabia que não conseguiríamos isso se apelássemos para a lógica, dando-lhe extensas explicações, ou se impuséssemos uma regra que não fizesse sentido para ele. Sabíamos que José adorava jogos de tabuleiro. Assim, criamos um quadriculado semelhante a um jogo, com várias categorias de crianças que ele conhecia: primos, colegas de classe, o pessoal do time de beisebol, meninos, meninas e outros. A professora e uma terapeuta sugeriram algumas regras novas para o "jogo da festa de aniversário": escolher pelo menos uma criança para cada quadradinho no quadriculado, um menino de sua classe, uma menina de sua classe, um primo, uma prima, e assim por diante. Como ele entendeu as regras do jogo, gostou de jogar. Depois de escolher pelo menos uma criança para pôr em cada quadrado, ele podia escolher outras à vontade. Ele entendia as categorias, e o processo lhe parecia lógico, previsível e divertido. O mais importante era que a estrutura ajudava a simplificar um processo decisório que o intimidava. Resumindo, José se sentiu dono da situação. Não lhe impusemos que convidasse crianças de um grupo mais amplo; apenas criamos um contexto para que ele próprio se sentisse mais tranquilo para fazer isso.

A necessidade de se sentir no controle da situação também ajuda a explicar um dos desafios mais desconcertantes ligados ao autismo: a dieta. Muitas vezes, os pais se perguntam por que seus filhos autistas são tão enjoados para comer. Alguns só comem determinados alimentos de certa cor (uma das cores mais comuns é o marrom ou o bege), ou não comem brócolis caso tenha tocado o frango que esteja no mesmo prato. Num programa pré-escolar para crianças autistas criado pela instituição em que eu trabalhava, cada criança tinha sua preferência em matéria de sanduíches, e a maioria das crianças examinava atentamente o conteúdo de seus sanduíches todos os dias na hora do almoço, para ter certeza de que nenhum ingrediente suspeito havia sido introduzido ali. Brian, por exemplo, não comia queijo. Se encontrasse uma mínima partícula desse alimento, inserida clandestinamente por sua mãe, ele a removia com todo o cuidado.

Essas preferências muitas vezes têm relação com dificuldades sensoriais. A textura de um determinado alimento, ou sua temperatura, seu cheiro ou sua cor, pode incomodar a criança. A escolha dos alimentos, do modo como são servidos e os rituais de alimentação são formas de exercer controle, um esforço para fazer com que o mundo pareça mais seguro e mais confiável.

A verdade é que os autistas que não falam muitas vezes se comunicam de maneira bem clara por meio de suas preferências alimentares. Era o caso de Ron, um rapaz de 15 anos que conheci na segunda vez em que estive no acampamento de verão. Eu tinha só 19 anos. Ele era um adolescente grande, de peito largo, que não falava, e raramente emitia um som agudo como se estivesse balbuciando. Isso ocorria quando ele estava contente ou aflito. Ele usava coturnos pretos até mesmo nos dias de verão, combinando-os com bermudas. Ao sair da cabana e dirigir-se ao refeitório, ele sempre se desviava do caminho de pedrisco e parava para esfregar a casca de um certo bordo; ao mesmo tempo, vocalizava sons repetitivos, semelhantes ao canto de um pássaro. Além disso, gostava de balançar os dedos ao lado dos olhos enquanto se deliciava em emitir aqueles sons agudos. A silenciosa dignidade de Ron me cativou, assim como a atenção que prestava nos detalhes de sua rotina diária.

No meu primeiro dia, um conselheiro que conhecia Ron me instruiu a *nunca, jamais*, dar a Ron qualquer coisa com maionese. No almoço do dia seguinte, eu estava fazendo todo o possível para cumprir meus deveres: tentava distribuir o almoço rapidamente, sem pensar muito. Coloquei uma tigela de salada de batata diante de Ron e me virei para o outro lado. De repente, senti algo molhado e pegajoso na minha cabeça. Ron tinha acabado de jogar a salada de batata em mim. Na pressa, eu não havia nem pensado que a salada continha maionese. Não foi um ato de violência ou agressão; ele estava me lembrando da sua preferência, afirmando seu controle e sua personalidade por meio da recusa do que eu lhe dera. Era o seu jeito de dizer "Meu nome é Ron. Bem-vindo ao acampamento!".

## O CONTROLE NOS RELACIONAMENTOS

O esforço para garantir o controle diante de um mundo confuso ou estressante muitas vezes se estende também aos relacionamentos. Miguel e William estavam no jardim de infância. Ambos no espectro autista, pareciam estar sempre juntos e apreciar a companhia um do outro. A certa altura, porém, a professora se mostrou preocupada. Miguel começou a apresentar um comportamento perturbador, seguindo William tão de perto pela classe e pelo pátio que permanecia quase colado nele. "Às vezes, ele manda William se sentar do seu lado", ela me contou. "E agora William o empurra para longe e não quer ficar perto dele."

Sempre vale a pena perguntar "Por quê?". Assim, como consultor da escola, eu me reuni com a professora e perguntei se algo havia mudado recentemente na vida de Miguel — talvez algo anormal estivesse acontecendo em sua casa. Dito e feito: o pai de Miguel havia quebrado a perna num acidente de esqui e ficara internado por vários dias. Miguel enfrentou uma interrupção súbita de sua rotina doméstica. O pai não estava lá, e a mãe precisava deixá-lo com uma babá quando visitava o hospital. Na percepção dele, as coisas haviam mudado drasticamente e as pessoas de quem dependia no cotidiano não eram mais confiáveis. Não admira que tentasse exercer algum controle sobre essa situação literalmente agarrando com força o relacionamento com quem sabia que podia contar.

## CONSTRUIR A CONFIANÇA

As professoras de Jonah relataram que ele vinha enfrentando grandes dificuldades desde quando entrara no ensino fundamental II e que estava se afastando cada vez mais dos colegas e educadores. Ele não tinha amigos e, muitas vezes, se sentava com a cabeça apoiada na carteira. Era um menino inteligente e com boa capacidade de expressão que tivera algum sucesso no ensino fundamental I. Quando concordou em conversar comigo na minha qualidade de consultor da escola, Jonah me disse que se sentia frequentemente triste. Ele não gostava dos professores, e os colegas de sala, que no passado pareciam apreciar suas conversas sobre seus interesses — dinossauros, beisebol e videogames —, já não se interessavam mais por nada disso.

— Há alguém na escola em quem você possa confiar? — perguntei.

— De jeito nenhum! — ele respondeu.

Perguntei-lhe o que seria necessário para que pudesse encontrar um novo amigo em quem confiasse. Ele respondeu:

— Teria de conhecer a pessoa por pelo menos um ano, e ela teria de fazer pelo menos quatro visitas à minha casa, e eu precisaria ir quatro vezes à casa dela.

Como muitos autistas, Jonah tinha dificuldade para confiar nas pessoas, e isso dificultava também a formação de relacionamentos. A experiência me ensinou que a formação de relacionamentos de confiança é a chave para ajudar os autistas a lidar com um mundo que lhes parece confuso, imprevisível e opressivo. Muitos autistas enfrentam mal-entendidos constantemente: não compreendem as ações alheias, e seu próprio comportamento não é compreendido por colegas, educadores, desconhecidos e até pelas pessoas mais próximas. Quanto mais mal-entendidos ocorrem, menos o indivíduo confia nas pessoas e mais tendência tem de se fechar e se refugiar dentro de si, sentindo que não vale a pena sequer tentar. Nas épocas de mudança, como é o caso da transição do ensino fundamental I para o fundamental II, quando os cronogramas se modificam e os relacionamentos se tornam mais complexos, é difícil saber em quem ou no que confiar.

Por isso, é essencial que as outras pessoas que fazem parte da vida do autista — pais, educadores, colegas, orientadores vocacionais, outros mentores e empregadores — façam um esforço extra para construir relações de confiança. O que aprendi em anos de experiência e com amigos queridos que estão no espectro é que, em vez de exigir ou pressionar um autista para que ele mude, cabe a nós mudarmos primeiro. Quando mudamos para lhe dar apoio, o autista também muda em virtude dos alicerces de confiança que assim se lançam.

Com muita frequência, no entanto, o que acontece é o contrário: as pessoas ao redor do autista só aumentam sua ansiedade e seu medo, em vez de aliviar o estresse.

Transmitindo com persistência a mensagem de que ele precisa mudar, comunicamos inadvertidamente a ideia de que ele está fazendo tudo errado. Assim, esmagamos sua autoestima e, no fim, sua confiança. A criança se torna incapaz de acreditar que as outras pessoas podem lhe oferecer compreensão e apoio; se torna incapaz de acreditar que o mundo é um lugar seguro. O adulto autista pode se sentir desrespeitado e tratado como criança. Em decorrência disso, pode ter aumentada sua ansiedade e, às vezes, a raiva. A situação pode ser ainda pior para aqueles que não falam ou falam muito pouco. É muito comum que as pessoas os considerem menos conscientes ou inteligentes e, portanto, mais necessitados de controle externo. Isso viola ainda mais sua confiança.

O que podemos fazer para ajudar os autistas a desenvolver relações de confiança?

**Reconhecer as tentativas de comunicação.** Um dos elementos básicos de uma relação de confiança é o sentimento de ser ouvido por outra pessoa. Muitas vezes, os autistas se comunicam por outros meios além da fala, ou usam uma forma de fala idiossincrática, ou se utilizam de gestos naturais ou formas mais sofisticadas de comunicação alternativa e gradativa. É fundamental que as pessoas ao seu redor procurem ouvir, deixar claro que estão ouvindo e, sempre que possível, responder. Talvez isso tudo exija mais paciência, pois as pessoas que não falam, às vezes, demoram mais para expressar o que querem dizer, e as que falam podem ter dificuldade para encontrar as palavras corretas para expressar pensamentos e sentimentos, sobretudo quando estão desreguladas. Com paciência, lançamos os alicerces de um progresso que de outro modo não poderia ocorrer.

**Partilhar o controle para construir a autodeterminação.** Pense no que acontece num casamento ou em qualquer outra relação de intimidade: se um dos parceiros sente que o outro sempre tenta ser o chefe e dirigi-lo, quem sofre é a confiança. Em vez de impor um controle externo, é essencial oferecer alternativas, dar voz ao autista em relação à determinação de seu cronograma, à escolha das atividades e ao controle de aspectos importantes de sua vida. Quando ele se sente respeitado e sente que tem algum poder sobre a própria vida, cria mais confiança nas pessoas ao seu redor.

**Reconhecer o estado emocional do indivíduo.** Quando os autistas se sentem emocionalmente desregulados, às vezes, recaem em formas de comportamento inadequadas, perturbadoras ou inseguras. Em vez de culpá-los, devemos parar e nos perguntar: o que essa pessoa deve estar sentindo agora? O que posso fazer para diminuir sua ansiedade? Se reagirmos dessa maneira, vamos aliviar o estresse em vez de aumentá-lo e, assim, construir confiança.

**Mostrar-se digno de confiança e se expressar com clareza.** As situações sociais tendem a ser confusas para os autistas. Além disso, eles podem ter dificuldade para interpretar as nuances do comportamento alheio nos contatos sociais. Precisamos nos esforçar e demorar o quanto for preciso para explicar-lhes as regras e expectativas sociais e por que elas existem. Não basta simplesmente declarar as regras, sobretudo para aqueles que têm um nível elevado de compreensão da linguagem. Se as regras não fizerem sentido para o autista, ele pode desenvolver rancor e se negar a segui-las. No entanto, quando paramos para conversar sobre a importância de as regras existirem e sobre o fato de sermos todos convocados a obedecê-las, demonstramos um respeito maior pelo autista. Quando declaramos abertamente nossas intenções e mantemos um mesmo padrão de comportamento, ajudamos a instilar no autista um sentimento de confiança. E nunca se esqueça: se nosso comportamento não expressar o que estamos tentando ensinar, estaremos, na verdade, ensinando outra coisa.

**Comemorar os sucessos.** As pessoas que trabalham com autistas — e também alguns pais de autistas — frequentemente dão excessiva atenção às coisas que vão mal, às coisas complicadas e difíceis. Não é fácil confiar em alguém que sempre reage com proibições, comentários negativos e críticas ou que tenta constantemente nos mudar ou consertar. A vida já é dura o suficiente; não é preciso que alguém nos lembre constantemente do que não conseguimos fazer ou do que fazemos errado. Quando colocamos os sucessos em foco, nós construímos a autoestima e aumentamos a capacidade da pessoa de confiar em nós, nas outras pessoas e no mundo.

# CAPÍTULO 5

## MEMÓRIA EMOCIONAL

Certa vez, na cidade de Buffalo, fui visitar uma escola na qual, doze anos antes, quando ainda estava fazendo a graduação, eu trabalhara com diversas crianças autistas. Caminhando pelos corredores que já conhecia, pensei naquelas crianças de quem eu tanto gostava e me perguntei o que teria acontecido com elas. Quando entrei em uma das salas de aula, que era equipada com uma pequena cozinha, alguns dos adolescentes e jovens adultos estavam trabalhando juntos para preparar o café da manhã. Um dos alunos — que tinha cerca de 18 anos, mais de um metro e oitenta de altura, cheio de energia — me viu do outro lado da sala e eu tive a impressão de que me reconhecera de imediato. Ele sorriu olhando para mim; então, começou a pular e, depois, a balançar o corpo e a falar, cheio de animação.

Observando sua reação, a professora me disse:

— Sei que você já trabalhou aqui. Conhece o Bernie?

De fato, eu havia trabalhado ali com um menino chamado Bernie. Na época, ele não tinha mais que 6 ou 7 anos.

A professora chamou o rapaz, que estava do outro lado da sala:

— Bernie, venha cá. Quero que converse com alguém.

Ainda sorrindo, ele veio em minha direção dando passos largos, animadíssimo. Estava claro que me reconhecia, mas o jeito com que me cumprimentou não foi nada típico.

— É o Barry! — ele disse, dando-me um abraço apertado. — Vamos nos sentar para amarrar os sapatos!

As memórias me vieram como numa torrente: alguns anos antes, eu havia trabalhado na sala de Bernie. No decorrer de várias semanas, uma das minhas tarefas era lhe ensinar a amarrar os sapatos.

— Vamos nos sentar para amarrar os sapatos — ele repetiu.

Não parecia estar simplesmente se lembrando daquela época; era como se a revivesse. Um sorriso enorme iluminou seu rosto, e eu identifiquei o entusiasmo e a alegria em sua voz quando ele repetiu mais uma vez:

— Vamos nos sentar para amarrar os sapatos!

Outra história: Louis entrou em contato comigo porque ele e sua esposa estavam perplexos por conta de um misterioso hábito de Júlio, seu filho de 4 anos. Toda vez que paravam o automóvel ao lado de uma determinada placa de "Pare!", o menino — que não falava — entrava em pânico, começava a gritar de repente e socava a própria cabeça com os punhos cerrados.

— Isso é terrível para nós — disse Louis. — Qual poderia ser a causa?

Eu mesmo me senti perplexo.

— Conseguem evitar esse cruzamento? — perguntei.

— Não — respondeu Louis.

O cruzamento ficava numa rota que ele e a esposa sempre pegavam, e seria muito difícil evitá-lo por completo.

Eu não tinha uma resposta pronta, mas o lembrei que os pais muitas vezes têm de fazer o papel de detetives. Sugeri que mantivesse a mente aberta para identificar quaisquer relações possíveis.

Três dias depois, Louis me ligou.

— Acho que descobrimos — ele disse.

Ele me contou que, quando Júlio era bem mais novo, tivera uma febre muito alta e sofrera uma desidratação severa. Os pais o levaram a uma clínica médica onde ele reagiu com grande medo e pânico quando os enfermeiros o seguraram e introduziram um tubo intravenoso para hidratá-lo.

Foi então que Louis fez a relação: no cruzamento onde Júlio começava a gritar, havia um edifício revestido de estuque branco que lembrava muito a clínica onde lhe haviam introduzido uma agulha na veia. Talvez suas memórias daquela primeira experiência fossem tão estressantes que o simples fato de ver um prédio semelhante desencadeava a lembrança traumática.

Assim como Bernie fora reconduzido à experiência feliz de aprender a amarrar os sapatos, também Júlio se lembrava dos momentos de pânico e de dor, como se voltasse a vivê-los. Ver o prédio de estuque branco era suficiente para desencadear um ataque de pânico.

## O IMPACTO DA MEMÓRIA EMOCIONAL

Essas duas histórias — uma de lembranças felizes, outra de lembranças traumáticas — demonstram o quão forte é o impacto da *memória emocional* sobre os autistas. Quando pensamos na memória, muitas vezes, o que nos vem à cabeça são fatos — informações neutras e objetivas sobre experiências que tivemos, pessoas que conhecemos ou de quem ouvimos falar, lugares em que estivemos. Além dos fatos, no entanto, também temos memórias de nossos sentimentos a respeito das coisas. De um modo subconsciente, nosso cérebro rotula as memórias, atribuindo-lhes determinadas emoções: felicidade, tristeza, dor, frustração, alegria, estresse, trauma.

Todos nós fazemos isso em diferentes medidas. Quando ouço a canção *Moon River*, sou tomado pela melancolia. Era a música predileta da minha mãe, que morreu quando eu tinha apenas 12 anos. Hoje, mais de cinquenta anos depois, ainda me lembro dela cantando. Uma experiência mais comum é a de ir a um reencontro da turma da escola e ver um colega de classe de cujo nome não lembramos, mas nos lembramos claramente de gostarmos dele ou não. Os fatos muitas vezes nos fogem, mas os sentimentos associados a eles lançam raízes profundas. Todos nós somos assim. Se temos lembranças positivas de pessoas, lugares ou atividades, nos sentimentos atraídos por essas coisas. Se as lembranças são negativas e repletas de estresse, nós as evitamos, e o simples fato de pensar nelas pode suscitar sentimentos incômodos.

Tudo isso é ampliado nos autistas, pois a memória deles, com certeza, é um ponto forte. Somente uma pequena proporção de autistas demonstra habilidades extraordinárias nesse quesito, como se vê em filmes como *Rain Man* ou em pessoas famosas como Daniel Tammet, mas muitos pais e professores se espantam com os feitos notáveis da memória de seus filhos e alunos. É comum que essas crianças se lembrem muito bem de datas de aniversário, de dados geográficos ou de coisas que aconteceram em sua vida. Mas há algo que se discute muito menos e é importante de se compreender para ajudar os autistas: o impacto das memórias *emocionais*, tanto as boas quanto as ruins.

A situação tem tudo para dar errado: a criança apresenta uma capacidade poderosa de se lembrar do passado e, em razão de suas dificuldades neurológicas e da confusão, dos mal-entendidos sociais e dos problemas sensoriais que acompanham o autismo, também acumulou mais experiências de estresse do que as outras crianças da mesma idade. É por isso que uma associação aparentemente insignificante — ver um edifício branco ou o rosto de um antigo professor — pode desencadear uma reação que parece desproporcional. (Infelizmente, *todos nós* somos capazes de recuperar as memórias estressantes e até traumáticas por mais tempo e com mais precisão do que as memórias boas.)

## COMO AS MEMÓRIAS EXPLICAM O COMPORTAMENTO

Quando o comportamento de alguém nos deixa perplexos ou parece inexplicável, muitas vezes isso acontece porque a pessoa, diante de nós, está se lembrando de algo de forma tão intensa e vívida que é como se os acontecimentos estivessem se repetindo. Quando Bernie demonstrou alegria pela nossa experiência conjunta de amarrar os sapatos, ele não estava simplesmente se lembrando do passado distante; as lembranças eram tão intensas em sua mente que o dominaram e pareciam estar acontecendo de novo, naquele momento e naquele lugar.

Quando uma criança ou um adulto tem um ataque súbito ou entra num estado de pânico extremo sem aviso nem causa aparente, isso pode ser consequência, entre outras causas, de memórias emocionais negativas, traumáticas e não reconhecidas, como as de Júlio. Certamente, ele não *queria* rememorar aqueles momentos dolorosos na clínica, mas, apesar disso, ele começava a gritar de dor e de pavor ao ver um simples edifício com uma parede branca. Muitas vezes, isso ocorre sem aviso, sem nenhum sinal observável no comportamento da pessoa que indique o aumento de ansiedade ou medo e dê a um terceiro a oportunidade de intervir e oferecer apoio antes de o acesso começar. A memória emocional não funciona assim. Júlio não sabia que estivera na clínica já havia anos, em circunstâncias diferentes, e que o momento e o local agora eram outros. A imagem visual desencadeou a memória, o medo lhe inundou a mente, e não havia nenhum esquema fácil para se livrar daquela lembrança.

O gatilho pode ser algo muito simples: um nome, por exemplo. Miguel era um menino autista de 11 anos cuja capacidade de comunicação por meio da fala era limitada. No entanto, quando sua mãe, Leslie (que o criava sozinha), lhe disse que estava contratando uma nova auxiliar chamada Jennifer, para ajudá-lo na escola e em casa, ele reagiu na mesma hora e falou bem alto: "Jennifer não! *Jennifer não!*".

Ele sequer havia conhecido a moça, portanto a mãe não entendeu por que motivo o filho teve uma reação tão exagerada. Algum tempo depois, Leslie identificou a origem daquele rompante. Quando ainda era bem pequeno, com cerca de 2 anos, Miguel tivera uma babá chamada Jennifer. Leslie não gostava dos serviços dela, pois, quando chegava do trabalho, muitas vezes, encontrava Miguel transtornado e desregulado. Assim, acabou despedindo-a e encontrou outra auxiliar. Quando a mãe lhe perguntou por que ele não queria Jennifer, Miguel lhe disse, com grande esforço, que ela o maltratara fisicamente: "Jennifer machucou Miguel. Jennifer machucou Miguel!".

A nova Jennifer era uma pessoa completamente diferente, mas isso não importava. Miguel ouviu o nome, e isso desencadeou nele uma memória emocional da qual ele não conseguia escapar.

No meu trabalho, vejo frequentemente que uma única palavra pode ter um efeito traumático sobre uma criança autista. Quando certas crianças ouvem alguém se referindo a mim como "doutor Barry", ficam ansiosas não por causa de algo que eu tenha feito, mas por causa da palavra *doutor*.

Certa vez, fui visitar Billy, um menino autista de 8 anos. Enquanto eu esperava na sala, seu pai o chamou:

— O doutor Barry está aqui!

Em vez de vir me cumprimentar, o menino protestou gritando:

— Não quero injeção! *Não quero injeção!* Não quero o doutor Barry! Não quero o doutor Barry!

Billy não me conhecia, mas o simples fato de ouvir a palavra *doutor* desencadeou memórias negativas de visitas ao pediatra. Tentei assegurar-lhe de que não haveria problema algum, mas ele estava tão assustado que fugiu para o banheiro e trancou a porta. Nós ouvimos seus gritos e, depois, seus resmungos lá de dentro:

— Não quero tomar injeção! Não quero tomar *injeção!*

O pai falou com ele, tentando acalmá-lo:

— Querido, o doutor Barry não é um médico de injeção. É um médico que vai brincar com você.

Levou mais ou menos dez minutos para que o menino se acalmasse e fosse capaz de absorver a informação. Ouvimos Billy tentando se acalmar, repetindo em voz alta: "O doutor Barry não é um médico de injeção. É um médico que vai *brincar comigo!*".

Depois de um tempo, ele saiu do banheiro e tivemos uma agradável consulta.

E se Billy não falasse ou se, em vez de dizer "não quero injeção", usasse palavras que tivessem sentido para ele, mas não para seu pai ou para mim? Sua reação súbita de medo à minha chegada teria sido um mistério. Teríamos de fazer uma investigação bem mais detalhada para desvendá-la.

A verdade é que as memórias emocionais podem se expressar sem nenhuma palavra. Naomi, patologista especializada em transtornos da fala e da linguagem, não conseguia de maneira alguma fazer com que

Max, de 8 anos, entrasse em seu escritório na escola. Ela sabia exatamente o motivo: em uma das primeiras sessões de terapia, ela foi buscar Max na sala de aula. Era um dia frio de inverno e, pelo fato de enfrentar determinadas dificuldades sensoriais, o menino foi autorizado a andar pela escola de sandálias ou só de meias. Os dois avançaram juntos pelo corredor acarpetado — Naomi caminhava enquanto ele arrastava os pés — até o escritório, onde ela pediu que Max abrisse a porta. Quando ele encostou na maçaneta, tomou um choque de eletricidade estática — nada perigoso, mas desagradável mesmo assim.

Depois disso, Max passou semanas sem sequer se aproximar do escritório. Quando tinha de passar em frente a ele no corredor, se esgueirava encostado na parede oposta à porta. Era como se a maçaneta fosse um ser vivo que o tivesse mordido. Demorou três meses para que ele superasse a memória emocional negativa e entrasse no consultório para uma sessão de terapia.

Por que ela simplesmente não conversou com ele? Para os autistas, as memórias emocionais são viscerais, primitivas. Esses indivíduos muitas vezes têm dificuldades para resolver uma situação por meio de raciocínio ou para lembrar-se que o fato de uma coisa ter acontecido uma vez não significa que necessariamente acontecerá de novo. Outra criança talvez fosse capaz de contextualizar a experiência: *Tudo bem, tomei um choque, mas isso não vai acontecer de novo, e, mesmo que aconteça, não é tão ruim.* Talvez até tentasse provocar o choque, para explorar o mundo. Para o autista, no entanto, a memória se instala na mente, e muitas vezes a pessoa não consegue se livrar dela.

Foi isso que aconteceu com Steven, que vinha progredindo constantemente na adaptação a uma nova escola. Num dia de outono, entretanto, um exercício de evacuação do edifício foi conduzido bem no momento em que ele estava sob a campainha do alarme de incêndio. Steven sofria de dificuldades sensoriais e era particularmente sensível a ruídos altos. Assim, demorou semanas para que conseguisse entrar novamente na escola sem sofrer um estresse significativo.

## QUALQUER COISA PODE SER UM GATILHO

A maioria dos pais de crianças autistas sabe que é difícil prever quais serão os gatilhos. Muitas vezes, dizemos algo com a melhor das intenções e provocamos sem querer uma reação forte e instintiva. Durante uma visita à escola para observar Scott, então com 7 anos, vi que ele estava dando voltas na pista do ginásio, correndo. A certa altura, quando ele passou por mim, sorri instintivamente e disse:

— Muito bem, Scott!

Ele parou na mesma hora e olhou para mim com desagrado.

— "Muito bem" não — disse, severo. — Não diga "muito bem"!

Estava me desafiando? Não queria ser o centro das atenções? Ou estaria afirmando seu controle sobre a situação?

Na volta seguinte, eu me contive e fiquei em silêncio, mas na outra, ainda calado, levantei o polegar fazendo um sinal de "positivo". Ele mais uma vez parou e olhou feio para mim.

— Isso significa "muito bem"! — ele disse. E depois repetiu: — "Muito bem" não! "Muito bem" não!

Depois fiquei sabendo por que Scott se perturbara com minhas inocentes tentativas de estimulá-lo. No ano anterior, ele havia trabalhado com uma terapeuta comportamental que usava uma abordagem tradicional, permanecendo um longo período sentada com ele à mesa conduzindo rodadas de exercícios. A cada vez que ele obtinha sucesso, ela o recompensava com elogios e com brindes. Seu mantra era "Muito bem!", mas Scott passara a detestar aquelas sessões, pois se sentia, compreensivelmente, controlado e manipulado. Quando eu disse "Muito bem!" no ginásio, minha intenção era amistosa, mas Scott associou o meu elogio àquelas sessões desagradáveis e sentiu de novo a mesma infelicidade e o mesmo desconforto. Se eu começasse a insistir no "Muito bem!" — ou mesmo no sinal de positivo —, isso não o agradaria, e ele deixou isso bem claro.

Nem sempre as crianças são capazes de comunicar com tanta clareza o que as incomoda. No começo do ano escolar, uma professora da 2ª série se perguntava por que sua aluna Alice começava a chorar e se mostrava desanimada quase todas as manhãs por volta das 11h30. Alice não falava, e ninguém conseguia descobrir o que estava lhe fazendo mal. Imaginando que ela talvez estivesse com fome, a professora lhe ofereceu um lanche, mas isso não ajudou. Tentou também adaptar as atividades em sala de aula, mas Alice continuava se sentindo chateada todos os dias. Era incompreensível.

Quando me pediram que ajudasse a resolver o mistério, conversei com a professora que trabalhara com Alice no ano anterior e descrevi o problema. Quase na mesma hora, ela teve uma intuição: "No ano passado, todos os dias, às onze e meia da manhã, levávamos Alice ao pátio e a deixávamos brincar no balanço", ela me contou. "Era um esquema para que ela se regulasse e se sentisse mais confortável ao fim de uma longa manhã. Se estivesse chovendo ou nevando, alguém a levava ao balanço dentro do ginásio, mas todos os dias, às 11h30, Alice tinha seu tempo de balanço."

O mistério estava resolvido. A menina não dispunha de meios para comunicá-lo, mas contava com poderosas memórias emocionais positivas daquela atividade. Apesar das férias de verão, da mudança para uma nova classe e de uma nova professora, ela associava aquele momento do dia escolar à sensação positiva, reguladora, de brincar no balanço. Mesmo que não tivesse consciência dessa influência dos horários do ano anterior, o episódio demonstra o quanto a memória emocional pode desempenhar um papel significativo.

Também vi a mesma coisa em Michael, o jovem filho de um colega, que frequentemente falava consigo mesmo de diversas maneiras. Numa tarde, eu estava levando Michael ao ringue de patinação quando, sentado no banco do passageiro, ele começou a travar um diálogo bastante unilateral com um certo médico.

— Que bom vê-lo, doutor Boyer! — disse ele sem se dirigir a uma pessoa específica. — Como vai, doutor Boyer? O que faremos hoje, doutor Boyer?

Por acaso, eu sabia que o médico de quem ele estava falando havia morrido. Então, perguntei:

— Michael, o doutor Boyer está aqui?

— Não, doutor Barry — respondeu ele, sorrindo. — Estou *fingindo* que estou falando com ele, pois o doutor Boyer é muito legal.

Não é muito diferente do modo pelo qual alguém pode se lembrar de uma experiência agradável vivida na companhia de um falecido. Michael não se preocupava com o que os outros pensavam nem se deixava inibir por isso. Assim, ele conversou em voz alta, e eu tive o privilégio de testemunhar as associações muito positivas que estava fazendo. Essas memórias positivas ajudam a explicar a palavra de conforto que muitas vezes se dirige a uma pessoa que perdeu um ente querido: "Que a memória dela seja uma bênção para você!".

## AS LIÇÕES DO TRANSTORNO DE ESTRESSE PÓS-TRAUMÁTICO (TEPT)

Embora todos nós tenhamos memória emocional, para a maioria é raro que essas memórias tomem conta da pessoa ou exerçam influência deletéria sobre a vida dela e sua capacidade de cumprir as tarefas do dia a dia. Assim, quando pais, professores e cuidadores veem as reações extremas que seus filhos ou familiares têm às memórias emocionais negativas, às vezes, se perguntam se a pessoa não estaria sofrendo de alguma forma de transtorno de estresse pós-traumático (TEPT).

O TEPT é uma forma extrema de memória emocional negativa e é o infeliz resultado de um trauma severo, como testemunhar ou ser vítima de um episódio de violência, sofrer maus-tratos ou abuso sexual ou sobreviver a um acidente automobilístico grave. Eventos singulares, mas muito intensos, podem ser fonte de trauma, mas a repetição de eventos estressantes no decorrer do tempo pode resultar num "trauma de desenvolvimento". Por exemplo, a pessoa que é vítima constante de *bullying* pode encarar a escola como um ambiente traumático não em razão de um único incidente, mas por causa do impacto cumulativo de acontecimentos que se repetiam.

Há diferenças entre as memórias emocionais negativas e o TEPT, mas também há semelhanças. O TEPT é diagnosticado quando as memórias são persistentes e intrusivas ou incapacitantes. Pesquisas sobre o cérebro demonstraram que o cérebro processa as memórias emocionais nas amígdalas, que fazem parte do sistema límbico, responsável pelas funções da memória e da emoção. Situações que lembram a pessoa de eventos traumáticos podem desencadear a liberação dos hormônios do estresse. Isso torna as amígdalas superativas, desencadeando a liberação de uma quantidade ainda maior de hormônios. O resultado: um sofrimento emocional severo, que assume a forma de pensamentos descontrolados, raiva e hipervigilância. Tudo isso ocorre num nível que ultrapassa muito o controle e até a consciência da pessoa.

É por isso que um soldado que volta da guerra pode se sentir como se tivesse retornado aos momentos mais dolorosos do conflito, como se estivesse voltando a viver os acontecimentos, e não apenas lembrando-os a distância. Ele pode estar em casa, em sua sala, mas em sua cabeça ele está de novo em Bagdá.

Para os autistas, as memórias emocionais raramente são tão debilitantes ou intrusivas quanto o TEPT. No entanto, são com frequência responsáveis pelas mudanças repentinas e drásticas de comportamento que deixam perplexos pais e professores. Além disso, as pesquisas sobre o TEPT nos deram lições valiosas sobre como pais e profissionais podem ajudar os autistas a lidar com as memórias emocionais negativas e administrá-las. Uma questão importante: a memória traumática não pode ser apagada; ela permanece no cérebro, armazenada no setor de memória de longo prazo. Para usar uma analogia de informática, é impossível deletá-la do disco rígido. E ela pode ser desencadeada por uma palavra, uma imagem, um aroma e até por uma pessoa que tenha alguma associação com ela.

Nos últimos anos, a compreensão dos efeitos do trauma se tornou um foco importante nas pesquisas sobre o autismo. Segundo o Autism Awaraness Australia, "(...) o trauma é o resultado da exposição singular ou reiterada a uma experiência ruim ou um evento profundamente aflitivo ou perturbador. As memórias normais são reconstituições de eventos do passado, e, assim, modificam-se e se apagam à medida que o tempo passa. As memórias traumáticas, no entanto, não seguem esse padrão. Permanecem tão horríveis e tão vívidas quanto eram quando se formaram. Os indivíduos traumatizados regularmente afirmam que têm a sensação de estar voltando a viver as experiências passadas".

No entanto, a experiência indica que é possível ir desgastando as memórias traumáticas aos poucos. Logo depois de uma colisão traumática com uma picape Volvo vermelha, a visão de qualquer picape vermelha vindo em nossa direção pode desencadear um alto grau de ansiedade. Depois de alguns meses, entretanto, em que vamos passando por picapes vermelhas sem que ocorra qualquer incidente, começamos a nos sentir mais seguros, e a sensação de pânico vai diminuindo com o tempo. Isso não significa que a memória não exista mais; apenas tornou-se mais difícil desencadeá-la. Além disso, sua intensidade diminui e chega até a ser substituída por memórias mais positivas ou pelo menos neutras. Do mesmo modo, as memórias positivas de uma pessoa podem abafar e até sobrepujar as memórias mais dolorosas e difíceis, mas não podem eliminar essas últimas.

Às vezes, os pais e outras pessoas podem ajudar a criar memórias emocionais positivas. Anna, uma menina em idade pré-escolar, tinha pavor de ir ao banheiro. Problemas gastrointestinais severos lhe haviam causado grande dor e desconforto. Quando lhe ensinaram a usar o banheiro em casa, o fato de ter de ficar sentada no penico em momentos específicos, sofrendo desconforto, deixava-a triste e abatida. Com o tempo, mudanças na dieta a ajudaram a superar os problemas gastrointestinais, mas ela continuava com medo de ir ao banheiro. Para ajudá-la, os pais tocavam sua música favorita, cantavam ali com ela e deixavam que Anna lesse alguns dos livros de que mais gostava, tudo no banheiro. Com o tempo, essa estratégia funcionou para que as memórias dolorosas fossem superadas pelas memórias agradáveis.

## COMO SABER SE O PROBLEMA É A MEMÓRIA EMOCIONAL?

Como saber se as memórias emocionais negativas estão por trás do comportamento de alguém? Isso nem sempre é fácil. Muitas vezes, é preciso um trabalho de investigação para chegar à raiz do problema. Há, no entanto, três pistas significativas, indicadas a seguir.

→ A reação comportamental não parece ter relação com nada que se possa observar.

→ A criança ou o adulto sempre demonstra medo ou ansiedade em relação a uma determinada pessoa, a um determinado local ou a uma atividade.

→ A criança ou o adulto começa a falar por ecolalia, repetindo palavras ou expressões ligadas ao estresse relacionado à pessoa, ao local ou à atividade.

## COMO AJUDAR A ADMINISTRAR AS MEMÓRIAS EMOCIONAIS

O fator mais importante para ajudar um autista a lidar com memórias emocionais negativas consiste em reconhecer e validar sua experiência e proporcionar apoios para sua regulação emocional. Muitas vezes, pais e professores — com a melhor das intenções — têm o instinto oposto. Alguns ignoram o problema, esperando que passe sozinho. Outros tentam minimizar a experiência da criança com afirmações reconfortantes, como "Você não precisa se preocupar com isso!".

Entretanto, essas abordagens não respeitam a pessoa, não levam a sério seus desafios, não eliminam os sentimentos de estresse e não ensinam estratégias que possam ajudá-la a permanecer emocionalmente regulada. Na prática, simplesmente não funcionam. Em vez de se sentir compreendida e apoiada, a pessoa pode se sentir menosprezada — e, talvez, ainda mais ansiosa.

Quando compreendemos as memórias negativas que estão perturbando a pessoa, uma coisa que ajuda é evitar os gatilhos, como, por exemplo, manter-se longe de situações ou pessoas que causam o problema. Pode parecer uma estratégia muito simples, mas talvez seja extremamente útil. Se a criança se torna ansiosa em salas barulhentas, leve isso em conta. Se perceber que o som de um determinado brinquedo eletrônico faz com que a criança tampe as orelhas só de vê-lo, guarde-o. Aliás, antes de o problema surgir, diga-lhe que o brinquedo não está mais por ali.

Se o que causa estresse são determinados assuntos, o melhor é deixar os ouvintes avisados de antemão a respeito do tema que será discutido, dando-lhes permissão para que não estejam presentes quando esses assuntos surgirem. Nas conferências em que adultos autistas estarão presentes, tornou-se comum fazer "avisos de gatilhos" no começo das sessões, alertando a respeito de tópicos sensíveis como maus-tratos, abuso sexual ou discussão sobre "terapias" compreendidas como traumáticas. Com isso, os indivíduos do público se informam de antemão sobre os temas mais pesados e podem sair caso se sintam estressados. Quando fizemos um episódio do *Uniquely Human — The Podcast* sobre as relações entre o autismo e a justiça penal, demos um aviso desse tipo no começo para alertar os ouvintes que tivessem experiências pessoais traumáticas relacionadas a esse tema.

Muitas vezes, é impossível evitar a causa da ansiedade. Nesse caso, a melhor abordagem consiste em respeitar a pessoa e não a obrigar a nada. George e Holly moravam numa região em que havia muitos parques temáticos. Tinham uma filha autista chamada Amy e três filhos neurotípicos. Os três adoravam os parques temáticos e os visitavam com frequência, mas Amy tinha medo, pois se sentia facilmente sobrecarregada pelo excesso de estímulos sensoriais — os ruídos altos, as pessoas gritando na montanha-russa, as crianças animadas correndo ao redor. Uma atividade que poderia ser agradável para toda a família acabava por dividi-los.

Em vez de obrigar Amy a ir, os pais lhe ofereceram uma sensação de controle sobre o assunto. Deram-lhe a opção de acompanhar a família ao parque mas sem ir a nenhum brinquedo. Antes de ir, mostraram-lhe imagens do carrossel e da praça de alimentação, duas atrações de que, em geral, ela gostava. Levaram os mesmos fones de ouvido de redução de ruído que ela usava na escola. Mostraram-lhe a área silenciosa que o parque reservava para crianças com problemas sensoriais. Quando ela começou a ficar ansiosa, a mãe perguntou "Quer o fone de ouvido? Quer fazer uma pausa na área silenciosa? Quer ir embora, Amy? Você acha que já chega por hoje?".

Se Amy indicasse que para ela já bastava, eles respeitavam a sua vontade. Na vez seguinte, deixaram que ela levasse um bicho de pelúcia e compraram o lanche de que ela mais gostava. Os passeios eram feitos nos termos dela e não lhe eram impostos.

Fizeram isso cinco ou seis vezes. Nunca forçavam Amy, mas a faziam sentir que tinha controle sobre a situação. Quando ela compreendeu que estava fazendo aquilo por vontade própria e que não era obrigada a nada, acalmou-se e passou a ir de boa vontade.

Essa abordagem gradual, que vai fortalecendo a criança, pode se aplicar a todos os tipos de experiências que sobrecarregam quem se enquadra no espectro autista: refeitórios lotados, salas de aula, pistas de boliche — praticamente qualquer lugar onde já tenham vivido momentos difíceis. Para as pessoas que conseguem aproveitar estímulos visuais, muitas vezes, convém usar cartões ou um tablet para oferecer opções que facilitem a regulação emocional. A experiência me diz que obrigar a criança a fazer alguma coisa só serve para criar novos medos e ansiedades, violando a confiança.

## A CRIAÇÃO DE MEMÓRIAS EMOCIONAIS POSITIVAS

Outra abordagem útil consiste em trabalhar de um modo estratégico para transformar em positivo algo que é negativo: encontrar meios para que atividades ou lugares associados a memórias emocionais negativas se tornem mais acolhedores e confortáveis. Para autistas e muitos neurotípicos, uma consulta com o dentista, por exemplo, é algo que suscita inúmeras dificuldades: os ruídos estranhos das brocas e de outros equipamentos; a luz intensa nos olhos; a necessidade de não se mexer enquanto os instrumentos são enfiados em sua boca; a dificuldade de saber o que acontecerá em seguida. Além disso, procedimentos dolorosos podem ter sido feitos nas consultas anteriores. A pessoa neurotípica pode ser capaz de contextualizar a experiência e compreender que, apesar desses fatores, o dentista é hábil e treinado e não machucaria um paciente de propósito; além disso, a saúde dentária é uma parte importante da saúde geral. Podemos nos tranquilizar e ter certeza de que estaremos seguros, e, na hora do procedimento, fechar os olhos, agarrar com força os braços da cadeira ou tentar pensar em outra coisa.

Quando um autista se desregula, no entanto, pode não ser capaz de se acalmar instintivamente da mesma forma. Pode ter uma reação de *luta* ou uma reação de *fuga* — ou procura se proteger ou tenta evitar a situação, batendo em retirada.

Esses dois modos diferentes de lidar com uma consulta odontológica nos ensinam a ajudar os autistas a administrar o estresse que inevitavelmente acompanha essas consultas.

Marquis era um rapaz autista de 14 anos que, no geral, falava com frases de uma a três palavras e também usava imagens para se comunicar. Suas idas ao dentista desencadeavam uma ansiedade tão severa que a mãe tinha imensa dificuldade até para fazê-lo chegar à porta do consultório. Com o tempo, no entanto, ela desenvolveu estratégias para dar ao filho o apoio de que precisava. Doou uma cadeira de balanço para a sala de espera do consultório para que Marquis — e outros com necessidades semelhantes — pudesse se balançar enquanto esperava, com o objetivo de proporcionar a si mesmo estímulos sensoriais que o acalmassem. Além disso, ela levava fones de ouvido e colocava música para ele ouvir. Marquis carregava consigo um de seus brinquedos favoritos, um boneco do Shrek, com o qual podia brincar enquanto esperava. Por fim, a mãe se reuniu com o próprio dentista para orientá-lo sobre como agir. Ele não deveria fazer movimentos bruscos e precisava usar uma linguagem positiva para informar Marquis dos procedimentos a serem realizados em seguida, para que tudo fosse mais previsível. A mãe de Marquis sabia que seria impossível deixar de ir ao dentista, mas, em vez de simplesmente obrigá-lo a ir, ela o ajudou a transformar o consultório num local seguro, onde ele pudesse se sentir calmo e regulado.

Há cada vez mais consultórios de dentistas e outros profissionais de saúde que estão se munindo de equipamentos e estratégias para diminuir ou eliminar os fatores de estresse para pessoas vulneráveis. A mãe de uma criança autista, por exemplo, não somente lutava pela instalação desses ambientes de apoio como também ajudou a criar um deles. Ela era técnica em higiene dental e se juntou a outra mãe, uma colega de profissão, e a uma dentista para abrir um consultório direcionado especificamente a crianças que sofrem de medos ou sensibilidades relacionadas com autismo e transtornos de processamento sensorial. A primeira estratégia consistiu em reduzir as dúvidas das crianças quanto ao que aconteceria na consulta. Assim, no site do consultório, postaram fotos do local, das pessoas que trabalhavam lá e das etapas de diversos procedimentos pelos quais o paciente poderia passar. Um dia por semana, no período da tarde, em vez de fazer consultas, elas abriam o consultório, ofereciam brinquedos e recebiam pacientes e familiares para conversar e conhecer os funcionários. Resumindo, reduziram as incertezas e trabalharam para criar memórias emocionais positivas num local que facilmente poderia desencadear memórias traumáticas.

As memórias estressantes podem estar associadas aos mais diversos ambientes. Os terapeutas que trabalham em escolas estão acostumados a conhecer crianças que resistem ao contato e parecem exageradamente ansiosas. Às vezes, o problema é o espaço. A criança pode já ter trabalhado no mesmo escritório ou na mesma mesa com outro terapeuta ou outros professores e pode ter achado que os encontros aumentavam seu estresse em vez de ajudá-la. Quando chega a hora da consulta, a criança protesta — *Não, não, não!* — e se joga no chão.

A solução: criar memórias emocionais positivas. Antes de tudo, deixe que a criança escolha entre dois dos brinquedos de que ela mais gosta. Passem os primeiros cinco ou dez minutos simplesmente se divertindo. Deixe que a criança comande a interação e usufrua daquele tempo e daquele espaço para que comece a associá-lo a sentimentos mais positivos. A experiência como um todo deve ser alegre, e só aos poucos é que os desafios maiores devem ser apresentados.

Uma abordagem ainda mais simples, especialmente para crianças pequenas: não chame a sessão de "trabalho". Muitos terapeutas e professores rotulam dessa forma o tempo que passam com a criança: *É hora de trabalhar. Agora não podemos brincar — é hora de trabalhar.* Às vezes, projetamos nossas próprias preocupações acerca das dificuldades que a criança terá de enfrentar durante a sessão. A criança ouve a palavra "trabalho" e percebe o tom com que a dizemos; isso desencadeia uma torrente de lembranças negativas. Por que não aliviar o tom emocional e criar uma atmosfera mais positiva e acolhedora? Para nossas sessões de música e artes expressivas no Zoom, realizadas para o Miracle Project da Nova Inglaterra, pedimos que os participantes aprendessem músicas divertidas e, em alguns casos, que ajudassem a compô-las em casa. Sugeri à equipe que, em vez de chamar a tarefa de "lição de casa", a chamássemos de "diversão de casa", pois era disso que se tratava.

Os pais podem adotar a mesma abordagem em casa. Uma mãe se queixou da dificuldade de fazer com que Judah, seu filho de 5 anos, jantasse à mesa com a família toda noite. O problema: o menino gostava tanto de ficar se balançando no quintal que, quando ela o chamava, ele a ignorava. Sugeri que ela encarasse a situação do ponto de vista dele. Quando ele ouvia "Judah! É hora do jantar!", o que efetivamente acontecia é que ele tinha de trocar uma atividade que adorava e o fazia sentir-se bem (brincar no balanço do quintal) por outra mais difícil (sentar-se, ouvir, permanecer quieto na mesa de jantar).

— Tem alguma coisa de que ele goste no jantar? — perguntei.

A mãe me disse que ele gostava das vitaminas dos Flintstones.

— Então — eu disse —, quando for chamá-lo amanhã, mostre-lhe o frasco de vitaminas.

Na semana seguinte, ela relatou que o estímulo visual havia funcionado. Quando ela chamou Judah e ao mesmo tempo mostrou-lhe o frasco de vitaminas dos Flintstones, ele correu direto para dentro de casa, repetindo "É hora do jantar!", e ocupou seu lugar à mesa. Alguns diriam que ela o subornou, mas isso não é verdade. Simplesmente usou um estímulo visual que criava uma associação positiva para o jantar. E com isso teve início uma série de memórias positivas que acabaram tornando a mesa de jantar um local mais agradável e mais acolhedor para Judah.

É claro que esta é a estratégia mais útil de todas: criar uma vida repleta de memórias positivas. Como pais e profissionais, ajudamos a fazer isso quando oferecemos opções em vez de exercer controle; quando alimentamos os interesses da criança e reconhecemos seus pontos fortes, em vez de redirecioná-los; quando tornamos o aprendizado, o trabalho e a vida divertidos e alegres. Quando fizermos essas coisas, nossas crianças, nossos adolescentes e os adultos no espectro autista terão muito menos memórias emocionais negativas com que lidar, o que lhes dará mais abertura para as alegrias e os prazeres que a vida oferece.

# CAPÍTULO 6

## COMPREENSÃO SOCIAL

Quase todos os pais de filhos autistas que falam têm sua própria versão da história que vou contar a seguir.

A turma de Philip, da 5ª série, estava estudando o corpo humano. Ele se esforçou muito para prestar atenção nas discussões sobre dieta, exercícios e as muitas maneiras pelas quais podemos cuidar do nosso corpo. Naquela mesma semana, os pais o levaram ao cinema. Ao chegarem, havia um grande número de pessoas na fila para comprar ingressos. Philip, animado, aproveitou a oportunidade para demonstrar o conhecimento recém-aprendido. Percorrendo a fila de um lado a outro, apontava para cada pessoa e proclamava em voz alta: "Este homem é gordo! Aquele é magro demais! Aquela mulher é baixinha! Este homem é obeso e pode morrer logo!".

Quando os pais de Philip me contaram a história, falaram de sua insensibilidade social em meio a risos, mas eles não riram na hora em que aquilo aconteceu.

Há também o caso de Eli, um adolescente que tinha acabado de entrar no ensino médio e estava se esforçando para aprender a conversar. Como muitos autistas, ele tendia a falar em detalhes sobre os assuntos de que mais gostava, mas raramente se preocupava em perguntar aos outros o que os interessava. Fiz algumas sugestões sobre fazer perguntas e identificar pistas a respeito de assuntos que a outra pessoa pudesse querer discutir, mas suas expressões faciais me diziam que ele estava se sentindo cada vez mais confuso e frustrado.

— Os outros conseguem fazer isso — ele disse, por fim —, mas, para mim, não é fácil.

— Por que não? — perguntei.

— Bem — disse Eli —, é que eles conseguem ler a mente uns dos outros.

Era assim que Eli entendia o mundo social, onde tinha aguda consciência de que seus amigos e as pessoas que ele não conhecia interagiam entre si com pouca dificuldade e de um jeito que ele não compreendia. A única explicação que lhe ocorria para essa aparente facilidade era a suposição de que as pessoas neurotípicas se comunicavam por telepatia, um poder que ele não tinha. O que mais poderia explicar sua dificuldade?

Em certo sentido, esses dois casos — Philip na fila do cinema, a suposição de Eli sobre a telepatia — ilustram os dois extremos do modo como alguns autistas se relacionam com o mundo social neurotípico, com suas regras ocultas, expectativas tácitas e, muitas vezes, um uso sutil da linguagem. Quase todo autista tem algum grau de dificuldade para interagir socialmente. Alguns, como Philip, são tão indiferentes às convenções sociais que não tomam consciência de suas gafes e prestam pouca atenção no modo como os outros percebem suas ações. Outros, como Eli, têm outro tipo de dificuldade: sabem muito bem que as regras e as expectativas sociais existem, mas, como não as compreendem intuitivamente, muitas vezes, se sentem ansiosos e com baixa autoestima, pois se esforçam em vão para negociar um mundo de convenções sociais que desafia a sua compreensão. A preocupação constante de estar ou não fazendo a coisa certa pode suscitar ansiedade, às vezes, num grau paralisante. Para outros, ainda, que também têm forte consciência das expectativas sociais neurotípicas, como a de manter conversas triviais e educadas com estranhos, essas expectativas dão a impressão de não ter sentido.

## O DESAFIO DE APRENDER AS REGRAS SOCIAIS

Para todos os grupos — os que permanecem em sua alegre inconsciência, os que se preocupam em excesso e os que veem as convenções sociais neurotípicas como algo que não tem sentido lógico —, a dificuldade decorre de um mesmo problema. Os seres humanos têm por natureza um aparato neurológico que lhes faculta a intuição social, mas as diferenças neurológicas que caracterizam o autismo impõem dificuldades ao desenvolvimento dessa intuição.

Pensemos no modo orgânico como aprendemos a falar. A mãe não se senta com a criança no colo para explicar as diversas categorias de palavras e a conjugação dos verbos. Aprendemos porque somos expostos à linguagem e vivemos mergulhados nela. Escutamos e observamos para construir nosso próprio conhecimento da linguagem. No jargão das pesquisas sobre o desenvolvimento da linguagem, nós *induzimos* as regras da língua e, em decorrência disso, aprendemos o que as palavras significam e aprendemos a usá-las em frases e na conversação para expressar ideias complexas.

O mesmo vale para as regras sociais neurotípicas. Em geral, as pessoas *induzem* (aprendem por indução) as convenções da interação social, que são, muitas vezes, sutis e invisíveis. Aprendem por um processo de imersão e osmose, monitorando a paisagem social e recebendo conselhos quando necessário. ("Quando a mamãe estiver falando com o vovô, não interrompa.") A deficiência dos autistas, no entanto, faz com que lhes seja muito difícil esquadrinhar a paisagem social e inferir essas regras. Eles podem aprendê-las, mas é algo semelhante ao processo de aprender uma segunda língua depois de adulto, quando já é muito mais difícil alcançar a mesma fluência e a mesma estabilidade que os falantes nativos. Aquilo que para os outros é natural e espontâneo sempre exigirá algum grau de esforço consciente, e a memória dessa dificuldade será constante. Para os mais bem-sucedidos, esse aprendizado social não é intuitivo, mas ocorre pela análise e pela lógica. O interessante é que muitos autistas que representam a classe e convivem socialmente com outros autistas dizem que se sentem muito mais à vontade nessas situações, em virtude das expectativas comuns. É como se entrassem numa cultura diferente, com outras regras de comunicação e socialização.

Conheci Philip ao fazer uma consulta domiciliar com seu filho autista de 4 anos. Philip era um próspero banqueiro de investimentos, com quarenta e tantos anos, que recebera depois de adulto o diagnóstico de síndrome de autismo. Havia se formado com louvor num prestigiado programa de mestrado em administração, mas me disse que essa realização não se comparava nem de longe à experiência de aprender e compreender as regras do mundo social neurotípico.

"Para mim, aprender economia e finanças foi como respirar ar fresco", ele disse. "Mas até hoje tenho de ler livros e estudar o comportamento das pessoas para conseguir compreendê-las, compreender suas expressões faciais e como elas conseguem conversar com todas aquelas nuances e indiretas sociais."

Imagine-se entrando pela primeira vez num restaurante self-service. Há diferentes tipos: em alguns, o consumidor paga primeiro, depois pega uma bandeja e escolhe o que vai comer; em outros, ele primeiro escolhe o que vai comer, põe tudo no prato e só depois paga. E onde deve pegar os talheres, os temperos, as bebidas? Isso varia de restaurante para restaurante.

Quando entra num restaurante pela primeira vez, como você aprende as regras e as expectativas sociais? *Você vê o que as pessoas estão fazendo.*

Para descobrir as regras não escritas do restaurante, você observa como os outros consumidores entram na fila, como agem, que alimentos pegam e de onde os pegam.

Se estivesse no espectro autista, contudo, provavelmente você não observaria as pessoas instintivamente. Talvez se dirigisse diretamente ao alimento que quisesse pegar — talvez furasse a fila, pois, afinal, o que você quer é simplesmente pegar comida. Sendo autista, você talvez tenha alguma consciência de que as regras devem ser seguidas, mas, por não saber quais são, talvez se sinta desorientado e perdido ou talvez fique perplexo, olhando em volta à procura de pistas. E é improvável que seu primeiro impulso seja o de aprender pela observação do comportamento alheio e pelo esquadrinhamento da paisagem social, orientando suas ações pelo que você vê.

Muitos autistas sentem o mundo social desta maneira: como se fosse um restaurante desconhecido, com regras que todos os outros clientes aparentemente já conhecem, mas que parecem quase impossíveis de aprender, sobretudo em ambientes mais movimentados e ruidosos.

É claro que os autistas podem aprender as regras — desde que tenham apoio. Cabe aqui outra analogia com um restaurante. Numa visita a Denver, certa vez, jantei num bufê de saladas que tinha um arranjo todo próprio. Quando o cliente chegava, era imediatamente encaminhado ao bufê de saladas e, depois de preparar seu prato, pagava no caixa. Entrava, então, numa outra área onde havia sopa, sanduíches e sobremesas, tudo incluído no preço fixo. Como o recém-chegado poderia compreender aquela sequência? Alguém havia pensado no assunto e desenvolvera estímulos visuais para ensinar as regras provavelmente depois que alguns consumidores perplexos se mostraram confusos acerca de como proceder! Nas paredes do restaurante, cartazes com diagramas visuais indicavam o processo para os novatos: entre na fila da salada, pague e, depois, pegue sopa e sobremesa à vontade. Era como se todos os clientes fossem autistas e o restaurante nos acolhesse, proporcionando-nos informações sobre a sequência de etapas para podermos compreendê-las. Chamamos essas informações de apoios de função executiva, pois ajudam a pessoa a permanecer concentrada e seguir as etapas necessárias para alcançar um objetivo final.

No mundo real, muitos autistas ficam entregues à própria sorte, navegando numa realidade que parece fazer sentido para todos, exceto para eles. Não admira que Ros Blackburn goste de falar com franqueza "É por isso que não faço social!".

Outro jovem adulto autista, Justin Canha (ver o capítulo 10), apresentou sua própria avaliação, contundente, mas simpática. Quando um amigo — também autista — lhe disse que ele precisava praticar a etiqueta, Justin sorriu e respondeu "A etiqueta é uma droga!".

Outro fator social que levamos em conta, em geral sem nenhuma deliberação consciente, é o contexto cultural em que nos encontramos. Quando viajo para outros países é que me lembro de quantas regras que regem as interações sociais são específicas da nossa sociedade. Numa viagem à China continental, em Guangzhou, fui a uma loja grande e lotada para sentir na pele a cultura local. Eu estava esperando na fila do caixa quando uma mulher atrás de mim me empurrou, do nada, talvez para se juntar a uma pessoa que estava à minha frente. Quando passou, sem nenhum aviso, ela me agarrou pelo ombro e me deslocou bruscamente para o lado, sem pedir licença nem desculpas. Se uma pessoa tivesse feito isso comigo na Target, perto de onde moro, eu poderia confrontá-la. Mas eu já sabia que, na China, onde grandes aglomerações são algo comum, esse tipo de comportamento é aceitável e apropriado num contexto social. Consegui situar aquele gesto dentro de seu contexto e, por mais abalado que estivesse, reagi de forma apropriada — ou seja, não reagi. E é claro que a pandemia da covid-19 tornou necessário todo um novo conjunto de regras sociais que todos nós, em todas as culturas, tivemos de aprender: distanciamento social, uso de máscara, lavar as mãos.

## A DIFICULDADE DE COMPREENDER AS SITUAÇÕES SOCIAIS

Quando os autistas se comportam de um jeito que as outras pessoas podem interpretar como brusco ou rude, ou quando simplesmente não levam em conta as regras sociais, muitas vezes, isso ocorre porque sua neurologia dificulta a pesagem dos inúmeros fatores subliminares que nos ajudam a ler as situações e reagir a elas de maneira adequada, de acordo com as expectativas sociais. Essa ausência de compreensão espontânea se manifesta das mais diversas formas. A família de Michael oferecia de vez em quando um churrasco aos domingos para a equipe de profissionais e professores que cuidava do menino de 12 anos. No meio dessas reuniões, Michael, às vezes, começava a rir sozinho; embora estivesse sentado à mesa, ficava claro que estava ocupado com os próprios pensamentos. E, mesmo depois que o pai o mandou parar, ele continuou.

Quando isso aconteceu, num momento em que eu estava presente, aproveitei a oportunidade para entender melhor seu comportamento.

— Michael, o que você está achando tão engraçado? — perguntei.

Ele apontou para uma terapeuta do outro lado da mesa.

— É a *Susie*! ele disse. — Ela tem uma voz aguda e estridente. Me dá uma sensação engraçada no corpo.

A jovem corou, envergonhada, e disse a ele:

— Acho que vou ter de usar uma voz mais grave em nossas sessões de terapia.

Michael não percebeu que ela havia ficado constrangida. Respondeu à minha pergunta de um modo objetivo: ela, de fato, tinha uma voz aguda e estridente. Ele não compreendia a regra social segundo a qual, ao falar sobre uma pessoa em público, é melhor não dizer nada que não seja positivo. Como uma criança aprende esse tipo de coisa? Em geral, os próprios pais ensinariam uma criança mais nova, mas aos 12 anos a maioria das crianças já teve um número suficiente de experiências de esquadrinhamento do cenário social, processo que conduz a uma compreensão mais plena das regras tácitas da boa educação.

Luke era outra criança cujas dificuldades sociais se manifestaram desde cedo, quando a professora do jardim de infância reclamou que ele não sabia brincar com os colegas. Em vez de brincar como as outras crianças em sua classe inclusiva, Luke agarrava os meninos e tentava derrubá-los como se estivessem num jogo de futebol americano. Ele era um menino meigo que nunca fora agressivo e, em geral, era feliz. Na verdade, abria um imenso sorriso quando arrastava os outros meninos pelo chão, de modo que não estava clara a razão da aparente agressividade. Na qualidade de consultor, me reuni com seus pais e a equipe de educadores que trabalhava com ele, e a mãe tentou dar uma explicação. Luke tinha dois irmãos mais velhos, e as brincadeiras do trio em casa tendiam para o lado físico: pulavam uns em cima dos outros e derrubavam uns aos outros no chão. Assim, com pouco mais de 4 anos, Luke chegara à escola com essa ideia de brincadeira. Não era capaz de discernir, com base na linguagem corporal ou na expressão facial das crianças, que elas não gostavam de suas brincadeiras físicas. Nem compreendia intuitivamente que as regras que se aplicavam em casa não se aplicavam na escola.

Em uma das sessões de artes expressivas que conduzimos no Zoom pelo Miracle Project da Nova Inglaterra, os participantes estavam se divertindo tanto que não nos demos conta de que estávamos ultrapassando a hora prevista para o término da sessão, seis da tarde. Alguns minutos antes, Pedro, de 26 anos, parecia bastante entretido, mas de repente ele disse num tom severo: "São 6h05, e realmente precisamos terminar!".

Em outro contexto, seu comportamento provavelmente seria percebido como mal-educado pelas outras pessoas, mas nós sabíamos que a sua intenção era boa — ele apenas estava se sentindo tenso por causa da quebra da rotina.

## AS LIMITAÇÕES DO ENSINO DE REGRAS SOCIAIS

As escolas são cheias de regras explícitas, e as crianças autistas em geral as seguem com desenvoltura, sobretudo quando a regra faz sentido e lhes é explicada. Com efeito, muitos autistas se tornam guardiões das regras e se manifestam quando as outras crianças violam os princípios aceitos de comportamento. O problema são as regras tácitas e sutis. Ned, um menino de 10 anos com quem trabalhei, sempre se animava quando a professora fazia perguntas durante a aula, sobretudo quando as perguntas versavam sobre as matérias de que ele mais gostava. Quando sabia a resposta, ele simplesmente falava. Por que não demonstrar o quanto era interessado e inteligente? Adorava geografia; então, quando a professora mostrou um mapa da África e pediu que as crianças identificassem os países, ele foi gritando os nomes dos diversos países africanos um depois do outro, sem fazer pausas: "Quênia! Tanzânia! Tunísia!".

No grupo de habilidades sociais, a especialista em transtornos da fala e da linguagem instruiu Ned sobre o quanto era importante levantar a mão em sala de aula.

— Se você levantar a mão, a professora ficará contente e seus amigos ficarão contentes, pois também terão a oportunidade de responder — ela explicou.

A regra que ele aprendeu, portanto, foi a seguinte: se eu levantar a mão, a professora me deixará responder.

O problema, evidentemente, é que isso nem sempre acontecia. Ned levantava a mão, cheio de entusiasmo e expectativa, esforçando-se para não deixar escapar a resposta, mas, às vezes, a professora parecia ignorá-lo. Ele aprendera a regra, mas não a exceção; assim, quando levantava a mão e a professora não o deixava responder, seu estado de humor mudava rapidamente e ele ficava ansioso e aborrecido. Na sessão seguinte do grupo de habilidades sociais, a terapeuta fez questão de que Ned entendesse a regra com mais exatidão, quando encarada do seu ponto de vista: se eu levantar a mão, *às vezes*, a professora me deixará responder, mas, em outras vezes, deixará que um amigo meu responda.

Depois de deixá-lo praticar por algumas semanas, visitei a sala de aula. Eu não tinha certeza de que ele sabia que eu estava lá até que a professora dirigiu uma pergunta aos alunos. Ned imediatamente levantou a mão para responder e então se voltou para mim e disse bem alto: "Doutor Barry! Mesmo que eu levante a mão, isso não quer dizer que a professora me deixará responder!".

Ned tinha o mérito de estar se esforçando muito para compreender regras que, para ele, não tinham sentido lógico. Por que levantar a mão? Quando levantava a mão, por que a professora não o chamava para responder? Se ela não o chamava, por que não enunciar a regra em voz alta para explicar por que ele não está sendo chamado?

A experiência de Ned evidencia as limitações inerentes ao ensino das regras do mundo social e as dificuldades que enfrentamos quando tentamos fazê-lo. Ao ensinarmos uma regra, a criança se vê diante de suas exceções. Ao ensinarmos as exceções, esquecemos de observar que, em geral, *as pessoas não falam sobre as regras, mas simplesmente as seguem.* A criança se empenha ao máximo para fazer tudo direitinho, mas, às vezes, a entrada no mundo das convenções sociais só causa novos mal--entendidos — que, às vezes, são cômicos.

## A CRIANÇA PODE SE CONFUNDIR AO TENTAR SEGUIR AS REGRAS

No início da minha carreira, eu supervisionava um médico residente que estava ajudando Michael a aprender como chamar as pessoas. Morávamos numa cidadezinha do Meio-Oeste americano no começo da década de 1980, e a boa educação era coisa muito importante. Assim, ensinamos Michael a avaliar com rapidez qual era a sua relação com seu interlocutor e a usar um termo correspondente: "amigo" para outra criança; "senhora" para uma mulher; e "senhor" para um homem.

Nada disso era fácil para Michael, pois ele não estava apenas memorizando palavras. O processo envolvia um desafio mais importante que todos os outros: identificar as características específicas das pessoas, como o gênero e a idade, e saber como essas pessoas se encaixavam em sua vida. Numa tarde, o residente que trabalhava com ele estava satisfeitíssimo com o progresso de Michael. Quando lhe mostrava uma imagem

PARTE I: COMPREENDER O AUTISMO | **135**

de uma mulher, Michael praticava dizendo "olá, senhora"; quando via uma imagem de outro menino, dizia "olá, amigo"; e assim por diante, com perfeita precisão. Desse modo, no final da sessão, o residente pediu que Michael me mostrasse sua habilidade recém-aprendida. Michael olhou para mim, sorriu e, totalmente confuso, mas cheio de entusiasmo, disse impulsivamente: "Olá, doutor amigo-senhora-senhor!".

Michael aprendera as regras, mas, na primeira vez em que teve de aplicá-las, estava entusiasmado e sobrecarregado demais e não conseguiu. O mais evidente, no entanto, era o quanto ele estava se esforçando, o quanto aquilo era difícil e o quanto ele realmente queria estabelecer uma relação comigo. Até hoje aprecio demais este apelido: doutor amigo-senhora-senhor.

A língua pode ser um obstáculo para a compreensão social, pois os autistas tendem a interpretar a linguagem num sentido literal, e nós, neurotípicos, nem sempre dizemos o que realmente queremos dizer. É por isso que as metáforas, o sarcasmo e outros usos não literais da linguagem podem causar infinitas confusões na mente de muitos indivíduos autistas.

Helen notou que seu filho Zeke, de 9 anos, parecia particularmente chateado ao voltar da escola certo dia. Então, ela perguntou a ele por que estava chateado.

— Não quero que a senhora Milstein morra! — ele disse.

Curiosa a respeito do que estaria acontecendo com a professora da 4ª série, Helen pediu-lhe que explicasse.

— Ouvi ela dizer para a senhorita O'Connor: "Se chover de novo desse jeito mais um dia nesta semana, vou me matar!".

Sandra saiu para fazer compras com a filha Lisa, de 7 anos, em busca de um presente de aniversário para o irmão da menina. Lisa escolheu uma bola de beisebol. A caminho de casa, Sandra lembrou Lisa de que os presentes de aniversário devem ficar em segredo até a hora da festa:

— Mantenha isso em segredo.[16]

Mais tarde, naquele mesmo dia, o pai de Lisa estava no quarto da menina e de repente viu um grande chapéu de praia numa prateleira de livros. O chapéu estava fora do lugar onde costumava ficar. Quando ele estendeu a mão para tirá-lo de lá, a garota gritou:

— Não! Não mexa! É segredo!

---

16. O inglês usa uma expressão metafórica: *"You need to keep it under your hat!"*, isto é, "Guarde isso debaixo do seu chapéu!". (N.T.)

Até comunicações bem simples podem causar problemas inesperados. A criança atende ao telefone. Quando a pessoa do outro lado pergunta "Sua mãe está em casa?", a criança responde "Sim!" e desliga o telefone.

Quando a criança derruba, por acidente, uma lata de tinta e espalha seu conteúdo pelo chão, a professora diz, irônica, "Que maravilha!". Então, a criança pensa que fez uma coisa boa.

## A IMPORTÂNCIA DE SER CLARO E DIRETO

Para evitar esses problemas, os pais e professores devem ser tão claros e diretos quanto possível em sua comunicação com autistas. Na verdade, segundo muitos adultos autistas, isso é o que mais os auxilia. Também convém verificar se a pessoa realmente compreendeu: perguntar se ela entendeu o que foi dito, em vez de supor que entendeu, e, se necessário, dar uma explicação. Além disso, pedidos diretos funcionam melhor que insinuações sutis. "Aquele biscoito parece estar uma delícia!" talvez seja a melhor maneira de dar a entender a uma pessoa neurotípica que você quer um biscoito, mas, ao falar com um autista, "Me dê um biscoito, por favor!" funciona muito melhor.

Também precisamos deixar claro o sentido de determinadas palavras que usamos. Os pais de Nicholas o ensinaram a ligar para o 911 em caso de emergência. Eles descreveram a emergência como algo muito ruim que poderia acontecer com ele ou com outra pessoa. No dia seguinte, quando pediu mais sobremesa após o jantar e a mãe negou, ele ligou para o 911 e disse à atendente: "É uma emergência! Minha mãe não quer me dar mais sobremesa!".

Num caso desses, seria bom que os pais lhe listassem exemplos específicos de emergências: um incêndio, um acidente de carro, um ferimento grave.

Para alguns autistas, pode ser necessário explicar o próprio conceito de linguagem não literal e ensinar os sentidos específicos de palavras e expressões (expressões idiomáticas, por exemplo) que não sejam claras ou evidentes. Os sentidos implícitos em "descascar um abacaxi" ou "suar a camisa" podem ser objeto de muita confusão, mas o significado dessas expressões pode ser ensinado diretamente, como se fossem palavras ditas em outra língua. Muitos autistas elaboram listas de palavras e expressões que os deixam confusos e estudam essas listas com pais, terapeutas ou professores. É importante lembrar que o problema tem diversas gradações que variam conforme a ideia da pessoa, sua capacidade linguística e suas experiências sociais. A melhor forma de lidar com essas dificuldades é fazer com que todas as partes assumam alguma responsabilidade. Os neurotípicos devem adaptar sua linguagem para que fique menos confusa; e os autistas devem aprender o verdadeiro significado de expressões comuns que não devem ser entendidas literalmente.

## QUANDO A FRANQUEZA NÃO É A MELHOR POLÍTICA

O mundo social é infinitamente complexo e contém um sem-número de regras, exceções e variáveis tácitas. Por mais que pais e profissionais se esforcem para preparar a criança, nunca será possível prever todos os lapsos, mesmo quando nós (ou nossos filhos, ou familiares autistas) temos a melhor das intenções.

Vejamos o caso de Ricky, um adolescente autista que é um talentoso pianista. Certa vez, Ricky se ofereceu como voluntário para se apresentar aos internos de uma casa de repouso. Ele nunca tinha ido a um estabelecimento desse tipo, mas seus pais lhe disseram que seria um gesto de amor e carinho se apresentar lá. Disseram-lhe também que alguns dos idosos que ele iria ver sofriam de doenças terminais e de outros problemas, de modo que sua música ajudaria a animá-los. No dia da apresentação, algumas dezenas de idosos se reuniram na sala de recreação para ouvi-lo. Antes de começar, Ricky se apresentou, disse que estava muito feliz por poder tocar para eles e completou: "Alguns de vocês vão morrer em breve. Sinto muito por isso!".

Ricky tinha compaixão, o que era muito bom, mas ainda não era capaz de perceber que lembrar aos velhinhos, com tanta franqueza, de que estavam às portas da morte talvez fosse interpretado como falta de tato.

Também podemos interpretar de outra maneira o equívoco de Ricky: ele foi franco. Por mais que nossa cultura afirme promover os valores da veracidade e da franqueza, a interação com autistas pode nos fazer perceber o quanto o mundo social exige dissimulação da nossa parte ou, às vezes, falta flagrante de sinceridade.

Donald, que tinha entre 20 e 30 anos, trabalhava numa rede de farmácias como repositor e atendente. Quando nos conhecemos, ele me contou: "Meu gerente me diz que sou um funcionário muito valioso, mas meu supervisor imediato não gosta muito de mim. Ele me chamou de idiota!". Perguntei por quê. Ele disse que uma senhora havia chegado à farmácia em busca de uma determinada marca de pilha. Donald sugeriu-lhe que, embora a farmácia vendesse aquelas pilhas, seria melhor comprá-las na loja de ferragens do outro quarteirão, onde as opções e o preço eram melhores. O supervisor estava próximo e ouviu tudo.

Mesmo ao contar a história, Donald deu a impressão de não entender o que desagradara ao supervisor.

"O gerente diz que nossa tarefa, como atendentes, é nos mostrarmos dignos de confiança, para que os clientes nos vejam como amigos e vejam a rede como uma loja da vizinhança", ele disse. "Por que, então, o supervisor me chamou de idiota quando eu fiz exatamente o que ele nos orientou a fazer?"

Por que, de fato? Não admira que Eli pensasse que as outras pessoas eram, na verdade, capazes de ler as mentes umas das outras. Para muitos autistas, tentar compreender o mundo social significa viver num estado quase constante de confusão, perplexidade, frustração e até raiva.

## O ESTRESSE DA INCOMPREENSÃO

Já conheci diversas crianças e muitos adultos autistas que não conseguiam interpretar situações ou comportamentos sociais e que, mesmo depois de alguém tentar lhes explicar o que não haviam entendido, nem sempre conseguiam compreender. A repetição dessa experiência cobra seu preço. O fato de saber que *eu deveria compreender isto, mas, por mais que tente, não consigo* causa frustração, infelicidade e ansiedade. A reação de muitos consiste em permanecer inibidos nos encontros sociais ou simplesmente evitá-los totalmente. Alguns se voltam para dentro e caem na depressão. Quando se perguntam "Por que não compreendo isso? O que há de errado comigo? Será que sou um imbecil?", sua autoestima vai por água abaixo.

A compreensão das situações sociais é um tipo de inteligência, entre outros. Pessoas que em outros aspectos são brilhantes podem ter dificuldade para captar expressões faciais e outros sinais sutis das situações sociais. A compreensão social exige aquilo que Howard Gardner, famoso por sua teoria das inteligências múltiplas, chamou de inteligência interpessoal. A pessoa bem capacitada nessa área é capaz de avaliar emoções, desejos e intenções dos outros em diferentes situações sociais. Mas é

PARTE I: COMPREENDER O AUTISMO | 139

claro que os que têm limitações na inteligência interpessoal podem se mostrar inteligentes na música, na matemática e na resolução de quebra-cabeças complexos, por exemplo.

Cientes de sua dificuldade, muitos autistas se desculpam de modo quase habitual, mesmo sem compreender pelo que estão se desculpando. Pode acontecer de entenderem as regras sociais em extremos de oito ou oitenta. Pode acontecer também de um companheiro insensível ter-lhes dito ao longo de anos e anos que eles são mal-educados e não conseguem se relacionar bem, tendo sido instruídos a dizer infinitamente "me desculpe". Esforçam-se ao máximo, mas, quando suspeitam de que não disseram ou fizeram a coisa certa, seu instinto é falar imediatamente "Me desculpe! Me desculpe!". Por mais que os pais ou os professores lhes digam que está tudo bem, eles se acostumam com a ideia de que cometerão erros, então se desculpam automaticamente.

A confusão constante em situações sociais, mesmo das mais comuns e cotidianas, pode fazer com que, diante de situações realmente imprevistas ou desconhecidas, a criança reaja de maneira inesperada ou radical. Aos olhos do observador, o comportamento pode parecer brusco, repentino ou inexplicável, mas muitas vezes decorre da frustração e da ansiedade que vinham se acumulando na pessoa havia algum tempo.

A maioria das pessoas neurotípicas estabelece limites emocionais e sabe que, se outra pessoa está sentindo emoções fortes, essas emoções pertencem somente à experiência dela. Podemos sentir compaixão ou até empatia, mas não temos o mesmo sentimento intenso, que resultaria numa desregulação significativa. A experiência me mostrou que, com muitos autistas, não é isso que acontece. Benny, de 13 anos, quase nunca dava início a uma comunicação. Ele enfrentava dificuldades nas aulas da escola pública que frequentava e, muitas vezes, se irritava no meio do período escolar em consequência do estresse e das exigências das aulas matutinas. Além disso, enfrentava dificuldades quando estava na companhia de pessoas que expressavam emoções negativas. Alguns autistas, quando detectam emoções fortes em outras pessoas — felicidade, tristeza, empolgação, nervosismo —, ficam confusos e chegam até a ficar desregulados. É como se absorvessem a intensidade dessas emoções e não conseguissem compreender os sentimentos que elas lhes causam.

Um dia, o alarme de incêndio da escola soou bem naquele momento em que Benny ficava ansioso e impaciente. Ele e os colegas de classe saíram enfileirados da sala e foram para fora. Benny, então, viu dois meninos fazendo algazarra e ignorando as instruções da professora. Quando a diretora os viu, ficou muito brava, se interpôs entre Benny e os meninos e os repreendeu severamente com o dedo em riste, mandando-os voltar imediatamente à fila.

A reação dele foi súbita e inesperada: ele foi até a diretora e a empurrou, derrubando-a no chão. Para piorar, ele era um rapaz robusto e a mulher tinha pouco mais de um metro e meio de altura. A diretora se levantou sacudindo a poeira do corpo. Felizmente, não se machucou, embora estivesse assustada. Mais tarde, seguindo as diretrizes da escola, ela suspendeu Benny até que o conselho pudesse deliberar sobre o incidente.

Logo depois, reuni-me com ela na qualidade de consultor do distrito escolar.

— Barry, admito que ainda estou aprendendo sobre o autismo — ela disse. — Mas esse tipo de comportamento não pode acontecer em nossa escola, e temos diretrizes que nos dizem como proceder quando esses incidentes ocorrem.

Sua preocupação não era somente consigo mesma, mas também com o modo como os colegas de classe de Benny poderiam entender seu comportamento.

Tentei explicar-lhe como eu entendia o incidente: como o resultado de uma bola de neve de acontecimentos que ninguém mais via, exceto Benny. Mesmo antes do alarme, ele já estava ansioso de um modo fora do normal. O ruído e a surpresa do exercício de evacuação da escola o perturbaram ainda mais. Depois, veio a repreensão severa da diretora, que o confundiu e sobrecarregou suas emoções. O fato de vê-la tão brava o aborreceu e o desregulou, e além disso ele se viu diante de um ato que provavelmente percebeu como agressivo. Então, reagiu impulsivamente. A ansiedade já vinha se acumulando dentro dele, e o exercício de evacuação e a confrontação entre a diretora e os meninos foram somente os gatilhos que desencadearam aquele comportamento.

Não havia uma solução fácil. Era impossível prever todas as situações que poderiam deixar Benny ansioso. O fundamental II é cheio de situações confusas que podem induzir a ansiedade. O que podíamos fazer era garantir que os funcionários se esforçassem ao máximo para ajudar Benny a comunicar seu estado de ansiedade; que estivessem preparados para perceber os primeiros sinais de desregulação; e que tivessem apoio à disposição, de modo que alguém pudesse intervir no caso de algum imprevisto — quando o limite de Benny fosse ultrapassado. Como parte de seu plano de regulação emocional, a equipe inseriu um intervalo a mais em seu cronograma diário, na hora em que ele habitualmente se irritava. Além disso, uma auxiliar passou a ficar de plantão em sua sala para ajudá-lo a suportar as situações e se adaptar a elas.

## A COMPREENSÃO SOCIAL E A ESCOLA

É um mérito da diretora da escola de Benny ter feito um esforço para compreender seu comportamento, em vez de simplesmente colocá-lo na conta da agressividade pura e simples. Muitas vezes, os autistas agem de um jeito que os outros não entendem ou que podem interpretar mal. Nas diversas escolas em que trabalho, é comum ouvir os professores reclamarem de que este ou aquele aluno é agressivo, desobediente ou manipulador, e depois descobrem a verdadeira natureza do problema: o professor não compreende o aluno e os fatores invisíveis que, muitas vezes, estão em jogo. Diversas vezes, esse tipo de comportamento acontece porque a criança tem uma deficiência de compreensão social e o professor interpreta mal o seu comportamento, considerando-o intencional. ("Ele sabe muito bem o que está fazendo!")

Considere o seguinte: na maioria dos ambientes escolares, a maior parte dos alunos sente o impulso espontâneo de agradar a professora — responder corretamente às perguntas, tirar nota máxima no exame, ir bem na feira de ciências, se comportar de acordo com as regras da classe e da escola. Muitos alunos também querem deixar os pais orgulhosos. O autista, no entanto, pode não ter essas motivações. Digamos que um menino tenha dominado um conteúdo de álgebra e consiga apresentar a resposta correta ao problema que lhe foi dado para resolver; se a professora lhe pedir que explique as etapas que foram seguidas para chegar à resposta, pode acontecer de ele se recusar a explicar. Ele não está sendo desobediente; no entanto, não compreende a expectativa social que justifique seu raciocínio. Ele pode pensar: *Eu sei o que fiz e cheguei à resposta correta. Por que tenho de lhe dizer como a obtive?*

Os professores estão acostumados com alunos que querem agradar ou que, pelo menos, compreendem que deveriam querer. Assim, quando não têm uma formação correta a respeito do autismo, veem-se naturalmente confusos quando precisam lidar com alunos como Jason, um menino autista inteligente e falante, da 5ª série, com quem trabalhei. Um dia, a professora de artes pediu que cada aluno escrevesse os nomes dos dois animais de que mais gostava. Jason escreveu "cavalo" e "águia".

— Agora — continuou a professora —, quero que usem a imaginação e criem uma imagem de um animal que combine as características dos dois animais que escolheram.

Do fundo da classe, em voz alta e solene, Jason respondeu:

— Não farei isso.

Uma das auxiliares de classe se aproximou e explicou de novo em que consistia a atividade.

— Não farei isso! — repetiu Jason.

— Mas, Jason — disse a auxiliar —, essa é a nossa atividade de hoje. Todos na sala estão fazendo.

— Não farei isso!

Ao perceber que sua ansiedade estava aumentando, e tentando impedir que a situação piorasse, a auxiliar perguntou se ele queria fazer uma pausa. Ela o levou para caminhar no pátio, procurando ajudá-lo a se acalmar e reiterando, enquanto isso, que todos os alunos estavam participando do mesmo projeto. Quando voltaram à sala, a professora perguntou a Jason, que já parecia mais bem-regulado, se ele estava pronto para desenhar a imagem solicitada. Para sua surpresa, ele repetiu:

— Não farei isso!

Surpreendi-me ao ver que ninguém lhe fazia a pergunta mais importante. Aproximei-me devagar.

— Jason, *por que* você não quer desenhar o que a professora lhe pediu? — perguntei.

— *Não existe* um animal metade águia, metade cavalo — ele respondeu. — Não vou fazer isso. É uma estupidez.

Jason não estava sendo insolente ou desobediente de propósito. Aquela atividade não fazia sentido para ele porque ia contra seu senso de lógica. Pouco lhe importava que as regras sociais tácitas o mandassem fazer a atividade para agradar a professora e dissessem que parte de sua incumbência como aluno consistia em fazer o que lhe mandassem, independentemente de ele querer ou não. Esse senso de obrigação social não estava presente em sua consciência. E, mesmo que soubesse que a professora esperava sua cooperação — e que ele deveria cooperar —, no calor do momento, a dificuldade de assimilar uma instrução que contrariava a tal ponto sua visão de mundo desencadeou sua recusa instintiva.

Como no caso de Jason, o modo pelo qual a criança reage a uma atividade escolar pode proporcionar uma visão bem clara de como processa informações e entende o mundo social. Sherise estava na 3ª série do ensino fundamental. No dia de Martin Luther King, a professora mandou que respondessem a perguntas sobre esse personagem. Como tantos outros autistas, Sherise tinha uma capacidade impressionante de memorizar datas e informações e foi capaz de elencar melhor que qualquer outro aluno as datas dos acontecimentos significativos da vida de King. O que ela, às vezes, não tinha era a capacidade de situar as informações em seu contexto social e cultural.

Uma questão do exercício pedia que o aluno listasse os traços positivos de Martin Luther King. Sherise escreveu "Ele gosta de cachorros. Ele lê livros..." e continuou no mesmo estilo:

> *Descreva o que você mais gosta no doutor King.*
> "Ele me ajuda. Ele arruma o meu quarto."
> *Diga uma coisa que o doutor King lhe ensinou.*
> "Ele me ensinou a escrever sons vocálicos longos e curtos."
> *Faça uma comparação entre você e o doutor King.*
> "King usa gravata. Eu não uso."
> *Explique por que você acha que o doutor King é um bom modelo para nossa vida.*
> "Porque a data de nascimento de Martin Luther King é feriado."

Mais uma vez, ela não estava tentando provocar a professora. Sherise era uma menina inteligente cuja memória deixava atônitos os professores e outras pessoas. No entanto, ela não foi capaz de captar a intenção da atividade e das perguntas. Outras crianças talvez tivessem intuído que as perguntas diziam respeito ao modo como Martin Luther King mudara a sociedade e o jeito de viver das pessoas. No entanto, isso não estava escrito na folha de perguntas. Quando se falava dos "traços positivos", Sherise pensou nos *seus próprios* traços. Quando lhe perguntaram o que King ensinara, ela pensou em algo que *ela mesma* aprendera, que nada tinha a ver com aquela atividade. A lição exigia uma compreensão social mais profunda que a desenvolvida até então por Sherise, que tinha deficiências no âmbito social. Era como pedir a uma criança deficiente física que competisse numa corrida de cinquenta metros rasos.

Ao deparar-se com respostas como as de Sherise, muitos professores talvez levassem a mão à testa, frustrados. No entanto, deveriam animar-se e aplaudir o esforço sincero do aluno. Por mais frustrante ou enigmática que tenha sido a atividade, Sherise não disse "Não consigo, não compreendo!". Ela se esforçou ao máximo. E sua falta de compreensão na 3ª série não significa que ela nunca será capaz de entender esses conceitos sociais. A compreensão social e emocional, como tantas outras coisas, se desenvolve no decorrer do tempo. As crianças percorrem os estágios de desenvolvimento em diferentes ritmos e, muitas vezes, só conseguem vencer etapas com muita experiência e apoio direto. O melhor para Sherise, num caso como esse, não é ser repreendida por sua falta de cooperação, mas, ao contrário, ser elogiada por seus esforços e receber um apoio extra para compreender a atividade. Não se deve colocar sua autoestima em risco, mas, sim, dar apoio ao seu desejo de cumprir da melhor maneira uma tarefa que, em razão de suas diferenças neurológicas, se mostrava difícil.

## COMPREENSÃO EMOCIONAL

Alguns indivíduos no espectro autista têm dificuldade para compreender as regras sutis e ocultas das interações sociais, mas, às vezes, é ainda mais difícil compreender as emoções — tanto as do próprio autista quanto as das outras pessoas. Em 1989, na primeira vez em que entrevistou Temple Grandin, Oprah Winfrey perguntou: "Como são seus sentimentos?".

Para responder, Temple descreveu o quanto se sentia mal ao usar blusas de lã, que lhe pinicavam o corpo. Ora, ao dizer "sentimentos",[17] Oprah se referia às emoções, ao mundo complexo de nossa vida interior, mas Temple supôs que ela estivesse falando das experiências sensoriais e, em particular, do sentido do tato. Ou talvez simplesmente não quisesse responder à pergunta.

As emoções são abstratas, intangíveis e difíceis de captar, e os autistas, muitas vezes, acham difícil falar sobre esses assuntos, sobretudo quando precisam refletir sobre si mesmos. No passado, alguns profissionais de saúde e outras pessoas achavam, erroneamente, que essa dificuldade e o desconforto que sentem ao falar dos sentimentos são indícios de que os autistas de algum modo não têm emoções. É claro que isso não é verdade. Eles sentem toda a gama de emoções que qualquer outra pessoa humana é capaz de sentir. Aliás, os autistas nos dizem que as emoções deles talvez sejam ainda mais intensas. A dificuldade que muitos experimentam é a de compreender e expressar suas emoções, bem como identificar as emoções dos outros.

---

17. A palavra inglesa "*feelings*" pode significar tanto "sentimentos" quanto "sensações". (N.T.)

Alvin, de 10 anos, falava com fluência mas tinha problemas sensoriais e de ansiedade. Um dia, sua professora de educação especial lhe mostrou uma foto de um bebê chorando e fez-lhe algumas perguntas. *Como o bebê está se sentindo? Por que está se sentindo assim?* Alvin conseguiu explicar que o bebê estava chorando porque estava triste. A professora, então, fez mais uma pergunta:

— Alvin, o que faz com que você se sinta triste?

— O que me faz me sentir *triste*? — disse ele. — O que me faz me sentir doente? Queijo.

Alvin deu um jeito de transformar *triste* em *doente*, talvez pelo fato de esse último ser um sentimento ruim mais visceral e mais fácil de captar.

A professora tentou mais uma vez:

— O que o faz se sentir *triste*?

— O que me faz me sentir *mal*? Diarreia.

Alvin conseguiu identificar com facilidade a emoção de tristeza no bebê, mas não conseguiu relacioná-la com sua experiência interior. Não há dúvida de que, às vezes, ele se sentia triste, mas aos 10 anos não era capaz de explicar em palavras sua experiência emocional. Esse diálogo revela que um indivíduo pode ter a capacidade de identificar emoções em outras pessoas e, ao mesmo tempo, não conseguir expressar as próprias emoções — esse tipo de expressão exigiria uma reflexão sobre os próprios sentimentos.

Eric, de 13 anos, enfrentava dificuldades semelhantes. Para ajudar Eric e seus colegas de classe a compreender as emoções, a professora pediu aos alunos que girassem uma "roda das emoções", uma espécie de roleta com os nomes de várias emoções (felicidade, confusão, raiva) em sua circunferência, e depois respondessem a perguntas sobre a emoção sorteada. A palavra que caiu para Eric foi *inveja*. A discussão se deu da seguinte maneira:

> Professora: Como está se sentindo hoje, Eric?
> Eric: Estou com inveja.
> Professora: Pode nos dizer por quê?
> Eric: Porque estou com muita inveja.
> Professora: E por que está com inveja?
> Eric: Porque... O Indiana vai jogar com o LSU.
> Professora: E por que isso o deixa com inveja?
> Eric: Porque, quando me sinto com inveja, me sinto bonito. (Eric olha para o outro lado, confuso.)

A conversa continuou. Estava claro que Eric não entendia aquele termo.

> Professora: Você compreende o que significa "estar com inveja"?
> Eric: O que significa estar com inveja?
> Professora: Se Darrell estivesse com um relógio novo que me parecesse ser o relógio mais bonito que já vi, e eu desejasse ter um igual, então, eu estaria com inveja porque o relógio de Darrell seria melhor que o meu.
> Eric: Ok.
> Professora: Você entendeu?
> Eric: É porque Darrell está com um relógio novo.
> Professora: E eu queria aquele relógio.
> Eric: E você queria aquele relógio...
> Professora: Então, você está com inveja hoje?
> Eric: Estou.
> Professora: Por quê?
> Eric: Porque o Darrell quer um relógio novo.
> Professora: Não.
> Eric: Porque você está com um relógio novo.
> Professora: Por que o Eric está com inveja?
> Eric: Porque tenho um relógio em casa.
> Professora: Você pode escolher outro sentimento, por favor?
> Eric: Não, eu escolhi *inveja*!

Eric se esforçou ao máximo para acertar, e é mérito dele não ter desistido, mesmo quando a professora sugeriu que o fizesse. No entanto, seu estilo concreto de pensamento dificultava a compreensão de uma noção abstrata.

## COMO NÃO ENSINAR AS EMOÇÕES

Frequentemente, os educadores acham que estão ensinando os autistas a expressar as emoções, mas na verdade os estão ensinando a *reconhecê-las* — a rotular imagens de pessoas que expressam emoções. O uso da linguagem para expressar os próprios estados emocionais — ou seja, a *expressão* emocional — é uma das tarefas mais abstratas enfrentadas pelas crianças autistas e por alguns adultos autistas. Uma coisa é reconhecer uma maçã ou uma mesa e chamá-la pelo nome; transmitir como estamos nos sentindo, ou como outra pessoa está se sentindo, é algo muito mais complexo. As emoções envolvem tanto relações cognitivas quanto reações fisiológicas. Além de sentir, nós refletimos sobre como estamos nos sentindo e por quê. Também sentimos as emoções no corpo.

Essas reações são dinâmicas e intangíveis, mas alguns terapeutas recomendam que, para ensinar as emoções a crianças autistas, deve-se fazê-las identificar expressões faciais em diagramas: feliz, triste, entusiasmado, bravo, surpreso, confuso. Ros Blackburn me apontou o problema dessa abordagem: "Durante muitos anos, tentaram me ensinar as emoções fazendo-me rotular rostos felizes e de cenho franzido. O único problema é que as pessoas não têm essa aparência...".

Esses professores não ensinam emoções; ensinam a reconhecer imagens. E certamente não ensinam a criança a expressar e compreender por que está sentindo determinada emoção.

Uma abordagem muito mais eficaz é a de introduzir um rótulo — feliz, abobalhado, frustrado, ansioso — no momento em que a pessoa está sentindo aquela emoção. (Para algumas pessoas, é melhor estabelecer um vínculo entre uma imagem visual — uma foto, por exemplo — e seu sentimento.) Assim, a pessoa aprende a expressar e comunicar uma experiência emocional determinada, não apenas uma expressão facial. O aprendizado da compreensão de diferentes emoções e da linguagem que usamos para expressá-las se desenvolve ao longo do tempo. Sentimos as emoções tanto na cabeça quanto no corpo e aprendemos a associar as categorias de experiências ligadas a esses sentimentos. Além disso, ouvimos ou vemos as palavras que as outras pessoas nos fornecem para que possamos expressá-las.

## O ENSINO DO SOCIAL: QUAL É O OBJETIVO?

Do mesmo modo, muitas vezes, os adultos dão mais ênfase ao ensino das chamadas "habilidades sociais" do que à aprendizagem da *compreensão social* e do *pensamento social*.[18] E muitas vezes também ensinam de forma tediosa e monótona as habilidades consideradas importantes, com

---

18. Michelle Garcia Winner trata dessa questão em detalhes em seu livro *Why Teach Social Thinking?* (San José, Califórnia: Think Social, 2014).

a finalidade de fazer com que a criança pareça "normal". Isso não ajuda a criança a tomar boas decisões ao interagir com os outros, a interpretar situações sociais ou a compreender a perspectiva, a experiência emocional e o ponto de vista das outras pessoas e pode provocar um estresse considerável.

A questão do contato visual é um bom exemplo. Muitos autistas evitam olhar diretamente para o rosto das outras pessoas, talvez porque isso faça aumentar a ansiedade e os deixe pouco à vontade, ou por se tratar de algo que exige concentração e energia, diminuindo sua capacidade de pensar claramente no que pretendem dizer.

No entanto, a cultura americana valoriza o contato visual. Por isso, o falecido psicólogo comportamental Ivar Løvaas desenvolveu métodos para "treinar" as crianças autistas com o objetivo de torná-las "indistinguíveis" de seus colegas neurotípicos. Na sua opinião, era essencial treinar o contato visual antes de passar a outras habilidades. Durante anos, uma das marcas registradas da sua abordagem de tratamento era a alegação — sem nenhuma corroboração científica — de que a capacidade de fazer contato visual quando isso fosse solicitado era um pré-requisito para a aprendizagem de outras habilidades. Com o tempo, ele voltou atrás nessa opinião, mas, infelizmente, muitos profissionais ainda se dedicam a "treinar o contato visual".

Se dermos ouvidos aos autistas, eles nos dirão claramente: olhar nos olhos, para eles, pode ser extremamente difícil. Causa-lhes ansiedade, e eles resistem aos esforços de obrigá-los a tanto. Sentem-se mais tranquilos e regulados quando *não* olham as outras pessoas diretamente nos olhos ou só as olham de forma intermitente. Os neurotípicos desenvolvem desde cedo o hábito de olhar para as pessoas, mas o afastamento do olhar também tem sua função. Em regra, as conversas envolvem momentos em que se olha para o interlocutor e outros momentos em que *não* se olha para ele. Isso nos dá a oportunidade de pôr o pensamento em ordem, relaxar e nos regular.

Certa vez, dei aula a um grupo de alunos de pós-graduação que vieram de Gana para estudar na universidade onde eu trabalhava. Numa ocasião, me reuni com alguns deles durante meu horário de serviço. Eram extremamente educados, mas me senti desconfortável pelo fato de nenhum deles me olhar nos olhos durante nossa conversa, nem mesmo por um segundo. Por fim, levantei a questão.

— Há algum problema? — perguntei. — Me incomoda que vocês fiquem olhando para baixo e não para mim.

— Me desculpe, senhor — respondeu um deles. — Em nossa cultura, é considerado sinal de desrespeito olhar para uma pessoa de categoria superior quando se fala com ela, e o senhor é nosso professor.

Isso nos lembra que muitas qualidades e práticas sociais que consideramos importantes e até essenciais não são comportamentos inerentes à espécie humana, mas regras que podem variar muito de cultura para cultura.

Essas regras também variam de pessoa para pessoa. Quando era responsável pela supervisão de um departamento num hospital-escola, percebi que uma das funcionárias recém-contratadas, uma especialista em patologias da fala e da linguagem, passou toda a primeira reunião do departamento fazendo rabiscos num caderno e quase nunca olhava para mim quando eu falava, e ela fez o mesmo na segunda reunião. Fiquei tão desconcertado que a confrontei:

— Não compreendo por que não presta atenção em mim durante as reuniões.

Ela pediu desculpas por não ter me falado antes sobre o assunto e explicou que tinha uma deficiência de aprendizagem que lhe dificultava olhar para uma pessoa e ao mesmo tempo processar o que a pessoa dizia. Com base nas mensagens enviadas pela linguagem corporal e facial da minha colega, eu fizera uma suposição errônea acerca do seu nível de interesse e de atenção durante as reuniões.

Muitos autistas dizem que, em geral, é mais fácil prestar atenção no que alguém diz sem ter de carregar o fardo extra e suportar o estresse de olhar a pessoa nos olhos. Os professores experientes sabem que alguns alunos são capazes de ouvir e aprender mesmo quando não estão olhando para o instrutor durante a aula.

Não obstante, os autistas podem aprender a regra tácita segundo a qual temos de deixar claro ao nosso interlocutor que o estamos ouvindo. Adotando uma abordagem de "compreensão social" ou "pensamento social", pais, professores e terapeutas podem ajudar o indivíduo a compreender que é possível indicar que está prestando atenção olhando para a outra pessoa — mesmo por breves momentos durante a conversa — ou dizendo "aham" ou assentindo vez ou outra com a cabeça. Para algumas crianças, olhar nos olhos de outra pessoa é tão difícil que pode lhes causar desconforto. Nesse caso, é possível ensiná-las a apresentar uma explicação para que o interlocutor não pense que estão entediadas ou desatentas. ("Eu estou prestando atenção, mesmo quando não olho para você.") Isso é semelhante ao que os neurotípicos fazem quando sabem que terão de sair mais cedo de uma aula ou de uma reunião em razão de outro compromisso: é uma atitude de boa educação informar o palestrante de antemão, para que o ato de sair não seja mal interpretado e para demonstrar sensibilidade pelos sentimentos do palestrante.

A partilha desse tipo de informação é uma postura de autorrepresentação. Foi o que um escritor autista fez quando me entrevistou pelo Zoom para um livro que estava escrevendo. Após algumas respostas minhas às suas perguntas, ele fazia longas pausas e olhava para o lado; depois, quando voltava a falar, a princípio, gaguejava e se expressava com hesitação. Ele sentiu necessidade de me informar que compreendia e concordava com tudo o que eu estava dizendo, mas que sua excessiva empolgação com a conversa afetara a fluência da fala, de modo que ele precisava olhar para o outro lado. Explicando o motivo de seu comportamento, ele evitou que eu o interpretasse mal.

## A REGRA DAS SUPOSIÇÕES TÁCITAS

Todos nós fazemos suposições a respeito dos comportamentos uns dos outros. Essas suposições em geral não são faladas, mas têm grande influência sobre nossas interações. Muitos autistas não sentem a necessidade de comunicar o que os está incomodando — ou, às vezes, o fazem de forma pouco ortodoxa.

A diretora de uma escola primária me mostrou, certa vez, uma pilha de desenhos que um aluno da 4ª série chamado Enrique, que tinha autismo nível 1 de suporte, começara a deixar na escrivaninha dela. Todos mostravam a figura de um diabo, com chifres e rabo pontudo. Em cada um deles o menino havia escrito o nome da diretora e seu novo título: "A Diretora Má".

— Sou eu — disse ela, com um sorriso. — Sempre que esse aluno se depara com algo de que não gosta dentro da escola, ele me culpa.

Quando Enrique ficou chateado por causa da nova marca de *ketchup* no refeitório, ele deixou o desenho de um diabo em cima da mesa dela. Quando considerava que uma regra era injusta, deixava outro desenho. A diretora tem o mérito de ter acolhido essa forma especial de expressão, respeitado a tentativa do menino de expressar seus sentimentos e, no fim, ajudado Enrique a encontrar meios mais convencionais para apresentar suas queixas.

Outros não têm o instinto de comunicar seu desprazer. Bud, um inteligente menino autista de 13 anos, começou a apresentar sinais de depressão grave. Em vez de participar das aulas do fundamental II, ele se debruçava sobre a carteira com os olhos fechados e o rosto apoiado nos braços. Os professores não sabiam como lidar com sua melancolia e pediram minha intervenção.

Bud se abriu já em nosso primeiro encontro. Ele me disse:

— Detesto vir à escola, pois todos os professores me odeiam.

Os professores não haviam expressado nenhum sentimento negativo em relação a Bud, apenas se sentiam perplexos e não sabiam como ajudá-lo. Perguntei a Bud por que ele achava que os professores não gostavam dele.

— Porque, em todas as aulas, eles tentam me ensinar coisas que não me interessam.

Bud achava que os professores tinham combinado de ensinar exatamente as coisas que mais o aborreciam e o entediavam. O que mais poderia justificar suas dificuldades?

— Alguma vez os professores já lhe perguntaram quais são seus interesses? — questionei.

— Não, eles me *odeiam*. Por que perguntariam isso? — ele respondeu.

Dei a entender que, quando eu tinha a idade dele, eu também precisava assistir às aulas de que não gostava, e disse que tinha certeza de que muitos colegas seus não gostavam sempre das aulas que tinham. O que para mim parecia evidente para Bud era uma novidade. O adolescente neurotípico teria compreendido que nem todos os alunos gostam de todas as aulas e que aprender a conviver com isso fazia parte do ofício de estudante. Para Bud, no entanto, a explicação era que os professores o odiavam.

Depois da nossa conversa, sugeri que Bud participasse, junto a outros alunos, de um grupo em que ele pudesse entender por que as pessoas se comportam de determinada forma e dizem o que dizem, bem como compreender todos os modos possíveis pelos quais seus atos podem ser interpretados. Assim, ele aprendeu algumas coisas que os outros alunos compreendiam de forma mais intuitiva: às vezes, gostamos das aulas, às vezes, não; quando temos dificuldades, podemos falar com a professora, que pode nos ajudar de bom grado. Ninguém se preocupara em explicar-lhe essas coisas porque ninguém percebia que ele não as entendia. A escola também se esforçou para integrar seus interesses — *rock, videogames* — ao currículo. Não resolvemos todos os seus problemas, mas o fato de eu ter perguntado o que o estava incomodando revelou que a maior parte de sua infelicidade era fruto de seus próprios mal-entendidos. Também deixamos claro que ele não deveria se sentir envergonhado por causa disso. Tudo o que precisamos fazer foi pedir que ele se explicasse, ouvi-lo com todo o respeito e, por fim, encontrar formas criativas de integrar seus interesses à programação cotidiana da escola.

Quando trabalhamos para melhorar a compreensão social, o objetivo não é transformar os autistas em clones sociais dos neurotípicos. Almejar isso seria desrespeitar as particularidades e a neurologia de cada indivíduo, correndo o risco de fazê-lo se sentir muito mal consigo mesmo. O objetivo é melhorar a competência social, a autoestima e a autoconfiança para dirimir qualquer equívoco e diminuir o estresse que todas as partes — os autistas e os neurotípicos — sentem em sua convivência. O ideal é trabalharmos com aquilo que o próprio autista considera mais útil. Se isso não for possível, devemos nos esforçar para reduzir as dificuldades que constituem obstáculos óbvios às experiências sociais positivas e prazerosas. Os autistas querem ser aceitos da forma como são, mesmo que para isso tenham de encontrar um lugar mais confortável no extremo menos sociável do espectro da interação social. Isso varia de pessoa para pessoa. Mais que tudo, temos de compreender que uma das principais prioridades da comunidade de autistas que se autorrepresentam é poder viver de acordo com seu eu autêntico.

# PARTE II

## A vida no espectro do autismo

# CAPÍTULO 7

## O "FATOR X"

Aprendo algumas das minhas lições mais importantes pela simples observação, e aprendi muito ao observar Paul.

Paul era um auxiliar de classe designado para acompanhar Denise, uma aluna autista de 16 anos que fora transferida para uma nova escola. Ela se sentia tão frustrada na escola anterior — e se desregulava com tanta frequência — que muitas vezes tentara bater nos professores, tendo sido rotulada como agressiva. No novo ambiente escolar, Denise costumava repetir alguns rituais. Por exemplo, ela tirava da mochila vários CDs que gostava de ouvir e os alinhava numa sequência precisa sobre a carteira — esse processo parecia acalmá-la. Raramente falava; de vez em quando, soltava duas ou três palavras, bem baixinho. No entanto, embora parecesse cautelosa e esquiva, Denise não manifestava sinais evidentes de raiva ou agressividade.

Quando fui observá-la no decorrer da rotina escolar, como parte do meu trabalho com aquela escola, percebi de imediato o quanto seu auxiliar de classe era eficaz. Com a cabeça raspada e um brinco bem grande, Paul, de vinte e poucos anos, me lembrava Mr. Clean, cujo rosto estampava as embalagens de um produto de limpeza. Paul garantia que Denise tivesse sempre à mão os materiais de que precisava para qualquer tarefa que lhe fosse atribuída e a ajudava a se organizar, mas depois recuava e lhe dava espaço.

Observava-a atentamente do outro lado da sala e, sempre que ela ficava frustrada, agitada ou perturbada, Paul se aproximava bem devagar, para não a assustar. Notei que, cada vez ele fazia isso, ela se acalmava e relaxava. Ele era extraordinariamente capaz de observar os menores sinais de desregulação e sabia exatamente o que dizer ou fazer para diminuir sua ansiedade ou frustração. Às vezes, o fazia a um metro de distância ou mais, de um jeito que mal se notava: assentia com a cabeça para tranquilizá-la, apontava para algo ou dizia algumas palavras. Era como se tivessem uma conexão simbiótica mágica e silenciosa. Sempre que me parecia que Denise estava ficando tensa e ansiosa e poderia precisar de auxílio, ele a ajudava a se manter serena e atenta.

Eu me perguntei como ele elaborara um método que funcionava tão bem para ajudar aquela garota a permanecer regulada — logo ela, que encontrara tantas dificuldades em outros lugares. Queria aprender com sua estratégia e, assim, pedi para conversar com ele por alguns minutos. Disse-lhe o que havia observado e confessei que estava impressionado com o fato de ele ser tão capaz de ler os sinais da garota e intervir da melhor maneira.

— Pode falar comigo sobre o que você faz ou me contar o que estava percebendo? — perguntei.

Ele deu de ombros, quase como se minha pergunta não fizesse sentido. Sua resposta foi telegráfica:

— Eu só presto atenção.

*Eu só presto atenção.* Parecia tão simples, mas aquelas quatro palavras diziam muito. Se Paul conseguia dar o apoio exato de que a adolescente precisava, não era porque tivesse dominado uma determinada terapia, seguido as etapas de um plano de comportamento ou lhe oferecido os "reforços" necessários. O que o habilitava a dar o apoio de que Denise precisava era o fato de ter o instinto e a capacidade de observar, ouvir e sentir as necessidades dela. Ao fazer isso, ele conquistou a sua confiança.

Como encontrar outras pessoas como Paul? Um dos aspectos mais problemáticos de se criar um filho autista ou dar apoio a um adulto autista é encontrar ajudantes — médicos, terapeutas, educadores, mentores e outros — eficazes, capazes de se conectar da melhor maneira com a pessoa e inspirá-la a progredir ao máximo. Sobretudo quando os pais têm de lidar pela primeira vez com o autismo ou a possibilidade do autismo, às vezes, é difícil saber em quem confiar, de quem ouvir conselhos, quais professores ou terapeutas podem ser os mais adequados para aquela criança e aquela família.

Minha forma de ver essa questão mudou para sempre quando conheci a doutora Jill Calder, uma médica que também é mãe de um filho autista. Palestrando para um auditório lotado na University of British Columbia, em Vancouver, perguntei ao público se já haviam encontrado alguém como Paul, indivíduos que naturalmente soubessem cuidar de crianças ou adultos autistas não em virtude de um treinamento específico, mas de uma capacidade instintiva.

Na vigésima fileira, mais ou menos, Jill se levantou.

— Na minha família chamamos isso de "fator X" — disse ela.

Ela explicou que havia observado durante anos as interações de diferentes profissionais com seu filho. Notava que, às vezes, quando a escola destacava um novo auxiliar para acompanhá-lo, o menino chegava em casa mais ansioso e infeliz do que já estava. Em outras ocasiões, entretanto, o novo auxiliar conseguia estabelecer com ele uma conexão imediata, e o filho se mostrava mais sereno e feliz.

Qual era a diferença? Jill explicou que algumas pessoas têm uma facilidade inata: em cinco ou dez minutos, já sabem como interagir com seu filho, e ele fica tranquilo na presença delas; havia um entrosamento entre eles.

— Dizemos que essas pessoas têm o "fator X". Independentemente de seus títulos ou de seu estudo, estabelecem um vínculo.

Ela descreveu em seguida um segundo grupo de pessoas que chamou de "semelhante ao X". Essas pessoas podem não ter a capacidade natural e intuitiva de estabelecer um vínculo com os autistas; podem até se sentir nervosas, hesitantes ou desconfortáveis, mas têm vontade de aprender e buscam o apoio e os conselhos dos pais ou de outra pessoa que conheça bem a criança. Jill explicou que muitos profissionais com quem ela tivera contato eram desse tipo e que sempre gostava de encontrar gente assim — entusiasmada pelo trabalho com autistas, disposta a aprender e a crescer e se mostrar aberta a ouvir as orientações daqueles que conhecem melhor o autista.

Identificou também um terceiro grupo, dos que parecem incapazes de estabelecer uma conexão e, muitas vezes, são eles próprios fontes de desregulação para o autista. Não têm abertura para aprender com o autista e sua família e chegam com conceitos preconcebidos e, muitas vezes, errôneos. Não têm a capacidade nem intuitiva nem adquirida de acessar a pessoa. Em muitos casos, privilegiam a disciplina e os castigos sem se perguntar por quê. O objetivo dessas pessoas é o controle total; com frequência, não prestam atenção nos problemas sensoriais e em outros problemas relacionados ao autismo ou minimizam o efeito desses problemas; e, sobretudo, não prestam atenção nos efeitos de seu próprio comportamento quando trabalham para impor ao autista as metas que eles próprios estabeleceram.

— Entendi — eu acrescentei. — Você se refere às pessoas "sem X".

Jill e o restante do público concordaram, pois sabiam exatamente do que eu estava falando.

Ela disse que, em várias ocasiões, um adulto entrara na vida de seu filho e causara ainda mais estresse e ansiedade. Ela parou, respirou fundo, se recompôs e acrescentou:

— E eu *nunca mais* vou deixar que isso volte a acontecer.

Essa frase desencadeou uma verdadeira torrente de comentários. Os outros membros do público começaram a descrever suas experiências com professores ou outros profissionais que não entendiam seus filhos ou familiares, terapeutas fixados numa abordagem que não levava em conta o estado emocional do indivíduo e médicos que se concentravam nos comportamentos, e não na pessoa como um todo.

Nunca me esquecerei do pai de um adolescente autista mais velho que se manifestou em um retiro anual de fim de semana para pais de autistas, no qual eu era um dos facilitadores. Ele iniciou uma roda de conversa sobre o tema da relação entre pais e profissionais com uma corajosa afirmação: "Só queria dizer a todos vocês, pais de crianças pequenas, que não se pode confiar nos profissionais!".

Esses sentimentos fortes surgem depois de muitos encontros com profissionais "sem X", aqueles que não conseguem estabelecer uma conexão com o autista e que, por isso, perdem (ou sequer chegam a ganhar) a confiança de pais ou cuidadores. No início da jornada de convivência com o autismo, são raros os pais que não confiam nos profissionais; pelo contrário, no geral, estão ávidos para obter ajuda e mais que dispostos a conhecer pessoas experientes e com conhecimento para lhes dar assistência. O que os torna cautelosos e desconfiados é o fato de se depararem constantemente com pessoas que deveriam ajudá-los, mas, em vez disso, os decepcionam.

Quais ingredientes fazem a diferença? Quais são os fatores que realmente habilitam a pessoa a adquirir o "fator X"? Quais são as qualidades que os pais devem procurar em profissionais ou educadores? O que se pode fazer para ajudar um profissional promissor a se tornar "semelhante ao X"?

O "fator X" não depende de uma determinada formação ou de um determinado número de anos de estudo ou de experiência na área. Já conheci indivíduos com currículos impressionantes e credenciais brilhantes que, apesar disso, não tinham as qualidades humanas básicas que facilitam uma conexão com adultos ou crianças autistas e suas famílias. Vários outros, como Paul, podem não ter muito estudo, mas estabelecem uma verdadeira conexão humana, captam intuitivamente as necessidades daqueles a quem dão apoio e ajudam a facilitar um progresso significativo.

Com base em minha experiência, posso dizer que aqueles que têm o "fator X" partilham uma série de características e instintos. Veremos os mais importantes a seguir.

PARTE II: A VIDA NO ESPECTRO DO AUTISMO | **159**

→ **Empatia:** Procuram entender como o autista compreende e sente o mundo. Em vez de fazer generalizações com base em suas próprias experiências ou nas experiências de outros autistas ou pessoas deficientes, eles prestam muita atenção no indivíduo que têm diante de si, sempre interpretam e procuram compreender o comportamento da pessoa e só então respondem, sempre de modo a apoiá-la.

→ **O fator humano:** Percebem o comportamento da pessoa como um comportamento *humano*, resistindo à tentação de explicar cada mínimo comportamento e reação como decorrências do autismo. Perguntam-se "Por quê?". Não se limitam a rotular a resistência da criança como um comportamento "desobediente" ou para "chamar atenção", como se isso explicasse por que a criança hesita, se recusa a algo ou reage de determinada maneira. É fácil dizer que a criança está se "autoestimulando" (*stimming*) e rotular esse comportamento como "comportamento autista" sem fazer outras perguntas, como, por exemplo, "Por que agora e não outra hora? Será que isso ajuda a pessoa de algum modo?". Quem tem o "fator X" faz um esforço extra para explorar o que está por trás do comportamento e para entender a experiência do próprio autista, em vez de partir de conceitos preconcebidos.

→ **Sensibilidade:** Captam o estado emocional da pessoa, inclusive os ocasionais sinais sutis que indicam níveis diversos de regulação e desregulação. Como a maioria dos seres humanos, os autistas também manifestam sinais exteriores de seus sentimentos interiores, por meio de sutilezas de linguagem corporal e expressão facial. A pessoa sensível que tem o "fator X" reconhece que, quando a criança desvia o olhar de uma determinada maneira ou quando seu corpo se tensiona, ela está emitindo um sinal de que está aborrecida ou está ficando sobrecarregada; que, quando a criança balança o corpo, isso significa que ela está se sentindo perturbada. A mesma pessoa pode perceber que, quando uma criança que fala começa a discutir ou se recusa a conversar, é provavelmente um sinal de que está se sentindo desregulada.

→ **Partilha de controle:** Não sentem a necessidade de exercer controle sobre o autista. Um número imenso de educadores e terapeutas entende que seu papel é implantar um determinado programa ou uma estrutura para manter o autista dentro de certos limites de comportamento. O objetivo é a obediência. Ao contrário, os pais e profissionais devem *partilhar o controle* com a criança, ajudá-la a sentir que tem algum poder e proporcionar as orientações e os apoios necessários. Essa abordagem evidencia maior respeito pelo indivíduo e por seu sentido de autonomia e de pessoalidade. Além disso, e no mesmo grau de importância, deixar que o autista tenha controle sobre uma variedade de situações e ambientes acaba estimulando a independência, a autossuficiência e a autodeterminação, ingredientes necessários para a construção de um sentido forte de objetivo e de identidade.

→ **Bom humor:** Não levam as coisas muito a sério nem veem o autismo como uma tragédia. A vida é cheia de desafios para os autistas e suas famílias, e às vezes os profissionais, educadores, parentes e outras pessoas só pioram as coisas, dando ênfase demais ao lado negativo das situações e vendo todos os incidentes pela óptica da tragédia. É muito mais útil para o autista e sua família que as pessoas ao redor tenham senso de humor (com muito respeito, bem entendido) e uma perspectiva sadia a respeito das situações que o autista enfrenta ou aquilo que ele faz e diz. Sempre que necessário, a criação de momentos alegres, pelo ato de encontrar o lado bem-humorado de uma situação, ajuda a elevar e aliviar o tom emocional, até mesmo em meio a circunstâncias difíceis.

→ **Confiança:** Dão prioridade à formação de um relacionamento positivo e à construção da confiança. Como em qualquer outro relacionamento, a melhor maneira de construir confiança é escutar, procurar entender a experiência do outro e levar em conta suas necessidades e seus desejos em vez de tentar impor um programa externo. Muitas vezes, os profissionais se esquecem do quanto é importante construir a confiança desde o começo e passam todo o restante do relacionamento tentando compensar esse erro inicial. Por isso, é essencial começar escutando o indivíduo autista, demonstrando respeito por ele e estabelecendo uma parceria com a família, em vez de chegar com conceitos preconcebidos sobre o que será mais útil para aquele indivíduo e sua família.

→ **Flexibilidade:** Adaptam-se às situações em vez de se ater obstinadamente a um programa fixo ou a um plano prescrito que não reflita as necessidades reais do indivíduo a quem deveriam ajudar. Com muita frequência, os terapeutas prestam mais atenção no programa que lhes é prescrito do que na pessoa que deveriam estar ajudando ou orientando. Algumas abordagens prescrevem respostas ou castigos de modo tão detalhado que não deixam espaço algum para que o profissional (ou mesmo os pais) procure sentir o que a pessoa está sentindo e compreender o que está por trás de uma reação comportamental. Ao observar a atuação dos profissionais ou do pessoal de apoio durante uma consulta, às vezes, acontece de eu não concordar com determinada opção feita pela pessoa ao reagir ao autista ou de simplesmente não compreender o motivo da opção. Quando levanto o assunto, a resposta geralmente é "concordo com você, mas estou seguindo o plano comportamental". O plano deve ser flexível o suficiente para incorporar uma resposta à pessoa. É importante saber reconhecer quando o Plano A não está funcionando e é hora de adotar o Plano B. É um erro impor uma abordagem sempre igual, que talvez não seja adequada para determinado indivíduo. Quando um profissional pede aos pais que implementem um plano de comportamento que não consideram útil ou respeitoso para o filho, esse pedido pode lhe causar uma tremenda tensão, sobretudo quando as pessoas que estão em contato direto e cotidiano com o autista não se sentem ouvidas e os planos lhes pedem que ignorem sua intuição acerca do que seria mais útil. O resultado último pode ser a perda de confiança no profissional.

→ **Disposição de aprender com os autistas:** Quem tem o "fator X" valoriza e busca as intuições e os ensinamentos dos próprios autistas. Foram as contribuições e as ideias destes que motivaram as mudanças mais drásticas e positivas na educação, no tratamento e no apoio oferecido aos autistas em anos recentes e ajudaram a redefinir o que se pode considerar um verdadeiro progresso. Com base na experiência vivida, os autistas fizeram desacreditar muitos mitos sobre o autismo e forneceram orientações preciosas acerca dos modos mais eficazes e respeitosos pelos quais os autistas devem ser compreendidos e apoiados.

## O "FATOR X" EM AÇÃO

Embora eu já trabalhe com o autismo há cinco décadas, as pessoas com quem mais aprendo são, com frequência, as que têm pouca educação formal — as pessoas que têm aquele "X".

Muitas vezes, as coisas mais simples fazem diferença. Carlos, relativamente novo na escola, tivera alguns colapsos graves e explosões na sua classe da 7ª série. Vários professores relataram que ele, às vezes, era agressivo e imprevisível, mas uma pessoa conseguiu desenvolver um relacionamento com ele: a diretora.

Sendo consultor daquele distrito escolar, visitei a diretora e lhe perguntei como ela conseguira estabelecer uma conexão com Carlos. Ela explicou que, após um episódio particularmente violento em sala de aula, ela chamara o menino ao seu escritório. Em vez de repreendê-lo ou castigá-lo, ela experimentou outra coisa: partilhou uma laranja com ele. Ele gostou muito daquilo, então, ela lhe disse que, se ele seguisse as regras da classe e se comportasse bem, ela o chamaria de volta. Também passou a observar Carlos na sala de aula, para que ele percebesse o quanto ela estava investindo em seu sucesso, e deu algumas sugestões úteis à jovem professora.

O encontro se tornou uma rotina para os dois. Perguntei como funcionava.

— É muito simples — ela disse. — Sentamo-nos juntos, descascamos laranjas e as degustamos.

A diretora entendeu que, se mais um adulto dissesse àquele menino que ele estava se comportando mal ou que precisava se acalmar, isso não o ajudaria em nada. O que ele precisava era ter uma conexão com uma pessoa, um adulto de confiança dentro da escola, com quem pudesse contar. Suas ações fizeram Carlos entender que ela queria que ele tivesse sucesso na escola — e que ela acreditava que ele era capaz disso.

Muitas vezes, são pequenos rituais, como o de descascar laranjas, que servem de base para vínculos íntimos — e também para o crescimento. Quem tem o "fator X" entende isto: que, com frequência, os relacionamentos significativos desenvolvidos pelos autistas têm pouca semelhança com os relacionamentos que outras pessoas podem ter.

Denise Melucci é uma hábil artista visual que trabalhou com Justin Canha, um artista muito talentoso que é autista (ver capítulo 10). Ela o conheceu quando ele ainda era bem novo. Justin começou a manifestar uma grande habilidade artística. Quando seus pais perguntaram a Denise se ela topava ser sua tutora, ela se entusiasmou, embora não tivesse educação formal alguma em matéria de autismo e nunca tivesse trabalhado com uma criança autista.

Justin teimava em desenhar somente personagens de desenhos animados — Mickey Mouse, Homer Simpson, Bambi — e resistia às sugestões de Denise para que fosse além. Ciente de sua capacidade, ela queria ampliar seu repertório e ajudá-lo a compreender que também poderia

PARTE II: A VIDA NO ESPECTRO DO AUTISMO | 163

gostar de criar outros tipos de imagens e que tinha habilidade para isso. No início, Justin se recusou terminantemente a fazê-lo.

Como ela o convenceu a ir além dos desenhos animados?

Ela miou.

Denise sabia que, além dos personagens de desenhos animados, a outra grande paixão de Justin eram os animais. Ele sempre ia ao zoológico e cumprimentava cães e gatos com entusiasmo. Para motivá-lo, ela lhe propôs um acordo: toda vez que Justin se esforçasse para desenhar algo fora de seu repertório de personagens de desenhos animados — uma paisagem, por exemplo, ou uma natureza-morta —, ela miaria como um gatinho. Para sua surpresa, isso deu certo. Sua insólita estratégia não só abriu Justin para a possibilidade de explorar novas áreas de expressão artística como também ajudou a tornar mais divertida sua experiência de tutora. E, mais importante que tudo, ela conseguiu fundar as bases de uma relação de confiança entre aluno e professora.

Miar como um gato pode parecer pouca coisa, no entanto, o mais significativo foi a disposição de Denise de ser flexível e criativa ao pensar no que poderia motivar seu aluno. Outra professora talvez fizesse exigências, oferecesse um salgadinho como recompensa ou simplesmente desistisse. Mas Denise se viu diante de um desafio e o enfrentou com imaginação, baseando-se no entusiasmo de Justin.

Joshua, um aluno da 6ª série, se beneficiou do mesmo tipo de pensamento criativo quando sua professora de educação física encontrou um jeito de motivá-lo a participar do programa de exercícios oferecido em aula. A paixão de Joshua eram os presidentes dos Estados Unidos. Ainda muito novo, ele memorizara todos os presidentes em ordem cronológica. Passava muitas horas na internet e pesquisando em livros, acumulando e memorizando informações sobre vários inquilinos da Casa Branca.

A solução criativa encontrada pela professora: estabelecer uma relação entre diversos exercícios e os presidentes. O presidente Lincoln, famoso por ser alto, foi relacionado aos exercícios de alongamento. George Washington, que teria derrubado uma cerejeira na juventude, foi associado a exercícios de movimentação dos braços. O presidente Obama jogava basquete e, assim, foi relacionado ao ato de pular como se o menino estivesse arremessando a bola à cesta.

Em vez de usar a força, a professora encontrou um jeito de motivar Joshua seguindo suas indicações e incorporando seus interesses. E não foi somente Joshua: toda a classe participou. Além disso, a professora, às vezes, deixava Joshua decidir quais exercícios a classe faria em determinado dia. Com criatividade e flexibilidade, e prestando atenção no que o empolgava, a professora alcançou múltiplos objetivos: motivou Joshua a fazer exercícios físicos, conquistou-o ao deixar que ele tivesse algo a dizer sobre o que faria na aula e estabeleceu um contato social entre ele e os colegas.

Nem sempre é por falta de um impulso criativo que os professores resistem a estratégias inovadoras como essa. Às vezes, eles têm medo da direção da escola, que não se mostra disposta a apoiar abordagens que se afastem do currículo normal. Na maioria das vezes, é a diretora ou o diretor que dá o tom do trabalho e determina as prioridades de todos os funcionários. Quando é a própria direção que tem o "fator X", isso pode fazer toda a diferença para alunos autistas.

A mãe de Nina, uma pequena aluna da 1ª série, gostava que a filha usasse vestidos coloridos e com estampas floridas. Na pré-escola, Nina estava sempre em movimento e passava boa parte do dia rolando no chão e subindo nas carteiras. Ela já havia feito muito progresso quando chegou à 1ª série, mas ainda tinha dificuldade para controlar seus impulsos e manter a coordenação motora. Quando os colegas da classe se sentavam no tapetinho para a reunião da manhã e ela queria se sentar junto, ela se jogava no meio deles, em vez de se sentar em seu lugar.

Para melhorar a coordenação motora de Nina, uma das terapeutas lhe deu uma almofadinha de borracha circular — um disco colorido de cerca de trinta centímetros de diâmetro — para que ela se orientasse quando fosse se sentar. Quando as crianças se sentavam no tapete para fazer alguma atividade, a professora designava um lugar para Nina e punha ali a almofada. Era uma solução simples para ajudá-la a controlar os impulsos, organizar os movimentos e entender onde deveria ficar.

Assim como os colegas de Joshua quiseram fazer a "ginástica presidencial", também os colegas de Nina quiseram suas próprias almofadinhas coloridas. A professora concordou e deu a cada criança uma almofada com uma cor diferente e um número específico. Assim, o caso de Nina foi naturalizado. Ela não era a única com uma almofada circular; era uma criança como todas as outras.

O problema surgia quando a turma da classe se deslocava para outras partes da escola, especialmente para a sala de música. A professora de música tinha seus próprios métodos de "gestão comportamental" em sala de aula e não estava disposta a mudar. Quando a terapeuta lhe explicou que Nina se sentaria sobre a almofada colorida, a professora rejeitou a ideia, pois não queria lhe oferecer nenhum tratamento especial. Disse que a menina tinha de aprender a se sentar, independentemente de seus problemas de coordenação motora e controle de impulsos.

É claro que, nas aulas de música, Nina tinha muita dificuldade para se sentar sem o seu apoio. Quando as crianças se sentavam no chão, ela rolava para um lado e para o outro e canhestramente procurava introduzir seu corpo no meio do grupo, transformando a classe num caos.

O assunto foi discutido em um encontro de educadores e terapeutas que trabalhavam para auxiliar Nina. Todos concordaram que a almofada a ajudara e fora essencial para que ela controlasse seu corpo e soubesse onde se sentar. A equipe também contou que Nina parecia orgulhosa — ostentava um sorriso enorme — quando conseguia se sentar como os coleguinhas.

Por fim, o diretor falou:

— Vocês estão convictos de que esse método funciona?

Todos concordaram afirmativamente.

Então, ele bateu com o punho na mesa e disse:

— Se esse método ajuda Nina, *todos* na escola vão respeitá-lo e aplicá-lo.

Alguns dos presentes manifestaram dúvidas a respeito da atitude da professora de música. Será que ela cooperaria?

— A decisão não é dela — respondeu o diretor. — É da escola. Apoiamos cada um dos alunos tanto quanto eles necessitam para que tenham um bom desempenho.

Esse diretor tinha o "fator X". Ele compreendia que é essencial ser criativo e variar as reações de forma flexível para apoiar crianças cujos níveis de capacidade são diferentes. Quando a direção assume uma postura dessas, isso não somente ajuda as crianças com TEA enquanto indivíduos como também faz com que professores e terapeutas que trabalham com elas se sintam valorizados, apoiados e validados. Sabendo que contam com esse apoio, os educadores ganham motivação e confiança para buscar as soluções que mais bem atendam às necessidades de seus alunos, por menos ortodoxas que pareçam.

Os diretores e outros líderes que têm o "fator X" se consideram responsáveis por garantir que as famílias de crianças com deficiência se sintam acolhidas. Interagem ostensivamente com os alunos e suas famílias e, quando surgem problemas, entendem que têm o papel de ajudar a elaborar soluções criativas e adequadas. São líderes que criam comunidades repletas de carinho e compaixão e ganham a lealdade de seus subordinados.

Em alguns distritos escolares, sobretudo os menores, o diretor de educação especial é quem dá o tom; às vezes, desde o comecinho da jornada da família. Stacy, diretora de educação especial num distrito escolar de

Connecticut, fazia questão de iniciar o contato com as famílias de seu distrito cujos filhos pequenos já fizessem parte de programas de intervenção e provavelmente viriam a se matricular nos programas de educação especial do distrito. Ela visitava as famílias em casa para saber quais eram suas preocupações e tentar descobrir de que forma as escolas poderiam ajudá-las.

Alguns colegas de Stacy de outros distritos questionavam a prudência daquelas visitas, perguntando se uma administradora distrital, ocupada como era, não estaria se sobrecarregando ao visitar cada família. Stacy, no entanto, sabia que, para essas famílias, a transição para a vida escolar é cheia de ansiedade tanto para as crianças quanto para os pais. Ela entendia também que um de seus papéis mais significativos era construir uma relação de confiança com as famílias. Quando os pais se sentem acolhidos desde o início da jornada educacional da criança, os frutos benéficos desse processo se fazem sentir no relacionamento durante anos a fio.

Linda, diretora de educação especial em outro distrito para o qual eu dava consultoria, ficou sabendo de uma família que morava no distrito e tinha duas meninas gêmeas, ambas no espectro autista, com quase 3 anos de idade. Eu, que tinha aprendido com Stacy, sugeri que fizéssemos uma visita às gêmeas e aos seus pais. Na casa deles, um *trailer* repleto de coisas e bastante desorganizado, Linda e eu nos sentamos no chão e brincamos com as crianças enquanto respondíamos às perguntas dos pais. Durante noventa minutos, Linda ajudou a tranquilizar a mente daqueles pais, que ainda não tinham muito conhecimento dos desafios do autismo e de como as escolas poderiam ajudar.

Quando a visita terminou e fomos embora de carro, notei que Linda tinha um sorriso no rosto e lágrimas nos olhos.

— Sinto que fizemos a coisa certa — ela disse. — Estou orgulhosa do que fizemos.

Naquela breve visita, ela deixou claro que o distrito tinha uma atitude de abertura e receptividade às famílias de pessoas com deficiência. Então, ela plantou as sementes de uma relação de confiança com um casal de pais ansiosos e sobrecarregados.

## PROFESSORES E OUTROS QUE TÊM O "FATOR X"

Professores e outros prestadores de serviços não precisam se especializar em autismo ou em educação especial para compreender as dificuldades, os pontos fortes e as necessidades dos alunos autistas. Visitando uma escola para a qual dava consultoria na Virgínia, vi um professor de música da escola primária demonstrar uma habilidade notável por meio de seus esforços para incluir três alunos autistas entre vinte colegas de classe neurotípicos.

Um dos autistas, um menino de 8 anos, cantou um trecho da ópera *Aida* em italiano. Mais tarde, o professor explicou que o garoto tinha ouvido absoluto e que demonstrara a capacidade de memorizar praticamente qualquer música. Outro menino tocou piano enquanto o restante da classe cantava. Quando o professor usou um quadro branco interativo para exibir uma partitura animada durante a lição de leitura musical, as crianças autistas se mostraram tão engajadas, motivadas e concentradas quanto qualquer um dos colegas de classe.

Depois, perguntei ao professor qual era a sua abordagem. Ele explicou que sempre procurava identificar e evidenciar os pontos fortes e os talentos de cada um de seus alunos, inclusive os que se enquadravam no espectro autista.

— Está claro que essas crianças enfrentam muitas dificuldades — ele me disse. — Se eu não garantir que todos os alunos participem e apreciem as capacidades de seus colegas, não conseguirei fazer meu trabalho.

Outros educadores se destacam por criar meios criativos de engajar e motivar os alunos. Numa escola do ensino fundamental II em Cape Cod, observei certa vez uma especialista em patologias da fala e da linguagem comandando um grupo de crianças neurodiversas no processo de fazer *cookies* de chocolate. Depois de as crianças terminarem o trabalho e distribuírem os *cookies* em diversos pratos, a terapeuta anunciou animada:

— Muito bem, agora é hora de concluirmos a nossa atividade!

Juntas, as crianças saíram pelos corredores da escola, cada uma com um prato de *cookies*. Uma por vez, batiam na porta de uma sala de aula, da sala dos professores e das outras diversas salas de funcionários, cumprimentavam a pessoa que atendia e davam início a uma conversa.

— Bem-vindas à nossa sala! Que tipo de *cookies* trouxeram hoje?

— Fizemos *cookies* de chocolate.

— Quantos *cookies* vocês têm aí?

Estava claro que aquilo se tornara parte da rotina da escola, uma oportunidade recorrente para que os alunos com deficiência participassem ativamente da comunidade escolar, se relacionassem com os professores e com os outros alunos e sentissem que estavam contribuindo. (Além disso, quem não gosta de *cookies* de chocolate?)

A educadora Diane trabalhava com diversos alunos do fundamental II numa área chamada ensino funcional — por exemplo, trabalhava o aperfeiçoamento das habilidades de leitura e de matemática para que fossem usadas de forma prática na vida cotidiana. Além disso, ela buscava criar oportunidades para que ocorressem interações sociais naturais. Diane trabalhou com os alunos para criar na escola uma loja onde eles vendiam lanches e bebidas para os funcionários e os outros alunos.

A ideia era simples, mas foi como um passe de mágica para atrair os outros alunos para a sala em que os alunos autistas passavam boa parte de seu tempo. Diane não fez uso das interações programadas prescritas num currículo de habilidades formais; em vez disso, a loja era um espaço onde as crianças interagiam naturalmente com as outras e, nesse processo, aprendiam. Até os alunos com deficiências mais graves tinham a oportunidade de contribuir, e os garotos típicos da escola não tiveram de ser coagidos a interagir artificialmente com os alunos de Diane: vinham para comprar lanches e ficavam para jogar jogos de tabuleiro. A abordagem criativa da educadora abriu oportunidades e ajudou a criar em todos um senso de comunidade.

Há o caso do professor de educação física que reparou em Felipe, um aluno grandalhão, entusiasmado e cheio de energia, e pensou que ele se daria muito bem na equipe mista de líderes de torcida do basquete. Tanto o técnico da equipe quanto Felipe e sua família acolheram a sugestão. Ele logo se tornou um dos mais queridos pelo público e um membro valioso da equipe; ajudava a comandar a torcida diante de um ginásio lotado, com o pleno apoio dos outros membros. O que lhe faltava em matéria de coordenação sobrava em entusiasmo e em sorrisos — Felipe sabia que estava em casa. Felizmente, sua escola não se limitava a falar de inclusão, mas punha as ideias em prática.

O que essas situações têm em comum é que a criação de oportunidades de inclusão é importante, mas configura apenas o primeiro passo. Como diz minha amiga e colega Shelly Christensen, temos de ir além da inclusão para criar uma sensação de fazer parte do grupo, de modo que a pessoa se sinta valorizada como membro da comunidade.

## OS ENCONTROS COM PESSOAS "SEM X"

Assim como um educador ou um terapeuta que tem o "fator X" pode ajudar muito um aluno e uma comunidade, o encontro com uma pessoa "sem X" pode piorar ainda mais uma situação que já é ruim, quer essa pessoa seja um(a) professor(a), um vizinho ou o(a) caixa do mercadinho. Infelizmente,

PARTE II: A VIDA NO ESPECTRO DO AUTISMO | **169**

já vi muitos diretores, professores e terapeutas cuja ignorância, teimosia e inflexibilidade criaram mais problemas do que soluções.

## ELES TÊM UMA MENTALIDADE DA "LISTA DE DEFICIÊNCIAS"

Alguns profissionais e prestadores de serviços veem cada indivíduo como a soma de suas deficiências e nada mais, adotando a abordagem da "lista de deficiências", termo criado por mim em 1983. Ao contrário, o essencial é adotar uma atitude mais sensível perante o desenvolvimento, compreendendo as necessidades e os pontos fortes de cada pessoa à medida que vai crescendo e se desenvolvendo por estágios ao longo do tempo. Quando os objetivos e os serviços se reduzem a uma lista de "comportamentos problemáticos" e se limitam àquilo que a pessoa não consegue fazer, os profissionais envolvidos dão uma ênfase errônea a uma noção "normativa" de como as pessoas devem se comportar e do que devem aprender, em vez de formar uma imagem mais completa da pessoa como ela é. O que se perde dessa forma ou se deixa passar em branco é um entendimento rico da unicidade distinta de cada indivíduo.

Na maioria dos casos, os pais e os cuidadores conhecem o filho ou o familiar melhor do que ninguém. E, uma vez que o diagnóstico do autismo e a avaliação das necessidades da pessoa são processos colaborativos, é essencial incluir neles a mãe e o pai, assim como outros que conheçam bem a criança ou o adolescente. Os profissionais devem deixar claro para os pais que suas observações são válidas, respeitadas e importantes. Em vez de simplesmente dar um veredito, o profissional deve pedir que os pais ou quem cuida da criança valide (ou até corrija!) suas observações e conclusões, chegando a um consenso por colaboração.

Hoje se reconhece que muitas pessoas no espectro autista não são diagnosticadas até a adolescência ou mesmo até a idade adulta ou recebem diagnósticos errôneos. Nos casos de diagnóstico tardio, os indivíduos em questão devem desempenhar um papel ativo no processo de diagnóstico e avaliação. Muitos diagnosticam a si mesmos e só depois buscam o médico para obter um diagnóstico mais preciso. E, assim como no caso do diagnóstico precoce, a ênfase deve recair sempre nos pontos fortes e naquilo que funcionou e está funcionando bem para o indivíduo, e não somente nas dificuldades.

O erro mais comum, cometido por muitos profissionais — sobretudo quando estão em jogo crianças e cuidadores para quem o assunto é uma novidade absoluta —, é fornecer um diagnóstico e apresentá-lo de forma puramente negativa, sem acrescentar mais nada. É uma irresponsabilidade e um ato de insensibilidade. Os profissionais também devem identificar os pontos fortes, sobretudo os que podem desempenhar papel importante no futuro da criança ou do adulto em questão. Isso ajuda os pais e os outros cuidadores a compreender que o diagnóstico é apenas o primeiro passo de uma longa jornada. O diagnóstico é, em geral, útil e, em minha opinião, essencial, pois ajuda pais e cuidadores a deixar para trás a fase de incerteza e confusão em relação à criança. Quando o diagnóstico é feito na adolescência ou na idade adulta, pode lançar luz sobre dificuldades que causaram muito estresse no decorrer dos anos e também acabar pondo a pessoa em contato com a comunidade dos autistas, que vem crescendo cada vez mais e se tornou uma fonte essencial de apoio (no capítulo 11, falaremos mais sobre a questão de dar atenção ao próprio diagnóstico de autismo). O ponto crucial não é o rótulo da pessoa, mas para onde ir a partir daí. Qual é o melhor pacote de serviços ou de apoio que podemos procurar a fim de assegurar que esse indivíduo tenha o melhor futuro possível? Para as pessoas mais velhas, devemos sempre perguntar: o que sempre a ajudou?

Os pais que recebem o diagnóstico de seus filhos pequenos geralmente fazem outra pergunta: qual é o prognóstico a longo prazo? A resposta: o fator mais determinante não é o estado de seu filho agora, mas sua *trajetória de desenvolvimento* no decorrer do tempo. Em outras palavras, é o progresso da criança que poderá nos dizer algo sobre seu potencial. Nosso papel — e nossa obrigação — é garantir que ela tenha todo o apoio possível, o que inclui as pessoas certas. Apesar dos medos instilados por alguns profissionais, o potencial de cada pessoa é ilimitado. Para todos nós — os autistas inclusive —, o desenvolvimento é a jornada de uma vida.

## PRESTAM MAIS ATENÇÃO NO PLANO QUE NA CRIANÇA

Os pais de uma criança que conheci na pré-escola pediram, anos depois, que eu visitasse a escola particular para autistas em que seu filho, então com 12 anos, tinha sido matriculado para cursar o fundamental II. Alex era um menino magro e desajeitado que, em razão de um grave transtorno motor, não falava; era atento e inteligente, mas não conseguia coordenar e sequenciar os movimentos sutis que produzem a fala inteligível. Além disso, tinha uma sensibilidade sensorial extrema e horror a certos ruídos. Com o tempo, passou a ferir a si mesmo e, para sua própria proteção, tinha de usar um capacete.

A certa altura de minha visita, um diretor disse a Alex que era hora de sair da sala de aula e ir para o ginásio. Vi uma expressão de medo e ansiedade passar rapidamente pelo rosto do menino. O professor disse que Alex costumava ter dificuldades com ambientes excessivamente barulhentos e movimentados, como o ginásio, mas o jovem diretor, forte e determinado, insistiu.

— Ele não tem escolha — disse.

Então, ele agarrou Alex com os dois braços e arrastou-o escada acima, enquanto eu o seguia de perto. Fazia seis anos que eu não via Alex, mas ele olhou para mim como se suplicasse e depois me agarrou pela camisa, como se implorasse ajuda. O diretor o arrastou até o ginásio e o atirou no tatame, como se quisesse mostrar quem mandava ali.

— É assim que agimos em caso de desobediência — ele disse.

Alex estava atordoado, mas não ferido. Isso aconteceu de repente e, na qualidade de visitante e convidado, me senti impotente para intervir, mas fiquei com o coração apertado e sabia que precisava agir.

Contei a seus pais e a outro diretor sobre os maus-tratos que havia presenciado. Situações como essa me assombram até hoje e alimentam minha paixão pela mudança de comportamento nesses casos. É difícil entender qual é o objetivo de obrigar uma criança a entrar num ambiente que certamente lhe causará dor emocional e física. Infelizmente, esse não era um caso isolado, mas, ao contrário, o resultado último de uma abordagem baseada no exercício de controle sobre a criança. O educador estava cego para o menino à sua frente e para o mal que estava lhe causando.

## PENSAM NO PASSADO DA CRIANÇA, NÃO EM SEU POTENCIAL

Quando um aluno é transferido para uma escola nova, é natural que os professores e terapeutas se familiarizem com seu histórico e saibam quais desafios se apresentaram em seu passado. O problema surge quando fazem suposições sobre o presente com base no passado e, em alguns casos, com base em relatos errôneos sobre a criança.

Uma menina que conheci tinha um histórico de atacar os terapeutas, sobretudo quando estava agitada. Observei que até os terapeutas mais novos tendiam a se manter em guarda quando estavam com ela, tratando-a como se tivessem a *expectativa* de que ela fosse se tornar agressiva. O único auxiliar que conseguia ajudá-la um pouco mais ignorou o que tinha ouvido, tratou-a com respeito, prestava muita atenção nela e esperava dela o melhor.

David Luterman, um de meus mentores, ensina que as pessoas se amoldam às expectativas feitas sobre elas. Com frequência, os indivíduos chegam trazendo uma bagagem: um rótulo, um histórico de certo tipo de comportamento, uma reputação. Embora o conhecimento do histórico possa ajudar, não deve ser um obstáculo à criação de uma trajetória nova e mais positiva, que depende da abertura para o crescimento e o desenvolvimento potencial do indivíduo.

## TENTAM CONTROLAR EM VEZ DE APOIAR

Quando um aluno é entregue aos cuidados de um auxiliar ou paraprofissional, espera-se que este indivíduo seja bem formado e sensível às necessidades da criança ou do adolescente, proporcionando-lhe orientação e apoio quando necessário e mantendo distância quando isso for mais adequado. Embora muitos paraprofissionais desempenhem bem suas funções, sobretudo quando integram uma equipe funcional, às vezes, o problema é o auxiliar, a quem falta o bom treinamento. A auxiliar de Allen ficava tão próxima dele — a poucos centímetros de seu rosto — e lhe dava comandos por meio de toques físicos com tanta frequência que sua mera proximidade se tornou um fator de desregulação. Com o tempo, Allen foi se tornando cada vez mais agitado — sobretudo por causa do comportamento da auxiliar.

Alguns educadores que trabalham com autistas têm a ideia errônea de que, para obter resultados, o melhor é ficar bem em frente à criança ou usar uma abordagem excessivamente física e manual, até mesmo para dar apoio positivo. No entanto, para a criança ou o adulto autista que tem problemas sensoriais, essa abordagem pode ser assustadora e intimidadora. Pode, também, impedir o progresso. O autista não consegue decifrar as intenções sociais. Assim, em vez de ver uma pessoa cheia de energia que está ali para auxiliá-lo, ele só vê alguém que se aproxima demais e o intimida.

Aquela auxiliar cometia também outro erro comum: impunha à criança o seu próprio programa. Em vez de ler os sinais que a criança emitia, direcionava toda a sua energia para lhe dizer o que fazer, a fim de que ela a obedecesse a qualquer custo. Essa abordagem peca por falta de respeito e, muitas vezes, provoca resistência e ansiedade.

## SÃO INSENSÍVEIS ÀS ESPERANÇAS E AOS SONHOS DOS PAIS

Estava chegando a data da reunião do Programa de Educação Individualizada para Josh, um menino da 7ª série que eu acompanhava havia alguns anos. Embora ele fosse inteligente e conseguisse se comunicar, os professores e terapeutas que o atendiam com regularidade deixaram claro que ele estava indo mal na escola e enfrentava dificuldades significativas. Ele estava numa sala de aula inclusiva junto a colegas neurotípicos e todos viam com clareza que havia chegado a hora de ele se concentrar em habilidades escolares mais simples e funcionais em vez de lutar para tentar permanecer no mesmo nível de sua série nas disciplinas oferecidas na escola. Mesmo assim, eu sabia que o sucesso escolar era importante para Glória, sua mãe, portanto, ela teria dificuldade para ouvir os educadores recomendarem que ele saísse do currículo escolar normal.

Quando encontrei a diretora que dirigiria a reunião sobre Josh, apresentei essa preocupação e sugeri que ela abordasse a questão, primeiro, numa reunião particular com Glória, não na reunião geral.

— Ela está num momento de fragilidade e vai encarar essa notícia como um símbolo de fracasso — eu disse.

No entanto a diretora, que se orgulhava da eficiência de seus procedimentos, me garantiu que não haveria problema.

Quando chegou o dia, assisti aos sucessivos membros da equipe, ao redor da mesa comprida, fazerem seus relatos sobre o pífio progresso escolar de Josh e sugerirem que seu currículo passasse a se concentrar mais numa educação funcional voltada para as habilidades essenciais da vida prática. A cada relato, a expressão de Glória, inicialmente esperançosa, foi refletindo um desânimo cada vez maior. Quando a quarta pessoa falou, a atmosfera já estava pesada. Glória começou a chorar e saiu correndo da sala.

A diretora dera mais importância à eficiência e à operação-padrão do que à sensibilidade à mãe e ao que ela precisava ouvir: que a equipe não estava desistindo de seu filho, estava apenas adaptando seu currículo da melhor maneira possível. Com isso, além de pegarem Glória desprevenida, também perderam por completo a confiança dela, pois não levaram em conta o ponto em que Glória estava em sua jornada materna. Além de tudo, tinha ficado claro que Glória, como mãe, não era respeitada como colaboradora na tomada de decisões sobre o currículo de seu filho.

Pela própria natureza de seu trabalho, os professores e outros profissionais ligados ao autismo têm de lidar com muitas famílias de uma só vez. No entanto, precisam tratar cada criança e cada família como única e importante. A sensibilidade a necessidades, esperanças e sonhos de cada criança e cada pai ou mãe é essencial para a construção da confiança, para o trabalho em equipe e para que os melhores interesses de todos sejam atendidos.

## A IMPORTÂNCIA DE CONHECER O PRÓPRIO PAPEL

Um dos principais ingredientes do "fator X" é a humildade. Na primeira vez em que lecionei uma disciplina sobre autismo na universidade, em 1979, um dos palestrantes convidados foi Terry Shepherd — na época, professor da Southern Illinois University —, que tem um filho autista. Ele disse aos meus alunos que a vida com seu filho era semelhante a um carrossel e que cada ano representava uma nova volta.

— Entendam que vocês vão subir no carrossel com diferentes famílias — ele disse. — Talvez fiquem um ou dois anos com elas no carrossel para depois sair. Mas, entendam, nós *vivemos* nesse carrossel.

Já ouvi ecos e mais ecos desse sentimento ao perguntar aos pais de crianças ou adultos autistas quais são as qualidades mais importantes que buscam nas pessoas que trabalham com seu familiar autista. Talvez a resposta mais eloquente seja a da mãe de um jovem que tinha na época uns vinte e poucos anos: "As pessoas mais preciosas para nós foram aquelas que nunca nos julgaram, mas que se juntaram a nós em nossa jornada", ela disse.

Não há um resumo melhor do que significa ter o "fator X".

# CAPÍTULO 8

## A SABEDORIA DA RODA

Uma semana por ano, sento-me numa roda de velhos e novos amigos e conhecidos e absorvo a sabedoria deles.

Esse ritual começou há mais de vinte anos. Minha esposa, Elaine, e eu estávamos de férias, acampando no Olympic National Park, quando começamos a conversar sobre o valor do que estávamos fazendo: saindo da rotina para apreciar a natureza e fugir do estresse da vida cotidiana. Refletimos sobre o quanto é raro, para a maioria dos pais de filhos autistas ou cuidadores de familiares autistas, ter a chance de escapar das demandas constantes de sua rotina diária. Então, pensamos em criar um meio para oferecer essa oportunidade.

O resultado foi um retiro criado em parceria com a Community Autism Resources, uma agência fundada e dirigida por pais de autistas na Nova Inglaterra que dá apoio aos familiares de crianças e adultos autistas. Durante um fim de semana por ano, cerca de sessenta pais e mães se juntam num centro próprio para retiros na Nova Inglaterra a fim de se afastar das pressões de casa e fazer contato com outros que viveram a experiência do autismo por ter de criar e cuidar de um familiar autista. Juntos, eles partilham suas histórias — alegres, divertidas, frustrantes, agoniantes, tristes — num local onde mães, pais e outros familiares plenos de compaixão, que viveram experiências semelhantes, serão capazes de ouvi-los e compreendê-los.

De todos os lugares a que minha carreira me levou — oficinas em St. Croix, Singapura ou Sydney, salas de aula por todo o país, salas de estar, *playgrounds*, hospitais —, é lá onde eu mais aprendo. Em particular, a cada ano sou levado às lágrimas na roda final, onde os participantes — alguns novatos, outros veteranos, alguns pais de crianças em idade pré-escolar, outros de adultos com trinta e tantos anos — se reúnem para refletir sobre os dois dias passados juntos e sobre o ano que passou, e falam também sobre suas esperanças para o ano seguinte. Não há regras, e cada pai ou mãe tem a oportunidade de partilhar o que vier ao seu coração. Só pedimos que todos sejam abertos e sinceros e ouçam o que os outros têm a dizer. Alguns pais revelam seus pensamentos e sentimentos mais íntimos; muitos expressam amor e gratidão pelo cônjuge e pelos filhos; outros, ainda, fazem reflexões profundas sobre as mensagens partilhadas pelos demais.

Foi nessa roda que ouvi um pai muçulmano dizer que toda noite, ao ver seu filho autista adormecer, ele via também a face de Deus. Foi no retiro que uma mãe disse que seu filho, então com vinte e poucos anos, era "o melhor ser humano" que ela conhecia, e partilhou, entre lágrimas, sua frustração pelo fato de os empregadores não levarem em conta sua condição para lhe dar uma chance. Foi ali que ouvi um pai lamentar por não conseguir encontrar uma boa escola para seu filho e outro rir do hábito do filho de chegar perto de cada jovem loira de cabelo comprido da escola e dizer que ela é igualzinha a Britney Spears. Foi ali que uma mãe negra partilhou que, embora os outros, especialmente os vizinhos brancos, pensem que sua família é estranha — um marido cego e duas filhas, uma cega e a outra autista —, ela sabe que eles são bacanas e que todos os pais de filhos autistas devem saber que são bacanas, pois essa é a verdade.

Os que criam um filho autista, cuidam de uma criança autista ou partilham a vida com um parceiro autista podem obter informações, conselhos e força junto a diversas fontes: terapeutas, médicos, educadores, livros e sites. Minha experiência, no entanto, me diz que a sabedoria mais valiosa, mais útil e mais poderosa é a que vem de outros pais e mães que já percorreram esse caminho. No decorrer dos anos, esses pais e seus familiares autistas foram meus melhores professores, e suas mensagens continuam informando meu trabalho e minha compreensão da experiência autista.

## OS PAIS, OS FAMILIARES E OS CUIDADORES SÃO OS VERDADEIROS ESPECIALISTAS

É natural que as pessoas se sintam atônitas, confusas e até temerosas quando se trata de arrumar os melhores meios para ajudar um filho ou um familiar no espectro autista. Muitos pais têm o instinto de confiar na sabedoria de outras pessoas que parecem mais qualificadas e especializadas. Este, porém, é o conselho que ouvi de pais de crianças mais velhas e de adultos: os especialistas podem até saber mais sobre o autismo, mas você é o verdadeiro especialista no seu filho ou em seu familiar autista.

Ninguém como os pais ou os demais familiares tem tanta perspectiva, sensibilidade e capacidade para perceber as nuances de comportamento de uma criança ou de uma pessoa mais velha. Ninguém sabe o significado de uma sutil expressão facial, de um grito, de um gemido ou de uma risada como uma mãe ou um pai. Os pais sabem quando a filha precisa descansar ou o filho está aberto a uma conexão mais íntima. Um pai me revelou o quanto gosta de ler histórias para seu filho na hora de dormir, um momento em que ele sabe que poderá "se aprofundar". Os irmãos conhecem os melhores meios para manter o irmão ou a irmã autista concentrados na brincadeira. Os pais e outros familiares são aqueles que percebem os grandes progressos e os marcos que podem passar em branco até para os especialistas, que não têm tanta sintonia com aquele indivíduo. É deles que sempre volto a ouvir "Me disseram que meu filho (ou minha filha) nunca falaria (ou teria amigos, um emprego, aprenderia a dirigir, iria à faculdade, conseguiria morar sozinho), mas meu filho (ou minha filha) provou mais uma vez que eles estavam errados!".

É claro que alguns pais, mães e irmãos têm suas próprias dificuldades a enfrentar. Todos os pais querem sustentar a família da melhor forma, cuidar dela com compreensão e dar o melhor apoio possível a seus filhos ou familiares no espectro. No entanto, as circunstâncias nem sempre facilitam esse trabalho. Quando os pais têm dificuldades financeiras ou seus próprios problemas de saúde física e mental, enfrentam obstáculos significativos para criar os filhos ou cuidar de um familiar — e mais ainda quando os problemas do autista são mais sérios. Em consequência de suas próprias dificuldades de desenvolvimento, pode acontecer de um irmão ou uma irmã passar por uma fase em que se ressente de ter um irmão ou irmã autista. Essas fases podem ser desencadeadas por ocasiões em que o comportamento do irmão ou da irmã os envergonha na escola, ou por se sentirem deixados de lado, uma vez que o membro autista da família recebe muito mais atenção.

Quando os pais e familiares estão presentes e são capazes e bem apoiados, no entanto, isso faz toda a diferença. Os pesquisadores que estudam o desenvolvimento infantil se questionaram das mais diversas formas: os métodos de criação de filhos variam drasticamente de uma cultura para outra; como é possível que os pais e as famílias de *todas* essas culturas criem filhos emocionalmente saudáveis? Num país desenvolvido, a mãe ou o pai que não trabalha fora pode passar horas interagindo pessoalmente com um bebê ou uma criança nova, ao passo que, num país em desenvolvimento, a mãe talvez passe metade do dia na lavoura, levando o filho amarrado às costas numa faixa. O que as duas mães têm em comum é que elas cuidam da criança atendendo às suas necessidades. Quer a mãe esteja sentada num quarto lotado de brinquedos, quer esteja na lavoura, quando a criança chora ou reclama, ela reage e a acalma. Quando está acordada e mais bem-disposta, a mãe ou o pai aproveita a oportunidade para ensinar e interagir. Em muitas famílias, de todas as culturas, irmãos, avós e outros cuidadores, em tempo integral ou parcial, atendem a essa necessidade de dar atenção à criança e responder adequadamente. O que mais favorece a saúde emocional das crianças é ter cuidadores que prestem atenção nela e reajam de maneira adequada.

O autismo pode introduzir uma dificuldade nesse cenário. Talvez seja mais difícil para o genitor ou o cuidador atender às necessidades da criança quando os sinais que ela emite são difíceis de interpretar. No entanto, os pais e familiares aprendem, se adaptam e estão muito mais bem equipados que qualquer outra pessoa para compreender a comunicação e o grau de regulação de seu filho ou familiar. Os profissionais podem dar ideias, apoio, recursos e orientação, mas isso não substitui nem é mais importante que as percepções de pais e cuidadores atentos, quer o filho tenha três ou trinta anos, quer a mãe ou o pai esteja tendo seu primeiro contato com o autismo ou tenha décadas de experiência.

Natalie era uma dessas mães. Tinha uma percepção muito acurada das capacidades e dificuldades de seu filho Keith. Quando conheci Keith, ele tinha 5 anos e não falava. Além de autismo, ele sofria de doenças correlatas: epilepsia, alergias alimentares severas e problemas gastrintestinais. Com a pele avermelhada e a postura tensa, Keith muitas vezes parecia estar sofrendo intensa dor. Quando seus problemas médicos começaram a se resolver, ele começou a falar e progrediu socialmente, encontrando algum grau de conforto e estabilidade na escola primária que frequentava.

Quando Keith estava no último ano da escola primária, sua mãe pediu minha ajuda. Faltavam ainda muitos meses para que Keith passasse para o fundamental II em outra escola, mas Natalie me confessou que já estava tão preocupada com a perspectiva da transição que vinha perdendo o sono. Ela e o marido sentiam que o melhor seria que ele permanecesse na escola primária mais um ano em vez de seguir em frente com seus colegas de classe. Acreditavam que a familiaridade e a estabilidade lhe fariam bem e davam valor ao fato de seus atuais professores estarem familiarizados com Keith e seu histórico médico, serem capazes de interpretar bem os seus sinais e estarem mais bem equipados que quaisquer outros para lhe dar o apoio de que precisava. Natalie compreendia a política do distrito escolar de obrigar os alunos a mudar de escola com determinada idade, mas seu forte instinto materno lhe dizia que o melhor para seu filho seria esperar. Em razão da severidade da deficiência de Keith, causada, sobretudo, pelos problemas médicos, seu progresso a princípio tinha sido lento, mas ele havia feito conquistas importantes nos últimos dois anos. Por que correr o risco de pôr tudo a perder?

Confiei no instinto deles e concordei em defender a posição deles na minha qualidade de consultor do distrito. Era extremamente raro que um aluno não progredisse, e Keith não atendia a todos os critérios para tanto, mas sugeri que, nesse caso específico, os educadores não prestassem atenção na política, mas na criança e em seus pais.

— Esses pais conhecem o filho — eu disse. — Investiram tudo nele, em seu sucesso escolar, e sabem o que é melhor para ele.

No fim, o diretor de educação especial e o diretor da escola permitiram que Keith permanecesse mais um ano no fundamental I. Depois desse ano, ele conseguiu fazer uma boa transição para o fundamental II. Além disso, o distrito ganhou a confiança e a apreciação dos pais, gratos pelo fato de seu instinto a respeito do filho ter sido honrado e respeitado.

## CONFIE EM SEUS INSTINTOS

Quase toda semana, travo o seguinte tipo de diálogo: uma mãe ou um pai me pede conselho sobre determinada atividade, uma terapia ou uma abordagem direcionada a seu filho. Quando digo que seu próprio palpite provavelmente deve estar correto, a resposta frequente é: "É isso que eu pensava, mas o terapeuta [o médico, o professor] discordou!".

Confie em seus instintos.

David e Susan tinham dois filhos adolescentes, ambos autistas, que não falavam. Embora morassem numa bela região da Nova Inglaterra, não eram entusiastas da vida ao ar livre até receberem o diagnóstico dos meninos. Num passeio a um parque estadual, fizeram uma caminhada de um quilômetro e meio em família e descobriram que os garotos não só gostaram da atividade como também se sentiram calmos e bem-regulados. Quando os meninos estavam no começo da adolescência, David e Susan se prepararam para fazer a difícil caminhada de 15 quilômetros até Franconia Notch, um famoso passeio numa montanha em New Hampshire.

A terapeuta ocupacional dos meninos ficou sabendo do plano e se posicionou contra, alertando que os dois não tinham condições físicas nem resistência para fazer aquela caminhada. Além disso, como muitas crianças e muitos adolescentes autistas, eles tinham a tendência de sair andando a esmo.

No fim, contudo, David e Susan não se preocuparam com o aviso da terapeuta e fizeram a viagem. Os meninos não só conseguiram fazer a caminhada como também adoraram o passeio, apreciando a natureza, a experiência e até o desafio físico.

Susan explicou que ouvira tantas coisas sobre as limitações dos filhos que raramente pensava no potencial deles. Seguindo o próprio instinto, ao contrário, ela abriu todo um mundo de novas possibilidades não só para os meninos como também para toda a família. Durante anos, Susan manteve uma fotografia de Franconia Notch perto de sua escrivaninha para se lembrar de tudo o que ganhara naquela viagem com os filhos. "É meu lembrete visual de que um dia alcançamos um objetivo que eu sempre quis alcançar, e o fizemos não *apesar* do autismo, mas *por causa* dele", ela conta.

Agora que os filhos já são jovens adultos, a família faz novas conquistas a cada ano, alcançando novos objetivos nas montanhas de toda a Nova Inglaterra.

## ENCONTRE UMA COMUNIDADE

Quando os pais descobrem que têm um filho no espectro do autismo, é natural que se sintam sozinhos e isolados. Seus círculos sociais mudam. Os vizinhos, amigos e, às vezes, até os parentes se distanciam, muitas vezes, porque não sabem o que dizer ou como interagir com o autista. Sentem-se incomodados; não conseguem se relacionar com aquela situação; seus próprios filhos estão seguindo caminhos e trajetórias diferentes, por isso, se afastam. Mesmo os mais próximos à família, que gostariam de ajudar, às vezes, não sabem como. Os pais descrevem esse tipo de mudança com frequência: pessoas que antes faziam parte de sua vida e até tinham ligações emocionais com eles não sabem o que dizer ou o que fazer em relação a essa nova realidade. Essas mudanças podem ser dolorosas e desconcertantes para pais que já estão lidando com as dificuldades e incertezas que acompanham o diagnóstico da criança.

É essencial que essas famílias estabeleçam contato com outras e encontrem uma comunidade onde sejam compreendidas, aceitas e acolhidas, onde possam se sentir à vontade e não precisem se explicar. A comunidade pode assumir muitas formas: grupos de parentes; grupos de apoio escolar; igrejas, sinagogas ou mesquitas; círculos informais de amigos. A importância da conexão com outros pais e outras famílias me foi evidenciada pela comunidade que naturalmente se forma a cada ano em nosso retiro de pais. Senti a mesma coisa quando me juntei aos membros da minha sinagoga e a um rabino extraordinário para criar um serviço especial de *Shabat* como alternativa para as famílias de crianças que se sentiam sobrecarregadas no santuário principal. Afinal de contas, o local de culto não deveria ser um lugar acolhedor em que se encontra um ambiente de apoio, além de aceitação e de atitudes receptivas em relação a crianças e adultos que têm uma aparência diferente ou se comportam de maneira diferente? (Veja, no epílogo, mais discussões sobre como encontrar uma comunidade.)

Quando os pais e cuidadores fazem companhia uns aos outros e partilham histórias com outras pessoas que viveram conquistas e reveses semelhantes e que lutam do mesmo modo para dar apoio a seus entes queridos autistas, forma-se um laço quase instantâneo. O que antes era doloroso — o colapso de uma criança, o comportamento embaraçoso de um adulto em público — se torna motivo de reflexão e até de risos e despreocupação. Fatores que causavam isolamento — decepções com escolas, amigos ou empregadores — se tornam experiências em comum e fundamentos para novas conexões. Quem vem pela primeira vez ao nosso retiro costuma me dizer que não percebia o quanto essa conexão lhe fazia falta até descobri-la no próprio retiro. Os homens, em particular, se beneficiam ao ouvir outros pais expressando as mesmas emoções que eles também sentem mas raramente partilham. Pais e mães que sempre voltam ao retiro dizem se sentir muito mais ligados a outros pais que encontram ali uma vez por ano do que a pessoas que veem rotineiramente em casa.

Contudo, é importante encontrar a comunidade certa. Em alguns casos, pais estressados querem apenas uma oportunidade para dar vazão a suas frustrações e ser ouvidos, mas não buscam apoio. E é importante lembrar que os autistas se distribuem num amplo espectro de idades e capacidades, de modo que as experiências de diferentes famílias nem

## VER A METADE CHEIA DO COPO

Também é essencial procurar aqueles que buscam e encontram o lado positivo do caminho. Como disse um pai em nosso retiro, "aprendemos a evitar os negativistas". Ele contou que, sentindo necessidade de contato humano e compreensão, ele e a esposa haviam passado a integrar um grupo local de apoio a pais de filhos no espectro autista. "Tudo o que ouvimos naquele primeiro encontro era sobre o quanto todos estavam estressados, seus conflitos com as escolas, o que seus filhos eram incapazes de fazer e a terapia de que precisavam", ele disse. Tinham ido em busca de apoio, mas a sessão produzira neles um sentimento sombrio, de desesperança.

Uma mãe explicou a questão da seguinte maneira: "As dificuldades estão conosco o tempo todo. Queremos ouvir algo do lado positivo. Queremos que as pessoas comemorem conosco!".

Isso não significa adotar uma postura de Poliana ou mascarar a verdade. Significa cercar-se de pessoas que veem — e nos ajudam a ver — a beleza, o maravilhamento e o potencial dos nossos filhos ou familiares.

Os pais enfrentam os mesmos tipos de desafio em seu contato com profissionais. Alguns médicos e terapeutas se sentem obrigados a apresentar seus diagnósticos e opiniões sob a pior óptica possível, dando aos pais os piores prognósticos: aquilo que a criança nunca fará ou conquistará. Alguns professores só falam das dificuldades e dos problemas da criança, perdendo de vista o progresso e as conquistas inesperadas, por mais insignificantes que pareçam. Isso não só pode envolver a criança numa atmosfera negativa como também pode afetar as percepções dos pais em relação aos filhos e destruir suas esperanças de um futuro melhor. Quando ouço falar do modo negativo pelo qual alguns profissionais apresentam informações, eu me lembro da canção *Tenderness*, do Paul Simon — "Você não precisa mentir pra mim, mas me ofereça um pouco de ternura por trás da sinceridade...".

Os pais veteranos na jornada do autismo o expressam da seguinte maneira: muitos fatores referentes à deficiência do nosso filho ou familiar não estão sujeitos ao nosso controle direto. No entanto, *podemos* controlar nossas escolhas; as pessoas que nos fazem companhia, os profissionais que procuramos, aqueles de quem ouvimos conselhos. Por que não escolher pessoas capazes de ver a metade cheia do copo e que nos brindem não só com sua sinceridade, mas também com sua ternura?

## TENHA FÉ

Certa vez, numa conferência para arrecadar fundos para o nosso retiro de pais, ouvi Maria Teresa Canha, mãe do artista Justin, contar a história de sua família a um grupo de pais extasiados. Em seguida, o público a bombardeou com perguntas práticas: como ela havia encontrado uma professora de arte para seu filho? Como Justin tinha aprendido a cuidar de si? Como havia adquirido as habilidades sociais necessárias para fazer entrevistas de emprego? Como conseguiu sair de casa e morar em seu próprio apartamento? Então, uma mãe na primeira fileira levantou a mão e perguntou como a família Canha havia conseguido deixar o filho ir de transporte público de Nova Jersey a Nova York para trabalhar e, com o tempo, permitido que ele morasse em seu próprio apartamento.

— Como vocês lidam com o medo?

Maria Teresa não hesitou em responder:

— Eu tenho fé em Deus — ela disse —, e tenho fé em Justin.

Em virtude dessa fé, Justin hoje é capaz de morar sozinho (com seu gato), um objetivo que ele e os pais haviam estabelecido quando ele ainda era adolescente.

Frequentemente os pais expressam a importância destes dois tipos de fé: no filho ou familiar e em algo maior do que nós. Admito que, quando era jovem, eu não dava tanta importância ao papel da fé, sobretudo dentro de uma religião organizada, e depositava mais confiança na ciência e na pesquisa, talvez em razão do meu próprio desconforto. Com o tempo, no entanto, e depois de centenas de contatos com famílias de todo tipo, testemunhei em primeira mão o quanto uma fé determinada, persistente, é importante para as famílias que lidam com os desafios apresentados pelo autismo e por sistemas que teoricamente deveriam ajudar os autistas e seus familiares.

Numa reunião escolar a respeito de seu filho de cinco anos, uma mãe se maravilhava com o progresso do menino. Antes dos quatro anos, ele não falava; depois de um trabalho intenso com terapeutas, ele havia começado a se comunicar com a ajuda de um teclado e, mais tarde, de um tablet com um aplicativo que transformava escrita em fala. Não demorou muito para ele próprio começar a falar. Era evidente que a mãe estava contentíssima. Duvidara que um dia ele fosse capaz de falar para se comunicar e ficou radiante ao constatar a rapidez com que a habilidade surgira.

— Bem — eu disse —, seu filho trabalhou bastante.

A mãe sorriu e elogiou os terapeutas e professores que estavam trabalhando com o menino. Disse, então, que toda noite rezava pelo filho.

— Para mim, é um trabalho em equipe — ela disse — entre Deus, meu filho e o pessoal da escola.

A fé pode assumir muitas formas. Os pais se esforçam não somente para ter uma fé espiritual e fé em seus filhos, mas também nos médicos, terapeutas e professores, nos distritos escolares, nas agências do governo que dão apoio a pessoas com deficiência e nos empregadores. Será que entendem minha filha? Será que estão pensando nos interesses do meu filho? Será que percebem o quanto ela é inteligente e única? Isso nem sempre é fácil, e, para alguns, os abalos dessa fé fazem parte da rotina. No entanto, os pais que lidam melhor com isso, entre os que conheço, são os que dão um jeito de ter fé e confiança e continuam seguindo em frente.

Muitos pais sentem que formaram uma parceria com um poder superior para criar seus filhos. Isso lhes dá conforto, confiança e a ideia de que têm com quem partilhar o peso da responsabilidade; além disso, também diminui a ansiedade. Para outros, o importante é desenvolver fé em sua própria capacidade de saber o que é melhor para seus entes queridos. Quando essas questões surgem em minhas conversas com pais, sempre me impressiono com o quanto é amplo esse *continuum*: vai desde os que veem a intervenção de uma mão divina no processo até os que se sentem completamente sozinhos.

O fator comum a todos é a esperança. A falecida poetisa Maya Angelou disse, certa vez, "para sobreviver, o ser humano precisa viver num lugar equipado com esperança". É claro que a esperança deve ser equilibrada pelo realismo. A formação de falsas esperanças ou expectativas a respeito das perspectivas da criança não é boa para ela nem para seus pais. Muitos pais já cruzaram com charlatães e impostores que prometem "cura" e "recuperação", só para depois perder dinheiro, tempo e, no fim das contas, um tanto de sua fé (ver capítulo 11). Muitos profissionais se veem caminhando num fio de navalha quando têm de comunicar aos pais o verdadeiro potencial de crescimento de um indivíduo ao longo de sua vida, sem minimizar as possíveis dificuldades.

A esperança pode nascer do ato de prestar muita atenção nas conquistas da pessoa e comemorar seu progresso, mesmo em suas formas mais sutis. Também pode vir do encontro com pais que estão mais adiantados em sua jornada e que podem partilhar suas histórias de avanços inesperados. As pesquisas mostram que, quando os pais têm mais otimismo a respeito de suas perspectivas, seus filhos têm menor probabilidade de apresentar comportamentos problemáticos, o que melhora a qualidade de vida de todos e contribui para aumentar a própria esperança.

## ACEITE E EXPRESSE SEUS SENTIMENTOS

O fato de ser pai, mãe, avô ou avó, irmã ou irmão de um autista conduz a maioria das pessoas a um território emocional antes desconhecido. Criar um filho ou cuidar de um familiar com problemas é algo que traz à tona sentimentos que talvez não tivessem se manifestado antes da mesma forma: culpa, ressentimento, ansiedade, raiva, tristeza. Muitas vezes, os pais falam de sua frustração por não poder estabelecer com o filho a relação íntima que almejavam. A mãe, às vezes, diz que conversas intermináveis com a filha a respeito de um único assunto ou suas rotinas inflexíveis a deixam louca. E esses sentimentos podem piorar em consequência da exaustão física e emocional. É nessa hora que a mãe ou o pai, sentindo-se culpado, diz "... mas eu sei que não deveria me sentir assim...".

Não é preciso ser santo para criar um autista. Todos nós somos humanos. Nossos sentimentos são naturais e legítimos. Os pais, irmãos e familiares não devem se culpar demais. Nem devem tentar controlar o que está além do seu controle.

Em alguns casos, os sentimentos ruins não são direcionados para a criança, mas para outras pessoas próximas aos pais — parentes ou amigos íntimos que deveriam ajudar, mas não ajudam. Um tio talvez ofereça conselhos não solicitados sobre a criação de filhos autistas ou a avó da criança talvez critique o modo como os pais disciplinam (ou não) o filho. É importante perceber que os desafios que vêm com o autismo provocam desorientação e ansiedade não somente nos pais como também no restante da família. Isso vale sobretudo para crianças e adultos que tenham problemas médicos correlacionados ao autismo e que experimentem desconforto e desregulação com frequência, pois estes têm mais dificuldade para desenvolver relacionamentos de amor e confiança. Ao falar com pais e familiares, muitas vezes, tento lembrá-los de que comentários e sugestões, por mais que pareçam condenatórios, em geral, têm sua raiz numa preocupação legítima e no desejo de ajudar.

— Nós já entendemos esse negócio de autismo e nos sentimos confiantes para cuidar da nossa filha — disse-me um pai —, mas nosso maior problema, até agora, são os familiares intrometidos e insensíveis.

Os pais mais sinceros e francos são os que enfrentam de um jeito melhor esse tipo de situação. Eles expressam gratidão pela preocupação e pelo interesse da pessoa, mas impõem limites: "Obrigado por sua preocupação, mas entenda que estamos fazendo as coisas da maneira que nos parece melhor para a nossa família!".

## SEJA ASSERTIVO NA HORA CERTA E DO JEITO CERTO, MAS NÃO AGRESSIVO (E SAIBA RECONHECER A DIFERENÇA)

Quem cria um filho autista ou cuida de um familiar autista tem de agir constantemente como defensor e porta-voz da pessoa, trabalhando para assegurar-lhe o apoio e os serviços adequados. Em geral, os pais têm de apresentar solicitações a diretores de escola, professores, terapeutas, companhias de seguros e outros. Uma mãe me disse: "Preciso ser uma mãe guerreira!".

Buscar e assegurar as melhores opções para a criança pode parecer uma batalha, mas os pais, muitas vezes, me dizem que precisam manter um delicado equilíbrio: às vezes, entram em conflito com as próprias pessoas a quem confiam os cuidados de seu filho ou familiar. O instinto lhes manda atacar, mas, se atacarem demais, e se as coisas forem para o lado pessoal, poderão estragar a relação com aqueles de quem dependem.

O essencial é o seguinte: a questão central e principal deve ser sempre a pessoa autista.

Muitos pais dizem que se viram de repente no meio de uma briga de gente grande, um conflito pessoal entre pais e educadores ou administradores. Esse tipo de batalha tende a não terminar bem para ninguém. Encare esses encontros do ponto de vista do professor ou do profissional que, em seu trabalho, tem de atender a inúmeros alunos e a suas famílias. Se cada reunião com um pai se transformar num conflito, se o pai fizer

PARTE II: A VIDA NO ESPECTRO DO AUTISMO | 187

contato antes de tudo para reclamar e fazer exigências, será difícil encarar o processo como um trabalho em equipe. E o profissional que sente que está dando o melhor de si poderá se sentir confuso e desanimado. Às vezes, o fato de ter um filho ou um familiar com deficiência vem acompanhado de tanta raiva, revolta e frustração que a mãe ou o pai precisa dar algum tipo de vazão a esses sentimentos. O autismo é uma questão passional. Suscita emoções fortes, e precisamos, de algum modo, direcionar e dar um bom destino a essa energia. Para alguns, a resposta é a batalha: contratam ou ameaçam contratar advogados ou defensores profissionais e fazem exigências de todo tipo. É claro que isso, às vezes, é inevitável em situações de verdadeira injustiça, em que os direitos legais e humanos de uma pessoa são violados, mas, na maioria dos casos, o mais útil para todos é encontrar um caminho positivo para canalizar a energia. Uma estratégia importante para manter uma postura positiva: mantenha o foco no autista. Alguns pais fazem questão de sempre comparecer às reuniões da equipe de assistência levando uma foto do filho. Colocam-na na mesa à sua frente. Assim, se a situação se tornar difícil ou conflituosa, poderão apontar para a foto — um lembrete de que, apesar da possível irritação, "a questão aqui é o que é melhor para a criança".

Quando os pais se concentram em encontrar soluções para ajudar a criança ou o adulto em vez de apontar o dedo para os administradores ou os professores, os profissionais têm a chance de se mostrar à altura da ocasião. Veem os pais ou cuidadores como seres humanos que procuram dar o melhor de si e veem o autista no contexto de sua família. Nessas circunstâncias, é mais fácil para os profissionais garantir aos pais que eles serão ouvidos e trabalhar junto a eles para atender aos melhores interesses da pessoa.

Outra coisa que os profissionais apreciam é que os cuidadores perguntem como podem ajudar. Podem ajudar a cuidar das crianças na excursão da classe? Podem organizar os livros da biblioteca da escola? Podem se apresentar como voluntários para ajudar em festas ou passeios? Podem dar uma aula de ciências ou de economia doméstica? Quando a equipe da escola ou do programa estatal de assistência vê que os pais não se dedicam e só a procuram para apresentar queixas ou críticas, isso pode minar uma relação de colaboração e confiança, que seria importantíssima para o bem-estar da criança ou do adulto. Quando os professores e servidores sabem que o cuidador é ativo e interessado, em geral, se mostram mais abertos a críticas construtivas e a uma colaboração participativa.

## ESCOLHA EM QUAIS BATALHAS LUTAR

Quando a criança foi recém-diagnosticada, os pais para quem o autismo é uma novidade podem se sentir assoberbados com a necessidade de encontrar uma boa escola, se comunicar com os educadores e levar e trazer o filho às diversas sessões de terapia. Podem ter de pensar em meios de mitigar os desafios sensoriais da criança, em dietas especiais para prevenir sensibilidades alimentares e alergias e em outras abordagens secundárias, sempre procurando identificar quais professores, terapeutas e administradores lhes parecem mais dignos de confiança, para que possam tomá-los como parceiros. E tudo isso vem se somar aos detalhes rotineiros da vida: cuidar dos outros filhos, cuidar dos avós ou de outros membros da família extensa, o estresse do trabalho, as exigências da vida em família e (para os que têm um relacionamento) a manutenção do casamento ou da parceria. Alguns pais e mães sentem que têm o dever de se tornar sobre-humanos — de fazer tudo e fazê-lo bem. Para a mãe ou o pai que cria um filho sem o cônjuge, os desafios podem parecer insuperáveis. Na maioria das vezes, os cuidadores dão prioridade absoluta às necessidades do filho ou do familiar autista por medo de que ele não progrida, de que regrida ou de que, no mínimo, possa perder algumas oportunidades. Com muita frequência, os profissionais intensificam esses medos, insistindo em afirmar que mais é sempre melhor.

Um dos conselhos mais comuns que os pais mais experientes partilham com os mais novos é o seguinte: escolha em quais batalhas lutar e estabeleça prioridades para seu tempo, suas energias e seus recursos emocionais e financeiros.

Essa abordagem também se aplica à relação com as escolas e as agências governamentais de assistência a adultos deficientes. Os pais podem discordar da avaliação de um professor a respeito da criança ou do cronograma prescrito; podem ter a forte sensação de que a criança precisa de um acompanhamento individualizado e personalizado durante todo o dia na escola, ao passo que o pessoal da escola acredita que um apoio menos direto, com mais independência e um nível adequado de monitoramento, é suficiente. Talvez ocorram discussões sobre a diferença entre um apoio suficiente e um apoio ideal. Quando os pais participam das decisões como parte integrante da equipe de apoio, a razoabilidade e as soluções de meio-termo fazem parte do processo. É importante não fazer da vida uma longa batalha, mas decidir o que é mais importante para o autista e o que não é tão importante.

A mesma mentalidade pode ajudar a lidar com padrões de comportamento em casa ou na comunidade. Outras pessoas podem expressar a opinião de que determinado padrão de comportamento é problemático e precisa ser resolvido. Os pais, no entanto, podem concluir que ele não é uma prioridade, ou mesmo que não é sequer um problema a ser levado em conta naquele momento. Flora, de 15 anos, emite sons de alegria e entusiasmo quando vê cachorrinhos no parque local, que fica em frente ao colégio. O pessoal da escola sugeriu um plano de adaptação comportamental para eliminar esses "gritos", como os chamavam, mas os pais não viam aquilo como um problema; pelo contrário, gostavam de ver a filha feliz. Às vezes, essas decisões dizem respeito ao que é mais importante e ao que mais vale a pena tentar resolver, dados o tempo e a energia da família. Para crianças novas, a perspectiva do desenvolvimento diz que os problemas devem ser resolvidos no momento mais adequado tanto para a criança quanto para a família e recomenda que sempre se faça a pergunta: será isto de fato uma prioridade ou mesmo um problema?

Embora a preocupação seja válida, muitas vezes, acontece de uma mãe ou um pai dizer: "Sei que fizemos um plano detalhado para flexibilizar a dieta restrita do meu filho, mas meu pai já foi hospitalizado várias vezes neste mês e estou esgotada. Não vou conseguir implementar o plano agora!".

Os planos de apoio são criados para servir o autista e sua família. Não há um plano perfeito, uma abordagem única que funcione em todas as situações. E ninguém é mais capaz que os cuidadores de decidir o que é importante. Além disso, o ideal, sempre que possível, é que o próprio autista também esteja diretamente envolvido no desenvolvimento do plano.

## PROCURE O LADO ENGRAÇADO DAS SITUAÇÕES

Bob sorria enquanto contava a história de quando foi com Nick, seu filho de 6 anos, a uma lanchonete. A caminho do local onde iam se sentar, Nick foi até uma mesa onde havia dois desconhecidos, estendeu o braço, pegou algumas batatas fritas da bandeja do homem e enfiou-as na boca dizendo "Huuum... Que delícia!". Bob sorriu, ergueu os ombros e, levando o filho pela mão, disse envergonhado: "Me desculpe!".

Quando os filhos autistas agem de forma inesperada e surpreendente em público, muitos pais se sentem envergonhados e constrangidos.

É difícil para eles ter de ficar sempre explicando o que os filhos fazem. Às vezes, o mais saudável para todos é dar uma boa risada, mas isso nem sempre é fácil.

Uma família estava fazendo compras na Home Depot numa época em que os pais estavam tentando acostumar o filho autista a fazer suas necessidades no vaso sanitário. O progresso dele vinha sendo irregular, por isso, os pais o estavam motivando a passar mais tempo se familiarizando com o vaso. No meio da Home Depot, o menino decidiu testar suas novas habilidades — num vaso sanitário exposto como vitrine.

Os pais se entreolharam, perguntando-se o que fazer. A rápida decisão: ir embora. Sentiram-se mal, mas perceberam que, naquele momento, a prioridade era evitar a possibilidade de um confronto desagradável que poderia desencadear um colapso. Então, bateram em retirada.

Ao se lembrar da história, poderiam rir ou chorar, mas preferiam rir.

Ambas as histórias também nos fazem lembrar da importância da conexão com outros pais de filhos autistas ou cuidadores de familiares autistas. Esses momentos podem provocar vergonha, constrangimento e humilhação, mas, quando partilhamos histórias semelhantes com pessoas compreensivas, elas se tornam motivos de riso, consolo e aproximação. No retiro anual para os pais, não nos limitamos a discutir assuntos sérios — nós também rimos juntos e compartilhamos histórias engraçadas. Um dos temas mais populares dos grupos de discussão, que sempre provoca gargalhadas, é "Você não vai acreditar, mas...".

Procurar o lado engraçado das situações também é importante para os profissionais. Quando era conselheiro num acampamento de verão, fui destacado para cuidar de Dennis, de 12 anos, numa excursão para um rodeio. Enquanto o grupo apreciava o espetáculo, de repente, ouvi uma menininha gritar atrás de nós: "Papaaaai!". Virei para trás e vi Dennis, com suas bochechas rosadas, mastigando alegremente um algodão-doce cor-de-rosa. Ele havia tomado o algodão-doce da menina num momento em que ninguém estava olhando. Nervoso e temendo o pior, pedi desculpas ao pai da menina, que não era pequeno.

— Deixe-o comer — disse ele, rindo. — Vamos comprar outro.

Quando chegou o dia das visitas, contei a história aos pais de Dennis, que primeiro abriram um sorriso e depois começaram a gargalhar.

— Bem-vindo à nossa vida! — disseram quase juntos.

Por fim, procurar o lado engraçado das situações é útil para meus amigos autistas, pois é quando refletem sobre o próprio comportamento e sobre o comportamento das pessoas neurotípicas. Alguns autistas falam dos critérios de diagnóstico do transtorno do espectro neurotípico (TEN). Alguns de seus sintomas são: falar sem parar sobre assuntos sem importância, em vez de travar conversas mais significativas, nem sempre dizer o que estão pensando e uma compulsão incontrolável para encostar em outros seres humanos. Está claro que o bom humor traz alívio e produz vínculos emocionais positivos.

## INSISTA NO RESPEITO

Quando conheci Ted, ele quase demoliu meu consultório. Era um menino de 6 anos cheio de energia, que parou de falar por volta dos 3 anos, quando começou a sofrer convulsões. Seus pais, Jack e Karen, já o haviam levado a inúmeros especialistas antes de encontrar o hospital infantil onde eu recebia os pacientes no setor ambulatorial. Enquanto tentava avaliar as capacidades de comunicação social e regulação emocional de Teddy e ouvir o que seus pais tinham a dizer sobre ele, o menino ficou tão agitado que, de repente, correu para o outro lado da sala e começou a atirar no chão os livros e arquivos que estavam nas estantes. Seu estado piorou, e ele entrou em colapso.

No fim da consulta, depois que ajudamos Teddy a se recuperar de seu estado extremo de desregulação, os pais pediram desculpas, mas eu lhes garanti que não precisavam; sabia que Teddy estava extremamente confuso e aborrecido, pois via aqueles sentimentos em seu olhar. Numa outra ocasião, eles me disseram o quanto minha reação os reconfortara. Em consultas anteriores, eles haviam se deparado com profissionais que — talvez não nas palavras, mas no tom de voz — davam a impressão de questionar por que eles não eram capazes de controlar melhor o filho.

Continuei acompanhando Teddy e seus pais durante décadas, pois dava consultoria em seus programas escolares. Teddy nunca falou, mas aprendeu a se comunicar de modo eficaz usando, primeiro, equipamentos de baixa tecnologia e, depois, de alta tecnologia. Anos depois, Karen me contou que, ao se deparar com professores ou terapeutas que pareciam julgá-los, eles fugiam.

— Já nos basta a culpa que inevitavelmente acompanha o nosso papel. Não precisamos daqueles olhares e comentários — ela disse.

No início da jornada de criação de um filho autista, os pais, muitas vezes, se sentem impotentes e desorientados. Perplexos e confusos com o comportamento da criança, não sabem a quem recorrer e em quem confiar. É nesse momento que o conselho de Jack e Karen é particularmente pertinente. Alguns pais, sobretudo os que têm menos experiência de contato com médicos, burocratas do sistema educacional ou agências estatais de assistência, acham que não têm escolha. Ter de lidar com profissionais arrogantes ou paternalistas é um aspecto necessário de criar um filho ou cuidar de um familiar autista — eles acham que têm de "engolir sapo".

Mas não têm. Eles têm todo o direito de insistir em ser bem tratados, e tanto eles quanto seu familiar autista merecem o melhor.

Certa vez, na roda de conversa que fechou nosso retiro, um pai ecoou o sentimento de Karen:

— Não estamos pedindo demais — ele disse. — Quando lidamos com administradores, com profissionais e com nossos parentes, tudo o que queremos é ser respeitados como pais, e que nossos filhos sejam respeitados também.

Não me lembro de nenhum outro comentário que tenha encontrado tanta ressonância naquele ambiente. Olhando ao redor, percebi que quase todos balançavam a cabeça em sinal de assentimento. A boa notícia é que profissionais cuidadosos, respeitosos e atenciosos existem e querem ajudar. O difícil, às vezes, é encontrá-los.

## DIRECIONE SUA ENERGIA

Pouco tempo depois de minha querida amiga Elaine Hall ter adotado seu filho Neal, então com 1 ano e 11 meses, seus problemas se evidenciaram: o menino tinha dificuldade para dormir, girava, abria e fechava portas de armários, tirava quadros da parede e tinha frequentes acessos de nervosismo. Aos 3 anos, ele recebeu o diagnóstico de autismo. Neal cresceu cercado de artistas e atores, e ele reagia bem a isso. Com sua criatividade e sua energia, esses artistas conseguiam estabelecer contato com ele, e Elaine viu Neal interagindo como nunca antes.

Apesar disso, Elaine olhava ao redor e via outras crianças autistas em dificuldades e outros pais perplexos, frustrados e ansiosos em relação aos filhos. Então, ela criou um programa para levar a outras pessoas o que tinha dado tão certo para Neal. Em 2004, lançou o Miracle Project, um programa de teatro e artes para crianças no espectro autista. Em poucos anos, o programa cresceu e, deixando sua base em Los Angeles, se tornou uma organização de abrangência nacional, com filiais em diversas cidades e até em outros países. Foi tema de um documentário da HBO que ganhou um Emmy em 2012 — *Autism: The Musical* —, o qual foi seguido por *Autism: The Sequel* em 2020. Elaine palestrou em diversas ocasiões na Organização das Nações Unidas (ONU), no Dia Mundial de Conscientização do Autismo, e Neal, que não fala, também se apresentou na ONU e continua se apresentando em conferências usando seu computador com saída de voz. No início da idade adulta, Neal trabalhou numa fazenda orgânica, e hoje ele é modelo profissional.

Inspirados pela história de Elaine e estimulados por nossa amizade e pelo apoio dela própria, eu e meus colegas da Brown University desenvolvemos o Miracle Project da Nova Inglaterra. Depois de muitos anos durante os quais Elaine e eu sonhamos com a possibilidade de uma peça de teatro inspirada pela primeira edição de *Humano à sua maneira: um novo olhar sobre o autismo*, os adolescentes e jovens adultos do Miracle Project de Los Angeles, com o auxílio de seus mentores, escreveram e estrelaram *Journey to Namuh* (*human* — humano — ao contrário), um longa-metragem musical original que estreou em 2021. A principal mensagem do filme é a importância de os autistas descobrirem seu verdadeiro eu e sua identidade e de a sociedade aceitar e apoiar os indivíduos autistas como membros valiosos e importantes da comunidade.

E tudo isso começou com uma mãe confusa e perplexa, mas determinada a mudar o mundo.

Criar um filho autista pode exigir uma quantidade imensa de energia emocional e física. Mas já vi inúmeros pais e mães que não só se mostram à altura dessa tarefa como também chegam a mudar o curso de suas vidas, como Elaine, para ajudar outros que enfrentam os mesmos desafios. A frustração e a raiva são sentimentos que ocorrem com facilidade, mas, em vez de direcioná-los para professores ou diretores de escola, esses cuidadores direcionaram suas energias num sentido criativo ou optaram por novas carreiras baseadas em suas experiências de paternidade e maternidade.

Muitos pais, a princípio, direcionam suas energias num sentido de conflito, sobretudo quando enfrentam obstáculos e se deparam com situações que percebem como injustas, estimulados pelo instinto de lutar pelos melhores serviços e apoios para seus filhos. Isso pode resultar em conflitos pessoais com os administradores do sistema escolar ou até em ações judiciais, às vezes justificadas, às vezes não, mas estimuladas por advogados ou membros de organizações de defesa de direitos humanos. Depois, no entanto, dão a seus esforços um sentido construtivo, arrecadando fundos, servindo como voluntários e trabalhando em prol de uma mudança política sistêmica. Muitos chegam a se formar em educação especial e psicologia ou se especializam em outros tipos de terapia.

Um pai de autista, advogado, se especializou nas políticas estatais que afetam os autistas. Outro pai passou a integrar o conselho tutelar local. Uma mãe, enfermeira, abriu um consultório em que tratava dos problemas de saúde mais comuns que ocorrem conjuntamente com o autismo. Os pais de três filhos autistas passavam tanto tempo pensando no assunto que decidiram torná-lo o foco de suas carreiras: a mãe se formou em nutrição e abriu um consultório especializado em crianças com deficiência, e o pai criou uma organização sem fins lucrativos que oferecia várias atividades comunitárias também para crianças com deficiência. Outra mãe criou uma fundação à qual deu o nome de seu filho, dedicada à arrecadação de fundos para os serviços locais de apoio aos autistas e a suas famílias. Um pai, ao se aposentar depois de trabalhar durante vinte anos como agente carcerário, agora quer ser auxiliar de sala de aula, para que "possa realmente fazer diferença na vida das pessoas". Outro pai, compositor e professor universitário, criou uma peça para coral que incorpora as vocalizações de seu filhinho e a apresentou, cantada por um coral universitário, para aumentar a visibilidade e a aceitação dos autistas.

Nenhum desses pais tinha, a princípio, a intenção de mudar de carreira ou de ter todo o seu trabalho transformado pela experiência vivida do autismo. O que os une é o fato de estarem abertos para ver sua jornada de vida não só como uma luta mas também como uma possibilidade. Nesse processo, todos eles descobriram a satisfação e a inspiração que decorrem do ato de ajudar os outros e de partilhar sua perícia e seus talentos, a fim de melhorar a qualidade de vida de autistas e suas famílias.

# CAPÍTULO 9

## OS VERDADEIROS ESPECIALISTAS

Em 1986, Temple Grandin alterou de uma vez por todas as percepções do público sobre o autismo ao publicar seu primeiro livro, *Emergence: Labeled Autistic*. Pela primeira vez se viu uma pessoa adulta inteligente e capaz de se expressar bem que descrevia com acuidade e clareza a experiência de viver no espectro do autismo. Ela explicou em detalhes seus processos de pensamento, descreveu suas sensibilidades sensoriais e relatou os numerosos e diversos desafios que teve de enfrentar até chegar à idade adulta.

Antes de Temple começar a escrever e a palestrar, nossa compreensão (e incompreensão) do autismo se baseava sobretudo nas pesquisas e nos relatos de pais de autistas e outros observadores, alguns dos quais muito mal-informados. Boa parte do que ela disse confirmou crenças antigas, e algumas de suas ideias as contradisseram. Uma coisa, no entanto, ficou clara: os autistas têm a mente intacta, opiniões fortes e grande potencial, e alguns têm uma visão claríssima da própria experiência.

Décadas depois, Temple continua sendo a autista mais famosa do mundo, mas muitos outros autistas surgiram na cena pública como eloquentes porta-vozes da comunidade e inteligentes cronistas da própria experiência. Meu trabalho me ofereceu o privilégio de conhecer muitas dessas pessoas; algumas delas se tornaram amigos e colaboradores. A experiência de fazer companhia a eles, a seus amigos e familiares, de ouvir seus relatos, ler seus escritos e realizar oficinas com eles transformou profundamente meu entendimento sobre o autismo, proporcionando ideias e perspectivas que de outro modo eu não teria.

Meu *podcast*, inspirado por este livro e intitulado *Uniquely Human — The Podcast*, proporcionou a mim e a meu coapresentador autista, David Finch, a oportunidade de ter conversas produtivas com autistas, seus familiares e formadores de opinião do mundo inteiro. Como Dave está no espectro, ele também acrescenta suas observações pessoais a dezenas de episódios que tratam de uma ampla gama de questões importantíssimas e atuais.

Três convidados em especial, que são também antigos e valiosos amigos, realmente aperfeiçoaram meu pensamento e minha compreensão, e suas ideias originais me orientam quase todos os dias em meu trabalho: Ros Blackburn, Michael John Carley e Stephen Shore. Todos eles ajudaram a mim e a inúmeras outras pessoas a compreender a experiência do autismo e a saber como ajudar da melhor maneira os que se enquadram no espectro autista para que levem uma vida plena e repleta de significado.

Quando falo dessas pessoas, algumas manifestam dúvidas (ou não as manifestam, mas se questionam em silêncio) a respeito de como esses indivíduos, que se expressam tão bem, podem representar com precisão a experiência de indivíduos que não falam ou que têm outras deficiências mais severas. Minha resposta: se eles não podem, quem poderá? Quem está mais preparado para explicar a experiência do autismo do que um autista, que vê a vida pelas lentes do autismo todos os dias? Além disso, em anos recentes, muitos autistas que não falam, não falavam ou tinham deficiências mais severas também desenvolveram conceitos profundos a respeito de ser autista, conceitos estes que vêm sendo partilhados com entusiasmo depois de anos de silêncio (ver capítulo 11).

Vamos começar com Ros, Michael e Stephen, que conheço há décadas. Sou eternamente grato a esses três indivíduos, pois eles explicam determinadas coisas que jamais poderiam ser reveladas por alguma pesquisa. Fico feliz de poder partilhar algo do que me ensinaram.

## ROS BLACKBURN: NÃO FAÇO SOCIAL

Conheci Ros Blackburn numa conferência sobre autismo em Michigan, quando minha colega Carol Gray, famosa especialista em educação de autistas, me chamou para cumprimentar aquela jovem vinda da Inglaterra que falaria sobre sua experiência de crescer com autismo. Apertamos as mãos. Ros, com trinta e poucos anos na época, disse algo que, com seu sotaque inglês e seu jeito rápido de falar, soava como "Wannameesteert?".

Pedi que ela repetisse, e ela o fez várias vezes até que eu ouvisse com clareza o que estava perguntando:

— Quer conhecer Stuart?

Não expressei reação alguma.

— Stuart — disse ela. — Stuart Little.

Fiz que sim com a cabeça, e Ros, com um sorriso travesso, tirou a mão do bolso do paletó e revelou o que estava segurando: um camundonguinho de pelúcia semelhante ao personagem do filme infantil.

— Barry, este é Stuart. Stuart, este é Barry.

E esta é Ros: brincalhona, estranha, travessa, única e cheia de surpresas (além de ser apaixonada por filmes de animação).

Ros mostra que esse é o seu eu verdadeiro, seu eu autista. No decorrer do tempo, ela também aprendeu a mostrar ao mundo um outro eu: comedido, educado, controlado.

Essa dicotomia se originou na infância. O diagnóstico de autismo veio quando ela ainda era criança. Os pais compreendiam com clareza suas dificuldades, mas mesmo assim lhe ensinaram as habilidades sociais de que ela precisaria para viver no mundo.

Embora fossem compassivos, seus pais também eram exigentes, e nunca aceitaram o autismo como desculpa para um comportamento inadequado. A abordagem deles ajudou a formar o conselho que ela costuma dar: os pais devem ter altas expectativas em relação a seus filhos autistas e devem lhes oferecer, concomitantemente, o mesmo alto nível de apoio.

Quando explica o autismo, Ros fala de viver com um sentimento quase constante de ansiedade e medo. Ela gosta de observar que os militares, policiais e bombeiros são treinados para se manter calmos diante do pânico. Não é o caso dos autistas. "Não recebemos o mesmo tipo de treinamento, mas sentimos o mesmo nível de pânico todos os dias", ela diz.

O que mais intensifica esse medo é o fato de ser obrigada a enfrentar situações sociais. Ela se sente tranquila e não fica nervosa ao falar para grandes plateias quando sabe que tem o controle. No entanto, ambientes sociais mais informais podem aterrorizá-la, pois ela não consegue prever o que as outras pessoas dirão ou farão. Ela gosta de dizer "Não faço social!".

Certa vez, encontrei-a num saguão de hotel onde um grupo de crianças brincava de pega-pega. Uma delas passou por cima de uma mesa de centro e quase caiu em cima de Ros. Um olhar de medo se estampou em seu rosto.

— Você viu? — ela disse, um tanto abalada. — É por isso que não gosto de crianças!

Apesar da repugnância por situações sociais imprevisíveis, ela não sente vergonha, pois não se preocupa com o que os outros pensam dela.

Ros costuma dizer que sua maior habilidade — a expressão verbal — é também sua maior deficiência. O que ela quer dizer é que quem a vê supõe que, por ser inteligente e capaz de se expressar bem, ela também deve ser uma pessoa confiante, que se sente confortável consigo mesma.

A verdade é que o mundo, muitas vezes, parece opressivo e avassalador para Ros — uma realidade ruidosa, confusa e descontrolada, repleta de acontecimentos inesperados e regras sociais desconcertantes. E, quando tem reações emocionais fortes e ataques de pânico, que agora acontecem com muito menos frequência do que quando era mais nova, ela perde a capacidade de se comunicar pela fala e não se permite estar presente em situações sociais. Este é o conselho que ela dá a quem está em sua companhia quando sua desregulação chega ao extremo: "Zele pela minha segurança, mas me apoie em silêncio; me apoie com sua presença!".

Ela diz que, em geral, é capaz de se recompor em alguns minutos, mas quando as outras pessoas — mesmo com a melhor das intenções — falam com ela ou a tocam, é como jogar gasolina na fogueira.

Ros desenvolveu um amplo repertório de estratégias para prevenir a desregulação e lidar com ela. Uma das atividades reguladoras que ela mais aprecia é pular numa cama elástica, o que a deixa relaxada e até contente. Quando viaja, sempre leva consigo uma companheira de viagem, uma de várias jovens a quem chama de "cuidadoras". Quando se sente cansada, evita o que chamou de "fazer social", que pode provocar ou aumentar a ansiedade.

Certa vez, Ros esteve presente numa conferência que ajudei a organizar, na qual tive o privilégio de receber a atriz Sigourney Weaver. Eu a chamei para fazer companhia a Ros, que a ajudaria a preparar-se para seu papel no filme *Um certo olhar*, no qual representaria uma autista. Quando a conferência terminou, as duas estavam num grupo que eu chamara para jantar em minha casa. No entanto, ao discutirmos sobre a logística da reunião, Ros me interrompeu de repente e disse:

— Barry, uma cama elástica realmente me faria bem agora.

Cama elástica? Estávamos no início de uma noite de inverno em Rhode Island e a neve cobria o chão. Foi então que Sue, uma mãe que fazia parte do nosso grupo, se manifestou:

— Barry, temos uma cama elástica no quintal, que meu filho usa. Acabamos de tirar a neve de cima dela.

Ros sorriu como uma criança a quem se diz que o Natal agora dura dois dias:

— Posso ir?

Assim, Ros e Sigourney Weaver vestiram seus casacos de inverno e saíram para pular na cama elástica no quintal de um bairro residencial. Pouco tempo antes, Ros dera uma palestra fabulosa de duas horas para mais de quinhentos pais e profissionais, dispondo-se generosamente a responder às perguntas do público imediatamente. Passara o dia inteiro "fazendo social" e, como ela diz, "representando". Precisava de algum tempo para ser simplesmente Ros. (Foi a partir dessa experiência que Sigourney sugeriu a cena da cama elástica que o diretor Marc Evans acrescentou a *Um certo olhar*.)

Um dos momentos que mais apreciei nessa visita foi quando Ros estava ensinando Sigourney a agir "como uma autista".

> Sigourney: Ros, notei que, quando você se empolga, levanta as mãos ao lado da cabeça e balança o corpo para a frente e para trás enquanto abana as mãos perto das orelhas. *(Sigourney, sentada, demonstra a ação.)*
> Ros: Não. Na verdade, é mais deste jeito. (Ros inclina o corpo para a direita e faz o mesmo gesto, corrigindo as tentativas de Sigourney. Esta a imita.) Muito melhor, você conseguiu!

As outras atividades que Ros mais aprecia são patinação artística e assistir a determinados filmes. Depois de sua primeira visita a Providence, quando palestrou em nossa conferência, chamei-a uma segunda vez, mas ela hesitou. Não entendia por que eu queria de novo a sua presença, visto que ela já havia apresentado sua história. Além disso, as viagens a deixam ansiosa, e sua presença nas conferências a obriga a enfrentar situações sociais. (As cuidadoras de Ros lhe dão um apoio imenso, ajudando-a a negociar situações e locais desconhecidos.) Ela acabou concordando em vir quando propus levá-la a Nova York para que pudesse patinar no Wollman Rink, no Central Park, que ela tinha visto em um dos filmes de que mais gosta. Durante sua visita, a mesma mulher que deslumbrara o público com suas percepções curtiu deslizar pelo gelo com Stuart Little no bolso e depois fazer Stuart posar para fotos pelo Central Park.

Nessa mesma ocasião, Ros e eu fomos a um restaurante italiano lotado com quatro outras pessoas. O *maître* nos conduziu a uma mesa no meio do salão e estava a ponto de nos instalar quando Ros sacudiu a cabeça, ansiosa, dizendo "Não posso me sentar aqui!".

Não vi outra opção, mas o *maître* entendeu o que Ros queria dizer e apontou para um canto do restaurante que ele ainda não havia aberto. Ros escolheu uma mesa junto à parede, para que pudesse ficar de costas para ela.

— Detesto estar rodeada de ruídos por todos os lados — ela disse —, e fico ansiosa quando há muito movimento na minha visão periférica.

Apesar de todas as suas dificuldades, os pontos fortes de Ros são uma consciência altamente desenvolvida de suas necessidades e seus limites e sua capacidade de expressão, sobretudo ao afirmar a necessidade de evitar situações que a desregulem.

Contudo, Ros não dá a mínima para certas coisas que a maioria das pessoas considera importantes e significativas do ponto de vista social. Quando nos vimos, alguns anos depois do episódio da cama elástica, perguntei se tinha se encontrado recentemente com Sigourney Weaver.

— Sim! — ela respondeu. — Ela veio a Londres no ano passado e nós nos vimos.

Quando quis saber dos detalhes desse encontro, ela contou que Sigourney a convidara para a estreia de "um filme aí" e que elas haviam caminhado juntas por um tapete vermelho. Ligando os pontos, entendi o que ela estava me dizendo. Ros havia assistido à *première* de *Avatar*, o filme mais rentável de todos os tempos, com uma de suas atrizes principais.

— Uau, que incrível! — eu disse. — Como foi?

Ros respondeu sem rodeios:

— Muito, muito barulhento e lotado.

Outra dificuldade: não deixar de falar a verdade. Ela diz: "É difícil mentir. Por exemplo, dizer 'Que bom te ver!' quando eu gostaria de estar pulando na cama elástica ainda é muito difícil para mim!".

No entanto, seu lado brincalhão não conhece limites. Ros costuma levar os brinquedos de que mais gosta em suas viagens, entre eles uma caixa de brinquedos antiestresse — lagartixas de borracha, por exemplo —, que ela compartilha com seu público. Nas viagens de avião, ela carrega consigo pequenos espelhos. Sabe por quê? Ela os utiliza para refletir a luz do Sol nos olhos dos outros passageiros, divertindo-se infinitamente ao ver suas reações de irritação.

Depois de uma de suas palestras, perguntei a uma mulher que estava presente o que ela tinha achado. Ela me disse que tinha adorado e também odiado a apresentação. Ela adorou porque Ros lhe permitiu compreender como seu filho sentia o mundo, mas odiara o quanto a sua experiência de vida lhe parecia dolorosa.

Eu sabia exatamente o que ela queria dizer. Talvez, mais que qualquer outra pessoa que eu conheça, Ros me fez compreender as dificuldades enfrentadas pelos autistas, para quem o mundo parece opressivo e desconcertante, uma fonte constante de ansiedade. Quando olho nos olhos de um menino de três anos incapaz de se comunicar por meio da fala e sendo obrigado a entrar num ambiente barulhento e caótico, penso em Ros e percebo que essa criança não está sendo desobediente ou teimosa. Ela está aterrorizada.

Num episódio do *podcast* Uniquely Human, quase quinze anos depois de tê-la conhecido, chamei Ros para uma conversa com Sigourney Weaver, a fim de que as duas refletissem sobre a experiência em comum de anos atrás. Sigourney expressou uma profunda gratidão pela franqueza de Ros, por ensiná-la que não são só as crianças que gostam de brincar e por renovar seu fascínio e sua sensibilidade em relação ao mundo sensorial. De minha parte, serei sempre grato a Ros, cuja neurologia a torna muito vulnerável a nosso mundo social e sensorial, mas que mesmo assim dá um exemplo de coragem ao se impor para enfrentar desafios e partilhar suas experiências — tudo isso para ajudar um número incontável de pessoas.

## MICHAEL JOHN CARLEY: "PRECISAMOS QUE NOS DIGAM O QUE SOMOS CAPAZES DE FAZER"

Quando Michael John Carley tinha 36 anos, seu filho de 4 anos recebeu o diagnóstico de TEA nível 1. Depois de dar o diagnóstico, a médica olhou para Michael e disse: "Agora, temos de falar do seu caso!".

Em poucos dias, Michael também recebeu o mesmo diagnóstico.

Sua primeira reação foi de choque. Como havia conseguido viver três décadas e meia sem perceber que estava no espectro do autismo? Era feliz no casamento e fizera uma carreira de sucesso na diplomacia, tendo servido em lugares complicados, como a Bósnia e o Iraque. Era também dramaturgo, grande lançador no beisebol, um guitarrista talentoso e apresentador numa estação de rádio local.

No início, ele escondeu o diagnóstico. No entanto, quanto mais refletia sobre sua vida, mais aquilo fazia sentido. Sempre teve dificuldade para estabelecer vínculos com as pessoas. Na escola particular em que fizera o ensino médio, cujo terno era uniforme obrigatório, ele tinha tanta dificuldade para se encaixar que os professores o viam como um menino problemático e suspeitavam que tivesse graves problemas psicológicos. Com o tempo, ele acabou sendo transferido para uma escola pública cuja orientação era alternativa e mais flexível. Lá ele floresceu.

Mesmo assim, no decorrer da vida, muitas experiências e situações o deixaram perplexo. Ele não entendia por que as pessoas mantinham contatos sociais e nunca fora capaz de compreender as regras ocultas do flerte amoroso. Quando um conhecido lhe pedia opinião sobre um tema qualquer — um assunto político ou algo mencionado no noticiário —, ele dava uma resposta tão longa e detalhada que os ouvintes logo reviravam os olhos. Amigos cortavam relações com ele abruptamente, muitas vezes, depois de Michael ter dito algo que os ofendia. Mais tarde, mesmo depois de refletir, ele ainda não conseguia compreender o que havia feito de errado.

O choque inicial do diagnóstico cedeu lugar ao alívio — e, por fim, ao orgulho. O diagnóstico não foi um fardo, mas uma revelação.

Sempre apaixonado pelo seu trabalho, detalhista e cuidadoso com praticamente qualquer coisa que fizesse, Michael aos poucos reconfigurou a vida e dirigiu energia e atenção para a defesa dos que estão no espectro autista. Em 2003, fundou a Global and Regional Asperger Syndrome Partnership (GRASP) [Parceria Global e Regional da Síndrome de Asperger] e, na qualidade de diretor-executivo da organização, ajudou-a a se tornar a maior associação do país cujos membros são todos adultos no espectro autista. Ele projetou a GRASP para ser dedicada sobretudo a adolescentes e adultos, populações que, de acordo com as informações da época, não dispunham de muitos serviços e eram, em ampla medida, incompreendidas. Publiçou um livro importante e aclamado, *Asperger's from the Inside Out*, em parte autobiográfico, em parte um guia de autoajuda para pessoas no espectro autista, e depois fundou e dirigiu a Asperger Syndrome Training and Employment Partnership [Formação em Síndrome de Asperger e Parceria de Emprego], que trabalha com empresas grandes ajudando a formar os gestores para que lidem melhor com funcionários autistas ou se tornem mais confiantes para contratar funcionários dentro do espectro.

Michael criticou abertamente a American Psychiatric Association (ASA) [Associação Americana de Psiquiatria], que em 2012 estava cogitando eliminar o transtorno de Asperger como diagnóstico oficial, o que, aliás, acabou acontecendo. Ele se preocupava com a possibilidade de a mudança dificultar diagnósticos precisos e restringir o entendimento do público em relação às pessoas com um perfil de Asperger. Também tinha a forte convicção de que os que estão no espectro devem ter voz ao tratar das políticas que lhes dizem respeito.

Conheci Michael há muitos anos, quando o convidei para falar em nosso simpósio de arrecadação de fundos. Impressionei-me de imediato com seu foco, sua energia e sua eloquência. Às vezes, as pessoas não percebem que ele é autista até ele começar a falar sobre um assunto que o empolga. Fala rapidamente, e seu riso é ruidoso e contagioso. Seus apertos de mão são extraordinariamente firmes. Na conversa, ele se mantém a uma distância anormalmente pequena e seu olhar é intenso e direto. A interação com Michael é uma experiência cativante.

Quando soube que ele já estivera na ONU representando a Veterans for Peace, uma associação de veteranos de guerra, fiquei atônito pelo fato de uma pessoa autista ter tido sucesso como diplomata. Seria de imaginar que fosse necessário ter grande sagacidade social, flexibilidade e sensibilidade interpessoal para se conduzir bem nesse ambiente — cumprimentar os dignitários da maneira correta, ficar em pé no lugar correto, dizer a palavra apropriada. No entanto, Michael me explicou que o protocolo diplomático é tão repleto de regras rígidas e documentadas que, depois de dominá-las, ele tinha, na verdade, mais facilidade para se conduzir nesse mundo do que em ambientes sociais menos formais, onde a interação social é fluida, menos estruturada e menos previsível e onde as regras sociais não são escritas.

Seu considerável sucesso pessoal fez com que o diagnóstico do filho fosse mais tranquilo do que poderia ser para outros pais. Enquanto os outros talvez entreguem a um poder superior o futuro dos filhos, ele diz: "Tenho a vantagem de ter uma convicção baseada em fatos!".

Isso significa que sua própria vida dava testemunho tanto das dificuldades quanto do potencial de uma pessoa diagnosticada com um transtorno do espectro autista.

Sério e determinado, ele também encara a própria situação com um bom humor invejável. Certa vez, eu estava com ele em sua casa de campo e vi ali uma guitarra. Ciente de seu talento, pedi que tocasse um pouco. Michael pegou a guitarra e começou a tocar uma progressão de *blues* com os dedos sem usar uma palheta. Sorrindo, ele disse:

— Tudo bem, mas agora você vai ouvir um *blues* por doze minutos seguidos. Lembre-se de que tenho síndrome de Asperger e que preciso sentir que terminei as coisas. Eu não paro no meio de nenhuma música.

Pai e marido comprometido, ele foi técnico dos times de beisebol de seus dois filhos. Está especialmente determinado a dar um exemplo positivo para seu filho autista e fala com frequência sobre o quanto é importante pôr os jovens autistas em contato com autistas adultos que conseguiram construir uma vida, uma família e uma carreira felizes.

Uma das grandes percepções de Michael é a seguinte: o adolescente ou o adulto autista é mais um produto das circunstâncias de sua vida do que de seu autismo. Michael se preocupa muito com os graves problemas de saúde mental e dependência química que alguns autistas desenvolvem em consequência de sua falta de compreensão das situações sociais e do fato de serem mal interpretados — e, em casos extremos, maltratados — pelas outras pessoas. Enquanto alguns estariam tentados a identificar o autismo como causa primária de todos os problemas e reveses, ele diz que, com o apoio adequado, muitos autistas podem ser capazes de construir uma vida emocionalmente saudável, produtiva e bem-sucedida.

Ele também é um porta-voz capaz de explicar com percepção e inteligência a experiência de viver no espectro autista. Seu foco é a importância de desenvolver relacionamentos de confiança e os muitos fatores pelos quais esse desenvolvimento é tão difícil para os autistas. Em particular, Michael explica as muitas experiências dolorosas que os autistas vivem, mas que os neurotípicos talvez não percebam como desagradáveis ou difíceis. Para o autista, ser contido fisicamente, por exemplo, pode ser equivalente a ser física e psicologicamente esmurrado. Para quem é sensível a determinados sons, um ruído agudo ou até um grito pode causar dor. O bombardeio constante de experiências adversas como essas pode produzir dificuldades consideráveis.

Outro grande compromisso de Michael é apoiar muitos autistas aos quais falta o apoio familiar e cujas vidas são repletas de ansiedade, estresse e medo, o que leva muitos ao alcoolismo e à dependência química. A GRASP tem grupos de apoio presenciais e online em muitas cidades conectando entre si pessoas que partilham os mesmos desafios e as mesmas dificuldades. Além disso, ele escreveu livros e dá palestras sobre outros temas críticos para a qualidade de vida dos autistas, como a questão do emprego para os adultos autistas e a possibilidade de uma vida sexual feliz e positiva.

Ele está determinado a partilhar com outras pessoas no espectro autista a ideia que tanto transformou o seu jeito de ver o mundo quando recebeu seu diagnóstico: muitas experiências dolorosas que tiveram de suportar na vida têm uma explicação que não tem a ver com o caráter, mas com o "*hardware* neurológico" e com as reações ineficazes e até prejudiciais das outras pessoas.

Foi essa a mensagem que ele levou ao Congresso dos Estados Unidos em novembro de 2012, quando o Comitê da Câmara dos Deputados para a Supervisão e a Reforma do Estado realizou audiências históricas sobre o drástico aumento dos diagnósticos de autismo. Michael foi um dos dois autistas que testemunharam (o outro foi Ari Ne'eman, então presidente da Autistic Self Advocacy Network [ASAN]) e apresentaram de forma comovente a ideia de que não há "base médica" para tratar o autismo como uma doença a ser curada. "À medida que crescemos, estando ou não no espectro autista, o que precisamos é que nos digam o que somos capazes de fazer, não o que não somos", ele declarou.

Há pouco tempo, a New York University reconheceu a importância da mensagem de Michael e seu talento para comunicá-la e criou especialmente para ele o cargo de consultor de neurodiversidade para seus *campi* de Nova York, Xangai e Abu Dhabi.

## STEPHEN SHORE: "ELES ME ACEITARAM"

Stephen Shore descreve sua infância. Ele teve um desenvolvimento típico até os 18 meses de idade. Foi então, segundo ele, que explodiu a "bomba do autismo". Sua capacidade de comunicação funcional desapareceu e ele parou de fazer contato visual com a mãe e o pai, que assistiam atônitos enquanto ele batia a cabeça na parede. Parecia alheio e distante e se envolvia frequentemente em comportamentos de autoestimulação para regular-se: balançar o corpo, girar, bater as mãos.

No começo da década de 1960, essa combinação de problemas era tão rara que os pais demoraram um ano até descobrir aonde deveriam levá-lo para uma avaliação. Em 1964, quando enfim recebeu o diagnóstico de autismo, o médico que o diagnosticou considerou-o "doente demais" para ser tratado em ambulatório. Sua única recomendação foi que os pais o internassem.

Felizmente para Stephen, seus pais ignoraram esse conselho. Trabalhando apenas com base no próprio instinto, deram início ao que hoje se chamaria de "programa doméstico de intervenção precoce". Na época, eram vistos apenas como pais teimosos. A mãe estava determinada a mantê-lo envolvido e dedicava seus dias a estimular sua participação em atividades com música, movimento e integração sensorial. No início, para ensinar Stephen, os pais o estimularam a imitá-los. Como isso não funcionou, eles é que começaram a imitar o filho. Esse comportamento, enfim, chamou atenção de Stephen e lhe proporcionou as bases para a capacidade de estabelecer vínculos significativos com outros seres humanos.

"A coisa mais importante no que se refere a meus pais é que eles me aceitaram como eu era", diz Stephen, que só começou a falar aos 4 anos, "mas, ao mesmo tempo, eles reconheciam que havia muitos desafios a serem superados".

Já adulto, Stephen dedicou a vida a ajudar as pessoas no espectro autista e seus pais a vencer esses obstáculos e a construir vidas plenas e produtivas. Ele tem um doutorado em educação especial, escreveu livros, dá consultoria a órgãos oficiais sobre políticas voltadas para o autismo, leciona na Adelphi University, em Nova York, e já palestrou na ONU. Passa boa parte do tempo viajando pelo mundo, dando consultorias e palestras para educar pais e profissionais. Ensina piano a crianças autistas, mas não às neurotípicas, pois tem dificuldade para entender como estas pensam e aprendem.

Muitos que o conhecem se surpreendem ao ver um autista passar tanto tempo falando para grandes grupos de pessoas. Para Stephen, no entanto, uma apresentação é apenas um longo monólogo — o tipo de conversa que ele gosta de ter. Ele diz que, quando se trata de algo que os entusiasma, os autistas são capazes de falar do assunto durante dias a fio.

O humor sarcástico é um dos seus atrativos. Dos diversos autistas que conheci, Stephen é um dos que mais encaram com bom humor o fato de estar no espectro. Certa vez, ele e eu estávamos passeando a pé quando ele viu um pedaço de pau no chão, pegou-o e aproximou-o dos olhos para examiná-lo de perto. Então ele disse, sorrindo: "Que belo brinquedo para autoestimulação, hein, Barry?".

Seu jeito irônico se manifesta quando ele fala sobre seu casamento. Conheceu a esposa numa época em que ela era uma estudante de intercâmbio vinda da China, quando ambos estudavam música e foram escolhidos para corrigir as lições de casa um do outro. Passaram a se ver socialmente até que um dia, na praia, ela o pegou pela mão, beijou-o e lhe deu um abraço apertado. Ele explica sua reação pela óptica das "histórias sociais", ou "narrativas sociais", técnica desenvolvida pela minha talentosa colega Carol Gray para ajudar os autistas a compreender as situações sociais e navegar por elas: "Eu conhecia uma narrativa social segundo a qual, quando uma mulher nos beija, nos abraça a nos dá a mão, tudo ao mesmo tempo, isso provavelmente significa que ela quer ser nossa namorada!".

Ele sabia que sua resposta poderia ser "sim, não ou vou pensar". No entanto, ele decidiu pelo sim e ambos estão casados desde 1990.

A capacidade de Stephen de não levar muito a sério sua própria mente e suas muitas dificuldades nos abre uma perspectiva nova e nos alivia, contrapondo-se à crença de que o autismo é, antes de tudo, um fardo pesado que lança sua sombra tétrica sobre a vida do autista e de sua família.

Seu senso de humor talvez esteja ligado a outra qualidade que o distingue: para um autista, Stephen se destaca pela tranquilidade e pela calma incomum. A maioria dos autistas fala sobre o quão intensa é a sua ansiedade, mas o aspecto tranquilo de Stephen nos lembra das diferenças que existem entre os autistas. Já o vi nas mais diversas situações — diante do público, em grupos menores, sozinho comigo — e ele é sempre sereno, solícito, tranquilo e de fácil convivência. Ao contrário de alguns autistas, ele adora explorar situações novas e desconhecidas.

Isso não significa que ele não tenha de lidar com situações de desregulação, como outras pessoas no espectro. Quase vai à loucura com o desconforto que sente nas raras ocasiões em que tem de usar terno e gravata. Costuma usar um boné de beisebol para evitar luz direta nos olhos e se lembra da tortura que era cortar o cabelo na infância, sobretudo por ser incapaz de expressar aos pais seu desconforto. Tem tanta dificuldade para se lembrar da fisionomia das pessoas que, quando leciona na universidade, muitas vezes, passa quase o semestre inteiro sem relacionar rostos e nomes.

Por outro lado, Stephen sabe perfeitamente o que o acalma. Uma das razões de suas muitas viagens é que ele adora viajar de avião. Isso também é incomum entre os autistas, para quem as experiências sensoriais e o caos das viagens aéreas são, muitas vezes, causas de desregulação. Para as crianças, sobretudo, as cabines dos aviões comerciais são apertadas demais, e é difícil estar tão próximo de tanta gente. No entanto, Stephen gosta da sensação de seu corpo na hora da decolagem, por isso, viaja o quanto pode.

Além disso, continua partilhando as mensagens que considera mais importantes. Cada adulto autista que conheci e que partilha suas experiências pessoais para educar os outros tem mensagens específicas que deseja comunicar. Temple Grandin enfatiza o quanto os interesses especiais podem se transformar numa carreira. Michael John Carley enfoca a necessidade de ajudar os que não contam com um forte apoio da família e educar os potenciais empregadores sobre o autismo. Uma das mensagens centrais de Stephen é a importância de revelar à criança seu diagnóstico no momento correto e da maneira mais ponderada possível (ver capítulo 11). Sua sensibilidade a esse problema talvez provenha do cuidado e da atenção que seus pais lhe deram ao lidar com seus desafios. Talvez mais do que qualquer outro autista que eu conheça, Stephen valoriza a própria história e dá importância ao ato de "retribuir", partilhando sua jornada para que possa beneficiar os outros.

No centro da narrativa de Stephen está a história de um pai e de uma mãe que, apesar de ouvirem pela voz de um médico que seu filho não tinha esperanças, seguiram o próprio instinto, ignoraram as mensagens sombrias que lhes foram passadas por alguns profissionais e lançaram mão da criatividade e do amor para criar o filho. Parece adequado que esse filho tenha, depois, dedicado a vida a ajudar autistas e seus familiares que enfrentam dificuldades semelhantes e a mostrar aos pais e profissionais que seus filhos e familiares, apesar de seu diagnóstico, têm um potencial inimaginável.

# CAPÍTULO 10

## A VISÃO DE LONGO PRAZO

Muitas vezes, os pais de uma pessoa autista, ou qualquer um que cuide de um familiar autista, têm dificuldade para manter uma visão de longo prazo. As mães e os pais ficam tão presos às demandas de cuidado do dia a dia que acabam se esquecendo de que o que está acontecendo agora representa um único momento no tempo. Quando a pessoa fica presa num padrão de comportamento perturbador ou desconcertante, pode ser difícil imaginar que ela vá progredir além do estágio em que está. Sobretudo nos primeiros anos, os pais se preocupam com a possibilidade de que o filho nunca aprenda a falar ou nunca vá além de ecoar algumas frases. Perguntam-se se a filha algum dia vai parar de alinhar os bichinhos de pelúcia numa ordem exata, se o filho um dia manifestará interesse por outras crianças ou se terá amigos, se o adolescente um dia experimentará alimentos diferentes. O que causa muito estresse para os autistas também causa estresse para os pais: a incerteza — neste caso, sobre o futuro.

É importante lembrar que os autistas passam por estágios de desenvolvimento como todos nós.

"Ninguém cresce e deixa o autismo para trás", explica Dena Gassner, que está no espectro e tem um filho autista. "Crescemos para dentro do autismo."

Essa jornada de autoconsciência dura uma vida inteira tanto para o autista quanto para sua família, e não há duas jornadas iguais.

Para oferecer sabedoria, intuição e uma visão de longo prazo, partilharei neste capítulo as histórias de quatro famílias cujos filhos conheci na pré-escola; eles passaram à adolescência e hoje já são adultos. Não partilho as histórias dessas quatro famílias por ser exemplares nem por constituírem uma amostra representativa, mas por causa do quanto aprendi com esses jovens e pela observação, pela convivência e pelo contato com suas famílias. Espero que a leitura sobre seus progressos, desafios

## A FAMÍLIA RANDALL: "SE LHE DÃO UMA OPORTUNIDADE, ELE A APROVEITA AO MÁXIMO"

A avó de Andrew Randall [Andy] foi a primeira a indicar que algo poderia estar errado e a sugerir que os pais o levassem para uma avaliação.

Andy tinha 3 anos, mas já vinha enfrentando dificuldades havia algum tempo. Quando ele tinha 1 ano e 8 meses de idade, sua mãe, Jan, notou que ele estava perdendo a capacidade de fala já adquirida. Andy tinha aprendido cerca de quinze palavras, mas depois parou de usar algumas delas, e era evidente que não estava acrescentando palavras novas a seu vocabulário. Um pediatra assegurou a Jan que não havia nada de errado com seu filho. Pouco tempo depois, sua filha, Allison, dois anos e meio mais velha, recebeu um diagnóstico de epilepsia. Jan e o marido, Bob, naturalmente passaram a se concentrar em administrar as crises.

Entretanto, Jan foi ficando cada vez mais intrigada com as mudanças que vinha observando em Andy. Ele raramente olhava para ela, e não mantinha o foco em objetos nem nas pessoas. A mãe de Jan, professora do ensino fundamental, percebia alguns sinais preocupantes, mas, quando falou sobre o assunto com a filha pela primeira vez, ela a ignorou.

Então, assistindo à televisão, em dezembro de 1988, Jan viu um trecho do *Entertainment Tonight* sobre um filme recém-lançado chamado *Rain Man*. "Foi como se me dessem um soco no estômago", ela lembra. "Eu soube no mesmo instante: aquele era o problema do Andrew!"

Uma psicóloga da escola avaliou Andy, e Jan perguntou à queima-roupa se seu filho era autista. A psicóloga disse que não, observando — incorretamente — que uma criança autista não demonstraria o forte apego pela mãe que Andrew claramente manifestava. Seu diagnóstico: um atraso grave na fala.

Jan se sentiu aliviada por um tempo, mas Andrew não parava de regredir. A certa altura, já não falava absolutamente mais nada; apenas arrastava Jan ou Bob até a geladeira quando estava com fome. Seus acessos chegavam a durar uma hora ou mais; ele pulava no mesmo lugar com tal intensidade que os vizinhos de baixo sentiam o apartamento balançar. Felizmente, a vizinha era uma amiga que compreendia o problema. Durante nove meses, o menino dormiu tão poucas vezes que Jan teve de pôr uma poltrona do lado de fora do quarto dele, para poder acalmá-lo quando fosse necessário.

Andy já tinha quase 5 anos quando Jan finalmente recorreu ao diretor de educação especial do seu distrito escolar. O distrito a encaminhou a uma psicóloga — não para ajudar Andrew, mas para ajudá-la a desenvolver habilidades para poder cuidar dele. Ao ouvir o relato de Jan, no entanto, e ao ver o próprio Andrew e examinar seu prontuário, a psicóloga montou o quebra-cabeça: estava claro que ele era autista.

A essa altura, a notícia foi um alívio para Jan. "Eu me senti como se estivesse num quarto escuro e, de repente, alguém abrisse todas as persianas", ela se lembra. "Era como se eu fosse inundada pela luz do sol!"

Armada com esse diagnóstico, ela encontrou uma força que antes não tinha. Começou a ler todas as publicações que encontrava sobre autismo. Entrou em grupos de defesa dos direitos dos autistas e matriculou Andrew num programa de educação especial em tempo integral.

Seu marido levou mais tempo para perceber o quanto era grave a deficiência do filho. Quando Jan afirmou, certa vez, com tristeza, que sua filha, Allison, provavelmente nunca seria tia, Bob deu a impressão de não entender o que ela queria dizer. "Eu e ele não víamos as coisas da mesma forma", ela diz.

Na época, início da década de 1990, o diagnóstico de autismo era muito menos comum do que hoje em dia, e o assunto quase nunca era discutido na mídia; portanto, o casal perdia muita energia tendo de explicar o autismo para amigos e parentes — e defendendo-se de críticas. O próprio pai de Jan, perplexo diante do estado do neto, culpou a filha. Ela ajudava Andrew ativamente em seus afazeres, mas outros parentes questionavam seu estilo de maternidade, dizendo que sua superproteção estava causando os acessos de que o menino sofria.

Embora as críticas a ferissem, ela encontrou apoio junto a alguns pais de crianças autistas que não apenas compreendiam seu sofrimento como também a estimulavam a elevar suas expectativas em relação a Andrew. Diziam-lhe que o céu era o limite. "Não pense que o desenvolvimento dele já terminou. Não subestime Andrew!", diziam.

Apesar das dificuldades, a personalidade de Andrew se manifestava de modo brilhante. Em casa, ele gostava de ficar de cabeça para baixo numa poltrona reclinável gargalhando bem alto. Os pais não tinham escolha; eles riam junto. Além disso, outras crianças se sentiam atraídas por ele. Uma menina que morava no mesmo prédio se afeiçoou particularmente a Andrew e, quando o via sozinho no jardim ou no parquinho, ela o chamava para brincar, empurrava-o no balanço ou o fazia participar de brincadeiras como o jogo do lencinho. Ele participava de boa vontade, embora não compreendesse as regras.

Jan e Bob, por sua vez, tentaram não deixar que os problemas de Andrew os impedissem de levar adiante qualquer coisa que de outro modo teriam empreendido. Fizeram questão que ele mantivesse contato com uma grande variedade de pessoas e experiências desde a mais tenra idade, levando-o à igreja e deixando-o dormir com frequência na casa da tia ou de uma vizinha. Bob o levava toda semana para nadar na ACM [Associação Cristã de Moços], e o casal o levava a restaurantes e reuniões sociais. Essas oportunidades ajudavam Andrew a aprender a se adaptar a mudanças e a diferentes pessoas e ambientes.

Embora não usasse muito a fala espontânea, ele se comunicava frequentemente por meio de ecolalia. Uma de suas frases favoritas era "Brigamos a noite inteira!", que ele tinha visto num livro do Dr. Seuss e usava quando estava aborrecido ou quando pensava que outra pessoa estava brava. Ainda precisava direcionar fisicamente as pessoas para se comunicar, deslocando-as até os objetos que queria ou aos lugares aonde queria ir. Seus esforços para se comunicar o deixavam tão frustrado que ele, muitas vezes, tinha acessos de raiva em lojas e restaurantes. Isso, porém, não impedia os Randall de cumprir as rotinas da vida familiar.

Na adolescência, os desafios de Andrew aumentaram, e só algum tempo depois seus pais entenderam o quanto. A escola particular em que ele estava matriculado adotava uma abordagem comportamental, e ele vivia infeliz. Quando explodia, os funcionários o imobilizavam, atando-o a uma maca pelas mãos e pelos pés; chegaram a trancá-lo num armário almofadado. Ele desenvolveu alguns tiques, uns movimentos súbitos da cabeça e dos ombros, que os funcionários tentaram em vão eliminar por meio de terapia comportamental. Uma terapeuta que o atendia em casa incentivou uma atitude visceral, instando Jan e Bob a "confrontá-lo" e a "mostrar a ele quem manda". Em virtude de seus problemas, Andrew não fazia nenhuma atividade extraescolar.

Ele passava tanto tempo desregulado que também se revoltava em casa. Chegou a abrir rombos nas paredes com seus socos e pontapés e quebrava janelas e para-brisas de carros. Vivia com raiva, confuso e oprimido.

Durante um tempo, os pais tentaram confiar na escola particular, que tinha uma boa reputação, mas o instinto de Jan acabou por lhe dizer que aquele ambiente fazia mais mal do que bem a Andrew. Depois, um consultor de educação especial confirmou seus sentimentos dizendo "Andrew não quer agir dessa maneira. Isso também o deixa aterrorizado!".

Foi um ponto de virada. Jan conta: "Toda aquela gente que me mandava confrontá-lo e 'colocá-lo em seu lugar' quando ele perdia o controle estava errada, bem errada, muito *errada*! Ele estava ferido. Era tratado como se não fosse uma pessoa. É por isso que ele perdia o controle!".

Tiraram Andrew da escola quando ele tinha 12 anos. Chorando, Jan pediu perdão ao filho por tudo a que fora submetido, e, incrivelmente, ele pareceu perdoá-la. "Queríamos muito mais do que aquilo para Andrew", ela confessa.

Eles encontraram o que queriam na South Coast Educational Collaborative, uma escola pública de educação especial no sudeste de Massachusetts onde Andrew foi acolhido por uma comunidade calorosa e solidária que contava com professores compreensivos que acolhiam os conselhos dos pais. Jan sugeriu um programa de leitura sobre o qual ouvira falar, que era particularmente eficaz para alunos autistas. A professora não hesitou em experimentá-lo. No primeiro dia, Andrew leu pela primeira vez, aos 13 anos.

"Eles entenderam que Andrew não era apenas um problema; viram que ele também tinha habilidades e potencial", diz Jan. "Eles o tratavam com respeito. Valorizavam-no como pessoa. E me reconheciam como um membro pleno da equipe."

Quando chegou aos 22 anos de idade, e teve de deixar a escola, Andrew passou por uma grande dificuldade. Ele sempre foi trabalhador. Sentia-se mais feliz quando estava ocupado — tirando o lixo, lavando roupa, passando aspirador. Jan analisou dez programas estatais para adultos com deficiência e não gostou de nenhum, mas mesmo assim o inscreveu num deles, pois ele precisava estar em algum programa.

Foi uma decepção. A organização era ruim, e o programa não estava preparado para enfrentar os desafios de Andrew. Seu comportamento regrediu, mas Jan e Bob continuaram com a expectativa de uma melhora. Isso não aconteceu, e, por fim, eles o tiraram do programa e se organizaram para que ficasse em casa, onde Jan administrava seu tempo e seu trabalho. Um instrutor de habilidades para a vida o ajudou a desenvolver um comportamento apropriado para o local de trabalho e o ensinou a cumprir tarefas cotidianas, como fazer compras e pegar um ônibus. Quando tinha vinte e tantos anos, ele trabalhou por meio expediente num supermercado, buscando os carrinhos deixados no estacionamento.

Com trinta e tantos, Andrew ainda mora com os pais, que acreditam que a chave para garantir sua qualidade de vida é permanecerem abertos a novas possibilidades. Ele se utiliza de serviços para adultos num modelo adequado a ele, que lhe permite tomar, com o apoio apropriado, muitas decisões que lhe dizem respeito. Para se divertir, pratica canoagem, surfe terapêutico, ioga adaptada, tênis e faz pinturas em aquarela. Depois de passar muitas horas por semana com uma terapeuta que o ajudou a desenvolver habilidades laborais, ele começou a trabalhar em algo que lhe agrada: abastece prateleiras numa loja Dollar Tree. E, com a ajuda de apoios visuais, continua aprendendo. Seus problemas aumentam quando se entedia ou quando não está focado em alguma coisa ou fisicamente ativo. Sua linguagem continua melhorando, e ele vem fazendo mais perguntas e iniciando mais conversas do que antes.

Avaliando o passado, Bob admite que demorou um pouco para fazer as pazes com o fato de ter um filho no espectro do autismo, aceitar que ele não jogaria na liga infantil de beisebol, não aprenderia a dirigir e provavelmente não formaria família. "Quando finalmente superei tudo isso, aceitei-o como ele é, e estou orgulhoso da pessoa que se tornou. Se lhe dão uma oportunidade, ele a aproveita ao máximo", ele conta.

Há alguns anos, ele começou a chamar sua irmã Allie de "Alliecat", e agora acrescenta o sufixo *"cat"* aos nomes de muitas meninas e mulheres, sinal de que se sente à vontade com elas. Chama os salgadinhos de *"crunch stars"*, expressão que ouviu há muitos anos num comercial do cereal Lucky Charms. E, quando sente que deve pedir desculpas, às vezes, diz *"Never touch mom!"*,[19] expressão que, segundo Jan, se originou por causa da forma como ela reagia quando ele se mostrava violento no início da adolescência.

Ele também tem um lado travesso, que o torna ainda mais querido. Quando anda de carro com uma das mentoras que o acompanham, às

---

19. Nunca toque na mamãe. (N.E.)

vezes, ele introduz, brincando, tampas de garrafa nas saídas de ar, para ver como ela reage.

Jan se lembra de que, quando era nova, era o tipo de pessoa que ouvia uma criança chorando no supermercado e se perguntava o que havia de errado com os pais. Isso passou. "Andrew me ensinou a ser paciente", ela diz, "e que as coisas boas nos vêm de diferentes formas".

Por mais que o autismo determine o modo como Andrew percebe o mundo, ela gosta de observar que ele não é só isso. "Ele não é o autismo dele. É um ser humano incrível."

## A FAMÍLIA CORREIA: "ELE ME ENSINA A VIVER"

Quando percebeu pela primeira vez que o filho Matthew talvez fosse autista, a primeira reação de Cathy Correia foi o medo.

Logo depois de se formar, Cathy supervisionava os funcionários de um ateliê de joias onde adultos autistas e com outros problemas de desenvolvimento separavam peças de joalheria. Alguns desses funcionários tinham passado a vida internados, um destino que ela não queria imaginar para o filho.

"Quando começaram a usar aquela palavra para definir meu filho, pensei: 'O que vão fazer com ele?'", ela se lembra. "Foi a minha reação emocional."

Não que ela já não suspeitasse desde muito cedo que Matt, o mais novo de dois filhos, tivesse dificuldades. Entre 1 e 2 anos de idade, Matt estava começando a falar e expressava com facilidade suas necessidades básicas, mas não conversava do jeito que Cathy considerava normal. Em vez de falar espontaneamente, ele repetia tudo o que ouvia. Ficava em pé diante da televisão, aparentemente sem perceber que seu irmão estava tentando assistir aos desenhos. Quando tratou do assunto com um pediatra, no entanto, o médico sugeriu que ela não se apressasse a chegar a uma conclusão até que Matthew estivesse na pré-escola e interagisse de um modo mais rotineiro com outras crianças.

Bastaram dois meses de pré-escola para que as professoras notassem suas dificuldades. Numa conversa com Cathy e o marido, David, disseram que Matt quase nunca brincava com as outras crianças. Em vez disso, ele se ocupava de atividades solitárias e repetitivas e batia os braços quando estava ansioso. Embora o casal não se surpreendesse com as descrições das professoras, a ideia do autismo não lhes passara pela cabeça. O filho de uma vizinha, alguns anos mais velho, tinha recebido o diagnóstico de autismo, mas aquele menino não falava nada em absoluto. Matt, por sua vez, era um tagarela e, com frequência, repetia o que os pais diziam.

Quando um médico lhe deu o diagnóstico de transtorno global do desenvolvimento (o termo que, então, se usava para o transtorno do espectro autista), os pais reagiram de maneiras diferentes, porém complementares. David acreditava que o diagnóstico era preciso, mas queria esperar para ver como Matt progrediria. Já Cathy imediatamente buscou contato com outros pais e grupos de autismo para tentar obter todo o apoio e todas as informações que pudesse.

Quando via as dificuldades do filho, ela se consolava estabelecendo contato com outras mães. Às vezes, Matt ficava tão frustrado por não ser capaz de se comunicar que começava a arranhar os pais e outras pessoas. Se chegava a hora de sair e ele não estava pronto, desafiava os pais, debatendo-se e agitando os braços. Nas reuniões de família, ele às vezes atacava os primos com os braços e as unhas. Felizmente, a maioria dos parentes reagiu de forma amorosa, dando-lhes apoio.

Traci, a professora de Matt na primeira e na segunda série, recém-contratada pela escola pública em que ele estudava (que não era uma escola para alunos especiais), dotada de uma capacidade natural de extrair o melhor de seus pupilos e encontrar o melhor jeito de envolvê-los, também foi muito receptiva e calorosa. Nos primeiros dias da 1ª série, Matt chorava o dia inteiro, mas Traci lhe dava apoio e tinha consideração pelas coisas que lhe importavam. Uma vez, quando ele se queixou de ter tido um pesadelo, ela deixou, a pedido dele, que encenasse o pesadelo com os colegas de classe, processo que lhe permitiu deixar para trás o medo.

Quando se lembra de como as coisas aconteceram, David recorda que havia dois Matts: o menino fechado e frustrado antes de conhecer Traci e o menino mais feliz e expressivo que depois desabrochou. Sua experiência de pai acompanhou em paralelo esse desenvolvimento. "Foi muito difícil para mim, quando ele era pequeno, mas, quando passou para o 'outro lado', foi uma experiência totalmente diferente."

Outra professora apresentou à família a técnica de usar escovas macias para massagear o corpo de Matt a fim de amenizar as dificuldades táteis e sensoriais. Às vezes, isso funcionava.

Em outros aspectos, a educação de Matt mostrou-se decepcionante e foi uma infinita fonte de desafios, sobretudo depois da 2ª série. Em vez de identificar e aproveitar seu estilo especial de aprendizado, os professores se contentavam com uma abordagem igual para todos. Como muitas crianças no espectro, ele já era capaz de decodificar o alfabeto — ler as palavras mecanicamente — na mesma época que seus colegas, mas sua compreensão sempre esteve muito abaixo da deles.

Cathy se frustrou com os professores, que davam muita ênfase aos problemas de comportamento e aprendizado do filho em vez de buscar seus pontos fortes. Não a agradava o uso excessivo de estratégias de mudança de comportamento, por meio das quais o filho era recompensado e castigado — na opinião dela, essa abordagem mais estressava Matt que o ajudava.

Os esforços contínuos de Cathy para instruir-se sobre o autismo deram resultado. Numa conferência sobre autismo, ela assistiu a um documentário sobre o modo como frustrações menores e invisíveis vão se acumulando numa criança, levando-a, enfim, a revoltar-se ou a manifestar comportamentos problemáticos. No documentário, os professores reagiam de um jeito que provocava ainda mais estresse e desregulação na criança. Ela pensou imediatamente no tique que Matt começara a apresentar, enrolando mechas de cabelo nos dedos com tanta frequência que chegava a arrancá-las. "Quando vi aquele documentário, percebi que nada daquilo era culpa dele", ela conta. "O que causava o descontrole era a situação."

Poucos dias depois, Cathy solicitou uma reunião com a psicóloga da escola e compartilhou sua descoberta. Ela sugeriu uma série de mudanças no cronograma de Matt e na abordagem da escola, para ajudar a aliviar o estresse e aumentar sua capacidade de autorregulação. A psicóloga e os professores tiveram a atitude de se mostrar dispostos a fazer mudanças. Matt foi bem mais feliz no ensino médio. Estava matriculado num instituto colaborativo de educação especial e continuou por mais três anos num programa cujo objetivo era apoiar a transição para a idade adulta.

Cathy foi aumentando sua compreensão e seu conhecimento sobre o autismo, filtrando continuamente aquilo que aprendia em busca de coisas que, em sua opinião, pudessem ajudar Matt a se comunicar e a se regular. Enquanto isso, David tomou o caminho oposto, evitando categoricamente quaisquer palestras, informações ou textos sobre o tema. "Nunca li nem um *parágrafo* sobre autismo, muito menos um livro", ele diz. "Não porque não quisesse aprender, mas por estar determinado a me concentrar mais no meu filho do que no diagnóstico. Desde o começo, eu só queria interagir com Matt e confiar em meus instintos."

Quanto mais ele fazia isso, mais ia descobrindo um jovem muito especial — inocente, bondoso, amoroso e desejoso de estabelecer vínculos com os outros, do seu jeito. Encantava os amigos e conhecidos com seus entusiasmos: o tempo, os relógios, o calendário e os esportes (sobretudo os que tinham medida de tempo, como o futebol americano). O menino que se sentia tão mal e era tão agitado na pré-escola se tornou um adolescente e um jovem calmo, tranquilo e, dentro de certos limites, capaz de fazer tudo sozinho sem grande estresse. Cathy o acompanhou a uma homenagem póstuma a um dos diretores de escola que Matthew conhecera. Ela se lembra: "Ele envolveu os presentes apertando a mão de todos, cumprimentando efusivamente as pessoas e compartilhando com elas as suas lembranças...".

Em vários aspectos, ele se tornou autossuficiente. É capaz de entrar numa lanchonete da rede Subway, escolher os ingredientes do sanduíche e pagar. Conhece de cor as prateleiras do supermercado do bairro, o que ajuda muito a família na hora das compras. Em casa, mantém seus pertences organizados e participa do planejamento das refeições, expressando com clareza suas preferências e reclamando com veemência com a mãe quando ela compra algo que ele não aprova. Usa o computador com habilidade e é o responsável pelos cronogramas da família.

Ainda tem dificuldades, embora não sejam tão debilitantes quanto no passado. A visão do cartaz de uma campanha de doação de sangue, por exemplo, pode deixá-lo ansioso, e nas conversas ele ainda tende a se concentrar nos próprios interesses. Também parece ter consciência de suas limitações, sejam estas reais ou impostas por si mesmo — sempre recusa quando lhe oferecem aulas de direção, apesar de seu notável senso de direção e de saber tudo sobre carros.

"Matt sabe o que serve para ele e o que não serve", diz Cathy. "Não tentamos limitá-lo, mas ele parece saber o que é capaz e o que não é capaz de fazer."

Compreender o impacto do autismo, porém, é outra questão. No último ano do ensino médio, eles ficaram sabendo que a professora de Matt queria promover uma discussão sobre o autismo em sala de aula. O casal conversou sobre como lidar com isso e optou por pedir que Matt fosse dispensado dessa aula. Cathy sentia que tinha o dever de explicar a Matt por que ele nunca pegava o mesmo ônibus escolar que seu irmão e por que coisas que para os outros eram fáceis eram difíceis para ele, mas nunca lhe disse "você é autista". A professora argumentou que a compreensão do diagnóstico seria importante para ele no futuro, para que pudesse defender os próprios interesses em situações de emprego e em outras. Para os pais, essa tese era superada pela teoria de que a consciência de seu diagnóstico poderia dar ao filho a ideia de que havia algo de errado com ele. "A pessoa não *é* o diagnóstico", diz David. "Não devemos interagir com nossa *teoria* de quem ele é. Devemos interagir com *a pessoa* que está diante de nós."

Quando discute com Matt sobre suas dificuldades, Cathy fala de fatos objetivos para ajudá-lo a compreender por que às vezes ele precisa de mais ajuda que as outras pessoas. Agora, com trinta e poucos anos, Matt já fala com muito mais liberdade sobre seus pontos fortes, seus pontos fracos e seu autismo. Ele amadureceu a capacidade de compreender sua situação e defender os próprios interesses e, frequentemente, faz perguntas e demonstra seus sentimentos de modo saudável e positivo. Ele participa do Miracle Project da Nova Inglaterra, programa de teatro e artes expressivas que ajudei a fundar, e compartilha de bom grado suas ideias e sua criatividade.

Também frequenta um programa focado em atividades comunitárias, como entregar refeições dentro do bairro, e participa de aulas de exercícios físicos e excursões recreativas. É admirado pelos funcionários e adquiriu a reputação de ser compassivo e paciente, sobretudo por aqueles que têm bastante dificuldade para se comunicar.

Quanto ao futuro, a família não está com pressa de que Matt vá morar sozinho, nem ele parece estar ansioso para enfrentar o mundo. Os pais adoram mantê-lo em casa, e Matt, por sua vez, gosta de interagir socialmente com os diversos amigos da família.

Quando se lembra de seu trabalho com indivíduos que têm deficiências de desenvolvimento, Cathy se lembra de ter tido a forte sensação de que as pessoas com melhor qualidade de vida eram as que moravam em casa com a família. Por enquanto, ela e David estão contentes por poder oferecer a Matt essa opção, pois eles obtêm muitas recompensas em troca. "Viver com ele é uma avenida de mão dupla", diz David, que afirma ter aprendido com o filho a ser generoso, sincero e animado. "Ele me ensina a viver todos os dias."

## A FAMÍLIA DOMINGUE: "TEMOS DE SEGUIR NOSSO INSTINTO"

Uma das lembranças mais amargas de Bob Domingue tem a ver com seu filho Nick, numa época em que o menino tinha 4 anos. Ele falava, mas, às vezes, se fechava e ocasionalmente tinha extrema dificuldade para se comunicar. Uma especialista em patologias da fala e da linguagem dissera a Bob e Barbara, sua esposa, que era importantíssimo estimular Nick a usar palavras sempre que possível. Numa tarde, na cozinha, Nick chegou perto do pai, pegou-o pela mão e o levou até a geladeira.

— O que você quer, Nick? — perguntou Bob.

Em silêncio, Nick colocou a mão do pai sobre a porta da geladeira.

— O que você *quer*? — repetiu Bob, seguindo o conselho da terapeuta.

Com muita dificuldade, Nick disse apenas uma palavra:

— Porta.

Bob sabia exatamente o que o filho queria: um copo de suco. Mas insistiu, tentando obrigar Nick a usar palavras. Nick só grunhia.

— Quer *leite*? — disse o pai, levantando a caixinha de leite.

Nick grunhiu e sacudiu a cabeça.

Bob mostrou-lhe um pote de picles:

— Quer *picles*?

Nick, frustrado e abatido, franziu a testa, foi até o canto da cozinha, sentou-se e começou a chorar baixinho.

Décadas depois, a lembrança desse momento ainda chateia Bob e Barbara. "Ele estava se *comunicando*. Por que o submeti àquilo?", pergunta Bob. "Foi absolutamente desnecessário."

Barbara disse que a lição ficou clara: com relação ao filho, deviam confiar no próprio instinto. "Se nós, como pais, sentimos que devemos fazer algo, é isso que devemos fazer", ela diz. "Precisamos seguir nosso instinto."

Essa intuição ajudou a família durante uma jornada de três décadas marcada por desafios, tragédias e surpresas.

A jornada começou quando Nick, o segundo dos três filhos dos Domingues, ainda não tinha 2 anos e parecia ter problemas de audição. Ele não respondia quando o chamavam pelo nome nem reagia a ruídos súbitos, como o bater de palmas ou o ruído de panelas. No entanto, se a mãe, na cozinha, gritasse "pirulito!", ele ia correndo.

Também se habituou a alinhar brinquedos. Agitava os bracinhos e as mãos. Irritava-se com facilidade, gritando sem motivo aparente. Certa vez, mordeu a irmã, Bethany, no ombro com tanta força que chegou a sangrar.

Nick tinha pouco mais de 2 anos quando um psicólogo diagnosticou seu autismo. O casal não sabia muito sobre o assunto, mas, talvez

## PARTE II: A VIDA NO ESPECTRO DO AUTISMO | 221

pelo fato de Barbara ter sido criada com um irmão cego e de um irmão de Bob ter atrasos de desenvolvimento, eles não passaram muito tempo se lamentando. Barbara começou a investigar o tema imediatamente, lendo tudo o que pudesse sobre o assunto e até assediando autores e especialistas pelo telefone em busca de conselhos. Encontraram profissionais solidários e fizeram contato com outros pais de crianças autistas por meio de um programa de acolhimento em tempo integral que ajudei a implantar no Bradley Children's Hospital em Providence, em Rhode Island.

Apesar de todo o apoio, Nick ainda tinha de enfrentar desafios consideráveis. Incapaz de se comunicar regularmente por meio de palavras, às vezes, caía numa profunda frustração. Arranhava os pais frequentemente e, certa vez, rasgou a córnea do olho direito de Bob. Também tendia a sair correndo. Um dia, Barbara saiu da sala onde eles estavam assistindo a desenhos animados e, quando voltou, ele tinha sumido. Não foi encontrado em lugar nenhum da casa. Ela correu para fora, em pânico, pois ele poderia se afogar caso fosse até um lago que havia na vizinhança. Felizmente, um desconhecido o encontrou antes de ele chegar ao lago; desconfiado de que havia algum problema, ficou com o menino até Barbara aparecer.

Nick se comunicava, sobretudo, por ecolalia. Às vezes, surpreendia os pais, proferindo uma frase anormalmente complexa, mas Bethany, a irmã mais velha, contextualizava o acontecido, identificando o diálogo de televisão que ele estava ecoando.

Desde o início, Bob entendeu que manter o bom humor e tornar a vida divertida eram fundamentais para o desenvolvimento de Nick. Percebendo que a atividade física o acalmava, Bob criou uma brincadeira chamada "Para e vai!", em que as crianças corriam pela sala até que ele as mandasse parar no lugar onde estavam. Bob também descobriu que, quando brincava de cócegas com Nick, ele se tornava mais aberto à interação social. Assim, aproveitava essas oportunidades para fortalecer o vínculo entre eles e ensinar novas habilidades.

Quando chegou a época de ele ir à escola, a família mudou de Fall River para Swansea, em Massachusetts, sobretudo porque Barbara sentia que o distrito escolar da cidade poderia oferecer-lhes os melhores serviços. Tanto Barbara quanto Bob haviam frequentado escolas católicas e sempre pensaram que os filhos deveriam fazer o mesmo. Matricularam Nick numa escola católica, onde ele era um dos poucos alunos com deficiência. Para ajudá-lo, a professora montou uma área fechada por cortinas num canto da classe para a qual Nick, quando se sentisse superestimulado, poderia retirar-se e ouvir música com fones de ouvido.

Embora tivesse dificuldades algumas vezes, também se deu muito bem em certas matérias. Ele ia tão bem em matemática que os colegas o procuravam em busca de ajuda. No ensino médio, às vezes, era vítima de *bullying*. Um dia, foi chamado à sala do diretor por ameaçar outro aluno no banheiro dizendo "... te dou um murro na boca!". Descobriram, depois, que ele estava apenas repetindo algo que ouvira, e Bob teve de corrigi-lo. "*Nós* entendemos, Nick", ele disse ao filho, "mas, quando você diz isso a alguém, a pessoa pensa que você vai bater nela!".

Desde muito cedo ele sentiu atração por videogames. Na 2ª série, escreveu sobre si mesmo: "Se eu pudesse, gostaria de viver num videogame. Me sinto mais feliz quando estou jogando Nintendo!". Quando ele tinha uns 8 anos, Barbara notou que havia desenvolvido o hábito de pôr as mãos diante dos olhos, formando uma espécie de grade com os dedos. Quando ela perguntou por que ele fazia isso, Nick respondeu que o gesto o ajudava a inventar labirintos, fazendo com que personagens imaginários, que ele chamava de "criaturas *estimulantes*", os percorressem em sua mente.

"Se tivéssemos eliminado esse gesto, teríamos eliminado um processo criativo", diz ela. "O comportamento talvez fosse estranho, mas perguntamos por que ele fazia aquilo e Nick conseguiu explicar."

Quando ele estava na 8ª série, de repente, uma tragédia se abateu sobre a família Domingue. Eles estavam voltando para casa depois do jantar de aniversário de Nathan, irmão mais novo de Nick, quando um motorista de caminhão ignorou o sinal vermelho e bateu no carro da família, um Corolla branco, provocando uma lesão traumática no cérebro de Bethany apenas duas semanas antes de ela fazer 16 anos. Depois de passar quase um ano no hospital e em reabilitação, ela sobreviveu, mas estava paralítica e quase incapaz de se comunicar.

Embora os irmãos tenham escapado ilesos, Nick regrediu enquanto Bob e Barbara se concentravam na recuperação de Bethany. Lutando para entender o destino da irmã, Nick escreveu uma carta para Deus. "A coisa pela qual mais quero agradecer-lhe é a vida da minha irmã", ele escreveu. "Ela sempre foi compreensiva e bondosa comigo. Se eu pudesse ter uma única pessoa comigo no mundo, escolheria minha irmã Bethany."

Mais tarde, ele teve dificuldades para se livrar da dolorosa memória do acidente. Antes da colisão, Bob esperava que um dia o filho adquirisse

PARTE II: A VIDA NO ESPECTRO DO AUTISMO | 223

a carteira de motorista, mas, quando Nick começou a dirigir, sofria acessos de pânico tão intensos, desencadeados por lembranças do acidente, que a família desistiu da ideia.

Mesmo assim, Nick foi atrás do sonho de criar videogames — ele fez três cursos universitários para se formar em programação e *design* de jogos de computadores. Para se deslocar, ele dominou o sistema de ônibus decorando os horários e os mapas. Na primeira vez em que saiu sozinho, Bob foi de carro atrás do ônibus, só para ter certeza de que Nick faria a baldeação corretamente.

Quando Bob e Barbara iam ver o que o filho estava fazendo no quarto, às vezes, o pegavam alinhando objetos ou andando em círculos. Se dissessem que ele deveria estar fazendo a lição de casa, Nick insistia em afirmar que era isso o que estava fazendo.

"Ele estava processando...", explica Bob. "O comportamento de andar em círculos e alinhar objetos não era algo de que tínhamos de nos livrar. Era um instrumento do qual ele se utilizava que o ajudava a pensar."

Quando terminou a faculdade, a tecnologia dos jogos já tinha mudado tanto que boa parte do que ele aprendera já estava obsoleta. E, como não gostava dos novos jogos em 3D, Nick perdeu o interesse pelo assunto.

Ele ainda mora com os pais. Fala baixo, é compassivo e discreto. Em comparação com a época da juventude, quando se movimentava demais e facilmente perdia o controle, agora, já adulto, ele tem uma profunda consciência dos sentimentos das pessoas ao seu redor. Trabalhou em meio período durante anos vendendo ingressos num cinema, onde seu pensamento inflexível e sua adesão às regras, às vezes, tinham bons resultados. Numa ocasião, Nick impediu um cliente de entrar para ver um filme proibido para menores de 17 anos, pedindo obstinadamente que ele apresentasse um documento de identificação com data de nascimento. Na verdade, o cliente era um alto executivo disfarçado, que elogiou seu trabalho.

Também trabalhou em tempo parcial como contador da Community Autism Resources (CAR), associação sem fins lucrativos fundada e dirigida por sua mãe, que fornece programas e assistência a milhares de famílias no sul da Nova Inglaterra. Nesse caso, novamente, sua meticulosidade e sua adesão às regras tiveram bons resultados, e ele demonstrou interesse em obter um diploma em contabilidade. Ele também ajuda cuidando da irmã, que antes cuidava dele. Fazer tudo isso nem sempre é fácil, pois Nick admite que é complicado se lembrar de determinadas coisas. No entanto, os apoios visuais o auxiliam.

Nick diz ter a esperança de usar o dinheiro que está ganhando para obter alguma estabilidade financeira e afirma ter medo de perder os pais. Barbara e Bob, por sua vez, têm dificuldade de imaginar o que será de seus filhos quando eles envelhecerem. Embora Nick seja adulto, eles ainda têm medo de que as "palavras cruéis" de alguém possam feri-lo.

Barbara se lembra de uma das primeiras vezes em que tentou falar com outra mãe para pedir conselhos sobre como criar um filho autista. Alguém lhe dera o número de um grupo de defesa dos direitos dos autistas, e Barbara disse à mulher que atendeu ao telefonema que seu filhinho de 3 anos havia recebido pouco tempo antes esse diagnóstico.

"Meu filho tem 8 anos", disse a mulher. "Tudo vai dar certo."

Não é muito diferente dos conselhos que Barbara e sua equipe de pais e profissionais dão hoje em dia na CAR: um dia de cada vez, primeiro um passo e depois outro. Pense no futuro, mas não se fixe num único plano. Se alguém sabe disso, com certeza, é a família Domingue.

## A FAMÍLIA CANHA: "É PRECISO ENTRAR NAS TRINCHEIRAS E FAZER ACONTECER"

De vez em quando, Maria Teresa ainda assiste à fita de vídeo que mostra uma reunião de família de uma época em que seu filho Justin tinha 2 anos. Segurando um pedaço de pau, ele caminha a esmo, aparentemente sem prestar atenção nos primos e em mais ninguém. Mesmo quando Maria Teresa e Briant, então seu marido, o chamam pelo nome, Justin não olha para cima.

É difícil acreditar que aquele menininho distante e silencioso cresceu e se tornou o Justin de hoje: extrovertido, animado, divertido, um artista consagrado que adora ensinar crianças a desenhar e pintar.

Essa transformação teve muito a ver com seus pais, que acolheram e encorajaram sua personalidade estranha e singular — e, quando necessário, movimentaram as pessoas ao redor do filho para ajudá-lo a aproveitar a vida ao máximo.

Justin, o mais novo de dois filhos, se desenvolveu de forma típica mais ou menos até os 2 anos de idade, quando perdeu a maior parte da linguagem que já havia adquirido e começou a se *desligar* do mundo.

"De repente", diz Maria Teresa, "voltamos à estaca zero!".

Um médico disse aos pais que Justin não tinha autismo, mas, sim, transtorno global do desenvolvimento. Em retrospectiva, Maria Teresa vê esse diagnóstico como um desserviço. "Levei um ano para descobrir que ambos eram a mesma coisa."

Não muito tempo depois, os pais e o filho foram ao meu consultório, na época, localizado no Emerson College de Boston. Descobri que, embora não reagisse muito às pessoas, Justin era curioso, alerta e concentrado. Confirmei que estava no espectro do autismo, mas disse aos pais que seu potencial seria ilimitado desde que trabalhassem para lhe dar o apoio adequado e mantivessem expectativas elevadas — uma abordagem que Briant hoje resume nas palavras "muito apoio, muitas exigências".

Na Bélgica, no entanto, para onde a família havia se mudado em virtude do trabalho de Briant, eles não encontraram a assistência de que precisavam. A escola internacional de Justin oferecia pouco apoio, e Maria Teresa foi se sentindo cada vez mais solitária e desanimada, perguntando-se se um dia o filho aprenderia a falar.

Buscando maneiras de acessar Justin, Briant empregou seu talento artístico criando roteiros e gravando-os em vídeo para ensinar habilidades básicas como ir ao banheiro e evitar situações perigosas. Justin reagiu de imediato, de um jeito que eles não haviam imaginado. "Percebi, então, que Justin era inteligente", lembra-se Briant. "Quando conseguíamos descobrir como dar forma à informação e colocá-la em sua cabeça, ele a entendia de imediato."

Mesmo assim, os Canha sabiam que precisavam de muita assistência para ajudar Justin a ser tudo o que podia ser na vida. Como não encontravam essa assistência na Europa, voltaram para os Estados Unidos, estabelecendo-se próximo a seus familiares, no estado de Rhode Island. Ali matricularam Justin num programa de inclusão na escola pública que se revelou decepcionante depois de alguns anos. Na opinião deles, os professores não encaravam Justin como parte da classe, mas o ensinavam de forma isolada. E o auxiliar que lhe fora destacado, embora tivesse uma formação impressionante, não se interessava por ele pessoalmente.

Essa decepção trouxe consigo uma lição: os profissionais mais eficazes eram os que mais investiam em Justin. "Pouco me importava a formação e a preparação deles", diz Maria Teresa. "Se acreditassem em Justin e trabalhassem com ele com entusiasmo, ensinando-o de acordo com os interesses dele, isso o contagiava."

Depois de várias tentativas frustradas de encontrar pessoas desse tipo nas escolas públicas de Rhode Island, a família se mudou de novo, dessa vez, para Montclair, em Nova Jersey, onde encontraram uma escola comprometida com a inclusão de crianças com deficiências e decidida a fornecer um nível adequado de apoio. Nesse ambiente favorável ao crescimento, a personalidade de Justin se revelou: seu humor encantador, seu amor pelos animais, seu forte compromisso com o trabalho, o desejo de agradar os pais e professores, o amor pela família. Desde muito cedo, ele adorava dar e receber abraços.

Mesmo antes de saber falar, Justin já desenhava. Com o tempo, ficou claro para os pais que ele teria seu potencial desenvolvido se conseguissem alimentar seu notável talento artístico. Passava horas incontáveis desenhando personagens de desenhos animados (seus prediletos eram os da Vila Sésamo, da Disney e da Looney Tunes) e, quando começou a falar, falava sobretudo a respeito deles. Essa capacidade recém-adquirida poderia ter se tornado um mero *hobby* se não fosse por Maria Teresa, uma defensora obstinada, mas criativa, que explorou todos os caminhos possíveis em busca do que pudesse beneficiar o filho.

"Para promover a mim mesma, sou tímida", diz ela, "mas, para falar das habilidades de Justin, não tenho timidez alguma".

Para alcançar seus objetivos, ela procurou e encontrou uma tutora de artes, Denise Melucci, que descobriu meios de conduzir Justin, então com 10 anos, para além de sua zona de conforto. Denise conseguiu convencê-lo a deixar de reproduzir somente personagens de desenho animado e a entrar no mundo mais ambicioso das figuras humanas e das paisagens (ver capítulo 7). Maria Teresa também foi atrás de dedicados e eficazes tutores de habilidades sociais, terapeutas ocupacionais e outros profissionais, a fim de maximizar o potencial do filho.

"Os pais mandam o filho para a escola e pensam que lá estão cuidando de tudo, mas não é assim que as coisas acontecem", ela diz. "É preciso ter um objetivo em mente e entrar nas trincheiras para fazê-las acontecer."

Durante os anos do fundamental II, Justin pôde contar com o apoio de uma auxiliar em seu programa de inclusão na escola pública. Ele participou de um programa inovador de transição para a idade adulta, aplicado depois do ensino médio e coordenado pela Montclair High School, no qual alunos antes matriculados na educação especial aprendiam a comprar comida, usar o transporte público e adquirir experiência de emprego por meio de estágios. Nas oficinas de habilidades sociais, os alunos aprendiam como se comportar nas entrevistas de emprego e, depois, em meio aos colegas de trabalho.[20]

Nesse processo, Justin começou a buscar um modo de alcançar seu objetivo de longo prazo: sustentar-se de forma independente, vendendo suas obras e ensinando artes. Já estava a caminho disso com vinte e poucos anos, sendo representado pela Galeria Ricco Maresca, de Nova York, que vendia suas pinturas e seus desenhos a carvão e patrocinava suas exposições. Justin também começou a se apresentar como voluntário para ensinar artes em diversos contextos, tanto para crianças neurotípicas quanto para crianças autistas. O mercado de artes, no entanto, é famoso por sua instabilidade; quando Justin saiu do programa de transição, aos 21 anos, ainda não havia conseguido um emprego fixo.

Isso não diminuiu sua determinação. Embora continuasse morando com os pais, ele percorria toda a região de Nova York de transporte público. Com frequência, recusava caronas, pois fazia questão de ser autossuficiente.

No início, os pais se concentraram em encontrar empregos que exigissem pouca interação social, pois sabiam que isso era algo difícil para Justin. Ao trabalhar numa gama variada de padarias, no entanto, ele começou a buscar oportunidades para interagir com os clientes. Em sala de aula, ele brilhava. Desenvolveu suas habilidades de ensino de artes para alunos do ensino fundamental I em Montclair e numa escola de Nova York que atende crianças autistas. Também começou a ganhar dinheiro projetando e decorando bolos de aniversário e trabalhando em festas de aniversário de crianças, atendendo aos pedidos de desenhos dos convidados. Começou também a dar palestras para grandes públicos, onde encanta os membros do auditório. Quando alguém lhe faz uma pergunta de que não gosta, ele usa de sua habitual franqueza e sinceridade e grita: "Próxima pergunta!".

Nesses ambientes, segundo seus pais, a maioria das pessoas que conhecem Justin fica fascinada com sua personalidade encantadora. Animado e sociável, ele gosta de cantar baixinho músicas da Disney e tende a usar uma linguagem inventiva e descritiva. Quando alguém o aborrece, ele diz que a pessoa "precisa ser subtraída". Quando sua mãe lhe perguntou sobre relacionamentos futuros, Justin lhe disse

---

20. Justin e o programa foram tema do artigo "Autistic and Seeking a Place in an Adult World", publicado na edição de 17 de setembro de 2011 do *The New York Times*.

que não tem planos de se casar, "pois o casamento é muito complicado". Na opinião do pai, a presença cativante do filho é paradoxal. "Acabamos percebendo que seu ponto mais forte é a capacidade de se comunicar com outros seres humanos", ele diz. "Ainda estou tentando entender isso."

Ansioso para se tornar mais independente agora que está se aproximando dos 30 anos, Justin tomou uma decisão importante: mudou-se primeiro para um apartamento com seu irmão e, depois, para um edifício subsidiado pelo governo, que abriga tanto idosos quanto pessoas com deficiência, onde recebe um apoio periódico. Entusiasta dos animais desde a infância, Justin desfruta da companhia de Tommy, seu gato.

Embora não dirija, ele faz uso sozinho do transporte público e do transporte de passageiros por aplicativo. Além de trabalhar na confeitaria, é voluntário numa reserva em Nova Jersey, onde prepara comida para os animais resgatados. Também atua como guia nesse mesmo local, partilhando seu entusiasmo pelos animais.

Por mais que atue no mundo, Justin também gosta de relaxar sozinho, jogar no computador, ouvir música e "falar sozinho", repetindo incansavelmente cenas de filmes e pedaços de conversas que lhe passam pela cabeça. Quando está na casa da mãe, não é incomum que Maria Teresa ouça de repente uma voz alta e aguda vinda do andar de cima: é Justin, representando mais uma cena em que está pensando.

Seus pais compreendem que isso faz parte da vida no espectro autista. Briant admite que, no passado, dedicava mais esforços para ajudar Justin a se encaixar nas situações sociais, dando preferência a ambientes em que ele pudesse ficar na companhia de colegas neurotípicos para aprender com base em seus modelos de comportamento. Com o tempo, esse tipo de objetivo começou a parecer menos alcançável, mas, também, menos importante. Foi o que Briant percebeu sobretudo há alguns anos, quando ele e Maria Teresa viajaram com Justin para Los Angeles, onde ele ia trabalhar junto a Dani Bowman, uma artista dentro do espectro autista que tem sua própria empresa de animação e havia contratado Justin para criar roteiros. No começo, os Canha tinham a expectativa de desempenhar um importante papel de mediação na comunicação e no relacionamento entre Justin e Dani, mas logo observaram que os dois artistas com autismo tinham uma linguagem própria e uma forma própria de trabalhar juntos, de modo que não precisavam de assistência.

Para os pais, foi ao mesmo tempo uma honra e uma coisa notável ver o filho — que outrora vagava a esmo entre os priminhos, indiferente ao mundo — agora plenamente envolvido com o mundo e dono de si.

"Quando alguém conhece Justin, percebe de imediato que ele é diferente", diz Briant. "E ele alcançou o sucesso não apesar disso, mas por causa disso."

# PARTE III
## O futuro do autismo

# CAPÍTULO 11

## RESSIGNIFICAR A IDENTIDADE AUTISTA

Eu estava tentando passar desapercebido, mas Mikey me identificou.

Ainda não conhecia Mikey quando visitei sua sala da 4ª série, certa manhã, para observá-lo e ajudar os professores e funcionários da escola pública em que ele estudava a dar apoio a crianças no espectro. Estou acostumado a me integrar ao ambiente nesse tipo de visita. Assim, me acomodei numa cadeira pequena, própria para crianças, durante o intervalo do turno matinal. Ciente de que as crianças perceberiam a presença de um desconhecido, ao entrar com a turma, a professora sorriu e fez um gesto em minha direção explicando, como quem não quer nada, que eu estava lá para visitá-los e ver as coisas maravilhosas que eles estavam aprendendo.

Intrigado, Mikey olhava constantemente para mim enquanto eu tentava não dar na vista. Por fim, enquanto os colegas se encaminhavam para suas carteiras, ele correu até onde eu estava sentado. De olhos arregalados, ele disse: "Olá, doutor Barry. O senhor é o homem do autismo?".

Pego desprevenido, eu lhe disse que sempre ia visitar muitos alunos e que alguns deles eram autistas, sim. Nesse momento, ele começou a bater os braços e ficou na ponta dos pés. Com uma voz entusiasmada, ele disse: "Então, você veio *me ver*! *Eu* sou autista!".

Ele explicou que sua mãe lhe dissera que eu visitaria a escola para ver as crianças autistas. Segundo me contou, ser autista queria dizer que sua memória era boa, mas que, às vezes, quando se agitava demais, ele tinha acessos de nervosismo. Em seguida, me passou preciosas e detalhadas informações sobre seu time favorito de futebol americano, o New England Patriots, e o atacante que era a estrela da equipe.

Quando a professora de Mikey interveio e o levou de volta para a carteira, não consegui deixar de sorrir. Eu estava acostumado a ser discreto nessas situações, mas ali, bem à minha frente, havia uma criança alegre e encantadora que, aos 9 anos de idade, claramente já havia aprendido a assumir o fato de estar no espectro autista. Mikey não tinha nada a esconder e estava disposto a partilhar tudo.

Naquela manhã, Mikey me deu muito mais do que uma lição sobre jogadores de futebol americano. O jeito desinibido com que me cumprimentou me abriu a mente para as mudanças notáveis no modo com que os autistas têm passado a ver a si mesmos e o papel do autismo em sua vida. Cada vez mais, o autismo vem deixando de ser visto como algo a ser ocultado ou comentado em voz baixa e passou a ser visto como um elemento significativo de *quem o autista é*. Essa evolução de perspectiva ocorreu em grande medida porque as pessoas no espectro estão levantando a voz, desafiando suposições antigas e ressignificando o modo como os autistas veem a si mesmos.

Neste capítulo, vamos verificar como essa revolução, liderada por autistas, está ajudando as pessoas a enfrentar algumas questões importantes e essenciais e como essas mesmas questões estão sendo influenciadas. Por exemplo, quando e de que forma o autista deve saber sobre o próprio diagnóstico? Quais são os melhores meios pelos quais o autista deve revelar aos outros o próprio diagnóstico? O que significa assumir o autismo como identidade? Como o fato de ser autista se relaciona com os outros aspectos da identidade da pessoa? E o que podemos aprender a respeito disso tudo com um grupo especial de autistas autorrepresentados — os que não falam e usam meios de comunicação alternativa e aumentativa (CAA) para se comunicar — que agora estão "falando" por si?

## OS DOIS LADOS DA REVELAÇÃO

Uma das perguntas mais comuns que ouço dos pais é: qual é a melhor hora para contar a meu filho que ele está no espectro autista? Devemos usar a palavra autismo na presença do nosso filho? A questão também se refere aos adultos. Às vezes, manifestam-se opiniões conflitantes sobre o que se deve fazer ou dizer quando um indivíduo está no espectro ou foi diagnosticado mas ainda não tem consciência disso. Quando tocar no assunto? De que forma? Este é o primeiro lado da revelação: discutir o autismo com uma pessoa que talvez não tenha consciência de que é autista. O segundo lado: dada essa consciência, quando deve o autista revelar seu diagnóstico a outras pessoas que fazem parte de sua vida mas talvez não estejam cientes disso?

O modo como concebemos essas questões evoluiu junto ao nosso conhecimento e à nossa compreensão do autismo. Há décadas, o psicólogo Ivar Løvaas, que desenvolveu abordagens comportamentalistas com o objetivo de "recuperar" crianças sujeitas a uma doença que ele considerava "horrível", aconselhava os pais e profissionais a nunca discutir o autismo com seus filhos ou alunos. Sentia que faria mal à criança saber de seu diagnóstico. Até hoje, muitos pais hesitam em partilhar o diagnóstico com o filho ou se opõem a isso por medo de que o ato de rotular a criança possa de algum modo limitá-la, ou por sentirem (corretamente) que a criança tem uma complexidade muito maior do que a que pode ser definida por uma única palavra.

Defendo uma abordagem que foi descrita da melhor maneira possível por meu amigo Stephen Shore (ver capítulo 9), que está no espectro e é um famoso professor sobre esse assunto. Em vez de trabalhar *contra* o autismo, diz ele, devemos trabalhar *a favor*. Ou seja, em vez de focarmos primordialmente as dificuldades que acompanham o autismo, devemos dar ênfase aos pontos fortes que podem caracterizá-lo; não devemos nos perguntar o que a pessoa *não pode* fazer, mas o que ela *pode*.

Num painel que moderei dentro de uma conferência, Anita Lesko (ver capítulo 12), outra autista que representa a si mesma, disse: "Se você vai dizer a seu filho que ele é autista, faça-o de forma positiva, e não como esses profissionais que dizem 'Seu filho nunca fará tal e tal coisa!'. Apresente os pontos positivos, para que a criança possa dizer 'Olha só... isso que eu tenho é muito legal!'".

Mesmo que a pessoa tenha dificuldades significativas, sempre é possível identificar pontos relativamente importantes e qualidades positivas que possam ser destacadas.

Essa abordagem pode ajudar a informar sobre nossas decisões a respeito do primeiro lado da revelação — o processo de comunicar o diagnóstico ao próprio autista. Antes de perguntarmos *quando* devemos fazer essa revelação, vale a pena perguntar *por quê*. A melhor razão é que o conhecimento do diagnóstico pode ajudar a pessoa a entender a si mesma e elevar sua autoestima, visando a sanar suas dificuldades. Muitas vezes, à medida que vai adquirindo consciência social, a criança autista começa a se achar diferente de seus colegas e passa a ter dificuldade para compreender por que certas situações e alguns contatos sociais lhe parecem tão complicados. Outras crianças começam a questionar sua inteligência e suas capacidades, supondo que há algo de errado com elas. Um menino perguntava frequentemente à mãe: "Eu sou louco?". Em outros casos, a pessoa não tem autoconsciência suficiente para perceber essas diferenças ou preocupar-se com elas.

O diagnóstico — e a consciência dele — dá ao indivíduo um meio de compreender muitas dificuldades e o livra de se sentir fracassado ou responsável pelos desafios que enfrenta. Também deixa que a pessoa e a família façam contato com outros que tenham o mesmo diagnóstico e partilhem desafios semelhantes.

Vou falar claramente. Nunca conheci um autista que, ao saber sobre seu diagnóstico — ou ter tomado consciência dele com o tempo, às vezes por meio de autodiagnóstico —, sofreu uma experiência danosa ou negativa. É verdade, contudo, que as reações à revelação se distribuem num *continuum*. Alguns se lembram do momento em que de repente compreenderam as próprias dificuldades e se sentiram aliviados por entender que seus problemas não tinham sido causados por eles mesmos, mas, sim, por sua neurologia. Outros contam que a revelação mudou sua vida imediatamente para melhor, assinalando um novo começo: "Até que enfim me compreendo e não me culpo!". A maioria dos adultos no espectro conta que o diagnóstico ou o autodiagnóstico ou a revelação do diagnóstico proporciona uma sensação de consolo e dá início a um processo de eliminação de sentimentos negativos a respeito de si. Proporciona também uma supernecessária explicação para as dificuldades que enfrentam. Como observamos, também pode ajudar a pessoa a conhecer seus pontos fortes e suas qualidades positivas.

Quando é a melhor hora para tocar no assunto? Muitos pais evitam revelar o diagnóstico à criança em virtude de seus próprios medos ou por não compreenderem o termo autismo. É certo que, quando a criança começa a falar que se sente diferente de seus colegas ou pergunta por que enfrenta tanta dificuldade em coisas que para os outros parecem ser fáceis, é preciso falar do assunto. Quando a criança ou o adolescente faz comentários autodepreciativos, que refletem sua baixa autoestima, é importante discutir o diagnóstico. Se a criança se torna vítima de provocações ou de violência, a revelação pode ajudá-la a compreender por que veem seu comportamento ou sua aparência como diferentes. Quando a criança ou o adulto encontra outro autista, tem uma oportunidade para explicar os desafios ou as diferenças que eles podem ter em comum.

É importante não encarar a revelação como um veredito ou um objetivo em si, mas, sim, como um processo que varia de família para família e de indivíduo para indivíduo; não um acontecimento instantâneo, mas uma discussão que se desenvolve no decorrer de semanas, meses ou até anos. Não é necessário que essa "discussão" ocorra apenas, ou principalmente, por meio de palavras. Apoios visuais, como palavras escritas, imagens e ícones, figuras desenhadas espontaneamente durante uma conversa e livros apropriados para a idade podem ajudar. Stephen Shore recomenda um processo de quatro etapas que se desenrola no tempo e destaca os pontos fortes do indivíduo, ao mesmo tempo que reconhece as dificuldades que podem acompanhar o autismo. (No caso de um adulto ou de uma criança mais autoconsciente, o próprio indivíduo pode contribuir com as etapas de 1 a 3.)

> *Etapa 1:* Conscientize a criança dos pontos fortes e das qualidades positivas que a caracterizam.
>
> *Etapa 2:* Desenvolva uma lista dos pontos fortes e dos desafios da criança.
>
> *Etapa 3:* Sem julgar, compare os pontos fortes da criança com os de potenciais modelos, amigos e entes queridos.
>
> *Etapa 4:* Introduza o rótulo autismo para definir a experiência da criança e suas deficiências.

O próprio Stephen seguiu esse processo para revelar o diagnóstico a um adolescente de quem fora professor de música por muitos anos. Os pais não haviam tocado no assunto com o filho porque tinham a expectativa de que, com o crescimento, ele superaria os desafios que previam. No entanto, quando ele chegou à adolescência e suas diferenças se tornaram ainda mais patentes, pediram orientação e ajuda direta a Stephen. Na aula seguinte, Stephen começou a evidenciar os pontos fortes do jovem: música, *design* gráfico, computadores. Discutiram, então, seus desafios (evitando cuidadosamente o termo "pontos fracos"): fazer amigos, redação, esportes. Falar de "desafios" em vez de "pontos fracos" não é olhar o autismo com lentes cor-de-rosa, mas, sim, apresentá-lo de forma mais objetiva e menos negativa. Além disso, os desafios podem ser "superados"; o uso desse termo ajuda a combater os danos provocados durante tantos anos por muitos profissionais que acompanhavam o diagnóstico com uma lista das coisas que a criança provavelmente jamais seria capaz de alcançar ou realizar.

Stephen passou, então, à segunda etapa: listar os desafios e os pontos fortes e apontar um ou dois pontos fortes para compensar cada desafio. Fez em seguida o que chama de "comparação sem julgamento", mencionando outras pessoas que faziam parte da vida do adolescente, apresentando os pontos fortes e os desafios dessas pessoas e deixando claro, ao mesmo tempo, que todas elas são boas em certas coisas e não tão boas em outras. Talvez a irmã do garoto fosse melhor que ele em algumas coisas, mas ele era melhor em outras — e Stephen explicou que isso ocorria por causa das diferenças entre os cérebros das pessoas. Mencionou celebridades e grandes vultos da história que talvez tivessem se enquadrado no espectro autista.

Por fim, Stephen observou que as características particulares do garoto coincidiam com algo que se chama espectro do autismo. No caso desse menino, a primeira revelação levou cerca de vinte minutos. Para outros, o processo pode durar alguns dias, semanas ou meses.

Um fator que pode facilitar o processo para todos é o uso livre da palavra "autismo" em conversas muito antes da revelação, em vez de evitá-la intencionalmente e transformá-la num tabu. Mesmo muito antes de a mãe e o pai ou outro ente querido decidir revelar o diagnóstico, uma menção ocasional ao falar dos pontos fortes e dos desafios da pessoas, decorrentes do autismo, garante uma perspectiva mais equilibrada e retira o estigma que, caso contrário, poderia surgir.

A compreensão do próprio diagnóstico (em qualquer idade) ajuda o indivíduo ou a família a buscar informações fidedignas para tomar decisões acerca do que deve ser feito e dos tipos de apoio de que a pessoa pode precisar a fim de ter uma vida plena.

O outro tipo de revelação a ser considerado tem o mesmo grau de importância: quando e para quem deve o autista revelar seu diagnóstico? Ou, em outros casos, quando os pais ou outros entes queridos de um indivíduo no espectro devem dar a conhecer seu diagnóstico?

Segundo o modo pelo qual Stephen Shore encara a questão, é importante pensar nisso sempre que o fato de ser autista possa impactar significativamente uma situação ou um relacionamento; deve-se destacar a necessidade de mais compreensão e, se necessário, de concessões especiais e mais apoio. Isso nem sempre significa que você deva revelar seu diagnóstico ou o de seu filho. Sobretudo num ambiente de trabalho, talvez isso seja tão pouco apropriado quanto revelar qualquer outro problema de saúde ou uma questão particular que não impacte a atividade laboral. Todavia, quando alguns aspectos do ser autista afetam a sua capacidade de trabalhar ou a capacidade do aluno de estudar ou participar em sala de aula, ou quando a participação da criança numa atividade extracurricular possa ser afetada, em geral, vale a pena fazer a revelação, pelo menos em certa medida.

Muitas vezes, essa questão vem à tona quando uma concessão pode ajudar o autista a trabalhar melhor. Carly Ott (ver capítulo 12) descobriu que muitos pontos fortes decorrentes de sua neurodivergência a tornavam uma funcionária mais eficiente do banco em que trabalhava. No entanto, bem no início, ela se deparou com problemas sensoriais que prejudicavam sua experiência no ambiente de trabalho. O alto nível de ruído de fundo no escritório de ambiente aberto onde trabalhava praticamente a impedia de se concentrar; por isso, ela acabava ficando no trabalho até tarde da noite, todos os dias, para terminar o que tinha de fazer. Depois de algum tempo, ela solicitou uma concessão: explicou ao supervisor que era particularmente sensível a ruídos e perguntou se poderia trabalhar em casa, onde seria capaz de se concentrar mais. (Isso foi antes de a pandemia da covid-19 ter normalizado esse tipo de esquema de trabalho.) Ao fazer esse tipo de pedido, é importante não dar ênfase à necessidade do indivíduo, mas à oportunidade de ser um funcionário melhor ou um membro mais eficiente da equipe.

Nessas situações, em geral, não é necessário usar a palavra autismo ou revelar um diagnóstico em si, mas, para muita gente, é estressante e exaustivo ter de esconder ou "disfarçar" continuamente a condição de autista. Muitos falam de "esgotamento autista" — em essência, o cansaço, a desregulação extrema e o isolamento causados pelo direcionamento constante da energia para ocultar o verdadeiro eu. Assim como o pessoal LGBTQIA+ fala de "sair do armário", também os autistas pesam as vantagens e desvantagens de revelar seu diagnóstico. É claro que cada pessoa é diferente — cada um tem a própria necessidade de privacidade, o próprio nível de tolerância à atenção e os próprios sentimentos acerca do que deve partilhar e ocultar. A decisão, muitas vezes, se reduz a uma avaliação de risco: a revelação do meu diagnóstico tornará minha situação melhor ou pior? A decisão de revelar o diagnóstico no todo ou em parte também depende do objetivo. No caso de Carly, tinha a ver com a necessidade de concessões no trabalho. Outros podem decidir revelar seu diagnóstico a fim de educar as outras pessoas em relação ao autismo, sobretudo quando têm percepções inexatas e negativas a respeito do que o autismo é ou deixa de ser.

Quando o momento parecer propício para partilhar o diagnóstico com os colegas, Carly recomenda que isso se faça de modo quase informal e que se tente enfatizar o lado positivo. Caso um colega ou supervisor elogie algo que você foi capaz de fazer por causa de um ponto forte, você pode vincular essa capacidade ao espectro: "Ah, foi fácil. O fato de ser autista ajuda muito, pois esse tipo de trabalho é natural para mim!".

Assim, o ouvinte estabelece uma associação positiva com o autismo e também se torna mais disposto a fazer concessões no futuro, quando você precisar delas. Um benefício secundário é que esse tipo de revelação é um modo natural de educar os colegas e as outras pessoas a respeito do autismo e da neurodiversidade. Todos nós formamos estereótipos acerca de outras pessoas e grupos, e a melhor forma de superá-los e promover o entendimento é fazer com que os indivíduos possam se relacionar de modo interpessoal.

Morénike Giwa-Onaiwu (ver capítulo 12), autista, é professora universitária, escritora e defensora de seus direitos. No primeiro dia de cada ano letivo, ela sempre fala sobre as concessões que podem ser feitas aos alunos com base na American with Disability Act (ADA) [Lei dos Americanos com Deficiências] e aproveita a oportunidade para dizer que ela própria está no espectro autista. Os estudantes quase sempre expressam surpresa, e alguns lhe dizem que nunca viram um professor autista, somente crianças ou adolescentes. Muitas vezes, acontece de os alunos revelarem, então, seu próprio diagnóstico ou sua suspeita de que talvez estejam no espectro. "Eles dizem algo como 'Não sabia que [um autista] poderia ser professor universitário'", diz Morénike. E ela responde: "Você pode ser muito mais que isso!".

A revelação do próprio autismo, muitas vezes, começa como um meio de defender ou garantir os próprios interesses ou direitos, buscando concessões ou apoios. Esse processo pode conduzir a uma defesa de direitos mais generalizada, abrindo caminho para outras pessoas no espectro na mesma organização ou na mesma escola, ou tornando os colegas mais abertos a pessoas neurodivergentes ou mais informados a respeito delas.

Esse tipo de consciência também suscitou outra questão: a natureza cambiante da identidade autista.

## O AUTISMO COMO IDENTIDADE

Não faz muito tempo, eu estava numa grande conferência sobre autismo quando testemunhei um diálogo que resumiu, para mim, a grande mudança cultural no modo como nossa sociedade vê o autismo e como os autistas veem a si mesmos. Do outro lado do saguão do grande centro de convenções, vi uma jovem com um carrinho de bebê. Estava conversando com um homem de meia-idade, de óculos com aro de metal, que por sua vez admirava o bebê.

À medida que caminhei em direção a eles, percebi que o cavalheiro em questão era John Elder Robinson, autor do livro de memórias *Look Me in the Eye* e uma das vozes mais ativas e progressistas da comunidade autista. Aproximei-me e me apresentei a John, tomando todo o cuidado para não interromper sua conversa com a mulher, que compreendi ser também autista. Ela dissera a John que a filhinha já tinha quase 3 meses de idade. John sorriu e contemplou a bebê encantado. "Aposto que ela vai crescer e se tornar uma bela moleca autista!", ele disse.

*Uma bela moleca autista.* A frase reverberava em minha mente. Há alguns anos, talvez se considerasse um insulto ou até uma maldição dizer a alguém que seu filho seria autista. Mas lá estava uma das figuras de proa da comunidade autista, que expressava, para outra pessoa neurodivergente, a esperança de que sua filha se tornasse mais um membro da extensa comunidade de que ambos faziam parte.

Percebi, então, o quanto avançamos e o quanto o autismo deixou de ser algo a ser curado, algo de que se deve se recuperar, algo de que devemos nos livrar, e se tornou uma identidade a ser assumida. Deve ficar claro que ainda temos muito o que caminhar, pois o estigma e a falta de informação ainda existem.

Andrew Solomon, cujo célebre livro *Longe da árvore*[21] conta as histórias de famílias que criaram filhos com diversas deficiências e diferenças, descreveu os desafios que teve de enfrentar na infância e na juventude por ser homossexual e sofrer de depressão crônica, e ele conta também que, no fim, encontrou forças ao assumir sua identidade. "A identidade nos permite entrar numa comunidade para aproveitar a força dessa comunidade e, também, emprestar a ela a nossa própria força", ele declarou numa conferência. "Nos permite substituir o 'mas' pelo 'e': não 'estou aqui, mas tenho câncer', mas, sim, 'tenho câncer e estou aqui'." (É claro que o câncer tem um impacto majoritariamente negativo sobre a qualidade de vida e pode ser fatal, ao passo que o autismo é acompanhado não somente de desafios como também de pontos fortes que podem até elevar a qualidade de vida.)

Um número cada vez maior de pessoas no espectro assumiu o autismo como identidade, aproveitando a força de sua comunidade e também emprestando a ela a sua própria força. Esse fenômeno é ainda mais notável à luz da história do autismo e das antigas suposições que, no decorrer dos anos, foram feitas a respeito do autismo e dos autistas — quase todas as quais acabaram se mostrando errôneas. Os primeiros

---

21. Andrew Solomon. *Longe da árvore*. São Paulo: Companhia das Letras, 2013. (N.E.)

pesquisadores da chamada Escola Psicogênica postularam, incorretamente, que o autismo resultava do abuso emocional por parte dos pais. Leo Kanner, psiquiatra austríaco, cunhou o termo "mãe de geladeira" para descrever a mãe cujo estilo frio e indiferente fazia, segundo ele, com que a criança se refugiasse no autismo. (Depois ele retratou essa asserção.) O livro *A fortaleza vazia*, do psicólogo Bruno Bettelheim, defendia a tese de que as crianças autistas eram essencialmente cascas vazias, sem nenhuma humanidade. Ivar Løvaas, uma das figuras mais controversas na história dos tratamentos do autismo, via os autistas apenas como pessoas que manifestavam uma série de comportamentos estranhos. Sua abordagem comportamentalista analítica pretendia "modificar" ou "abrandar" os comportamentos que ele via como patológicos, sem jamais perguntar "por quê". Seu objetivo era moldar o exterior das crianças autistas de acordo com um hipotético ideal neurotípico, tornando-as, nas palavras dele e de seus colegas, "indistinguíveis" das outras crianças.

Até o processo de revelar um diagnóstico foi, por muito tempo, acompanhado pela negatividade e pelo pessimismo. Muitos pais contam que médicos ou psicólogos davam um diagnóstico de autismo e os faziam acompanhar, de imediato, uma lista de todas as coisas que a criança provavelmente seria incapaz de fazer: ter amigos, formar-se na faculdade, ter um emprego, dirigir, ter uma qualidade de vida decente, etc.

Infelizmente, os efeitos residuais dessas abordagens errôneas e lesivas, que predominaram durante muito tempo, ainda se fazem sentir. Alguns profissionais e métodos, implícita ou explicitamente, ainda jogam a culpa nos pais por serem passivos demais ou por arruinar o futuro da criança ao não adotar o tipo de tratamento que eles praticam e com o qual lucram. Outros continuam a ver o autismo como uma patologia e nada mais. O que mudou o cenário e a visão geral foi o movimento de autorrepresentação: o esforço dos próprios autistas — que, em muitos casos, sofreram diretamente os efeitos dessas abordagens lesivas — para falar por si e em nome de toda a sua comunidade e para assumir o autismo como um elemento pleno de sua identidade.

Há alguns anos, Temple Grandin deu uma palestra numa conferência anual que eu ajudava a organizar. Alguém lhe perguntou "Se o seu autismo pudesse ser eliminado, você concordaria com isso?". Sua resposta foi simples e direta: "Se você eliminar meu autismo, eliminará uma parte essencial de quem eu sou!".

Esse entendimento se refletiu na evolução do modo de falar sobre o autismo. Ainda na década de 1980, os profissionais comumente se referiam às pessoas com deficiências intelectuais ou de desenvolvimento usando termos como "retardado" ou "idiota" (ou "idiota-prodígio",[22] por exemplo). As pessoas no espectro eram chamadas de "autistas" com uma conotação exclusivamente negativa. Nas décadas de 1980 e 1990, nos Estados Unidos e em outros países de língua inglesa, surgiu um movimento em prol do uso de uma linguagem que "pusesse a pessoa em primeiro lugar"[23] — uma ideia que, fruto das melhores intenções, visava ao reconhecimento da pessoa em sua totalidade, de modo que ela não fosse definida por sua deficiência. Numa época mais recente, muitos autistas discordaram dessa abordagem, afirmando que ela não capta o quanto o autismo é essencial para sua pessoalidade e sua identidade. Quanto mais os autistas que representam a si mesmos têm falado sobre a experiência do autismo, mais a maioria tem expressado sua preferência por ser chamada de "autista". Huan, um jovem autista que não fala, o expressou da seguinte maneira: "Meu autismo é quem eu sou. Ninguém diria que sou um indivíduo de ascendência vietnamita. Diria que sou vietnamita!".

É claro que o ato de assumir uma identidade pode ter uma aparência diferente de acordo com a pessoa, e a identidade autista se distribui num contínuo. Alguns indivíduos, como os que foram mencionados no capítulo 12, não só assumem a identidade como também acabam organizando a própria vida em torno do autismo, e chegam a fazer carreira como defensores dos direitos dos autistas. Becca Lorry Hector, por exemplo, descobriu que as coisas que ela aprendera ao tentar compreender a si mesma e obter o apoio de que necessitava poderiam ajudar também outras pessoas; assim, ela mudou de carreira e se tornou defensora de direitos, oferecendo *webinars* e serviços de apoio emocional para autistas. Por outro lado, Dave Finch, que apresenta comigo *Uniquely Human — The Podcast*, diz que se compreende em primeiro lugar como marido e pai e que seu trabalho é principalmente o de engenheiro; o autismo ocupa um lugar subordinado na lista.

Uma das pessoas mais famosas no espectro é Greta Thunberg, ativista ambiental de nacionalidade sueca. Em entrevistas, Thunberg disse que o fato de estar no espectro a ajudou a focar a atenção em questões ambientais

---

22. Em inglês, a expressão é *"idiot savant"*, um termo bem conhecido em todo o mundo, inclusive no Brasil. Oliver Sacks corriqueiramente usa *"savant"* para se referir às pessoas no espectro. (N.E.)

23. A *person-first language* consiste, na prática, em se afirmar o termo "uma pessoa com autismo", não "um autista". (N.T.)

a ponto de permitir que ela despontasse como líder internacional nesse campo. No entanto, embora fale bastante sobre a questão da mudança climática, ela quase nunca discute em público seu autismo. Está claro que sua identidade pública é de ambientalista, não de ativista em prol do autismo.

Outras pessoas no espectro deixam claro, em momentos diversos da vida, que não querem ser definidas pelo autismo, sobretudo quando o associam a experiência negativas. Quando vou apresentar palestras, muitas vezes, mostro um clipe do documentário *Autism, the Musical*, da HBO, que destaca as histórias de cinco jovens atores nos primeiros anos do *Miracle Project*, o programa de Los Angeles em que jovens autistas criam e apresentam produções de teatro musical. Uma cena mostra Wyatt, então na 5ª série, dizendo à mãe que está aborrecido com a classe da educação especial.

— O que há de errado com a escola? — a mãe pergunta.

— Cem por cento das crianças são retardadas — ele diz.

Quando ela pergunta se ele gostaria de ser transferido para uma classe de inclusão, ele hesita e pergunta:

— Você já ouviu falar de *bullying*, mamãe?

Eles discutem esse fenômeno durante alguns instantes e depois ele pergunta:

— Você acha que é porque estou na classe de educação especial? É por isso que me maltratam?

Como Wyatt com aquela idade, alguns autistas acabam associando o fato de estar no espectro a uma identidade negativa e imposta de fora para dentro. O autismo resume tudo o que a pessoa não pode fazer, sua dificuldade de se enturmar, o modo como é maltratada — os resultados desse estigma que os autistas que representam a si mesmos procuram desesperadamente mudar.

Até mesmo adolescentes e adultos podem ter dificuldade para fugir do estigma que acompanha o autismo — a suposição de que o indivíduo terá alguma habilidade extraordinária, como o personagem de *Rain Man*, ou será incapaz de assumir qualquer responsabilidade. Um jovem me disse: "Pensam que eu deveria ser um gênio dos computadores ou que não tenho dificuldades reais na minha vida. Nada poderia estar mais longe da verdade. Sou péssimo com os computadores e tenho muitas dificuldades que poderiam categorizar meu autismo como uma deficiência!".

Infelizmente, o estigma social relacionado ao autismo pode vir a se interiorizar. Scott Steindorff (ver capítulo 12), diagnosticado como autista na idade adulta e hoje diretor-executivo bem-sucedido de vários filmes e programas de televisão premiados, disse que, ao receber o diagnóstico, seu primeiro sentimento foi de vergonha. Em razão do valor desproporcional que a cultura ocidental dá às habilidades de fala, os que não falam ou que têm deficiência óbvias da fala ou da linguagem são especialmente mal interpretados e vitimizados pelo estigma.

O que ajuda bastante é rejeitar essas suposições impostas de fora para dentro, construir a própria identidade e aliar-se a outras pessoas comprometidas com a destruição do estigma e de todas as concepções errôneas que o acompanham. Justin Canha se identifica como um artista profissional apaixonado por animais. Mikey não é somente um aluno autista da 4ª série; ele também é um entusiasta e especialista em esportes, e está sempre disposto a partilhar seu conhecimento. Ron Sandison (ver capítulo 12) se identifica como um profissional da medicina e um ministro autista e dá palestras em igrejas, sinagogas e mesquitas. Danny Whitty (ver capítulo 11) é um *chef* talentoso e defensor dos direitos dos autistas que não falam. Em vez de se concentrar no estigma associado ao autismo, essas pessoas construíram sua identidade em torno de alguns dos pontos fortes e dos interesses que acompanham o "estar no espectro".

Construir um sentido positivo do próprio eu é ainda mais importante porque os autistas correm o grave risco de sofrer problemas mentais secundários. Tanto Justin quanto Ryan enfrentam desafios associados ao autismo, mas também se orgulham de quem são como pessoas e são vistos pelos outros como indivíduos interessantes e até notáveis.

Muitos indivíduos autistas acabam percebendo que, quando assumem o autismo como identidade, descobrem uma comunidade. É comum que os autistas formem vínculos com outros autistas adultos em virtude das experiências e dos desafios que têm em comum. Becca Lorry Hector (capítulo 12) foi diagnosticada aos 36 anos. Depois de redigir um capítulo para uma antologia chamada *Spectrum Women*, viu-se estabelecendo vínculos com uma nova comunidade de mulheres de diversas idades, nacionalidades e níveis de formação, mas que tinham desafios, experiências e perspectivas em comum. "Foi como se eu estivesse em casa", ela me disse. "Talvez eu possa voltar a ter uma melhor amiga, que não tenho desde os 4 anos!"

Um dos elementos que criam a identidade de um grupo é o humor. Meus amigos Dena Gassner e Stephen Shore, ambos adultos autistas, riem um com o outro a respeito da "areia movediça" em que os neurotípicos correm permanentemente o risco de afundar na vida social, em vez de buscar ser sinceros, diretos e francos uns com os outros. Um grupo de amigos autistas que se reunia num acampamento em Massachusetts chegou a fundar uma companhia teatral de comédia chamada Asperger's Are Us, que se tornou tema de documentários na Netflix e na HBO. Em seus espetáculos, eles fazem piadas com tudo, exceto com o autismo, mas dizem que o combustível de sua comédia é a sensibilidade autista de que todos compartilham.

Um dos benefícios do modo pelo qual os autistas vêm assumindo a identidade autista é que esse tipo de atitude pode tornar o caminho mais fácil para os recém-diagnosticados. Rebecca, uma jovem autista e minha amiga, foi diagnosticada com 22 anos. Antes disso, já havia trabalhado durante alguns anos com crianças autistas. Ela me disse: "Eu via a mim mesma em cada uma delas. Nós *entendíamos* uns aos outros de um modo todo especial. Eu sempre soube disso. Mas não conseguia acreditar que a razão não era somente o fato de eu ter jeito para a coisa. Quando fui diagnosticada, comecei a sentir o estigma na pele, no modo como eu via a mim mesma. Levou um tempo para que eu aceitasse esse rótulo para mim, pois havia interiorizado o estigma. O estigma em torno do autismo se dissemina das mais diversas formas, e às vezes até por intermédio de pessoas muito bem-intencionadas!".

E ela acrescentou: "Já avançamos muito, sem a menor sombra de dúvida, e todos os dias um número cada vez maior de autistas vem partilhando sua história e pavimentando o caminho para o futuro!".

Hoje em dia, Rebecca, com base em suas próprias experiências, ensina a terapeutas neurotípicos como o autista se sente, para que eles possam mudar as práticas que não são sensíveis à experiência do "ser autista" e desenvolvam práticas mais apropriadas.

Para Rebecca e inúmeros outros, o futuro se afigura muito mais luminoso e positivo.

## COMO O AUTISMO SE SOBREPÕE A OUTROS ELEMENTOS DA NOSSA PERSONALIDADE

Embora o fato de tanta gente no espectro estar reconhecendo o autismo como um elemento central de sua identidade tanto significativo quanto encorajador, o "ser autista" nunca é *toda* a identidade da pessoa. Os autistas, como todos os seres humanos, têm múltiplas identidades. Todos nós somos multidimensionais e membros de múltiplas comunidades. Assim como o autismo impacta as outras identidades, essas identidades impactam o "ser autista".

PARTE III: O FUTURO DO AUTISMO | **247**

Quem formulou de um modo mais adequado esse conceito de identidades sobrepostas foi Kimberlé Crenshaw, advogada negra e defensora dos direitos civis, que, em 1989, publicou um artigo de referência afirmando que a realidade de ser uma mulher negra não pode ser entendida simplesmente a partir do ser negra ou do ser mulher, mas, sim, a partir do modo como essas duas identidades se entrelaçam e afetam uma à outra. Crenshaw ilustrou a ideia com uma metáfora: uma pessoa em pé numa encruzilhada de duas estradas, cada uma das quais representa uma identidade. Não se pode definir a pessoa por esta ou aquela estrada, mas pela combinação das duas. A ideia é que todos nós somos portadores de múltiplas identidades que se sobrepõem e se interseccionam.

Devo observar que a pessoa que me explicou com mais clareza esse conceito de "interseccionalidade" é uma mulher notável, ela própria portadora de múltiplas identidades: negra autista, mãe de autistas, professora universitária e filha de imigrantes. A experiência de Morénike Giwa-Onaiwu mostra com clareza de que modo as identidades sobrepostas podem afetar umas às outras e determinar o curso de uma vida. Ela nasceu nos Estados Unidos, filha de pais que haviam imigrado da Nigéria e de Cabo Verde, um arquipélago a oeste da África. Durante a infância e a adolescência, ela sempre se sentia diferente dos colegas, mas não entendia exatamente por quê. Diz que se sentia "meio masculina", talvez por ser a única menina a viver rodeada de meninos. Era uma menina afro-americana que ia a escolas frequentadas predominantemente por brancos. Mesmo quando estava rodeada de negros, muitas vezes, se sentia deslocada, pois os costumes de sua família, oriundos da África Ocidental, eram diferentes dos costumes de outras culturas negras. Ao visitar parentes na Nigéria, ela se sentiu americanizada demais para se integrar e ficar à vontade. Na conversa que tivemos em *Uniquely Human — The Podcast*, ela disse: "Eu sempre tentava descobrir o que era aquela 'coisa' para que eu pudesse consertá-la e simplesmente me integrar!".

Recebeu os diagnósticos de TDAH e depressão, mas só quando foi diagnosticada como autista, depois dos diagnósticos de seus dois filhos mais novos, foi que Morénike começou a entender a si mesma: "Senti uma familiaridade com a comunidade neurodiversa, particularmente com os autistas!".

Ela logo se tornou ativista. Escreveu vários livros sobre o autismo e questões de diversidade e fala sobre os diversos modos de sobreposição entre o autismo e outras identidades. Com base na própria experiência, Morénike diz que, desde muito cedo, apresentava determinadas características que deveriam ter indicado a professores e médicos que ela poderia ser autista, mas eles as ignoraram, provavelmente porque ela era uma criança negra.

Na verdade, é possível que não só as mulheres negras, mas as mulheres em geral, sejam subdiagnosticadas em virtude dos vieses culturais. Há muito tempo que o número de homens autistas é maior do que o de mulheres — numa razão de quatro para um, segundo as pesquisas mais recentes. No entanto, alguns estudos demonstraram que isso talvez se deva ao fato de os profissionais de medicina e de saúde mental que fazem os diagnósticos não prestarem atenção nas mulheres, só pensarem em diagnosticá-las com uma idade muito mais avançada ou aplicarem critérios de diagnóstico desenvolvidos para homens e não para mulheres, cujos padrões de comportamento podem diferir dos padrões masculinos em aspectos importantes.

Do mesmo modo, é menos provável que as crianças negras recebam um diagnóstico preciso do que as brancas, talvez porque os problemas de comportamento das brancas, na escola e em outros ambientes, sejam vistos como sinais de alarme. Pode ser que, em contraposição, os professores e os médicos não prestem a mesma atenção nos mesmos comportamentos numa criança negra, supondo, erroneamente, que esse comportamento é um reflexo da raça e da cultura, e não um sinal de deficiência.

E há os desafios enfrentados pelos pais que também são autistas. Muitos pais e mães autistas afirmam que os professores ou profissionais da medicina questionam com frequência sua competência como pais pelo simples fato de estarem no espectro. Em alguns casos, os pais autistas vivem com medo de o conselho tutelar ou o juiz os declarar incompetentes e assumir a guarda de seus filhos — simplesmente porque os pais são autistas. Não há provas de que o autismo torne a pessoa menos competente como pai ou mãe (na verdade, é provável que os pais autistas sejam mais sensíveis às necessidades das crianças neurodivergentes), mas suposições remanescentes da idade das trevas do autismo persistem ainda hoje em muitos ambientes e têm consequências infelizes.

## A QUESTÃO DO AUTISMO E DA DIVERSIDADE DE GÊNERO

Outra questão importante de identidade que os autistas autorrepresentados estão trazendo à tona é a sobreposição do autismo à diversidade de gênero. Um número cada vez maior de pessoas no espectro do autismo vem se identificando abertamente como transgênero, não binário ou *gender-queer*, e vice-versa: um número cada vez maior de pessoas de gênero divergente, não diagnosticadas, vem se identificando como autista.

Um grande estudo feito em 2020 constatou que as pessoas que não se identificam com o gênero que lhes foi atribuído ao nascer têm uma probabilidade de três a seis vezes maior de ser autistas do que as pessoas cisgênero, aquelas cuja identidade corresponde ao seu gênero de nascença. Assim como os autistas se distribuem no espectro, o mesmo ocorre com a questão do gênero. Wenn Lawson, um psicólogo britânico transgênero e autista que tem falado muito sobre o assunto, disse numa palestra: "Todos nós somos muito, muito diferentes. Há as meninas femininas, as meninas masculinas e todas as que estão no meio. E o mesmo vale para o gênero masculino".

Wenn conhece bem o assunto. Mulher ao nascer, recebeu um diagnóstico de deficiência intelectual aos 2 anos, só falou aos 5 e foi rotulado como esquizofrênico aos 17. Foi só aos 42 anos que recebeu o diagnóstico de autismo. Embora tenha trazido consigo o conforto que vem de um novo nível de entendimento do próprio eu, Wenn continuou sentindo-se incomodado, por motivos que ele não conseguia então identificar.

Sentia-se incomodado por ter seios, por ter períodos menstruais, por ter de usar vestiários femininos, mas, durante anos, situou essas sensações na mesma categoria de sua aversão a determinados ruídos e texturas. "Eu pensava que fosse um problema sensorial. Na verdade, porém, era um problema de gênero", ele conta.

Como ele veio a perceber, o que sentia era "disforia de gênero": embora soubesse por instinto que era homem, fisiologicamente era mulher. Foi só quando tinha 62 anos que um psiquiatra confirmou que a verdadeira identidade de gênero de Wenn era oposta a que lhe fora atribuída ao nascer. Iniciou-se, assim, um processo de vários anos no decorrer dos quais ele fez a transição física para que seu corpo se conformasse à sua identidade de gênero. Hoje, explica: "Sou uma pessoa mais inteira e mais completa. Me sinto em casa, uma sensação que nunca tive antes...".

Wenn continua falando e contando sua história, sobretudo em razão do alto índice de depressão e de outras doenças mentais que acometem os indivíduos autistas não binários e os que questionam seu gênero, muitas vezes, em razão da dificuldade e do estresse que acompanham a camuflagem da verdadeira identidade. Numa apresentação, quando lhe perguntaram o que os pais podem fazer para apoiar filhos que talvez estejam experimentando dificuldades para compreender a própria identidade de gênero, Wenn deu uma resposta clara: "Ouçam-nos, caminhem ao nosso lado, apoiem-nos até o fim. E, se as coisas mudarem, mudem junto conosco!".

## NÃO FALANTES SE MANIFESTAM

Em fevereiro de 2018, fiz uma visita à University of Virginia, em Charlottesville. Essa visita abriu meus olhos e mudou meu modo de ver uma notável subcultura da comunidade autista. No decorrer de dois dias, fiz companhia a um grupo chamado The Tribe — nove jovens adultos, todos autistas, que se identificavam como não falantes e haviam aprendido a se comunicar na adolescência apontando para letras em letreiros ou teclados para soletrar suas mensagens com a ajuda de auxiliares chamados Parceiros de Regulação da Comunicação (*Communication Regulation Partners* [CRP]). Todos tinham sido considerados portadores de deficiência intelectual grave na infância e, em alguns casos, até uma fase avançada da adolescência.

O que vi e aprendi de lá para cá me propiciou uma nova visão de uma das populações mais incompreendidas e marginalizadas no universo do autismo. Estima-se que de 30% a 40% dos autistas sejam não falantes — ou seja, não usam a fala como meio principal de comunicação. (Uma explicação importante a respeito da linguagem: há quem chame os não falantes de "não verbais", mas a palavra "verbal" se refere a qualquer sistema baseado na linguagem, quer pelo uso da fala, quer pelo uso de outro meio de comunicação, como a escrita ou uma língua de sinais. A pessoa pode ser verbal sem usar a voz.) Alguns não conseguem produzir sons com a voz; outros conseguem, mas não produzem uma fala inteligível. Outros ainda têm uma fala mínima ou "instável", talvez não sujeita ao controle de sua vontade. Também os indivíduos com síndrome de Tourette ou quem sofreu um AVC, às vezes, não são capazes de controlar a fala.

Devemos esclarecer que não falar não é uma característica intrínseca do autismo; é uma doença que pode acompanhar o autismo e que tem base neurológica, muitas vezes, chamada de transtorno motor da fala.

Nossa sociedade identifica fala e inteligência, supondo que o modo pelo qual uma pessoa se comunica pela fala reflete o quanto ela é inteligente e que aquele que não se comunica pela fala provavelmente não é inteligente. Durante décadas, as pessoas — mesmo os profissionais de saúde e os educadores — fizeram essas suposições errôneas sobre muitos indivíduos autistas e neurodivergentes incapazes de se comunicar pela fala. Sabemos que muitas pessoas que sofreram um AVC ou sofrem de paralisia cerebral conservam a capacidade de assimilar e processar informações, embora não sejam capazes de produzir uma fala inteligível. Do mesmo modo, para muitos autistas, a incapacidade de produzir uma fala inteligível não reflete o funcionamento da sua mente.

Por que essas pessoas não falam? A produção da fala inteligível exige a coordenação motora mais fina de que o ser humano é capaz. Precisamos sincronizar a respiração com o movimento dos órgãos fonadores — a língua, os lábios, os dentes, o palato e a mandíbula — a fim de produzir determinados sons e sequências de sons ouvidos como palavras. Em alguns autistas, deficiências neurológicas impedem que o cérebro mande sinais para as partes do corpo responsáveis pela articulação da fala que resulta na produção de palavras. Em suma, a deficiência atinge a capacidade de transitar do pensamento à palavra.

O que vem mudando com rapidez é que um número cada vez maior de pessoas no espectro autista vem sendo capaz de acessar métodos de alta ou baixa tecnologia que lhes permitem contornar essa dificuldades neurológicas e comunicar-se por outros meios que não a fala. Agora empoderadas, essas pessoas estão usando a voz recém-encontrada para demolir estereótipos e, nesse processo, tomar parte na conversa e criar sua própria subcultura e sua identidade.

Foi isso que vivi em minha convivência com The Tribe. Ao longo de dois dias, sentei-me junto a nove jovens adultos autistas que integram um programa coordenado por Elizabeth Vosseller, especialista em patologias da fala e da linguagem que desenvolveu uma abordagem na qual o indivíduo aponta para letras num letreiro ou teclado com o apoio de um CRP, que lê em voz alta as letras em questão e, depois, as palavras e frases plenamente formadas. Em alguns casos, os indivíduos dotados de alguma capacidade própria de produzir fala dizem algumas palavras enquanto soletram.

Algumas formas de comunicação alternativa e aumentativa (CAA), como se diz, foram matéria de controvérsia no decorrer dos anos, sobretudo porque os métodos de comunicação que exigem o apoio de um parceiro levaram certas pessoas a questionar se o que está sendo comunicado é a expressão volitiva autêntica e pura do autista. A preocupação era a seguinte: quem seria o autor das mensagens, o auxiliar ou a pessoa não falante que era auxiliada? Eu tinha minhas dúvidas, mas mantive a mente aberta e, num capítulo de livro escrito em 1994, instiguei outras pessoas a fazer o mesmo.

A convivência com The Tribe tirou minhas dúvidas e me fez perceber o potencial notável desse tipo de comunicação, uma forma de CAA que eu ainda não tinha observado. Embora tivesse conhecido e atendido, ao longo dos anos, muitos indivíduos autistas que se comunicavam por diversos métodos de baixa ou alta tecnologia, nunca havia testemunhado uma conversa tão sofisticada quanto a que entabulei com os membros do The Tribe, indivíduos que por tantos anos tinham sido tão mal compreendidos.

Vi com meus próprios olhos e ouvi com meus ouvidos esses jovens "falando" comigo e entre si. Um elemento significativo era que os parceiros não proporcionavam nenhuma assistência física direta; apenas seguravam o letreiro ou o teclado, diziam as letras e palavras em voz alta e, com sua presença, ajudavam as pessoas no espectro a permanecer concentradas e bem-reguladas. Elizabeth explica que isso é essencial, pois até os falantes percebem que, quando irritados, doentes ou desregulados por algum outro motivo, podem ter problemas com a fala e com outras atividades que exigem coordenação motora. Por que os não falantes também não poderiam contar com esse apoio?

Tocou-me particularmente o caso de Ian Nordling, com quem Elizabeth trabalhara desde que ele era novo e que, depois, entrevistei em nosso *podcast*. Agora com vinte e poucos anos, Ian conta que, incapaz de se comunicar na infância, teve de aturar horas incontáveis de uma terapia que lhe parecia "inútil". Ele diz: "Já teve um daqueles pesadelos em que se vê preso numa situação horrível e tenta falar, mas a voz não sai? Eu era assim, mas estava acordado!".

Não aconteceu nenhum milagre que, da noite para o dia, lhe permitiu começar a se comunicar. Os mesmos problemas de controle motor que afetam a fala podem também afetar habilidades como apontar para uma letra num letreiro. Por isso, embora Ian soubesse soletrar, precisou de meses e anos de prática para alcançar a fluência no uso do letreiro. A esse respeito, ele diz: "Isso só aconteceu com anos de prática motriz e comunicação".

A maioria das pessoas capazes de falar concebe a fala como algo automático, que exige pouco pensamento e pouca prática. A verdade evidente é que nenhum de nós chega ao mundo falando, e só aprendemos a falar depois de anos de prática, durante os quais treinamos a mente e várias partes do corpo para fazer esse trabalho de produção verbal. Elizabeth compara isso a uma criança que aprende a jogar beisebol. Primeiro ela golpeia a bola parada, e só depois de horas de prática é que aprende a arremessar e a pegar a bola no ar. O essencial, segundo ela, é presumir a competência — ou seja, partir do princípio de que o que obstaculiza a capacidade de comunicação é um problema neurológico. Se encontrarmos um meio de contorná-lo, a pessoa terá muito a partilhar.

É esse certamente o caso de outro não falante que conheci: Danny Whitty. Depois que seu autismo foi diagnosticado aos 3 anos de idade, a família de Danny mudou-se do Japão para San Diego, onde os pais esperavam encontrar opções melhores para um menino autista. Logo depois de aprender a falar, ele perdeu essa capacidade, e os médicos disseram que ele tinha apraxia, uma espécie de transtorno motor da fala: em essência, seus sistemas neurológico e motor não estavam alinhados, de modo que as habilidades motoras finas necessárias para a fala eram difíceis para ele. Durante muitos anos, ele não conseguia comunicar a maior parte do que sabia. Numa entrevista para nosso *podcast*, ele disse: "A escola era horrível, humilhante e traumatizante. Não ser capaz de me comunicar e viver numa sociedade que não via o meu valor foram coisas que me esmagaram a alma!".

As memórias de seu lar amoroso, com os pais e duas irmãs que o apoiavam, são melhores. Ele passou a gostar de ajudar a mãe na cozinha, embora suas limitações físicas só lhe permitissem executar as tarefas mais simples. No entanto, ele absorveu os detalhes da culinária e, na adolescência, não parava de ler revistas chiques de cozinha, como *Bon Appétit* e *Food & Wine*.

Já com mais de vinte anos, procurou Elizabeth, que por sua vez o pôs em contato com um instrutor em San Diego. Foi somente com o *lockdown* consequente da pandemia da covid-19, quando sua irmã Tara voltou a morar com a família, que ela começou a ajudá-lo a se comunicar. Aos 34 anos, ele se tornou fluente em soletrar e agora partilha seus pensamentos, sonhos, piadas... e receitas.

A capacidade de se fazer entender transformou sua vida. Ele diz: "Desde pequenas coisas, como escolher a roupa que vou usar a cada dia, até temas extensos e monumentais, como o sofrimento, os sonhos para o futuro e a defesa das pessoas que não falam, tudo isso está à minha disposição pela primeira vez na vida...".

E ele não é o único. Histórias como as de Ian e Danny, bem como a atividade de defesa de direitos que eles vêm empreendendo, estão mudando o modo como as pessoas não falantes são vistas e abrindo um número cada vez maior de oportunidades e opções de comunicação por meio de vários formatos de CAA. Embora o trabalho com letreiros venha se popularizando cada vez mais, os não falantes usam diversas modalidades: digitar num teclado ou num tablet, escrever, apontar para imagens. Outros, também no espectro, são capazes de produzir sons com a voz, mas preferem primeiro digitar ou escrever seus pensamentos para depois lê-los em voz alta. Isso lhes dá a oportunidade de formular o que querem dizer quando estão bem-regulados, sem o estresse e a ansiedade que podem acompanhar a tentativa de vocalizar pensamentos no meio de uma interação com outras pessoas.

Os não falantes vêm se organizando de formas notáveis para defender os próprios interesses. A International Association for Spelling as Communication [Associação Internacional para a Soletração como Forma de Comunicação] é um grupo de pessoas que soletram e de aliados destas que atua para promover o acesso à comunicação para indivíduos não falantes por meio da formação, da educação e da pesquisa. Outro grupo, chamado Communication FIRST, que tem como cofundadora Tauna Szymanski, advogada especializada nos direitos dos deficientes, trabalha de forma mais ampla para proteger e promover os direitos, a autonomia, a oportunidade e a dignidade das pessoas com deficiências de fala inatas ou adquiridas, sobretudo os não falantes e inclusive os que se enquadram no espectro do autismo.

Enquanto essas e outras organizações se mobilizam para estabelecer a comunicação como um direito humano básico, pessoas como Ian, Danny e Jordyn Zimmerman (ver capítulo 12) promovem a causa por meio da partilha de sua história de vida. Seu trabalho de defesa de direitos consiste em expressar suas verdades e se fazer ouvir. "De todas as coisas que você pode fazer", diz Ian, "a mais amorosa é ouvir minhas palavras e acreditar nelas".

# CAPÍTULO 12

## RETRIBUIR E ABRIR CAMINHO

Uma das mudanças mais significativas ocorridas na comunidade autista nos últimos anos é o reconhecimento de o quanto é essencial que as pessoas que estão no espectro se envolvam e desempenhem papel central em qualquer discussão sobre o autismo: que os autistas falem por si mesmos em vez de ter os outros falando por eles ou sobre eles. Com efeito, são os próprios autistas que, por meio de suas palavras e de seus atos, vêm moldando nosso entendimento da experiência do autismo.

No decorrer dos últimos vinte anos, tive o privilégio de conhecer e trabalhar com alguns indivíduos notáveis que, de dentro do espectro autista, não só estão soltando a voz como também vêm assumindo papéis públicos de destaque na qualidade de ativistas e defensores de direitos, exigindo mudanças sociais e legais, promovendo a consciência do autismo entre os profissionais de saúde e de outras áreas e passando da palavra à ação, atuando para fortalecer os autistas das mais diversas maneiras. É claro que cada um desses autistas autorrepresentados age do seu jeito. No geral, eles põem seus interesses e pontos fortes particulares a serviço de sua missão, demonstrando o poder de ser humanos à sua maneira.

A meu ver, essas pessoas são heróis anônimos que estão conduzindo a comunidade autista e todos nós rumo ao futuro. Tive a felicidade de conhecer e trabalhar com cada uma delas e me impressionei com suas histórias pessoais, que envolvem dificuldades imensas e, na maioria das vezes, um grau altíssimo de resistência e perseverança. Muitas delas expressam sua gratidão aos mentores e colaboradores que conheceram ao longo do caminho. Apresentarei aqui as histórias de seis dessas pessoas.

# CARLY OTT

*"Sem o autismo, eu perderia o emprego"*

→ executiva de um banco
→ voluntária do ano da Autism Society of America (ASA)
→ especialista no método de se revelar autista para as pessoas
→ mentora de outros autistas no campo do progresso no trabalho

Quem conhece Carly Ott em pessoa dificilmente não se impressiona. Ela é confiante, fala bem e é vice-presidente e diretora operacional sênior de um dos maiores bancos dos Estados Unidos; tornou-se uma ativa voluntária e defensora dos direitos dos autistas e participa do conselho da ASA e de várias outras associações sem fins lucrativos. E também é mãe.

Diante de tudo isso, talvez você se surpreenda ao saber que, aos vinte e poucos anos, ela mal conseguia viver sozinha. Dependia de um benefício do governo e só de vez em quando saía de seu minúsculo apartamento para se consultar com sua terapeuta e fazer compras.

Conheci Carly há muitos anos, quando ela era presidente da Autism Society de Ventura County, na Califórnia. Hoje ela é a prova de que a vida pode ser bem difícil para os autistas antes de saberem que estão no espectro, e também de que o autismo pode ser a chave para a satisfação e o sucesso, desde que o indivíduo encontre o ambiente adequado e tenha os apoios necessários.

Em retrospectiva, Carly tinha muitos traços comuns aos autistas em geral. Na infância, agitava as mãos e gostava de uma profunda pressão no corpo e de se enrolar em cobertores. Certa vez, sentada atrás de um homem careca no cinema, ela disse bem alto para a irmã: "Eu iria gostar muito mais do filme se essa *melancia gigante* não estivesse sentada bem na minha frente!".

O fato de não ter inibições também pode ajudar. Quando a professora de biologia do ensino médio a escalou para fazer um discurso para o Dia da Terra diante do governador do Estado, ela não ficou nervosa. Contudo, tinha tanta dificuldade para fazer amizades que precisou mudar de escola várias vezes e, ao chegar à 7ª série, tinha tendência suicida. "É mais aceitável para um menino do que para uma menina ser socialmente inaceitável", diz ela. "E existem meninas más."

PARTE III: O FUTURO DO AUTISMO | 257

Seus desafios sociais persistiram até depois da faculdade, quando ela foi para Nova York. A comunicação direta e sem rodeios de muitos habitantes da cidade a fizeram se sentir melhor.

Não demorou muito, no entanto, para que começasse a sofrer de algo que, em retrospectiva, ela identifica como "*burnout* autista" — a exaustão devida ao esforço para se integrar socialmente. Quando se mudou para Los Angeles, ela recebeu o diagnóstico de depressão profunda e passou a maior parte do tempo em meio à bagunça do seu pequeno apartamento, onde mal se sentia capaz de cuidar de si mesma.

Foi então que algo inesperado aconteceu. Certo dia, no caixa do mercadinho, ela começou a folhear uma revista. A reportagem de capa falava sobre o autismo.

"Quando eu li aquele artigo, foi como se uma luz se acendesse", diz Carly.

Ela estudou o artigo, marcou as partes importantes com caneta amarela e levou-o à sua terapeuta, que disse: "Meu Deus, é você!".

Pouco depois de fazer 28 anos, ela recebeu o diagnóstico oficial, que a tornava elegível para receber serviços de apoio pelo sistema público de saúde do Estado. A percepção de que estava no espectro também lançou uma nova luz sobre as dificuldades que vivera até então. Ela se lembra de ter pensado "Agora tudo faz sentido!".

Sentindo-se empoderada, conseguiu um emprego numa corretora de imóveis e, depois, no auge da crise das hipotecas de 2008, num grande banco, onde trabalhava no setor de preservação da propriedade.

Logo foi transferida para um departamento cujo gerente reconheceu que Carly, em virtude do modo específico pelo qual sua mente funcionava, compreendia os negócios e a tecnologia de um jeito que praticamente mais ninguém compreendia.

Felizmente, ela também pôde contar com gerentes e colegas que apreciavam seus incomuns pontos fortes e encaravam seus desafios com sensibilidade.

À medida que foi subindo na hierarquia, ela equilibrou o desejo de revelar que estava no espectro com a oportuna decisão de não revelar seu diagnóstico e guardar para si essa informação. Passou horas incontáveis analisando programas de televisão e filmes para compreender as sutilezas do comportamento neurotípico nas interações sociais, que para os outros pareciam ser naturais.

"Criei na minha cabeça um arquivo que contém as reações apropriadas a todas as situações com as quais eu posso vir a me deparar", diz ela.

"Quer se trate do que fazer quando alguém derruba um copo de leite ou de como reagir caso haja uma invasão alienígena, tudo está no meu arquivo."

No entanto, ela reconhece o valor de se revelar a outros colegas para poder fazer bem o seu trabalho e evitar conflitos constrangedores. Tinha tanta dificuldade para trabalhar no escritório, onde todos estavam em cubículos e o ruído ambiente a deixava fora de si, que acabava trabalhando à noite, depois do expediente, quando o ruído era menor. Com o tempo, isso se tornou muito oneroso para a empresa, então, Carly obteve uma concessão que lhe permitiu trabalhar em casa.

"Como eu era capaz de controlar meu ambiente, na empresa, não ficava exausta por ter de *usar uma máscara* o dia inteiro, e, dessa forma, conseguia manter o foco no meu trabalho", ela diz. Segundo ela, muitas mulheres acham mais fácil *mascarar* seu autismo no local de trabalho porque temem o ostracismo social. "A maioria de nós aprende a se mascarar para sobreviver", conclui.

Esse mesmo viés social faz com que muitas mulheres só busquem um diagnóstico de autismo quando são muito mais velhas e predispõe os profissionais da medicina, inclusive os de saúde mental, contra o diagnóstico de mulheres no espectro. Carly tem elevado a voz para tentar mudar isso.

Para os que pretendem revelar que são autistas aos colegas de trabalho, Carly sugere apresentar a informação por um ângulo positivo. "Se alguém a elogiar por algo relacionado a um ponto forte decorrente da sua neurodiversidade, diga 'Ah, sim! Sou autista, então, esse tipo de trabalho é natural para mim!'."

Para Carly, isso não é uma hipérbole. Ela acredita firmemente que as pessoas que estão no espectro têm muito a oferecer ao mercado de trabalho. Essa é uma das razões pelas quais se apresentou para fazer um trabalho voluntário na ASA, que a nomeou Voluntária do Ano em 2018. Ela também atua em vários conselhos consultivos de museus, usando sua posição para defender a inclusão de pessoas com deficiência.

Graças à sua determinação e coragem, algo que no passado lhe causou muita mágoa e confusão se tornou nada mais, nada menos que um superpoder.

"Se alguém me oferecesse uma cura e me desse um milhão de dólares para experimentá-la, eu não aceitaria", ela diz. "Atribuo ao autismo o fato de ser capaz de pensar de forma diferente e encontrar soluções para problemas que paralisam outras pessoas. Sem o autismo, eu perderia o emprego."

## BECCA LORY HECTOR

*"O autismo encheu meu mundo de possibilidades vibrantes"*

→ *blogger* e palestrante
→ aconselha autistas sobre questões relacionadas à qualidade de vida
→ compartilha ferramentas de autoajuda com quem está no espectro

Becca Lory Hector sempre teve um interesse especial pelo clima. Ela se lembra que foi numa tarde ensolarada de primavera, com um índice de umidade do ar relativamente baixo para Long Island, que recebeu seu diagnóstico de autismo.

Tinha 36 anos.

Sentada no banco do passageiro do carro da mãe, digerindo a notícia, ouviu a mãe perguntar: "Você está bem?".

Ela pensou na pergunta. Pensou em quanto tempo havia ficado triste, com raiva e confusa ao longo de sua vida. Ou ressentida. Pensou na ansiedade, nos ataques de pânico, na depressão...

"Não, eu não estou bem nem tenho estado bem nos últimos tempos", respondeu. "Mas quem sabe a partir de agora eu comece a ficar bem?"

Levou cerca de um ano para que ela se visse pronta para seguir em frente. De lá para cá, tornou-se uma força incontrolável. E agora sempre diz que o que aconteceu naquele dia ensolarado fez toda a diferença.

Becca e eu nos tornamos amigos quando trabalhamos juntos em um projeto no Colorado, e me impressionei com sua inteligência, sua personalidade forte e seu compromisso com o questionamento de antigos mal-entendidos sobre o autismo. Sua resolução de erradicar suposições errôneas sobre o autismo está consubstanciada num texto poderoso que ela escreveu, com um título que chama a atenção: "Autism Saved My Life" [O autismo salvou a minha vida].

Ela explicou que, antes do diagnóstico, sofrera com a depressão, o fracasso e a decepção. No entanto, a compreensão de seu diagnóstico mudou tudo isso. Eis parte do que ela escreveu:

> O autismo encheu meu mundo de possibilidades vibrantes, quando antes tudo não passava de um vórtice vertiginoso de caos e confusão. O mundo fez sentido para mim quando visto pela lente do autismo, e finalmente me senti pronta para viver de acordo com

minhas próprias regras. Camadas e mais camadas de constrangimentos e exigências, que a sociedade depositara no decorrer dos anos, aos poucos foram caindo e revelando o eu que estava por baixo delas. [...] Comecei a conhecer a mim mesma de um jeito que antes não conseguia, e gostei dessa nova versão da minha pessoa. Gostei dessa nova versão da vida, da MINHA vida.

Apesar do alívio que veio com a revelação, ela também passou a compreender que, com muita frequência, as pessoas diagnosticadas como portadoras do transtorno do espectro autista, depois de adultas, veem-se munidas de informações, mas sem instrumentos que lhes permitam agir. As crianças recém-diagnosticadas podem se beneficiar de programas escolares, terapias e atividades com colegas, mas os adultos, muitas vezes, se veem sozinhos.

"Recebemos essa informação imensa, que muda toda a nossa vida", ela me disse. "Mas depois não sabemos o que fazer com ela."

Becca me diz que os autistas frequentemente não sabem como pedir ajuda. Solicitar assistência é uma habilidade que se aprende, e as pessoas no espectro precisam aprender, com base em exemplos, tanto a pedir ajuda quanto a defender e garantir os próprios direitos.

Na verdade, ela constatou que a maioria dos pais e profissionais salienta sobretudo a necessidade de encorajar as pessoas que estão no espectro a ser mais independentes.

"Essa é a maior falácia do mundo", diz ela. "Nunca conheci uma pessoa independente em toda a minha vida."

O que ela prioriza, em vez disso, é a ideia de *interdependência*: aprender a quem pedir e como pedir determinados tipos de ajuda, assim como saber identificar o melhor momento para isso.

"Eu pedia conselhos financeiros a meu avô, pois ele era contador", diz ela, a título de exemplo. "Mas nunca lhe perguntava qual roupa eu deveria usar. Isso seria tolice."

Para aprender o que fazer em relação à questão da ajuda, ela analisou com cuidado a literatura sobre o assunto reunindo alguns dos livros de autoajuda mais importantes e estudando cuidadosamente a sabedoria contida neles. Identificou certos padrões e temas recorrentes, entre os quais impor limites, reservar tempo para os cuidados pessoais e reconhecer o próprio valor. Pegou essa sabedoria acumulada e lhe deu uma nova roupagem, voltada especificamente para quem está no espectro autista.

"Como autistas, precisamos de padrões e regras. Assim, o que temos de fazer é, em essência, reescrever as regras da nossa vida", ela diz.

PARTE III: O FUTURO DO AUTISMO | 261

Um dos principais exemplos é a descrição de atenção plena, ou *mindfulness*, feita por Jon Kabat-Zinn. Segundo este autor, os autistas tendem a se preocupar com o futuro ou a remoer o passado. "Mas se, em vez disso, prestarmos atenção no momento presente, as preocupações somem", diz Becca, "pois o agora é, na verdade, a única coisa que podemos controlar".

No processo de compartilhar a sabedoria que acumulou, ela acabou também encontrando uma comunidade formada por catorze mulheres autistas espalhadas pelo mundo. Todas elas contribuíram com textos para uma antologia extraordinária intitulada *Spectrum Women: Walking to the Beat of Autism* [Mulheres no espectro: Caminhando no ritmo do autismo].

Depois do diagnóstico, é natural que o adulto se sinta só, como se fosse a única pessoa no mundo que tem de lidar com os desafios e os entendimentos que acompanham o *ser autista*. No entanto, segundo Becca, o estabelecimento de vínculos com outras mulheres no espectro a fez perceber pela primeira vez na vida que ela poderia ter amigas íntimas.

"Descobrimos não apenas que não somos fracassadas, mas que, ao contrário, estamos até indo muito bem como autistas. Descobrimos também que há outras pessoas como nós, tão estranhas quanto nós. Podemos ser estranhas com elas, que elas serão estranhas com a gente também."

E talvez seja este o maior de todos os instrumentos de autoajuda: a capacidade de estabelecer vínculos com outras pessoas, de sermos interdependentes, de termos pessoas que nos aceitem e nos amem exatamente como nós somos. Talvez Becca Lory não estivesse bem naquela tarde ensolarada em Long Island, mas certamente ela está bem agora.

## CHLOE ROTHSCHILD

*"Adoro ajudar as pessoas"*

→ coautora de um livro sobre a interocepção,[24] o oitavo sentido
→ defende a aceitação e o estímulo de diversos métodos de comunicação alternativa e aumentativa (CAA) para que os autistas se comuniquem, ainda que não sejam capazes de falar

---

24. A interocepção é como uma autoconsciência humana dos próprios processos neuropsíquicos, como desejos, sentimentos, emoções e sensações. Supõe-se que estaria presente no consciente e no inconsciente humano. (N.E.)

Estabeleci meu primeiro contato com Chloe Rothschild pouco tempo depois da publicação da primeira edição de *Humano à sua maneira: um novo olhar sobre o autismo*. Ela me enviou um e-mail dizendo duas coisas: 1ª) minha obra era o centésimo livro sobre autismo que ela adquirira para sua biblioteca pessoal; e 2ª) estava grata por eu ser receptivo às muitas formas que os autistas usam para se comunicar.

Depois disso, conversei com Chloe, na época, ainda com vinte e poucos anos, em diversas conferências nacionais. Todas as vezes, nossa interação foi significativa e prazerosa. Ela se expressava bem, tinha consciência de si e era apaixonada por representar a si mesma e ajudar outros no espectro. Embora seja plenamente capaz de se comunicar por meio da fala quando bem-regulada e seja envolvente e divertida ao dar palestras, muitas vezes, ela prefere usar meios alternativos de comunicação, como digitar seus pensamentos num tablet e depois fazer com que o aparelho gere a fala, ou ler ela mesma em voz alta o que escreveu. No decorrer do tempo, tornou-se uma defensora explícita dos que usam métodos de CAA e reage contra aqueles que não permitem que os autistas falantes o usem caso queiram.

O mais notável é que ela ainda usa esses variados métodos para comunicar mensagens importantes e originais. Chloe tem a rara capacidade de descrever tanto o aspecto positivo do ser autista quanto o aspecto de desafio, com todos os seus tons e nuances.

Embora a Chloe com quem nos relacionamos tenda a ser alegre, entusiasmada e autoconfiante, o fato de estar no espectro nem sempre foi fácil para ela. No início de sua vida, ela enfrentou muitas dificuldades. Nasceu prematura, e sua mãe, Susan Dolan, se lembra de que ela sentia muita cólica quando bebê. Também tinha uma deficiência visual grave (era considerada legalmente cega), além de apresentar diferenças de comportamento que preocupavam a mãe. Quando tinha 3 anos, um neurologista lhe deu o diagnóstico de apraxia do desenvolvimento — um transtorno motor da fala, de base neurológica, que bloqueia a capacidade de produzir uma linguagem inteligível. Anos depois, outro médico diagnosticou TDAH e "sinais de síndrome de Asperger".

A mãe se lembra muito bem da declaração fatalista do médico. "Me mandaram levá-la para casa e amá-la como se não houvesse esperança", ela conta.

Chloe, que tem um conhecimento profundo de sua própria história, conta que a etapa seguinte foi mais realista do que dolorosa. Ela se lembra: "Voltamos ao meu pediatra e ele disse 'Quem estamos querendo enganar? Ela é autista!'. Isso bastou como diagnóstico...".

No entanto, no início, o diagnóstico não teve muita utilidade, pois o distrito escolar de Ohio só fazia concessões para uma deficiência por criança, de modo que os pais optaram pelas que diziam respeito à deficiência visual.

"Se não fosse assim", diz a mãe, "não conseguiríamos os livros com letras grandes de que ela necessitava".

Chloe começou a falar cedo, mas não se interessava muito pelas outras crianças. Quando as crianças de famílias conhecidas da sua se juntavam para brincar, ela gravitava na direção da mãe e dos outros pais. Também enfrentava desafios sensoriais. Tinha medo do vento, por isso um adulto precisava levá-la no colo quando ventava. Era desajeitada e se machucava com frequência quando caía. Certa vez, ela se estatelou no chão no próprio consultório do pediatra.

"Não sei se a causa eram os problemas pessoais ou o fato de eu não ter noção do meu corpo no espaço", diz Chloe.

O ensino médio foi difícil. Os professores, em geral, supunham que ela queria chamar a atenção ou estava sendo manipuladora de propósito. "Tinha muito mais coisa envolvida", diz ela. "O comportamento também desempenha um papel na comunicação."

O ponto de virada veio aos vinte e poucos anos. Ela sofreu uma experiência traumática num acampamento de verão e viu-se incapaz de comunicar o que havia acontecido, mesmo para as pessoas mais próximas. Depois, recebeu o diagnóstico de transtorno de estresse pós-traumático. No entanto, o que mais a traumatizou foi o fato de não conseguir falar ou se explicar. A mãe se lembra: "Um ano depois, ela disse 'Quero falar porque não quero que ninguém mais passe pelo que tive de passar!'".

Ela queria escrever um livro para explicar sua experiência do mundo e lançar luz sobre o autismo. Com dificuldade para se comunicar, começou a fazer palestras para estudantes de medicina usando mensagens pré-programadas num tablet. Era muito mais fluente e se expressava muito melhor usando esse método do que falando espontaneamente. Assim, continuou se comunicando por meio de diversas modalidades.

Além de desenvolver meios mais eficazes para se comunicar e apoiar a comunicação de terceiros, ela também trabalhou a autorregulação usando qualquer coisa que funcionasse: um cobertor com pesos amarrados, um quarto fechado no porão da casa dos pais, uma versão menor da "máquina de abraços"[25] de Temple Grandin.

"Tenho tantos brinquedinhos sensoriais que nem fico mais triste quando quebra um deles", ela diz.

Ansiosa por compartilhar sua experiência e sua perspectiva, Chloe também foi coautora de um livro, *My Interoception Workbook* [em tradução literal, "Meu caderno de exercícios de interocepção", título não traduzido nem publicado no Brasil], escrito junto à terapeuta ocupacional Kelly Mahler e ao autista Jarvis Alma. Ela define a interocepção como um oitavo sentido, uma percepção por meio da qual sentimos o interior do corpo e os órgãos e sabemos quando estamos com fome, com sede, cansados, com dor ou outras sensações. Por meio de apoios visuais e outras estratégias, hoje em dia ela é mais capaz de compreender as "mensagens" que seu corpo lhe comunica.

"Adoro ajudar as pessoas", diz Chloe.

Susan, a mãe de Chloe, tem um recado direto para outros pais de crianças autistas: "Compreendam que seu filho é capaz de fazer tudo ou qualquer coisa que realmente queira fazer; talvez ele só precise de um pouquinho mais de ajuda, e nós precisamos confiar em nosso instinto!".

E Chloe tem seu próprio recado: "Presuma a competência", ela diz. "Nunca suponha que uma pessoa seja incapaz de fazer algo. Conheça a pessoa e lhe dê uma chance. O mais provável é que ela se mostrará extremamente capaz!"

---

25. Temple Grandin escreveu sua autobiografia, publicada originalmente em 1986, nos Estados Unidos, que depois viria a ser lançada no Brasil, pela Companhia das Letras, com o título *Uma menina estranha*. Quando criança, ela percebeu que sentia falta de um estímulo de pressão similar ao abraço, mas se sentia superestimulada quando alguém a abraçava ou simplesmente a tocava. A ideia da "máquina de abraços" surgiu durante uma visita ao rancho de sua tia, no Arizona, onde ela observou que o gado era confinado em um brete onde se acalmava imediatamente depois de uma pressão ser administrada. Ela percebeu que essa pressão tinha um efeito tranquilizador sobre o gado e pensou que algo semelhante poderia ser útil para acalmar sua própria hipersensibilidade. Então, ela construiu em casa um aparelho semelhante e o batizou de "máquina de abraços". Oliver Sacks, no livro *Um antropólogo em Marte* (também publicado pela Companhia das Letras), fala da "máquina de abraços"; nesse livro, há um capítulo inteiro com subtítulo homônimo ao título do livro em que ele narra seu encontro com Temple Grandin. "Um antropólogo em Marte" é a descrição que Grandin usou para representar sua dificuldade em interações sociais. (N.E.)

# ANITA LESKO

*"A questão não é cair, é se levantar"*

- → enfermeira anestesista e fotógrafa de aviação
- → diagnosticada aos 50 anos
- → trabalha para educar os profissionais de saúde a fim de que atendam melhor os autistas

Anita Lesko gosta de dizer que se descobriu autista por acidente. Tinha 50 anos quando o filho de uma colega de trabalho recebeu o diagnóstico de síndrome de Asperger (como era nomeado o TEA). Era a primeira vez que ela ouvia falar sobre essa síndrome. Curiosa, Anita pediu para ver a folha de papel que a amiga pegara durante a consulta. Era um questionário sobre determinadas características.

"Lá dizia que quem se identificasse com dez daquelas doze características se encaixaria no diagnóstico da síndrome de Asperger. Eu tinha as doze", ela conta. "De repente, todas as peças do quebra-cabeça foram postas no lugar."

Três semanas depois, ela se consultou com um neuropsicólogo, que a diagnosticou.

"Foi o maior presente que já recebi, pois pude acessar, finalmente, as respostas para o enigma da minha existência", ela diz.

A caminho de casa, ela parou numa livraria e comprou alguns livros sobre o assunto. Não dormiu naquela noite. Ficou acordada lendo *The Complete Guide to Asperger's Syndrome* [em tradução literal, "O guia completo da síndrome de Asperger", não publicado no Brasil), de Tony Attwood.

Sua emoção predominante foi o alívio. Durante toda a vida, Anita se sentira sozinha e diferente de todos ao seu redor, como se não fosse capaz de se integrar socialmente. Na 5ª série, ela ouviu o diretor da escola dizer a sua mãe que ela jamais chegaria a lugar algum. A mãe, desafiadora, sempre a apoiou. Era também como uma melhor amiga para Anita, que durante muitos anos nunca aprendeu a fazer amizades ou a manter amigos.

"Com seis ou sete anos, eu era uma alminha perdida", ela diz. "Eu vivia caindo, mas o problema não era cair, era conseguir se levantar. Lembre-se sempre disto: sempre haverá um dia seguinte para trabalharmos em direção às nossas metas."

Na verdade, ela correu atrás de seus objetivos com determinação. Aos 22 anos, quando demonstrou interesse por anestesia, um médico sugeriu que se tornasse enfermeira anestesista. Ela seguiu esse caminho e se formou na Columbia University, com mestrado em enfermagem anestésica, área em que atua há mais de três décadas. É especialista em anestesias para neurocirurgias, traumatismos, transplantes de órgãos, queimaduras e substituições de articulações em ortopedia.

Também se interessou durante muito tempo pela fotografia de aviação, desde que assistiu pela primeira ao filme *Top Gun*, em 1995. Isso a levou a trabalhar como fotógrafa de aviação no ramo militar e, numa ocasião, a voar num caça F-15.

Anita também ficou famosa no universo do autismo escrevendo livros, entre os quais, uma autobiografia, *When Life Hands You Lemons, Make Lemonade* (em tradução literal, "Quando a vida lhe der limões, faça uma limonada", não publicado no Brasil). Nos conhecemos em 2013, quando ambos nos apresentamos na ONU no Dia Mundial de Conscientização do Autismo. De lá para cá, trabalhamos juntos em várias conferências.

Sua paixão por tratar de assuntos ligados à saúde resultou na publicação de *The Complete Guide to Autism & Healthcare* ["O guia completo do autismo e dos cuidados com a saúde"]. Seu objetivo é se tornar defensora dos direitos dos autistas em âmbito internacional, atuando para melhorar radicalmente o modo como os profissionais e os sistemas de saúde atendem pessoas no espectro. Segundo ela observa, frequentemente os médicos e outros profissionais não acreditam tanto no que pacientes autistas dizem sobre sua saúde quanto acreditam no que os neurotípicos dizem. Assim, seu foco principal é educar os profissionais de saúde para que se comuniquem de modo mais eficaz com quem está no espectro.

A realização que mais a orgulha, no entanto, é ter se casado em 2015 com Abraham, que também é autista. Stephen Shore foi o oficiante no primeiro "casamento 100% autista", que ocorreu durante a conferência nacional da ASA e foi aberto ao público como parte de um esforço para conscientizar as pessoas de que os que vivem no espectro sentem, tanto quanto os outros, a mesma necessidade de amar e se relacionar. Ela declara: "Ter Abraham na minha vida, ser capaz de conversar com ele depois de um longo dia, nós dois juntos, é algo que me dá uma sensação de paz, conforto e segurança…".

## CONNER CUMMINGS

*"Se minha tentativa de hoje não der certo, sei que tenho minha tentativa de amanhã à minha espera"*

→ fez uma campanha bem-sucedida para a aprovação de uma lei que beneficia filhos adultos deficientes cujos pais se divorciam
→ ficou famoso por se apresentar diante do Congresso usando orelhas de Mickey Mouse

A primeira coisa que se deve saber sobre Conner Cummings é que ele, junto à mãe, Sharon Lee Cummings, foi o criador da Lei Conner, aprovada em 2015 pela assembleia legislativa da Virgínia, que preenche uma lacuna jurídica e permite que pais ou mães solteiros com filhos adultos deficientes recebam pensão alimentícia.

A segunda coisa é que ele se apresentou diante do Congresso dos Estados Unidos usando orelhas de Mickey Mouse. Tem mais de cinquenta chapéus com orelhas de Mickey, que foi acumulando ao longo de suas viagens semestrais à Disney World, que faz com a mãe. Ele usa as orelhas em praticamente todos os lugares onde sabe que estará em meio a um grande número de pessoas, pois elas o fazem se sentir mais confortável e confiante. "Não é diferente de alguém que usa um boné de beisebol com o distintivo de seu time", ele diz.

Tanto suas atividades de defesa de direitos quanto o entusiasmo pelos chapéus de Mickey são importantes. Conner, com quem mantenho contato regular desde que trabalhamos juntos num painel da ASA, há alguns anos, tem um jeito só dele de se expressar e permanecer bem-regulado. Essas coisas se combinam para torná-lo um ativista respeitado com uma personalidade contagiante. Reconhecendo seus esforços como voluntário, a ASA premiou Conner com o título de Defensor do Ano.

Esse tipo de homenagem dificilmente poderia ter sido previsto quando Conner recebeu o diagnóstico de autismo, com cerca de 2 anos de idade. Aos 4 anos, ele ainda não falava, e os médicos disseram a sua mãe que ele nunca falaria nem seria capaz de seguir um único comando simples. Ele começou a estudar em salas de aula inclusivas, mas tinha dificuldades.

"Era como se meu lugar não fosse ali", ele conta. "Eu desejava ter muitos amigos, fazer novas amizades [...] mas depois me sentia como se não tivesse vontade, pois não tinha habilidades sociais e de comunicação."

Para piorar as coisas, seus professores não acreditavam em sua capacidade nem se esforçavam para apoiá-lo. Quando um deles deu a entender que a mãe de Conner estava fazendo as lições de casa em seu lugar, Sharon o tirou da escola e, com o tempo, contratou uma ex-professora para ensiná-lo em casa, onde o relativo silêncio permitia que ele se concentrasse. Ao longo do caminho, Conner demonstrou uma persistência e uma energia notáveis. Ele explica: "Eu tento fazer as coisas e, se minha tentativa de hoje não der certo, sei que tenho minha tentativa de amanhã à minha espera!".

A educação domiciliar também o ajudou a compreender seu estilo único de aprendizagem.

"Eu tinha mais facilidade para aprender por meio da visão, com estímulos visuais, que me ajudavam a entender melhor do que a audição", ele declarou a respeito de sua educação. "Minha mãe me disse que não há problema em aprender ou fazer as coisas de um jeito diferente. Isso não me torna inferior aos outros. Na verdade, é o oposto, pois ela disse que as empresas pagam muito dinheiro para quem vê as coisas de um modo diferente. Eu sou uma dádiva."

Com 7 anos, ele começou a falar com frases completas, embora prefira até hoje se expressar por escrito, o que lhe proporciona mais controle e mais tempo para processar o que ouve e formular o que deseja comunicar. Esse estilo de comunicação não limitou Conner, que estudou francês e espanhol. A professora também o ajuda a adquirir habilidades para a vida cotidiana: fazer compras, pesquisar e comparar preços...

No entanto, é à mãe que ele mais atribui o mérito de tê-lo ajudado a maximizar seu potencial.

"Minha mãe me apoia muito. Nunca desiste de mim e me ama independentemente de qualquer coisa. Juntos, nós fazemos coisas divertidas."

Isso inclui visitas frequentes à Disney World, que, segundo ele, o deixam feliz e produzem nele uma sensação mágica.

Ela estava se divorciando do pai de Conner, em 2013, quando pediu pensão alimentícia. Em razão de uma lacuna na lei, ela perdeu o direito. O advogado disse que a única alternativa era mudar a lei. Era uma espécie de brincadeira, mas a ideia a inspirou. Ela pediu ajuda a um senador do Estado, mas foi só quando o próprio Conner começou a falar que a proposta de lei começou a ser levada a sério.

A mãe e o filho falaram várias vezes na assembleia legislativa de Virgínia, em Richmond (Conner sempre usando as orelhas de Mickey), e se tornaram conhecidos entre os legisladores do Estado. A lei foi aprovada com o apoio de ambos os partidos em ambas as casas do legislativo estadual. Quando o governador Terry McAuliffe finalmente assinou a lei, pondo-a em vigor, Conner comemorou e deu ao governador um par de orelhas de Mickey autografadas.

Além de sua atividade de defesa de direitos, Conner é um fotógrafo talentoso (ele trabalhou como fotógrafo em três sets de filmagem). Toca piano, ganhou medalha nas Paraolimpíadas, em patinação no gelo, e estrelou vídeos produzidos para ajudar policiais a compreender as pessoas no espectro e interagir com elas.

Quanto ao conselho que tem a dar a quem está no espectro, Conner é categórico: "Tenha orgulho de ser quem você é e não permita que ninguém o contrarie. Não tenha medo de tomar posição. Além disso, você também deve amar e aceitar a si mesmo e não deve desistir de aprender coisas diferentes!".

Isso nem sempre significa que as coisas serão mais fáceis.

"Todo dia, tenho um desafio, mas agora enfrento e acolho os desafios, e tenho a esperança de superá-los, porque sou uma pessoa muito otimista", diz Conner. "Não há absolutamente nada que eu não possa fazer."

## RON SANDISON

*"É preciso trabalho duro; é preciso amor, compaixão e visão"*

> → especialista em cuidados psiquiátricos hospitalares e ministro ordenado
> → autor de livros que celebram a diversidade da experiência dos autistas

Algumas pessoas olham para a vida e só veem suas maldições. Mas Ron Sandison presta atenção nas bênçãos. A rara combinação de otimismo, determinação, fé e vontade de ajudar outras pessoas no espectro autista, que caracteriza Ron, é contagiante e inspiradora.

Ron trabalha como especialista em cuidados psiquiátricos hospitalares, mas sua verdadeira paixão é dar autonomia e poder a quem está no espectro do autismo. Ministro ordenado, fala regularmente sobre a interseção entre autismo e fé em igrejas, sinagogas e mesquitas. É também marido, pai e autor de três livros, todos publicados com o objetivo de informar e autonomizar os autistas e ajudar os outros a compreendê-los.

Essas realizações parecem ainda mais notáveis quando se leva em conta a infância de Ron. Segundo ele, nada de estranho houve no começo do seu desenvolvimento, mas, pouco depois dos 18 meses de idade, ele se esqueceu até das palavras mais básicas que havia aprendido e parou de fazer contato visual com a mãe.

Tinha uma dificuldade imensa para interagir com outras crianças e frequentemente tinha acessos de choro e gritos. Um médico diagnosticou um transtorno emocional, mas sua mãe não aceitou essa avaliação. Então, ela o levou a um neurologista, que diagnosticou o autismo.

Os profissionais que o atenderam disseram que Ron provavelmente não iria além do nível da 7ª série em matéria de leitura, que ele não faria faculdade e provavelmente jamais seria capaz de desenvolver relacionamentos significativos.

Determinada a provar que os especialistas estavam errados, sua mãe, Janet, "abandonou o emprego de professora de educação artística e se tornou professora de Ron em tempo integral", como ele mesmo diz. Ela usava a arte e outras atividades para envolvê-lo e ajudá-lo a aprender.

Certa vez, ela lhe deu de Natal um cão-da-pradaria de pelúcia que ele chamou de Prairie Pup.[26] Isso despertou nele um interesse especial, e Ron se fascinou com os mais insignificantes detalhes da vida dos cães-da-pradaria. Ele estava sempre com um livro sobre animais na mão direita e Prairie Pup na esquerda.

Com base no interesse de Ron, Janet aproveitou seu entusiasmo e incorporou Prairie Pup nas lições de leitura e escrita e para engajá-lo socialmente. Ron ditava histórias de ficção sobre seus bichos de pelúcia. Ele próprio as ilustrava, e Janet as escrevia, aproveitando para ensinar-lhe interpretação de texto e soletração.

A escola, no entanto, era difícil. Ele conta: "Minha fala era tão atrasada que meu irmão me apresentava às pessoas e dizia 'Acho que Ron é norueguês!'. Ninguém entendia o que eu dizia."

Seus desafios sensoriais e a dificuldade de decifrar os sinais sociais dificultavam o desenvolvimento de amizades. Ele ainda se lembra dos momentos mais constrangedores em sua vida social, como na ocasião em que ficou sabendo que Wayne Fontes, técnico do Detroit Lions, tinha sido demitido.

---

26. Filhote da pradaria. (N.E.)

PARTE III: O FUTURO DO AUTISMO | **271**

"Ele entrou no lava-rápido em que eu trabalhava. Entreguei-lhe uma ficha de emprego e disse 'Wayne, você não precisa mais ficar desempregado. Estamos contratando!'."

O que o ajudou a estabelecer vínculos e fazer amigos foram seus novos interesses: ele treinou tanto que se tornou um atleta famoso nas pistas e também em corridas de *cross-country*; além disso, tornou-se um cristão devoto e passou a memorizar milhares de versículos da Bíblia.

Isso lhe permitiu ganhar uma bolsa de estudos para atletas numa pequena faculdade cristã e, depois, uma bolsa acadêmica na Oral Roberts University, onde fez mestrado em teologia.

Ele dá o mérito aos pais por reconhecerem seu talento mesmo quando outras pessoas não o faziam e também por defendê-lo e exigir seus direitos. Diz que a mãe é uma "mamãe urso". "Ela sempre garantiu que seu filhotinho tivesse tudo de que precisasse!", ele conta.

E Prairie Pup ainda está por perto. (Quando nos reunimos pelo Zoom para o *podcast Uniquely Human*, ele o apresentou à câmera, orgulhoso.) Com o tempo, o original foi sendo substituído por uma série de outros bichos de pelúcia. Ele comprou um texugo de pelúcia durante a lua de mel e, para fazer-lhe companhia durante a pandemia da covid-19, um diabo-da-tasmânia.

Segundo ele, no decorrer dos anos, seus entusiasmos evoluíram. "Passei dos animais à arte, às corridas de pista e de *cross-country*, à pregação e a falar às pessoas sobre o autismo", ele diz.

Ele prega em cerca de 25 igrejas todo ano. Além disso, dá palestras em conferências e seminários, observando um dos 15 mil versículos do Novo Testamento que memorizou: "Cada um deve usar o dom que recebeu para servir os demais, administrando fielmente a graça de Deus em suas diversas formas".

Para ele, seu dom consiste em educar as pessoas a respeito do autismo e ajudar os indivíduos com deficiência a encontrar um propósito de vida e obter o apoio de que precisam para progredir. Além das palestras, ele faz isso por meio de seus livros, entre os quais, *Views from the Spectrum* [em tradução literal, algo como "Visões a partir do espectro"], baseado em suas entrevistas com vinte pessoas extraordinárias que estão no espectro do autismo — desde Armani Williams, piloto da Nascar, incluindo Tarik El-Abour, jogador de beisebol profissional, até Rachel Barcellona, ativista e participante de concursos de beleza.

"Noventa por cento do sucesso na vida tem como base os nossos contatos, e as pessoas com autismo são como velcro velho — não se conectam muito bem", diz ele. "No entanto, se aprendermos a fazer contatos e a usar nossos dons ou recursos, seremos capazes de realizar coisas incríveis, fantásticas."

Nem sempre é fácil ser tão otimista, mas a vida de Ron nos faz lembrar que as primeiras avaliações de supostos especialistas, muitas vezes, estão erradas, e que o apoio dos pais, mentores e outras pessoas pode fazer toda a diferença.

Ron fala muito sobre religião, mas, quando lhe perguntei qual o conselho que dá a pais e indivíduos no espectro, ele diz que a fé não basta para se alcançar o sucesso na vida. "É preciso trabalho duro; é preciso ter amor, compaixão e perspectiva; e é preciso não desistir nunca", ele conclui. Sua vida é a prova viva de tudo isso.

## JORDYN ZIMMERMAN

*"Quando comecei a conseguir partilhar meus pensamentos e minhas aspirações, minha vida mudou radicalmente"*

> → incompreendida e subestimada durante anos, aprendeu a se comunicar usando um teclado
> → trabalha para "mudar a narrativa" de outras pessoas no espectro que não falam

Quando Jordyn Zimmerman se lembra dos primeiros anos em que foi à escola, recorda-se de uma dolorosa e constante mistura de isolamento, terapias comportamentais forçadas e tédio. Em um dos anos do ensino fundamental, logo no início, ela foi colocada numa classe em que os alunos não faziam muito mais além de jogar videogame o dia inteiro. No ensino médio, foram-lhe atribuídas tarefas monótonas e repetitivas: pôr em ordem alfabética cartões com os nomes dos professores, lavar janelas de ônibus, pendurar roupas.

"Eu era muito infeliz", ela disse em nosso *podcast*, comunicando-se ao digitar palavras num tablet e usar um aplicativo que converte texto em fala.

Pelo fato de Jordyn não falar, a maioria de seus professores tinha uma expectativa muito baixa em relação a ela, e os que se esforçavam um pouco a consideravam particularmente difícil de tratar.

"Talvez tenha sido uma das crianças mais difíceis com quem já trabalhei", diz Wendy Bergant, diretora de um programa para autistas com

PARTE III: O FUTURO DO AUTISMO | **273**

três décadas de experiência, numa entrevista para *This Is Not About Me*, um documentário sobre Jordyn.

Jordyn se lembra de um auxiliar da 4ª série do ensino básico que discutia seus problemas na frente dela como se ela não estivesse ali. Já desde menina, ela aspirava a se tornar professora. Hoje, no entanto, ao ver o quanto seus próprios instrutores a menosprezavam, ela diz: "Eu me perguntei se meus sonhos algum dia virariam realidade!".

O ensino médio foi ainda pior. As sobrecargas sensoriais provocavam sucessivos acessos de nervosismo. Na tentativa de conter Jordyn, a escola usava um armário como sua sala de aula, isolando-a dos outros alunos enquanto ela recebia instrução individual de um único auxiliar ou professor.

Frustrada e incompreendida, Jordyn reagia, em geral, de duas maneiras: ou feria a si mesma (batendo a cabeça na parede, por exemplo) ou saía correndo. Quando corria, os professores e auxiliares de classe a perseguiam e a amarravam, padrão que se repetiu durante anos.

Isso continuou até que uma professora, Christy LaPaglia, se interessou por Jordyn de um modo especial e colou cartazes em todo o edifício da escola, lembrando-a de que, se saísse correndo, ela fizesse isso rumo a seu escritório. Ali, Christy apagava as luzes, e Jordyn, às vezes, se refugiava debaixo de uma escrivaninha, onde permanecia em silêncio até que se acalmasse e se regulasse.

"Eu escrevia um bilhete dizendo 'Como posso ajudar?'", diz a professora.

Outros tentaram oferecer-lhe ferramentas de comunicação, mas Jordyn se lembra de que as opções eram limitadas e simples demais. Um livro que ela usava no 2º ano do ensino médio, por exemplo, continha palavras, frases e imagens para as quais ela podia apontar. No entanto, as frases eram, em geral, pedidos e declarações simples: "quero", "cheiro", "vejo". E a única opção de alimento era um biscoito. Quando lhe perguntaram, durante a gravação do filme, o que acontecia quando ela não conseguia expressar seus sentimentos ou suas necessidades, Jordyn simplesmente disse: "Eu ficava extremamente frustrada!".

E isso a levava a sair correndo, a atacar as pessoas, a ferir a si mesma, a ter acessos de raiva.

Quando tinha 18 anos, uma mudança ocorreu, por fim. Não de repente, mas no decorrer do tempo, Jordyn começou a aprender a se comunicar tocando na tela de um tablet. Seu progresso foi lento: ela começou com imagens e símbolos e daí passou para letras e palavras. Cada vez mais, no entanto, foi adquirindo a capacidade de expressar seus pensamentos e sentimentos, e um ano depois já era uma não falante que se comunicava de modo eficaz num tablet usando um aplicativo de conversão de texto em fala.

"Quando comecei a conseguir partilhar meus pensamentos e minhas aspirações, minha vida mudou radicalmente", ela conta.

A percepção das pessoas também mudou. Durante anos, os professores e outros haviam suposto, em razão de seu silêncio, que Jordyn era pouco inteligente, difícil de acessar e incapaz. O que veio à tona quando ela adquiriu fluência na comunicação foi uma jovem brilhante, divertida e sensível, ansiosa por se envolver com o mundo apesar do trauma dos anos de isolamento e incompreensão.

Com uma capacidade de comunicação em rápido desenvolvimento, autoconfiança e apoio, ela se formou no ensino médio e foi estudar na Ohio University, onde fundou uma equipe inclusiva de torcida chamada The Sparkles e se formou em política educacional. Determinada a fazer carreira na área de educação, passou para o Boston College, onde está fazendo mestrado em pedagogia.

"As pessoas já não podem dizer que sabem o que eu quero sem me perguntar e me dar tempo para responder", diz Jordyn.

Ela também se envolveu profundamente com a defesa de direitos: educa e apoia outras pessoas, dá palestras de encerramento em conferências e defende os direitos dos não falantes ao acesso a diversos modos de comunicação alternativa e aumentativa.

Embora use livremente o teclado e pareça comunicar seus pensamentos e suas intenções com facilidade e fluência, nem sempre isso é fácil na prática.

"Ainda tenho muitas lacunas a preencher", ela admite. "Por exemplo, conheço muito mais palavras da minha cabeça do que as que sei soletrar."

E há também as barreiras externas. Em 2019, quando estagiou durante o verão com um grupo de defesa de direitos, a National Disability Rights Network [Rede Nacional de Direitos da Deficiência], em Washington, D.C., Jordyn esteve na Suprema Corte dos Estados Unidos para assistir a uma audiência. O segurança, no entanto, recusou-se a deixá-la entrar com seu tablet, mas ofereceu-lhe, depois de uma negociação, papel e caneta, que não a ajudaram.

"Isso mostra que não se espera que o tribunal superior do país atenda ao padrão de proporcionar acesso à comunicação", ela declara.

Essa experiência sublinhou a importância do trabalho que ela transformou em sua missão pessoal: aumentar as oportunidades, as opções e o acesso para atender às necessidades de comunicação dos não falantes. Seu objetivo, segundo ela mesma, é "mudar a narrativa sobre a nossa vida e sobre o que é possível".

Embora tenha se proposto um objetivo tão elevado, Jordyn também tem conselhos mais práticos a dar a educadores e famílias que entram em contato com pessoas que não falam. Ela observa que, com demasiada frequência, o tempo de atenção das pessoas é muito pequeno. Uma conversa com alguém que digita, como Jordyn, pode envolver pausas silenciosas de alguns minutos enquanto ela formula e digita o que pretende dizer. Às vezes, segundo ela, o ouvinte simplesmente vai embora antes de ouvir a resposta. Sua sugestão é ao mesmo tempo simples e profunda: "Talvez o conselho mais importante seja ter paciência!".

## SCOTT STEINDORFF

*"Adoro o modo como percebo a vida. Adoro minha criatividade, adoro minha sensibilidade!"*

→ superou a dependência de álcool e de drogas e fez sucesso em Hollywood
→ diagnosticado com idade avançada, pretende promover a conscientização da neurodiversidade para ajudar outras pessoas no espectro a levar uma vida bem-sucedida

Criado numa cidadezinha de Minnesota, Scott Steindorff nunca se sentiu integrado à vida social local. Tinha dificuldade para falar, sua coordenação motora era fraca e ele evitava olhar as pessoas nos olhos.

"Lembro de meu pai dizendo à minha mãe que eu era lento para aprender", ele conta.

Incapaz de explicar sua inquietação e seu aparente alheamento, uma professora disse aos pais de Scott que ele, aos 10 anos, poderia estar usando drogas.

Seus desafios evidentes o tornaram alvo contínuo de *bullying* até o dia em que ele se vingou, dando um murro tão bem dado num dos valentões que os demais se assustaram e o deixaram em paz.

Desde muito cedo, Scott também se refugiava na escrita, no processo de criar mundos imaginários por meio de palavras. No esporte, encontrou, também, outra válvula de escape. Competiu em campeonatos de esqui na neve e se envolveu tanto com a modalidade que acabou conseguindo um lugar na equipe americana de esqui.

Quando sua carreira no esqui terminou, ele ficou deprimido. Direcionou suas energias para ganhar dinheiro com imóveis e, depois, como muitos neurodivergentes que enfrentam problemas pessoais, procurou consolo no álcool e, por fim, nas drogas.

"A cocaína fazia com que eu me sentisse poderoso e inteiro, como eu nunca havia me sentido antes", diz Scott, que mais de uma vez teve de ser levado ao pronto-socorro. "Eu sabia que, se continuasse com aquilo, morreria."

Acabou entrando num programa de reabilitação e experimentou ali o que chamou de mudança de consciência. Passou, então, a buscar válvulas de escape menos prejudiciais. Começou a ler, passando a devorar de três a quatro livros por semana. Casou-se e abriu uma empresa, mas nada disso conseguiu eliminar sua sensação de incapacidade.

"Eu ainda me sentia como aquele garoto de dez anos, apanhando e sendo provocado, com baixa autoestima e uma visão deplorável do meu próprio valor", ele diz.

Mesmo assim, ciente de que talvez não sobrevivesse a mais um mergulho no álcool e nas drogas, ele se determinou a não recair. Comprometeu-se também com a realização profissional e fez carreira como produtor de filmes e programas de televisão, especializando-se em adaptar para a tela *best-sellers* da literatura. Construiu um portfólio que inclui filmes como *The Lincoln Lawyer*, de 2011 [no Brasil, o título é *O poder e a lei*], e *Chef*, de 2014, e a minissérie de televisão *Empire Falls*, coproduzida com Paul Newman, que ganhou um Emmy.

Mesmo com todo esse sucesso, sua vida continuou difícil. Os médicos diagnosticaram-no como uma pessoa altamente sensível com TDAH.

Mas foi só a terapeuta de uma de suas filhas, que também foi diagnosticada com TDAH, que sugeriu a Scott, então com mais de 60 anos, que ele talvez estivesse no espectro do autismo.

Sua primeira reação foi de vergonha. No entanto, quanto mais ele investigava, mais o diagnóstico fazia sentido.

"Comecei a fazer terapia e a compreender o que acontecia comigo", ele conta.

Quanto mais aprendia, mais compreendia os desafios que havia enfrentado: dificuldades de relacionamento e para entender as próprias emoções, incapacidade de olhar as pessoas nos olhos em reuniões de negócios, aversão à atenção.

"Iniciei um processo de desvendar e descobrir quem eu era, e minha percepção do passado mudou drasticamente", ele diz.

Sua filha lhe disse que tinha vergonha de chamar as amigas para visitá-la em casa, pois Scott falava alto, não entendia os sinais sociais e, às vezes, parava de conversar no meio de uma frase.

Com o tempo, ele começou a assumir o fato de estar no espectro. "Não sou defeituoso, sou único!", fala agora com orgulho.

Também começou a entender que boa parte do seu sucesso — nos esportes, nos negócios, na escrita — podia ser atribuída à sua neurologia e à capacidade de focar como um raio *laser* um assunto ou um projeto. A respeito de seu diagnóstico de autismo, ele disse: "Alguém me perguntou se eu mudaria isso, se pudesse. Não mudaria, pois adoro o modo como percebo a vida. Adoro minha criatividade, adoro minha sensibilidade!".

O que ele lamenta é que ninguém o tenha ajudado a ter essa percepção mais cedo. "Com o conhecimento e o apoio apropriados", diz ele, "muitos problemas em minha vida poderiam ter sido evitados".

E é por isso que Scott se dedicou a chamar a atenção para o autismo e a familiarizar os profissionais de saúde mental e os educadores com a neurodivergência. Sua missão é elevar a conscientização do autismo e de doenças correlatas junto à população em geral, e ele acredita que, com muita frequência, os indivíduos neurodivergentes passam a vida toda sem ser diagnosticados e são incompreendidos ou preferem permanecer "no armário". Por meio de um programa de neurodiversidade na Arizona State University, ele também trabalha para aumentar a sensibilidade das pessoas em relação ao autismo e à consciência do tema junto aos alunos. Tendo produzido programas de entretenimento para a NBC, a Netflix e a HBO Max, entre outras plataformas de mídia, ele está determinado a usar sua influência em Hollywood para ajudar a eliminar o estigma e a vergonha comumente associados ao fato de estar no espectro.

Seu objetivo é proporcionar aos autistas a experiência do sucesso, tanto pessoal quanto profissional, que ele próprio finalmente foi capaz de alcançar. "Essa é a coisa mais importante da minha vida", ele diz. "Sou autista e tenho orgulho disso."

# CAPÍTULO 13

## ENERGIZAR O ESPÍRITO

Às vezes, uma pergunta é uma revelação. Alguns anos atrás, eu estava no retiro de pais que ajudo a administrar quando uma mãe sentada ao meu lado tocou no meu braço para chamar minha atenção. Era o primeiro retiro de Cynthia, uma mãe para quem, a nosso ver, "tudo aquilo era uma novidade". Seu filho, então com cerca de 2 anos e meio, havia sido diagnosticado recentemente, de modo que a maior parte do que ela estava ouvindo eram informações novas e desconhecidas. Durante dois dias, ela havia participado das discussões entre os pais, muitos com anos e até décadas de experiência cuidando de entes queridos autistas. Tinha ouvido alguns deles falarem sobre o entusiasmo e as idiossincrasias de seus filhos, enquanto outros discutiam suas guerras com os administradores escolares e as dificuldades de ter de lidar com sistemas de apoio desorganizados. Havia conhecido uma mãe que expressou gratidão por ter descoberto um colégio interno adequado para o filho de 19 anos e outra que falou abertamente sobre os desafios de conciliar o trabalho com a maternidade.

Então, pouco antes da última roda de conversa do retiro, quando as emoções costumam estar em alta, Cynthia voltou-se para mim e sussurrou: "Doutor Prizant, tenho uma pergunta para você!".

Então, ela me falou de um site com o qual se deparara que afirmava que seu programa online ajudava as crianças autistas de forma tão extraordinária que algumas tinham "se recuperado" do autismo. Queria a minha opinião.

Descreveu os testemunhos de pais cujos filhos haviam avançado de forma notável para reduzir os sintomas do autismo num prazo de semanas ou meses simplesmente seguindo as atividades recomendadas. O preço? Quase mil dólares.

— O que o senhor acha, doutor Prizant?

Seu questionamento me lembrou das muitas vezes em que os pais me abordaram com uma pergunta parecida. "Se o dinheiro não fosse problema", perguntam eles, "se minha carreira ou minha família não me prendessem a um lugar específico, para onde você sugeriria que nos mudássemos a fim de obter os melhores serviços para nosso filho?". Esses pais acreditam que em algum lugar existe uma "meca" de serviços para o autismo. Há uma escola, um médico ou um terapeuta que talvez seja capaz de livrar seu filho e, assim, toda a família de todos os desafios associados ao autismo.

Eles perguntam "Aonde devemos ir? A que cidade, que escola?".

A resposta: isso não é tão simples. Não há profissional ou clínica de saúde, nenhum local mágico, nenhuma abordagem de tratamento que ofereça todas as respostas e disponibilize um plano capaz de tornar uma criança "normal", para que a família possa deixar o autismo para trás e tocar a vida.

Ninguém culparia Cynthia, mãe de uma criança pequena, por procurar todas as opções em sua busca para dar ao filho a melhor vida possível. Ninguém, do mesmo modo, culparia as famílias por procurarem os melhores serviços disponíveis. Todos querem o que quaisquer pais desejam: que seus filhos sejam felizes, que levem uma vida plena, que aproveitem ao máximo seu potencial e progridam na adolescência e na idade adulta como membros respeitados, comprometidos e valorizados de suas comunidades. Em resumo, os pais querem o que é melhor para seus filhos. No entanto, quando os desafios associados ao autismo e às doenças correlatas entram na equação e se tornam o foco principal, é fácil perder de vista o mais importante.

## A QUESTÃO DA RECUPERAÇÃO

Algumas abordagens ao autismo fazem da "recuperação" seu objetivo explícito — a noção de que uma pessoa pode superar o autismo, da mesma maneira que poderia vencer um câncer ou se recuperar de um ataque cardíaco ou um AVC. A questão de saber se isso é possível, ou mesmo desejável, permanece em aberto. Um estudo publicado em 2019 no *Journal of Child Neurology*, que acompanhou 569 crianças, constatou que, com o passar do tempo, uma porcentagem muito pequena de crianças obteve tamanha melhora nos sintomas que não mais preenchia os critérios de diagnóstico do autismo do DSM; a maioria, no entanto, ainda tinha "dificuldades que exigiam apoio terapêutico e educacional". O estudo não encontrou nenhuma forma de prever quais crianças obteriam os melhores resultados nem descobriu por quê.

Essa visão do autismo define a recuperação como a redução do número de "sintomas do autismo" abaixo de certo limite, de tal forma que a pessoa não atenda mais aos critérios de diagnóstico do DSM. No entanto, muitas pessoas de maior sucesso que conheço bem e que estão no espectro do autismo (Temple Grandin, Stephen Shore, Michael John Carley, Becca Lory Hector, Dave Finch, Dena Gassner e, agora, centenas de outras), que por todos os critérios desfrutam de uma vida plena, não se referem a si mesmas como "recuperadas". Têm carreiras satisfatórias, são membros ativos de suas comunidades e algumas têm família e filhos. Outras, que foram consideradas recuperadas do autismo quando crianças, mais tarde se identificaram e se autodiagnosticaram como adultos autistas. E muitos outros adultos autistas, mesmo alguns que dizem estar livres dos sintomas mais óbvios ou empenharam grande energia para "mascarar" seu autismo e, por isso, são amplamente capazes de passar por "neurotípicos", ressentem-se da ênfase na recuperação. Muitos veem o autismo como parte inalienável de sua identidade.

Uma pessoa pode desfrutar de uma boa qualidade de vida, quer seu comportamento corresponda aos critérios que definem o autismo, quer não. É como um adolescente disse a seus pais quando abordaram pela primeira vez o tema de seu diagnóstico: "Eu *amo* meu autismo!".

Seja a "recuperação" possível ou não, persegui-la como um objetivo único e vê-la como o principal sinal de um resultado bem-sucedido pode ser emocional e financeiramente cansativo para os pais e estressante para as crianças e os adultos autistas, sobretudo quando o foco do tratamento é reduzir os "comportamentos autistas" ou aprender a mascará-los ou escondê-los. E quando apresentam a "recuperação" como algo provável (apesar de as pesquisas indicarem que ela é rara, além de haver controvérsias consideráveis sobre a própria definição de "recuperação" e se sua busca é desejável), os profissionais violam a ética, sobretudo quando fazem tais declarações para promover seus serviços.

A esperança na possibilidade de minimizar os desafios associados ao autismo e alcançar uma boa qualidade de vida não precisa estar sempre ligada à ideia de "recuperação". (Alguns simplesmente falam sobre "fazer grande progresso", "superar desafios" ou "melhorar a qualidade de vida".)

Quando as famílias transformam uma recuperação em seu objetivo principal, podem acabar deixando passar a beleza dos avanços do desenvolvimento da criança e de suas características únicas, assim como um motorista que pensa apenas em chegar ao destino não percebe a beleza da paisagem ao longo do caminho.

Em contraposição, tenho visto muitos pais obterem grande contentamento com os pequenos avanços e progressos diários de seus filhos em idade escolar ou adulta, principalmente porque estão focados em uma jornada que dura toda uma vida. Os pequenos ganhos vão se somando e acabam resultando em grandes transformações que melhoram a qualidade de vida dos autistas e de suas famílias.

Sheila descreveu essa distinção melhor do que qualquer outra pessoa que eu tenha conhecido. Seu filho Pablo, um menino encantador de 10 anos, que sofria de alta ansiedade e sensibilidade sensorial, conseguia falar, mas sua desregulação dificultava um engajamento constante. Durante anos, Sheila viveu desesperada para mudar sua condição e livrá-lo do autismo. Tentou uma infinidade de dietas alternativas e vários outros tratamentos. Somente quando veio ao nosso retiro, conheceu outros pais iguaizinhos a ela e ouviu falar de suas lutas e de seus triunfos é que fez uma pausa e viu seus esforços sob uma nova luz.

Com lágrimas nos olhos, ela compartilhou com o grupo sua epifania: "Fico tentando consertar o Pablo, e o que aprendi agora é que ele já é íntegro e feliz!". E, com a voz trêmula, acrescentou: "Precisamos fazer todo o possível para tornar a vida de nossos filhos mais confortável e prazerosa, mas na verdade eles já são inteiros, e *eles* podem *nos* consertar!".

## FAMÍLIAS DIFERENTES, SONHOS DIFERENTES

O foco no destino assume formas diferentes em cada família, tanto para os pais que criam filhos neurotípicos quanto para os pais que criam filhos neurodivergentes. Na minha prática particular, certa vez, dei consultoria a duas famílias diferentes em suas casas num período de poucos dias. As duas famílias tinham um filho com menos de 3 anos cujo autismo havia sido recentemente diagnosticado. Meu papel em ambos os casos era confirmar o diagnóstico e, em seguida, iniciar uma conversa sobre o que o futuro poderia lhes reservar e como a família poderia proceder.

Após a discussão inicial sobre o diagnóstico, o pai da primeira família me fez uma pergunta:

— Você acha que ele poderá cursar uma faculdade?

Esta era sua maior preocupação: seu filho teria sucesso na escola?

Com a segunda família, nossa discussão inicial foi quase idêntica, mas depois a mãe do menino levantou uma questão:

— Queremos saber se nosso filho será feliz.

Essa pergunta conduziu a outras:

— Será que ele terá amigos e será rodeado por pessoas que o amam? Será um membro respeitado de sua comunidade?

Cada família é diferente. O mesmo diagnóstico, a mesma etapa da trajetória; contudo, prioridades muito diferentes.

Minha amiga Barbara Domingue (ver capítulo 10) me deu, certa vez, uma estampa emoldurada que pendurei no meu escritório. É uma imagem surrealista de um homem na corda bamba caminhando em direção a uma luz distante, parecida com um sol. Apenas uma extremidade da corda está presa — a extremidade atrás dele. Ele segura nas mãos o segmento de corda que se estende à sua frente, de modo que seu próximo passo tem como destino o vazio. Na interpretação de Barbara, o homem representa uma família logo após receber o diagnóstico de autismo para um filho: os pais percebem que estão começando uma longa jornada, mas é uma jornada que terão de reinventar a cada passo. A escolha de cada passo pode acarretar muita ansiedade, bem como o medo de que um passo em falso resulte em desgraça para a criança e para a família. Infelizmente, alguns profissionais, que deveriam ajudar, na verdade, instigam e perpetuam esse medo.

Tais sentimentos podem se estender para além da época do diagnóstico, na infância. De fato, podem marcar todas as etapas da trajetória. Mesmo quando as coisas se mantêm estáveis, mesmo quando os pais sentem que estão caminhando em terreno sólido, a qualquer momento tudo pode mudar — um terapeuta querido muda para outra cidade, a criança não se dá bem num programa escolar, o filho se aproxima da puberdade e da adolescência e tem de mudar de escola — e eles tornam a andar na corda bamba.

Há um fator de complicação que amplia a metáfora: enquanto improvisamos o caminho, tentando desesperadamente manter o equilíbrio, pessoas de todo tipo oferecem conselhos e orientações. Com muita frequência, esses conselhos nos distraem do objetivo e podem até gerar culpa.

— Vire à direita aqui!

— Vire à esquerda ali!

— Agora, dê um mortal duplo e caia em pé!

Os pais e cuidadores podem cair num estresse crônico, pois questionam constantemente se estão fazendo as melhores escolhas para seus filhos ou familiares. Em muitas encruzilhadas do caminho, não há uma resposta clara, uma escolha que inspire certeza. Um profissional pode insistir em afirmar que a criança precisa de quarenta horas de terapia por semana. Um pai pode achar que um tratamento particular que proporcionou maravilhas para seu filho certamente produzirá o mesmo efeito em outra pessoa. Este é partidário ferrenho da inclusão; outro, do ensino domiciliar; um terceiro insiste em uma escola particular para alunos autistas; um quarto declara que uma dieta sem glúten é obrigatória. Os pais, às vezes, sentem que um passo em falso ou uma escolha errada (ou a ausência de uma escolha) podem causar danos irreparáveis.

Para os pais, isso tudo pode fazer com que seja difícil olhar para o futuro e considerar: afinal, que caminhando estamos tomando? Qual é a luz que me guia? Quais são as esperanças e os sonhos que acalentamos para nosso filho? Como fazer as escolhas certas para realizá-los? É isso que meu filho quer e precisa?

Cada pai e cada mãe têm respostas diferentes para essas perguntas. Cada família tem um conjunto único de prioridades, objetivos e sonhos. E é claro que muitos adolescentes e adultos autistas, e até mesmo crianças pequenas, têm suas próprias metas e seus desejos para o futuro.

## PEQUENOS PASSOS E MUDANÇAS DE PERSPECTIVA

A ansiedade em relação ao futuro é algo natural. A mãe de um menino de 5 anos me disse, há pouco tempo, que, às vezes, acorda no meio da noite cheia de preocupações sobre como será seu filho quando ele completar 15 anos. Outros pais dizem que simplesmente não se deixam enredar pela preocupação com o futuro. Quando Justin Canha era adolescente, alguém perguntou à sua mãe sobre sua vida futura como adulto. Ela respondeu: "Isso é algo que simplesmente não tenho como saber. Um passo de cada vez!".

Muitas vezes, os pais expressam a preocupação de que, se uma criança não atingiu determinado marco de desenvolvimento aos 3, aos 5 ou aos 7 anos de idade, já é tarde demais. Ouviram dizer em algum lugar que, se a criança não falar um determinado número de palavras até os 5 anos de idade, pode-se deixar para trás toda esperança. Ou que o foco deve ser apenas a fala, porque a CAA (comunicação alternativa e aumentativa) não é uma comunicação *de verdade*. Ou que o QI ou as conquistas escolares de uma criança pequena podem prever o futuro da criança. (Nada disso é verdade.)

Quando os desafios aumentam, a esperança parece diminuir proporcionalmente. Já conheci muitos pais cujos filhos não desenvolveram a fala na primeira infância. Esses pais ouviram dizer que, se a criança não falar até os 5 anos de idade, provavelmente nunca falará, ou que a introdução da CAA impedirá o desenvolvimento da fala, sendo o treinamento desta a única esperança. Nem a primeira afirmação nem a segunda são verdadeiras; o desenvolvimento continua ao longo de toda a vida, e não só a CAA pode ser um meio muito eficaz de comunicação como também, em alguns casos, pode até apoiar o desenvolvimento da fala. Ainda assim, esses pais se sentem ansiosos para ver a criança desenvolver a fala o mais rápido possível. Quando isso não acontece, sentem-se desanimados, esgotados, e perdem a esperança. Muito concentrados em um objetivo específico, veem tudo através desse prisma, e torna-se difícil para eles perceber os pontos fortes e as conquistas, ou mesmo *ver* a criança. Infelizmente, em alguns casos, o que mais é prejudicada é a felicidade da própria criança, além de seu bem-estar emocional, pois a busca da recuperação resulta em estresse crônico tanto para a criança quanto para a família.

O que ajuda nessas situações é ressignificar a situação. Mesmo quando uma criança não está falando, muitas vezes, há sinais de envolvimento: ela pode estar olhando intencionalmente para a mãe ou para o pai, ou pode ter começado a apontar ou acenar. São indícios iniciais de interesse social, bases e trampolins para capacidades de comunicação mais avançadas apoiadas por meios multimodais de comunicação (gestos, sons, palavras, sistemas de CAA). Muitas vezes, os pais estão a tal ponto focados em fazer com que a criança fale que não percebem esses indícios promissores. Quando leva a mãe pela mão até a geladeira, a criança não está simplesmente "usando uma pessoa como ferramenta", como alguns entendem tais ações (e as desconsideram); trata-se de uma comunicação intencional, um ponto de partida com base no qual se pode construir. Por mais que sonhemos com grandes saltos, muitas vezes, são esses pequenos passos que indicam progresso e oferecem esperança.

Também é útil para os pais ou cuidadores conhecerem famílias que trilharam o mesmo caminho. Em nosso retiro de pais, a mãe de um garoto de 3 anos pode encontrar o pai de um adolescente ou de uma jovem adulta que enfrentou os mesmos desafios na infância. A jovem pode não falar, mas usa um tablet ou um quadro ortográfico para se comunicar. Seus pais mantêm uma atitude positiva, rodeiam-na de amor, carinho e apoios úteis, e está claro que ela leva uma vida feliz, autodeterminada e realizada.

Amir é um jovem que fala pouquíssimo, mas tem uma empresa — ele faz biscoitos que são vendidos em lojas locais e no teatro comunitário administrado por seus pais. Os pais admitem que, quando ele era adolescente, não poderiam imaginá-lo fazendo tal coisa. Ele tem uma boa qualidade de vida, um propósito para o futuro, está envolvido com sua comunidade, tem orgulho do que faz e se sente bem consigo mesmo. E seus pais dizem que não podem imaginar a vida sem o filho adulto morando com eles.

Esse é um lembrete de que o desenvolvimento humano é um processo vitalício e que as prioridades mudam. O que parece criticamente importante numa etapa pode parecer muito menos importante em poucos anos.

## FELICIDADE E AUTODETERMINAÇÃO OU SUCESSO NA ESCOLA?

Os pais querem saber no que o currículo escolar da criança deve consistir para garantir-lhe o maior sucesso quando ela for adulta. Quais capacidades e qualidades são importantes para essa pessoa, a fim de ajudá-la a garantir uma melhor qualidade de vida? Estas são minhas principais prioridades: construir a autoexpressão e a autoestima, incutir felicidade, criar experiências positivas e enfatizar relacionamentos saudáveis. Também é importante aumentar a autoconsciência e as capacidades de autorregulação emocional e de, quando necessário, aceitar o apoio dos outros.

Quando temos experiências emocionais positivas, isso nos motiva a aprender e explorar, constrói a autoconfiança e promove o desejo de se conectar com outras pessoas, estabelecer metas pessoais e buscar experiências mais variadas. Em outras palavras, melhora de forma abrangente a nossa qualidade de vida. Ser feliz também faz de nós alguém com quem os outros querem estar, faz com que as pessoas nos procurem. Isso fica evidente quando vemos crianças interagindo em grupos. Quando uma criança é ansiosa e irritadiça ou amuada e sisuda, as outras a evitam. Mas se as mesmas crianças encontram uma criança que é percebida como acessível, alegre, sorridente, brincalhona e bem-regulada, se sentem atraídas por ela. A felicidade é um fator natural de vínculo entre as pessoas.

No entanto, muitos pais, educadores e terapeutas priorizam o desempenho escolar em detrimento de induzir a felicidade, mesmo que isso aumente muito o estresse e a desregulação. De fato, eu mesmo ouvi um proeminente defensor da abordagem comportamental discordar da ideia de enfatizar a felicidade, argumentando que, para a criança autista, é muito mais importante desenvolver habilidades do que ser feliz. Em outras palavras, medir a felicidade não vem ao caso; deveríamos estar medindo as habilidades.

Essa forma de pensar não só é equivocada como sequer chega a abranger o aspecto mais importante do assunto. As crianças, como todos os seres humanos, aprendem mais facilmente quando estão felizes. Retêm e rememoram as informações com mais eficácia quando sentem emoções positivas. Quando tentamos aprender sob situações persistentes de estresse, prestamos menos atenção, nossa retenção é menor e é mais difícil acessar o que aprendemos. Contudo, quando sentimos emoções positivas e confiamos no mundo em que vivemos, nos tornamos mais aptos à experiência da aprendizagem e nosso aprendizado é mais profundo e muito mais significativo. Quando gostamos das pessoas ao nosso redor e confiamos nelas, sentimo-nos mais motivados a aprender e a correr riscos.

Já conheci inúmeros educadores que exigem demais das crianças, enfatizando o desempenho escolar em vez de considerar o quadro geral. Muitas vezes, os educadores são pressionados por administradores cujas políticas medem o sucesso apenas em termos de desempenho escolar. Em casos extremos, o resultado é a recusa escolar — a criança resiste a ir à escola. Outras crianças simplesmente se fecham. O mínimo que se pode dizer é que a pressão cria tensões e memórias emocionais negativas que podem ser difíceis de superar. Em vez de nos concentrarmos rigorosamente no desempenho escolar ou nos guiarmos pelo currículo-padrão, é essencial considerar o desenvolvimento da pessoa como um todo e fazer as concessões e escolhas necessárias para promover a felicidade e a disposição de aprender e se envolver. *Isso* resulta na melhor qualidade de vida possível.

## A IMPORTÂNCIA DA AUTODETERMINAÇÃO

Certa vez, fui convidado a ministrar uma oficina em Christchurch, uma cidade pitoresca que está entre as maiores da Nova Zelândia. Aprendi que era costume os representantes do povo local, de origem polinésia, os maoris, abrirem esses eventos com um breve culto de oração. Quando cheguei ao salão de conferências lotado, um organizador me apresentou ao ancião maori, um cavalheiro alto e robusto, que segurava um cajado de madeira esculpida. Senti-me lisonjeado e honrado quando o ancião me convidou

PARTE III: O FUTURO DO AUTISMO | 287

para participar da breve cerimônia. No início, os participantes se cumprimentaram, cada um encostando o nariz e a testa nos narizes do outro, um por um, em fila. A interação, chamada *Hongi*, simboliza o ritual de compartilhar o espírito quando se cumprimenta outra pessoa.

Então, segundos antes de eu começar minha apresentação, o ancião se aproximou de mim, inclinou-se e, com os lábios praticamente tocando meu ouvido, sussurrou uma frase curta: "Confio que você transmitirá a mensagem de que, para fazer a mente progredir, devemos primeiro energizar o espírito...".

Ao absorver aquelas palavras, senti uma vibração passando por todo o meu corpo, pois naquela frase ele havia resumido muito do que acredito em relação à vida dos autistas: que a melhor forma de ajudar os indivíduos autistas e neurodivergentes a progredir em direção a uma vida plena e significativa é encontrar modos de interação baseados num respeito profundo, ajudá-los a construir um senso de quem são e fomentar vínculos humanos e experiências felizes.

*Devemos energizar o espírito*. Todos os anos, encontro dezenas de autistas. Quando penso nesses encontros, muitas vezes, o faço em termos de espírito: *Ele tem um excelente espírito. Ela é uma criança espirituosa. Eles têm o espírito livre.* São os tipos de pessoas que atraem os outros e são capazes de preencher uma sala com alegria e maravilhamento. Outras pessoas parecem letárgicas, passivas, cautelosas, distantes ou até mesmo temerosas ou traumatizadas. Sobre essas pessoas, podemos dizer que *seu espírito foi quebrado* ou que *precisamos elevar seu espírito*.

A diferença pode ser causada, ou pelo menos muito influenciada, por fatores inatos, tais como questões sensoriais ou biomédicas graves, mas com mais frequência os indivíduos mais espirituosos são aqueles a quem foram dadas escolhas e oportunidades na vida com os suportes certos. Seu entusiasmo foi honrado e alimentado. Eles têm controle da própria situação. Isso não significa que possam viver sem apoio — para alguns, é possível; para outros, não é um objetivo imediato. Na verdade, nem sempre é correto postular a "independência" como o objetivo mais desejável. Os autistas, como Becca Lory Hector, vêm nos ensinando cada vez mais que a qualidade de vida pode ter uma correlação mais direta com a *interdependência* — por exemplo, manter relacionamentos de segurança e de confiança e saber como contar com o apoio de outras pessoas e comunidades. O que tem importância crítica é a *autodeterminação* — um senso de identidade pessoal, o reconhecimento do que se ama e do que se quer e algum grau de influência sobre a própria vida (não ser controlado pelos outros, não criar a expectativa de que a pessoa só obedeça e responda a ordens e solicitações).

Alguns pais só começam a pensar na autodeterminação quando seus filhos autistas estão entrando na adolescência e na vida adulta e pesando as opções que estão disponíveis ou que podem ser criadas. No entanto essa conversa deve começar mais cedo — já na pré-escola. Ao criar, ensinar e apoiar os jovens no espectro, devemos nos perguntar a todo momento: "O que podemos fazer para ajudar essa criança ou esse adulto a levar, em última análise, a vida mais autodeterminada e realizada possível?". Por isso, é essencial oferecer opções sempre que possível, em vez de impor ao indivíduo uma expectativa específica. O objetivo não deve ser "consertar" a pessoa ou fazê-la parecer "normal" (o que quer que isso signifique), mas, sim, ajudá-la a desenvolver a capacidade de tomar suas próprias decisões e exercer controle sobre a própria vida.

Quando Jesse, que antes vivia profundamente desregulado, teve a oportunidade de entregar correspondência e organizar a reciclagem de lixo com amigos, contribuindo para sua escola e aumentando seu orgulho como aluno do ensino médio, ele estava avançando rumo à autodeterminação.

Quando Scott, que tinha sido tão contrariado por seu terapeuta anterior, me proibiu de usar o termo "Muito bem!", ele estava expressando sua autodeterminação.

Quando Ned, que tinha medo de andar de balsa, teve a oportunidade de optar por não participar, mas decidiu ser corajoso, ele estava aprendendo a autodeterminação.

Quando o amigo autista de Justin lhe recomendou fazer contato visual e observar a etiqueta social, e Justin respondeu "A etiqueta é um saco!", estava exercendo sua autodeterminação.

Quando Ros decidiu não ir jantar até que tivesse a oportunidade de pular na cama elástica, estava demonstrando o que significa ser um adulto com total autocompreensão e controle de sua própria vida.

Quando pais, professores e membros de comunidades extensas oferecem opções, criam oportunidades e dão autonomia aos autistas e às demais pessoas neurodivergentes, não estão apenas ajudando sua mente a progredir; estão também energizando seu espírito.

# EPÍLOGO

Todo ano, quando termina nosso retiro para pais de autistas, as mães e os pais que se reuniram expressam uma mistura de euforia e saudade. Por um lado, eles apreciam esses poucos dias de conexão, de compreender e ser compreendidos. Por outro lado, ao voltar para suas casas e suas vidas cotidianas, eles se perguntam como podem recriar o que encontraram nesse lugar com as pessoas com quem se abriram, riram, choraram e sorriram.

"O retiro me mostrou como é importante se reunir com as pessoas e compartilhar experiências, ou simplesmente estar presente em um lugar onde todos entendem suas vitórias, suas frustrações e tristezas", disse Juan Carlos, pai de dois filhos autistas.

Alguns pais falam sobre como o encontro com outras famílias que lidam com tensões e desafios semelhantes fez com que se sentissem menos isolados e literalmente salvou seu casamento. Outros pais enfatizam como foi importante conhecer e aprender com os adultos autistas convidados. Em resumo, o que eles viveram no fim de semana que oferecemos com nossos parceiros, os pais e profissionais da Community Autism Resources, é o poder de pertencer a uma comunidade de apoio, uma comunidade que nos vê, nos ouve, nos entende e nos valoriza da forma como somos.

Parece-me que encerrar este livro, *Humano à sua maneira: um novo olhar sobre o autismo*, não é tão diferente de sair do retiro. O mundo está cheio de mensagens negativas e equívocos sobre o autismo e, muitas vezes, as próprias pessoas que supostamente deveriam estar ajudando e promovendo os autistas e suas famílias retratam o autismo como trágico, doloroso e difícil. Nestas páginas, tentamos mostrar o outro lado: o que significa ser único e viver em uma família que também é única. Depois de conhecer Ros Blackburn e Justin Canha, ouvir as vozes de Morénike Gina-Onaiwu e Jordyn Zimmerman e aprender com Stephen Shore, Carly Ott e Chloe Rothschild, você pode se perguntar: como posso trazer para minha vida essas pessoas extraordinárias, sua visão e sua mensagem? Como minha família e meu ente querido podem ser reconhecidos, apreciados e valorizados por serem *únicos*, como essas pessoas são?

A melhor resposta que eu posso dar é: encontre comunidades de apoio. Espaços físicos, sociais, espirituais e até virtuais onde você possa fazer contatos, aprender, falar e ser apreciado, valorizado e apoiado sem ter de mudar seu jeito de ser. Não estou falando de empreendimentos terapêuticos focados em fazer os autistas parecerem mais "normais" ou em tentar encaixar uma cavilha redonda num buraco quadrado. Estou falando de comunidades onde você e sua família podem ser reconhecidos e compreendidos, onde é possível compartilhar histórias engraçadas, experiências e ideias.

Onde encontrar tais comunidades? Algumas das melhores que já conheci são os programas de *performance* e artes expressivas, como os do Miracle Project em Los Angeles e na Nova Inglaterra, criados por Elaine Hall, onde crianças e adolescentes autistas e neurodivergentes e seus colegas neurotípicos colaboram para criar espetáculos musicais para o teatro e outras atividades inspiradoras e onde os pais se orgulham da criatividade dos membros de sua família. Mesmo quando a pandemia de covid-19 se agravou, os Miracle Projects continuaram a forjar laços via Zoom, oferecendo aos participantes a possibilidade de fazer contato, ver uns aos outros e ser vistos.

"É claro que o coronavírus é assustador", escreveu um dos atores, Nick, "mas é incrível que estejamos vivendo isso todos juntos!".

Programas dos quais me orgulho de fazer parte, como o Miracle Project e o Spectrum Theatre Ensemble, uma companhia profissional adulta, criam oportunidades para os participantes se aproximarem com base em interesses comuns e serem ouvidos, dando a cada um deles o sentimento de fazer parte de um grupo.

"É um lugar onde posso exercer meu amor pelo teatro sem ser criticada ou intimidada por causa das minhas deficiências", disse Julia, atriz do Spectrum Theater Ensemble. "É para as pessoas que me entendem e não se importam se eu misturar minhas falas."

Os grupos de artes cênicas são apenas um tipo de comunidade. A escola certa pode ser uma comunidade de apoio, assim como um grupo que se reúne apenas para conversar. Becca Lory Hector me disse que encontrou uma comunidade junto às outras mulheres que escreveram capítulos para a antologia de ensaios *Spectrum Women*. Nunca conheceu a maioria delas pessoalmente, mas, por meio de suas histórias, de e-mails, textos e encontros pelo Zoom, essas mulheres autistas transcenderam o tempo e a geografia para estabelecer vínculos reais e profundos.

Em seu quarteirão, em seu bairro, em sua cidade, em sua comunidade religiosa ou de alguma forma virtual — ou, ainda, por meio de reuniões ocasionais, como nosso retiro de pais —, as comunidades existem e são as melhores formas de criar e promover a qualidade de vida para pessoas únicas e para suas famílias.

Naturalmente, um dos grandes paradoxos do autismo é que durante muito tempo os autistas foram retratados como se vivessem num mundo só deles e não tivessem nenhum instinto ou consciência social, nenhuma compaixão, nenhum desejo de estabelecer vínculos com outros seres humanos. Nada poderia estar mais longe da verdade. Quanto mais ouvimos as pessoas no espectro, mais sabemos que elas desejam os vínculos sociais tanto quanto qualquer outra pessoa e que necessitam, tanto quanto todos os outros, de validação, amor e apreço — o que todos os seres humanos anseiam. Na verdade, pelo fato de os hábitos sociais dificultarem tanto esses vínculos para elas, muitas vezes, anseiam ainda mais por vínculos desse tipo.

A boa notícia é que as comunidades de apoio existem, são espaços onde você e seu ente querido podem ser apreciados, respeitados, aceitos e acolhidos não *apesar* de serem humanos à sua maneira, mas *exatamente* por serem humanos à sua maneira.

Vou ceder a última palavra à minha amiga Dena Gassner, que é uma mulher autista, mãe de um filho autista e especialista em autismo conhecida em âmbito internacional, além de ser assistente social, professora universitária e mentora de inúmeros autistas. Quando Dena se apresentou em *Uniquely Human — The Podcast*, perguntei quais mensagens ela compartilha com os autistas que ela orienta e com aqueles que ainda não se vincularam às comunidades autistas. Em suas comoventes palavras, ela falou sobre o poder da comunidade de apoio e sobre o modo muito bonito pelo qual autistas e suas famílias vêm cada vez mais se colocando à disposição uns dos outros.

"Estamos à sua espera", disse Dena. "Sua comunidade está à sua espera. Nós somos a sua cultura, a sua família, a sua tribo. E nós estamos à sua espera."

Meu desejo é que vocês, indivíduos ou famílias, encontrem uma comunidade que os acolha como pessoas únicas, humanas à sua maneira.

## PERGUNTAS FREQUENTES

Há não muito tempo, viajei para o emirado de Dubai para apresentar um *workshop* sobre autismo. Pais e profissionais vieram de todo o Oriente Médio e até de lugares tão longínquos quanto a Nigéria. Na aparência, o público não tinha nada a ver com os grupos para quem estou acostumado a falar nos Estados Unidos, na Europa ou na Austrália. Muitas mulheres vestiam burca, e algumas usavam os véus tradicionais chamados *hijab*. Mas suas perguntas eram praticamente idênticas às que ouvi de pais, educadores e terapeutas em lugares tão variados como a China continental, a Nova Zelândia e Israel: "Por que meu filho gira e balança o corpo? Devo deixar meu filho passar tanto tempo no tablet? Será que minha filha falará um dia? Como posso fazer com que meu marido aceite que nosso filho é autista, e que não se trata de algo que ele vai "superar" quando crescer? O que fazer com uma aluna da minha turma que não se envolve com outras crianças? Como fazer com que meu aluno pare de morder a mão? Como os interesses profundos do meu filho adulto podem propiciar oportunidades de trabalho?". Em todo o mundo, os pais querem o melhor para seus filhos e familiares, os educadores querem respostas e os profissionais de saúde e o pessoal de apoio querem as melhores informações disponíveis. Para ajudar, aqui estão algumas respostas a algumas das muitas perguntas que me fazem com mais frequência.

**Como saber se uma pessoa tem autismo de alto desempenho ou de baixo desempenho? E a síndrome de Asperger?**

Com apenas 2 anos e meio, Eric é capaz de montar quebra-cabeças muito complexos para a maioria das crianças de 4 anos. Mas ainda não sabe falar e se comunica principalmente por meio de gestos. Eric tem autismo de alto desempenho ou de baixo desempenho?

Amanda, de 8 anos, está no mesmo nível de seus colegas da 4ª série quanto ao desempenho escolar. Mas, se ela não tiver a ajuda de uma auxiliar, pode ficar tão ansiosa a ponto de sair correndo da sala de aula ou até mesmo da escola. Amanda tem autismo de alto ou de baixo desempenho?

Dominic, de 15 anos, não fala. Em vez disso, ele se comunica por meio de um dispositivo gerador de fala. Passa metade do dia letivo numa sala de aula de educação especial. Seus colegas de classe e professores gostam dele e o admiram, e ele gosta de cumprimentar seus muitos amigos no pátio. Dominic tem autismo de alto ou de baixo desempenho?

Layla é uma artista na casa dos trinta anos cujos retratos de animais de estimação são muito procurados em sua loja online. No entanto, ela sofre ciclos de depressão severa e raramente sai do porão da casa de seus pais, em consequência dos desafios de ansiedade social e das hipersensibilidades sensoriais que a paralisam. Layla tem autismo de alto ou de baixo desempenho?

Embora esses termos (também denominados "autismo de alto funcionamento" e "autismo de baixo funcionamento" ou "autismo de alta funcionalidade" e "autismo de baixa funcionalidade") tenham se tornado comuns, eu não os utilizo. Estudo o desenvolvimento infantil e humano há muito tempo e tenho plena consciência de como são simplistas essas caracterizações. As pessoas são infinitamente complexas; o desenvolvimento é multidimensional e não pode ser reduzido a uma dicotomia tão simples.

Além disso, os termos são tão imprecisos que chegam a perder todo o significado. "Autismo de alto desempenho" e "autismo de baixo desempenho", assim como "autismo severo", "autismo profundo" e "autismo leve", tornaram-se categorias de pseudodiagnóstico, sem nenhuma definição comumente aceita ou qualquer critério de diagnóstico correspondente. A edição mais recente do *Manual diagnóstico e estatístico de transtornos mentais*, o *DSM-5*, provocou controvérsia quando abandonou todas as subcategorias do transtorno do espectro autista, de modo que a síndrome de Asperger não se colocou mais como um diagnóstico distinto. Muito antes disso, houve um debate para saber se o Asperger e o autismo de alto desempenho eram a mesma coisa ou se eram coisas diferentes, uma vez que não havia limites de diagnóstico claramente definidos.

Tenho observado com frequência o quanto os termos "autismo de *baixo desempenho/funcionamento*" e de "*alto desempenho/funcionamento*" são imprecisos e enganosos quando aplicados a crianças e adultos que conheço bem. Esse uso parece desrespeitoso e, com demasiada frequência, representa apenas um breve instantâneo no tempo. Quando mães e pais ouvem o termo *baixo desempenho* aplicado a seus filhos, estão diante de uma visão limitada e fragmentada das capacidades e dos potenciais dos filhos que ignora a criança como um todo. Mesmo quando uma criança é descrita como de "alto desempenho", os pais, muitas vezes, observam que ela continua a enfrentar grandes desafios que os educadores e outros profissionais quase sempre minimizam ou ignoram. Além disso, aqueles que parecem mais capazes ou mesmo se assemelham aos neurotípicos quando bem-regulados com frequência sofrem um julgamento mais severo, assim como seus pais, do que indivíduos que têm doenças incapacitantes mais óbvias.

Quando os profissionais usam rótulos desse tipo no início do desenvolvimento da criança, isso pode ter o efeito de predeterminar injustamente o potencial do indivíduo: se for "baixo", não se deve esperar muito; se for "alto", vai dar tudo certo e ele não precisa de apoio. O rótulo, muitas vezes, se torna uma profecia que contribui para a própria realização. No entanto, as crianças que parecem enfrentar mais dificuldades (e que, portanto, precisam de mais apoio) no início da vida, muitas vezes, progridem de uma forma maravilhosa ao longo do tempo. Algumas crianças demoram para desabrochar, e o desenvolvimento é sempre vitalício. Em vez de se concentrar em rótulos vagos e imprecisos, é melhor focar os pontos fortes e os desafios da pessoa e identificar os suportes mais benéficos.

**Ouvi dizer que a janela de oportunidades para ajudar uma criança autista se fecha após os 5 anos de idade. Depois disso, é tarde demais para ter a expectativa de um progresso significativo?**

Em resumo, não. Muitos pais ouvem outros pais ou um terapeuta ou pesquisam na internet e descobrem que é importante intervir o mais cedo possível, porque a certa altura a oportunidade de melhora começa a diminuir. Alguns pais acham que, se a criança não for exposta a uma determinada forma de terapia durante um certo número de horas até os 5 anos, a oportunidade de progresso terá sido perdida. Isso faz com que os pais se sintam culpados por estarem falhando com seus filhos se não fornecerem o nível recomendado de terapia intensiva.

A verdade: não há prova alguma de que uma janela de oportunidades se feche aos 5 anos. As pesquisas de fato indicam que um dos fatores que permitem prever os melhores resultados para crianças autistas é uma intervenção precoce com o apoio da família, mas disso não decorre de modo algum que, se você não começar cedo, haverá pouca esperança de progresso significativo. Muitos pais notam um crescimento e um progresso significativos entre os 8 e os 13 anos de idade e até durante a idade adulta. Também é verdade que há períodos críticos no desenvolvimento humano para algumas habilidades; por exemplo, se você não for exposto a um idioma no início da vida, torna-se muito mais difícil dominá-lo mais tarde. Em muitas outras áreas, porém, o desenvolvimento é verdadeiramente um processo vitalício de aumento de competência e aquisição de habilidades — para todos nós, os autistas inclusive. De fato, muitos autistas que foram mal diagnosticados ou sequer chegaram a ser diagnosticados na infância relatam que alguns de seus maiores ganhos em qualidade de vida ocorreram após um diagnóstico profissional ou um autodiagnóstico já na idade adulta, muitas vezes, até os 50 ou 60 anos de idade!

Sou forte adepto da intervenção precoce, com um plano abrangente e bem coordenado que se encaixe bem no estilo de vida e na cultura da família. No entanto, muitos pais me dizem que os conselhos que receberam lhes causaram tanta preocupação com a possibilidade de perder a "janela crítica" que gastaram dinheiro e energia com terapias inapropriadas para seus filhos. Muitos pais seguem um plano prescrito, por mais estressante ou perturbador que seja, por ansiedade e medo. Isso não é necessário e pode causar estresse tanto nos pais quanto nos filhos. Em um de nossos retiros de pais, uma mãe descreveu que navegava na internet até as três da manhã todas as noites em busca da descoberta seguinte para seu filho de 4 anos, sem perceber que seu hábito estava tendo um impacto debilitante sobre a família e seu casamento. Um plano bem coordenado é igualmente importante para adultos no espectro. O plano deve se alinhar com os objetivos e o estilo de vida do indivíduo e pode incorporar circunstâncias de vida, oportunidades vocacionais e de lazer e vínculos sociais.

Como norma geral, as pesquisas já feitas com crianças em idade pré-escolar e escolar indicam que a intervenção ideal incorpora 25 horas por semana de engajamento ativo, com foco na comunicação social, na regulação emocional e na aprendizagem. Essas horas não são apenas horas de terapia fornecida por profissionais, mas, ao contrário, podem englobar também *uma parte planejada das atividades e rotinas diárias*: algo tão simples quanto escovar os dentes, fazer pipoca ou brincar com os irmãos. O acúmulo de horas adicionais de terapia em sessão individual não necessariamente agrega valor.

**Alguns autistas parecem hiperativos, e outros parecem letárgicos. Qual é a explicação para isso?**

O autismo é chamado de *transtorno do espectro* porque as capacidades e os desafios dos autistas se distribuem ao longo de um *continuum*, e não há duas pessoas que manifestem o autismo exatamente da mesma forma. Um parece estar sempre tão "ligado" que não consegue ficar quieto; no entanto, seu colega de classe autista, às vezes, parece preguiçoso e desatento. Esse fenômeno é conhecido como *nível de estimulação*. Todos os seres humanos transitam diariamente por diversos estados de excitação fisiológica. O pediatra T. Berry Brazelton identificou esses estados "biocomportamentais" em bebês, mas eles podem ser observados em todos os seres humanos. Esses estados biocomportamentais variam da baixa estimulação (sono profundo ou sonolência) à alta estimulação (agitação, ansiedade, até vertigem ou euforia).

Todos nós temos uma tendência para uma ou outra direção. O desafio que muitos autistas enfrentam é o de ter um nível habitualmente muito alto ou muito baixo de estimulação; isto é, tendem à subestimulação ou à superestimulação durante a maior parte do tempo. Quando a tarefa ou o contexto exige um estado de calma e concentração, a criança está agitada e se distrai com facilidade. Quando a situação exige atividade, a criança está sonolenta ou desconcentrada. Para complicar a situação, as pessoas, algumas vezes, mudam rapidamente de uma estimulação muito alta para uma estimulação muito baixa; às vezes, em poucas horas.

Frequentemente, os autistas têm dificuldade para transitar entre diferentes estados de estimulação a fim de atender às exigências de uma atividade ou do ambiente. O estado de alta estimulação de uma criança no jardim da infância funciona bem no *playground*, mas depois ela fica tão agitada que não consegue chegar a um estado de atenção silencioso quando é hora de sentar-se em círculo para uma roda de conversa, por exemplo. O objetivo é encontrar os suportes certos para ajudar a pessoa a permanecer pelo máximo de tempo possível num estado adequado à atividade específica.

Para quem trabalha ou vive com um autista, é importante estar atento ao nível de excitação dessa pessoa, que se manifesta por múltiplos canais sensoriais: tátil, auditivo, visual e olfativo. Para uma criança hiperreativa, de baixa estimulação, sons como a voz humana podem parecer tão indistintos que é difícil obter sua atenção chamando-a pelo nome. Uma pessoa de alta estimulação, hiper-reativa, pode ser tão sensível ao som e ao toque que até ruídos de intensidade normal talvez sejam insuportáveis, assim como a dor de um pequeno arranhão pode ser excruciante.

Como um pai ou um professor pode ajudar crianças com energia muito alta ou muito baixa, hiper-reativas ou hiporreativas? Muitas vezes, o que uma criança precisa é de um complemento ao seu viés natural. Se a criança for letárgica, seja enérgico; se a criança for ansiosa e hipercinética, seja uma presença tranquilizadora. Como sempre, a melhor abordagem não é tentar mudar a pessoa, mas, sim, mudar nosso modo de agir num sentido mais apoiador e eficaz. Isso requer uma leitura sensível dos sinais da pessoa para que possamos fazer os ajustes apropriados no ambiente e em nosso próprio comportamento. (Quando os suportes naturais não são eficazes para indivíduos extremamente ativos e ansiosos, a medicação prescrita e monitorada por um médico pode desempenhar um papel de apoio como parte de um plano abrangente.)

**Qual é a coisa mais importante que posso fazer para ajudar uma pessoa no espectro do autismo?**

A experiência me mostrou que o melhor que pais, educadores e outros parceiros podem fazer por uma criança ou um adulto autista é soltá-lo no mundo — com o apoio apropriado. É claro que isso vale para todas as pessoas, não apenas para os autistas; as pessoas que mais progridem, que desenvolvem ao máximo seu potencial, são as que foram expostas a uma grande variedade de experiências.

Os pais de jovens adultos autistas e adolescentes autistas mais velhos que conseguem lidar bem com os desafios da vida diária invariavelmente concordam a respeito do que fez a diferença mais positiva na vida de seus filhos: eles sempre se esforçaram para expor a criança, para evitar superprotegê-la — para inseri-la na corrente da vida. Os adultos autistas concordam. Sentem que ter vivido experiências variadas, com o apoio adequado, lhes deu confiança para buscar, enfrentar e desfrutar novas situações. Ao fazer isso, eles se expõem a desafios e têm a oportunidade de aprender habilidades para se manter bem-regulados. Nenhum pai ou mãe quer ver seu filho ter um acesso de nervosismo em meio à multidão e ao barulho de um parque de diversões, e ninguém gosta de estar num avião com uma criança que precisa se movimentar constantemente para se manter bem-regulada. Contudo, quando protegemos a criança de todos os solavancos da vida, lhe sonegamos oportunidades de crescimento social e emocional. Nenhum autista quer ser jogado numa situação desafiadora e desconhecida, que lhe provoque desregulação e em que ele "vai ou racha", sem ter tido muitas experiências que o prepararam para se envolver ativamente e com sucesso em tais atividades e ambientes. David Sharif, um jovem adulto no espectro, diz que seu grande entusiasmo é viajar pelo mundo. Atribui às experiências de viagem sua grande capacidade de resolver problemas, sua flexibilidade e sua disposição para correr riscos. Ros Blackburn, minha amiga autista da Inglaterra, a princípio, evitava viajar de avião por causa de sua ansiedade; depois, no entanto, ela passou a viajar com uma acompanhante e, com tempo e um planejamento cuidadoso, chegou a viajar sozinha.

O autista pode se sentir ansioso e assustado ao entrar num restaurante barulhento ou ir a determinado brinquedo num parque de diversões. Se quiser fazer a tentativa e receber o apoio apropriado, no entanto, estas podem ser experiências de aprendizado e podem se tornar até bastante agradáveis. Da próxima vez, os pais ou cuidadores poderão dizer: "Você se lembra da última vez? Você estava ansioso, mas no fim deu tudo certo!". Se a pessoa nunca tem a oportunidade de tentar, como pode progredir? E se tentar uma nova experiência e a achar difícil, não faz mal sair ou encurtar o tempo da visita. Sempre haverá a oportunidade de proporcionar apoio apropriado e tentar mais uma vez. E, sempre que possível, a pessoa deve ter a opção de escolher com base no modo como está se sentindo.

**É possível que uma criança amorosa, que gosta de beijos e abraços, esteja no espectro do autismo?**

Os autistas manifestam uma ampla gama de reações ao contato físico e ao afeto. Muitas crianças enfrentam desafios sensoriais que tornam o contato físico tão intenso que acabam por evitá-lo; parecem evitar todo contato social, sobretudo quando desreguladas. Outras têm um forte desejo de proximidade física, procurando abraços e carícias, sobretudo de seus pais. Aliás, muitas dessas crianças precisam aprender a não abraçar estranhos ou, digamos, o carteiro. Outras gostam de dar as mãos, de se encostar nos outros e de outras formas de proximidade e afeto. Alguns de meus amigos adultos autistas gostam de dar e receber abraços apertados.

Para alguns autistas, a questão fundamental é o controle. Embora uma criança possa gostar de um abraço quando é ela quem o dá, se o abraço for inesperado e for imposto por outra pessoa — mesmo que seja alguém com quem a criança sinta que tem um vínculo emocional —, esse abraço pode provocar ansiedade (por mais amorosa e amável que seja a intenção de quem abraça). É importante estar atento às sensibilidades sensoriais particulares da pessoa, ao seu estado de regulação e aos seus sentimentos e a suas preferências. Mais importante, a decisão de rejeitar um abraço não deve ser confundida com a falta de desejo de proximidade emocional ou de conexão social.

**Muitos pais e familiares relatam o quanto é estressante suportar os olhares de julgamento de estranhos quando seu ente querido autista exibe um comportamento inesperado em público. O que fazer nesses casos?**

Quase todos os pais e irmãos de uma criança ou um adulto autista enfrentam essa realidade em algum momento; até mesmo profissionais e cuidadores a experimentam de forma diferente. Uma criança tem um ataque de nervos no *playground*, faz um comentário em voz alta sobre o corte de cabelo da vizinha, esbarra num estranho e não pede desculpas ou corre pelo auditório durante uma assembleia escolar. Um adulto corre para o corredor que tem seu cereal favorito no supermercado. Os pais se perguntam: "Devo dar explicações? O que devo dizer? Tenho a obrigação de compartilhar o diagnóstico do meu ente querido? Ou será que isso seria errado?". No calor do momento, o pai ou o irmão pode sentir emoções que vêm em ondas: constrangimento, confusão, desafio, raiva, tristeza. Alguns pais explicam a situação e orientam as pessoas ao redor com naturalidade, enquanto outros são muito mais reservados e reticentes — simplesmente ignoram os olhares, pois não compreendem o valor de compartilhar tais informações nem sabem como poderiam fazê-lo.

Uma mãe experiente e criativa me disse que desenvolveu um sistema de quatro níveis para essas situações oferecendo explicações que variam conforme a relação do indivíduo com a criança e a família e a probabilidade de voltar a encontrar a pessoa com regularidade (o sistema se aplica igualmente bem a indivíduos mais velhos). Vejamos a seguir como é esse sistema dividido em níveis.

> *Nível 4* — Desconhecidos que reagem negativamente. Às vezes, a reação é evidente, pode ser um comentário ou um olhar. Outras vezes, é mais contida ou até mesmo velada. É seguro partir do princípio de que a reação diz muito mais sobre a outra pessoa do que sobre qualquer coisa que o pai ou a criança esteja fazendo; por isso, não há necessidade de reagir.

> *Nível 3* — Uma pessoa conhecida, talvez um vizinho. Com essa pessoa, que você provavelmente encontrará de novo, pode ser melhor oferecer uma explicação simples e neutra, como, por exemplo, "Meu filho está no espectro do autismo. É por esse motivo que ele faz isso…".

*Nível 2* — Amigos e conhecidos que não fazem parte de seu círculo íntimo. Se a pessoa se mostrar disposta a uma conversa, vale a pena explicar em um momento conveniente o que está por trás do comportamento da criança e como a pessoa pode reagir de forma mais favorável.

*Nível 1* — Avós, outros parentes próximos e professores que certamente estarão próximos da criança. Vale a pena decidir quanta energia se deve empenhar para que tais pessoas se sintam à vontade com a criança e possam ser mais solidárias. Isso talvez exija uma discussão que se prolongue no tempo.

Algumas escolas ou agências fornecem a seus professores e funcionários cartões de visita para levar consigo em excursões, em visitas à comunidade e outras ocasiões em que seja provável que os alunos ou clientes estejam em público. Quando o comportamento de uma pessoa chama a atenção, um professor entrega aos curiosos um cartão com as informações de contato da escola e, no verso, um parágrafo explicando que o destinatário do cartão acaba de encontrar uma pessoa autista e que a equipe de acompanhamento é treinada para fornecer apoio e intervenção adequados.

Outra abordagem criativa que muitas famílias usam em vez de dar explicações é usar camisetas e outras roupas com logotipos e nomes de organizações dedicadas ao autismo. Algumas camisetas são projetadas para explicar ou educar com mensagens como "Por favor, seja paciente comigo, eu tenho autismo!" ou "O autismo é meu superpoder!". Se os desconhecidos forem observadores o suficiente para notá-las, farão menos perguntas, dirão que têm um amigo ou familiar no espectro ou farão perguntas para aprender algo sobre o autismo. Entretanto, é indispensável que o próprio autista se sinta à vontade com essa solução e, quando tiver a idade adequada, dê seu consentimento para que os membros da família revelem publicamente que ele está no espectro. Com o aumento da conscientização pública, tornou-se mais comum falar às claras sobre o autismo do que era apenas alguns anos atrás.

**É um erro deixar uma criança autista "se autoestimular"?**

Os termos *estimulação* e *autoestimulação*[27] costumavam ser usados pelos profissionais neurotípicos, sobretudo com uma conotação negativa.

---

27. Em inglês, *stim* e *stimming*. (N.T.)

Em vez de procurar saber qual era o motivo, eles viam a autoestimulação como um "comportamentos autista" indesejável que precisava ser desencorajado ou "extinto". Nunca acreditei nisso. Todos nós temos estratégias específicas para nos mantermos bem-regulados tanto no aspecto emocional quanto no âmbito fisiológico. Muitas crianças e muitos adultos autistas empregam determinadas formas de comportamento (algumas são mais intensas, outras, menos convencionais) que lhes dão conforto ou os ajudam a ficar mais atentos, como olhar fixamente para objetos, balançar as mãos, girar, agitar os dedos, bater os braços, pular, repetir frases ou enfileirar brinquedos ou objetos. Não há nada de essencialmente errado em nenhum desses comportamentos.

Quando a pessoa pratica algum comportamento em excesso, ou quando o comportamento pode ser prejudicial ou atrair um estigma, pode ser problemático. Se uma criança se senta sozinha e balança os dedinhos diante dos olhos por longos períodos e tem dificuldade para interagir socialmente, ela precisa de ajuda para desenvolver outras formas de autorregulação ou deve modificar a atividade ou até mesmo mudar o padrão desse comportamento. Transformações no ambiente, tais como a diminuição do ruído e do distúrbio visual, também podem ajudar. No entanto, quando os padrões de comportamento são mais limitados e ocorrem durante uma pausa ou no final de um longo dia, não é necessário se preocupar tanto (a menos que o comportamento seja prejudicial para o autista ou para as outras pessoas ou seja destrutivo). Alguns professores e pais, atualmente, admitem pausas ou intervalos específicos para a autoestimulação, a fim de permitir que a pessoa "relaxe" durante um dia movimentado. Isso de fato pode proporcionar uma participação mais bem-sucedida e um engajamento mais ativo em outras atividades em outros momentos.

Muitas vezes, os pais se preocupam porque um determinado comportamento atrai os olhares alheios ou faz com que algumas pessoas evitem a criança ou o adolescente ou até o adulto autista. Nesse caso, talvez seja melhor explicar por que a pessoa está se comportando dessa determinada maneira e ao mesmo tempo ajudá-la a descobrir outras formas de autorregulação que não atraiam a atenção alheia de forma negativa. Para crianças e adolescentes com mais compreensão social, às vezes, vale a pena explicar que, embora não haja nada de errado em seu comportamento, as *outras* pessoas podem não o compreender, e isso pode incomodá-las. Talvez a pessoa possa deixar de balançar os dedos e começar a rabiscar um papel, ou apertar uma bola para se acalmar, ou solicitar uma pausa para caminhar quando se sentir incapaz de se concentrar. Também vale a pena usar uma estratégia de "tempo e lugar", ajudando a pessoa no espectro a entender que não há problema em adotar esse tipo de comportamento em momentos mais tranquilos e lugares menos perturbadores.

**É melhor para a criança autista estudar numa sala de aula normal e inclusiva, numa sala de aula de educação especial isolada ou autocontida, ou numa escola particular?**

Não há dois alunos autistas iguais e não há dois programas educacionais iguais. Por isso, não existe um programa que seja adequado para todos. As crianças aprendem tanto pela observação e pelo envolvimento com seus colegas de classe no fluxo das atividades cotidianas quanto pelas experiências formais de aprendizagem em sala de aula. Quanto mais sofisticada for a modelagem social e linguística de seus colegas, melhor, desde que não esteja muito à frente das habilidades da criança. Isso não significa que seja sempre melhor estar cercado por colegas de classe neurotípicos do que por alunos que também recebem serviços de educação especial. O mais importante é que o aluno tenha um senso de respeito e a sensação de fazer parte de um grupo.

Em muitos casos, a escolha não se dá apenas entre salas de aula de educação especial fechadas, com muitos apoios e concessões, e um programa totalmente inclusivo com menos apoios. Algumas escolas oferecem variados níveis de experiências inclusivas: ter aulas de educação especial em período integral, passar apenas parte do dia em um grupo menor e parte em ambientes socialmente mais integrados e, por sua vez, passar a maior parte do dia em grupos de inclusão com o apoio total ou parcial de um auxiliar. Algumas comunidades têm órgãos públicos ou escolas privadas autônomas que atendem apenas crianças ou adultos com deficiências de desenvolvimento. O mais importante é a correspondência entre o aluno e os apoios de que precisa e dos quais pode se beneficiar. Entre esses apoios, podemos incluir amigos (que também podem ser modelos sociais), estratégias de ensino e concessões, boa qualidade de ambientes de aprendizagem e tudo o que pode ser fornecido e disponibilizado no ambiente educacional.

**Existe excesso de terapia?**

Mais tempo de terapia não significa necessariamente uma terapia de melhor qualidade e nem sempre proporciona mais desenvolvimento e progresso.

Muitas vezes, os pais ouvem dos profissionais que, para se beneficiar de determinado tipo de abordagem, a criança precisa de pelo menos trinta ou quarenta horas de terapia individual por semana. A mensagem subjacente é que, quanto mais horas passadas em terapia, melhor, e que a criança que não perfizer um tempo mínimo de terapia perderá seus potenciais benefícios. No entanto, o número de horas em si e por si não determina a intensidade nem a eficácia de um programa. O mais importante é a qualidade da abordagem, incluindo as relações entre a criança, a família e os prestadores de serviços; a boa coordenação do programa em matéria de ambientes e pessoas; e a pertinência de metas e objetivos propostos para a vida da criança ou do adulto em questão.

A terapia ou o apoio intensivo e individualizado pode ser um elemento inicial e importante de um plano maior para indivíduos muito jovens e indivíduos que enfrentam desafios maiores. O perigo consiste em perder de vista o quadro geral, as muitas partes diferentes da vida da criança. A criança em idade pré-escolar que faz uma terapia externa intensiva pode ficar exausta demais para participar de atividades em sala de aula. Os pais podem levar a criança todos os dias, após a escola, para fazer terapia fonoaudiológica ou terapia ocupacional, ou podem trazer um terapeuta comportamental para dentro de casa, mas depois de um tempo isso esgota demais a criança e a família.

Às vezes, uma clínica ou um terapeuta insiste em propor um aumento das horas de terapia, mas a criança resiste. O profissional pode reconhecer a resistência referindo-se a ela como desobediência e dar a entender que é importante enfrentá-la. Mais uma vez, é essencial que os pais confiem em seus instintos e pensem na reação emocional da criança e nas necessidades principais da família. Quando a criança sofre sobrecarga e manifesta estresse, exaustão e resistência à participação, é importante que os pais perguntem "Por que estamos fazendo isso? E por que estamos fazendo dessa forma?". Se os pais se sentem exaustos e dispersos, essa sensação pode ser transferida para o restante da família e acabar provocando efeitos negativos no filho autista e em seus irmãos ou irmãs.

Muitas vezes, o problema não é o pouco tempo que se dedica a uma determinada terapia, mas, sim, o fato de que a terapia está desligada da vida da criança e prejudica significativamente a rotina familiar. O fundamental é olhar para o quadro geral e escolher abordagens que estejam de acordo com metas, estratégias e objetivos gerais apropriados para a criança ou o adulto e para sua família. O tempo destinado a uma terapia é muito menos importante do que uma abordagem de equipe em que todos sentem que estão no mesmo barco e têm em mente o quadro geral das necessidades tanto do autista quanto da família. Sempre que possível, a criança ou o adulto autista também deve contribuir para a tomada de decisões.

**Como lidar com um professor ou um terapeuta que parece mal preparado para ensinar uma criança autista ou parece simplesmente não querer ensiná-la?**

Alguns professores do ensino comum se dispõem a incluir uma criança autista em sua classe, mas sentem que lhes falta o necessário apoio dos administradores, auxiliares e outros. A situação é ainda mais difícil quando os professores são altamente resistentes a ensinar crianças autistas, talvez por sentir que não têm o treinamento necessário ou que isso simplesmente não faz parte de seu trabalho.

Em ambos os casos, o fator crucial, muitas vezes, não é o professor, mas a liderança da escola ou a existência ou não de uma verdadeira abordagem de equipe. O diretor comprometido em comandar uma escola inclusiva, que apoie e valorize cada aluno, fará todo o esforço possível para apoiar o professor e o aluno em sala de aula e para criar uma equipe que inclua os membros da família e o próprio aluno autista. Quando um diretor desse tipo se deparar com um professor que resista a incluir um aluno autista, ele deixará claro que o professor faz parte de uma equipe e precisa apoiar o aluno. A escola, por sua vez, deve ajudar os professores, fornecendo treinamento e apoio.

É também essencial que os pais compreendam que desempenham um papel indispensável no sucesso da criança na escola. Se um professor bem-intencionado não se sentir devidamente apoiado, os pais ou cuidadores devem dar o melhor de si para ter certeza de que fizeram todo o possível para ajudar. Podem compartilhar seus pontos de vista e comunicar estratégias específicas que aprenderam e que ajudam seu filho a se manter bem-regulado a fim de aprender. Se for o caso, podem solicitar mais apoio se estiver claro que isso é necessário não apenas para o aluno como também para os funcionários.

Em vez de pressionar os professores, os pais devem reconhecer, quando for o caso, que as reações da criança, às vezes, são irritantes e que, se a criança tiver um dia difícil, a culpa não é do professor. Em resumo, os pais devem deixar claro que são parceiros ativos, interessados, envolvidos e dispostos a colaborar com os profissionais da escola. E devem deixar claro que esperam que os professores, por sua vez, também colaborem.

##### 306 | HUMANO À SUA MANEIRA

Às vezes, o aluno simplesmente não combina com o professor. Então, em vez de culpar o professor ou a escola, os pais devem assumir um papel ativo na solução do problema e buscar a melhor colocação possível para a criança, seja em outra classe ou ambiente educacional, seja num arranjo de ensino domiciliar com apoio educacional.

**Muitas crianças e adultos que têm dificuldade para falar aprendem a se comunicar com tablets, outros dispositivos ou opções de baixa tecnologia, como sistemas de imagens simbólicas, letreiros ou linguagem de sinais. Isso não os impede de aprender a falar?**

Pode parecer lógico que ensinar a uma criança ou um adulto formas alternativas de comunicação, com os sistemas de CAA, inibe seu potencial ou motivação para o uso da fala. A opção de usar linguagem de sinais, sistemas de comunicação com imagens, letreiros, fotografias e dispositivos de geração de fala tiraria, em tese, o incentivo da criança para aprender a falar ou a motivação da pessoa mais velha para usar a fala.

Minha experiência, no entanto, indica o contrário: que o uso desses métodos para auxiliar a comunicação social *apoia o* desenvolvimento da fala, e essa descoberta é corroborada por muitos estudos. A razão é simples: a motivação para aprender a falar vem do sucesso na comunicação. Quanto mais uma pessoa conseguir se relacionar e estabelecer uma conexão com as outras, mesmo que não seja por meio da fala, mais desejo ela terá de se comunicar como a maioria das pessoas o faz: por intermédio da fala. Há pessoas cuja primeira fala inteligível se desenvolveu na idade adulta, depois de aprenderem a se comunicar por soletração usando letreiros ou outras abordagens de CAA (ver capítulo 11).

É importante reconhecer que algumas pessoas preferem usar métodos de comunicação alternativa ou aumentativa mesmo que saibam falar. A comunicação multimodal, utilizando diferentes veículos, permite que utilizemos a forma mais eficaz para nos comunicar em diferentes situações e com diferentes pessoas. Chloe Rothschild, por exemplo, uma jovem adulta, é capaz de se comunicar por meio da fala, mas, às vezes, prefere usar um aplicativo de geração de fala no tablet (ver capítulo 12). Ela tem a forte convicção de que cada pessoa tem o direito de se comunicar de acordo com sua preferência, que pode variar em diferentes momentos.

Pesquisas indicam que uma comunicação social bem-sucedida ajuda a pessoa a permanecer mais bem-regulada emocionalmente. Nessa situação, o indivíduo pode expressar um controle social fazendo pedidos ou protestos por meio de uma comunicação mais socialmente desejável em vez de usar meios indesejáveis quando fica irritado ou desregulado. Quando a pessoa adquire competência e confiança em sua comunicação, independentemente de como esteja se comunicando, ela se torna mais aberta para aprender e interagir, o que também inclui aprender a prestar atenção nas pessoas que falam e, portanto, aprender a falar.

**Que papel os irmãos e irmãs devem desempenhar na vida de uma criança ou um adulto autista?**

Os irmãos e irmãs podem desempenhar um papel muito importante ao compreender e apoiar um irmão autista, mas algumas pesquisas mostram que o modo como isso ocorre pode variar muito. Exigir demais de um irmão ou uma irmã, pedindo, em essência, que aja como se fosse mais um pai ou uma mãe, pode não ser apropriado para o desenvolvimento desse irmão ou dessa irmã e, muitas vezes, pode produzir ressentimento no irmão que não é autista. Por sua vez, os pais não devem dizer aos irmãos que eles não precisam se envolver ou se preocupar de forma alguma. Particularmente, os irmãos que mais bem se adaptam são aqueles a quem são atribuídas algumas responsabilidades correspondentes à sua idade e que têm alguma liberdade de escolha sobre o modo de ajudar.

É importante reconhecer que os irmãos passam por suas próprias fases de desenvolvimento na forma como se relacionam com um irmão ou irmã autista. Conheci uma jovem que gostava de ajudar e até ensinar seu irmão autista mais velho. No início da adolescência, no entanto, ela evitava passar muito tempo com ele, sobretudo em público. Dois anos depois, ela voltou a se envolver e ficou ainda mais atenciosa. Assim como ocorre com as crianças típicas, os relacionamentos entre irmãos são complicados e evolutivos. É sempre útil ter uma comunicação aberta e deixar os irmãos e as irmãs saberem que os pais respeitam seus sentimentos e estão dispostos a ouvi-los.

**O autismo pode ser a causa de um divórcio?**

Um mito consolidado é que, quando uma família tem um filho autista, 80% dos casamentos terminam em divórcio. Pesquisas mais recentes indicam que, nos Estados Unidos, o índice de divórcio em famílias com um filho autista é apenas um pouco mais alto do que o índice geral da população, que já é de cerca de 50%.

O que sabemos é que todas as tensões não resolvidas numa relação causam o divórcio. Criar um filho no espectro pode ser um desses fatores de estresse. Se já existem rachaduras nos alicerces de um casamento, ter um filho autista aumenta ainda mais a pressão, e isso pode ser um fator, entre outros, que contribui para o divórcio, mas raramente é o único fator ou o principal. Em alguns casos, é claro, a separação ou o divórcio não serão tão ruins se acabarem proporcionando um ambiente familiar mais estável e pacífico, o que, em última análise, é de grande benefício para a maioria das crianças. A curto prazo, porém, a separação ou o divórcio podem certamente causar confusão — às vezes, num nível insuportável — para a criança autista, cujos maiores fatores de progresso são a estabilidade e a previsibilidade.

Alguns casais sentem que o fato de ter tido um filho autista fortaleceu seu casamento e toda a família. Diante da necessidade de resolver problemas, tomar decisões difíceis e encontrar a melhor ajuda e as melhores oportunidades para uma criança, os casais podem aprender a negociar, se comunicar e trabalhar como colegas de equipe de forma mais eficaz. Os pais frequentemente dizem que tomar decisões tão difíceis faz com que se sintam mais confiantes em sua capacidade de enfrentar outros desafios. E, quando as coisas estão indo bem, a família se une para celebrar o sucesso.

Ainda assim, não é raro que alguns pais tenham percepções contrastantes sobre o filho autista, sobretudo no início da trajetória. Com frequência, um dos pais percebe que algo não está certo com o desenvolvimento da criança e o outro não se preocupa, dizendo ao parceiro que isso não é motivo de alarme. Um dos pais pode se preocupar com o futuro da criança enquanto o outro adota uma postura de "esperar pra ver".

Essas diferenças não se dissipam nos primeiros anos. Um dos pais pode se sentir constrangido por causa do comportamento da criança em público enquanto o outro é imune a tais sentimentos. Um pode se sentir atraído por determinada terapia ou abordagem educacional enquanto o outro favorece uma abordagem diferente. Professores e outros profissionais frequentemente se veem envolvidos nas diferenças conjugais do casal quando os parceiros pedem conselhos conjugais a pretexto de perguntar sobre a criança. Os pais não precisam concordar o tempo todo, mas devem procurar encontrar formas de enfrentar os desafios que o autismo traz e usá-las para fortalecer o casamento, em vez de deixar tais desafios causarem estragos ainda maiores. Os pais que conheci e que conseguiram fazer isso encaminharam suas famílias a uma trajetória positiva de crescimento e realização, melhorando a vida de cada membro da família.

**Os autistas, às vezes, são tão francos e diretos que são vistos como rudes. Como lidar com isso?**

As diferentes pessoas e culturas têm padrões diferentes de educação e franqueza no falar. Eu cresci no Brooklyn, e, embora os nova-iorquinos quase nunca se choquem com meus modos, minha esposa, que cresceu numa cidadezinha de Connecticut, às vezes, acha indelicado o meu jeito direto de falar. Dena Gassner e Carly Ott, duas amigas autistas, me disseram que, pondo de lado os problemas sensoriais, elas acharam muito mais fácil viver em Nova York do que em qualquer outro lugar do mundo, porque os habitantes da cidade se comunicam de forma direta e aceitam a franqueza que as caracteriza.

Como os nativos do Brooklyn, os autistas, às vezes, falam com uma franqueza e uma objetividade que as outras pessoas, sobretudo as que não os conhecem ou não os conhecem bem, podem achar chocante. Algumas vezes, simplesmente não entendem que ser muito direto ou dar opiniões não solicitadas pode ser desagradável para os neurotípicos. Se quem faz isso é um ente querido, não queremos que ele se sinta mal consigo mesmo, mas também não queremos que as pessoas se enganem e o considerem mal-educado.

É interessante analisar se a franqueza ou a objetividade são úteis em certas situações. Se não forem, você pode dizer à outra pessoa "Você vai ver que [fulano] às vezes tem um jeito direto demais de se comunicar!".

Ao lidar com o indivíduo autista, em vez de corrigi-lo explicitamente, o que implica que o que ele fez é simplesmente falta de educação, pode ser útil delinear a forma visada de comunicação. Em alguns casos, a orientação direta pode ser eficaz, desde que deixemos claro que o que o autista estava fazendo não era ruim ou errado, apenas diferente.

A linguística usa o termo "alternância de código": falar de determinado modo com as pessoas que têm um certo status e mudar de estilo ao falar com outras. A maioria de nós aprende a falar de uma forma numa entrevista de emprego e de outra quando sai com os amigos. Conheço muitos autistas que aprenderam a alternar o código, pois veem as normas de conversação dos neurotípicos como diferentes das deles. Podem usar seu estilo mais natural e direto com outros autistas e amigos próximos e adotar uma abordagem mais indireta e "educada" na cultura neurotípica. Naturalmente, esperamos que nossos entes queridos se sintam aceitos e compreendidos em ambas as culturas, mas não à custa de se sentirem mal consigo mesmos ou de acreditarem que há algo de errado com eles.

## O que é mascaramento? E como isso se relaciona com a alternância de códigos?

Quando os que estão no espectro autista se esforçam para esconder ou camuflar seus traços autistas por medo de ser discriminados ou postos para escanteio, isso pode ser denominado *mascaramento*. Os indivíduos podem não ter consciência de seu mascaramento, que, às vezes, é motivado por um condicionamento social. Mas ele pode cobrar seu preço.

As pessoas se mascaram por meio do modo como se comunicam ou por conta da repressão de suas reações naturais — como autoestimulação ou fuga de ambientes sociais opressivos — porque temem que essas reações possam ser compreendidas de forma equivocada e acabar atraindo um estigma. Às vezes, os autistas cujo instinto natural é ser verdadeiro e franco se sentem pressionados para se envolver em conversas de pouca importância, agir de forma enganadora (ou seja, contar "mentirinhas inocentes") ou rir junto a outras pessoas que atuam para *enganar*. Todas essas são formas de mascaramento. Muitas vezes, as crianças despendem um esforço significativo tentando "manter a calma" e exibir um "bom comportamento" na escola quando, na verdade, precisam é de uma pausa e um tempo para ficar sozinhas ou para se autoestimular. Os adultos, às vezes, tentam se integrar no local de trabalho imitando ou simulando o comportamento neurotípico ou simplesmente "se enturmando", apesar de isso ser algo estressante e cansativo para eles.

Em resumo, o mascaramento é um esforço que a pessoa faz para esconder sua identidade autêntica a fim de não ser vista como diferente. A repressão das reações naturais pode causar grande estresse e ansiedade e, às vezes, levar ao esgotamento emocional e físico que algumas pessoas no espectro chamam de "esgotamento autista".[28]

Se o mascaramento é uma forma de se esconder, a alternância de códigos é uma forma de comunicação eficaz. É um método de ajuste do estilo de comunicação tanto verbal quanto de comportamento, para atender às convenções esperadas em determinada situação ou em determinado contexto (formal *versus* informal, educado *versus* casual, etc.). É geralmente entendido como uma opção voluntária para apoiar a comunicação eficaz e a coesão social e *não é* motivado pelo desejo de evitar ser marginalizado, discriminado ou intimidado — ou,

---

28. No original em inglês, o termo é *"autistic burnout"*. (N.E.)

principalmente, por uma suposta necessidade de se integrar. A alternância de códigos é uma opção feita para aumentar a eficiência na comunicação, mas não, em regra, para evitar consequências negativas. Por exemplo, muitas vezes, o treinamento de empregabilidade para autistas envolve o ensaio de entrevistas, nas quais devem responder às perguntas de forma sucinta e sem entrar em muitos detalhes e aprender a fazer perguntas apropriadas sobre uma vaga quando a pessoa não teria a inclinação natural de fazer isso.

## UM GUIA DE RECURSOS

Houve, nos últimos anos, uma verdadeira explosão de publicações e informações online sobre o autismo. Muitos desses recursos alcançaram um grau elevado de especificidade nos tópicos sobre os quais tratam. A lista selecionada indicada a seguir apresenta alguns dos livros, sites e organizações mais úteis que dizem respeito aos autistas, às suas famílias e aos profissionais que os atendem. Muitos foram criados por autistas e pelas organizações às quais são filiados. Os recursos, dessa forma, estão agrupados segundo seu público-alvo e sua categoria, e muitos poderiam ser classificados em diversas categorias. Peço desculpas aos autores ou às instituições cujo trabalho não está mencionado nesta lista e convoco os leitores a ir em busca de outros recursos que atendam às suas preocupações ou aos seus interesses.

### RECURSOS PARA PROFISSIONAIS

**Publicações**
Alderson, Jonathan. *Challenging the Myths of Autism*: Unlock New Possibilities and Hope. Toronto: HarperCollins Canada, 2011.
Attwood, A. *Complete Guide to Asperger's Syndrome*. London: Jessica Kingsley, 2012.
Baker, Jed. *No More Meltdowns*: Positive Strategies for Managing and Preventing Out-of-control Behavior. Arlington: Future Horizons, 2008.
Blanc, Marge. *Natural Language Acquisition on the Autism Spectrum*: The Journey from Echolalia to Self-Generated Language. Madison: Communication Development Center, 2013.
Donvan, John; Zucker, Caren. *In a Different Key:* The Story of Autism. New York: Broadway Books, 2016.
Goldstein, Sam; Naglieri, Jack. *Intervention for Autism Spectrum Disorders*. New York: Springer Science Publishers, 2013.
Gray, Carol. *The New Social Story Book*. Arlington: Future Horizons, 2010.
Greenspan, Stanley I.; Wieder, Serena. *Engaging Autism*: Using the Floortime Approach to Help Children Relate, Communicate, and Think. Cambridge: Da Capo Lifelong, 2006.

Hall, Elaine; Isaacs, Diane. *Seven Keys to Unlock Autism*. New York: Jossey-Bass, 2012.

Hodgdon, Linda A. *Visual Strategies for Improving Communication*. Troy: QuirkRoberts, 1996.

Kluth, Paula. *You're Going to Love This Kid*. 3. ed. Baltimore: Brookes, 2022.

Luterman, David. *Counseling Persons with Communication Disorders and Their Families*. 5. ed. Austin: Pro-Ed, Inc., 2008.

Marquette, Jacquelyn Altman; Turnbull, Ann. *Becoming Remarkably Able*: Walking the Path to Talents, Interests, and Personal Growth for Individuals with Autism Spectrum Disorders. Shawnee Mission: Autism Asperger, 2007.

Mirenda, Pat; Iacono, Teresa. *Autism Spectrum Disorders and AAC*. Baltimore: Paul H. Brookes, 2009.

Myles, Brenda Smith; Trautman, Melissa L.; Schelvan, Ronda L. *The Hidden Curriculum*: Practical Solutions for Understanding Unstated Rules in Social Situations for Adolescents and Young Adults. Shawnee Mission: Autism Asperger, 2004.

Prizant, Barry M. et al. *The SCERTS Model*: A Comprehensive Educational Approach for Children with Autism Spectrum Disorders. Baltimore: Paul H. Brookes, 2006.

Rogers, Sally J.; Dawson, Geraldine. *Early Start Denver Model for Young Children with Autism*: Promoting Language, Learning, and Engagement. New York: Guilford, 2010.

Wetherby, Amy M.; Prizant, Barry M. *Autism Spectrum Disorders*: A Developmental, Transactional Perspective. Baltimore: Brookes Publishing, 2000.

Winner, Michelle Garcia. *Thinking about You, Thinking about Me*. San Jose: Think Social, 2007.

_____. *Why Teach Social Thinking?* Questioning Our Assumptions about What It Means to Learn Social Skills. San Jose: Social Thinking, 2013.

Wolfberg, P. J. *Peer Play and the Autism Spectrum*: The Art of Guiding Children's Socialization and Imagination (IPG Field Manual). Shawnee Mission: Autism Asperger Publishing Company, 2003.

_____. *Play and Imagination in Children with Autism*. 2. ed. New York: Teachers College Press, Columbia University, 2009.

## Sites

Autism Institute on Peer Socialization and Play: www.autisminstitute.com

First Words Projects, Florida State University: firstwords.fsu.edu

Amy Laurent: www.Amy-Laurent.com

PrAACtical AAC (Augmented and Alternative Communication): http://praacticalaac.org/

Barry Prizant: www.barryprizant.com

Emily Rubin: www.commxroads.com

Tony Attwood: https://tonyattwood.com.au/

Morènike Giwa-Onaiwu: https://morenikego.com/

Modelo SCERTS: www.scerts.com

Social Thinking: www.socialthinking.com

Interdisciplinary Council on Developmental and Learning Disorders: www.ICDL.com

## RECURSOS PARA PAIS E FAMILIARES

### Publicações

Christensen, Shelly. *From Longing to Belonging*: A Practical Guide to Including People with Disabilities and Mental Health Conditions in Your Faith Community. Minneapolis: Inclusion Innovations, 2018.

Dalgliesh, Carolyn. *The Sensory Child Gets Organized*: Proven Systems for Rigid, Anxious, and Distracted Kids. New York: Simon & Schuster, 2013.

Kerstein, Lauren H. *My Sensory Book*: Working Together to Explore Sensory Issues and the Big Feelings They Can Cause — A Workbook for Parents, Professionals, and Children. Shawnee Mission: Autism Asperger, 2008.

Kranowitz, Carol Stock. *The Out-of-sync Child*: Recognizing and Coping with Sensory Processing Disorder. New York: Skylight Books/A Perigee Book, 2005.

Reber, Deborah. *Differently Wired*: A Parent's Guide to Raising an Atypical Child with Confidence and Hope. New York: Workman, 2020.

Robinson, Ricki G. *Autism Solutions*: How to Create a Healthy and Meaningful Life for Your Child. Don Mills: Harlequin, 2011.

Sussman, Fern. *TalkAbility*: People Skills for Verbal Children on the Autism Spectrum. A Guide for Parents. Toronto: Hanen Program, 2006.

Sussman, Fern; Lewis, Robin Baird. *More than Words*: A Parent's Guide to Building Interaction and Language Skills for Children with Autism Spectrum Disorder or Social Communication Difficulties. Toronto: Hanen Program, 2012.

White, Yasmine; Belasco, Sonia. *Autism and the Power of Music*: A New Approach to Help Your Child Connect and Communicate. Arlington: Future Horizons, 2021

Wiseman, Nancy D.; Rich, Robert L. *The First Year*: Autism Spectrum Disorders — An Essential Guide for the Newly Diagnosed Child: A Parent-expert Walks You through Everything You Need to Learn and Do. Cambridge: Da Capo, 2009.

**Sites**

AuSome Book Club: https://notanautismmom.com/tag/that-au-some -book-club/

Autism Navigator: https://autismnavigator.com/

Bright and Quirky: https://brightandquirky.com/

First Signs: www.firstsigns.org

Shelly Christensen: Inclusion Innovations: https://inclusioninnovations. com/

Paula Kluth: www.paulakluth.com; https://inclusionrules.com/

Robert Naseef: http://alternativechoices.com/

The Hanen Center: www.hanen.org

TILT parenting: https://tiltparenting.com/

WrightsLaw (direito à educação especial e direitos dos autistas em geral) www.wrightslaw.com

## RECURSOS DE AUTORIA DE AUTISTAS

**Publicações**

Carley, Michael John. *Asperger's from the Inside Out*: A Supportive and Practical Guide for Anyone with Asperger's Syndrome. New York: Perigee, 2008.

Carley, Michael John. *Unemployed and on the Spectrum*. London: Jessica Kingsley, 2016.

Endow, Judy. *Autistically Thriving*: Reading Comprehension, Conversational Engagement, and Living a Self-Determined Life Based on Autistic Neurology. Lancaster: Judy Endow, 2019.

Garcia, Eric. *We're Not Broken*: Changing the Autism Conversation. New York: Harcourt, 2021.

Grandin, Temple; Panek, Richard. *The Autistic Brain*: Thinking across the Spectrum. Arlington: Future Horizons, 2013.

Higashida, Naoki; Mitchell, David; Yoshida, Keiko. *The Reason I Jump*: One Boy's Voice from the Silence of Autism. New York: Random House, 2013.

Lesko, Anita. *The Complete Guide to Autism & Healthcare*: Advice for Medical Professionals and People on the Spectrum. Arlington: Future Horizons, 2017.

Mukhopadhyay, Tito. *How Can I Talk If My Lips Don't Move?* Inside My Autistic Mind. New York: Arcade, 2008.

Pena, E. (org.). *Communication Alternatives in Autism*: Perspectives on Typing and Spelling Approaches for the Nonspeaking. Jefferson: Toplight, 2019.

Price, D. *Unmasking Autism*: Discovering the New Faces of Neurodiversity. New York: Harmony Books, 2022.

Shore, Stephen M.; G. Rastelli, Linda. *Understanding Autism for Dummies*. Hoboken: Wiley, 2006.

Shore, Stephen M.; Hane, Ruth Elaine Joyner. *Ask and Tell*: Self-advocacy and Disclosure for People on the Autism Spectrum. Shawnee Mission: Asperger Autism, 2004.

Tammet, Daniel. *Born on a Blue Day*: Inside the Extraordinary Mind of an Autistic Savant — A Memoir. New York: Free Press, 2007.

Willey, Liane Holliday. *Pretending to Be Normal*: Living with Asperger's Syndrome. London: Jessica Kingsley, 1999.

**Sites**

Becca Lory Hector: https://beccalory.com/

Michael John Carley: www.michaeljohncarley.com

Temple Grandin: www.TempleGrandin.com

Stephen Shore: www.autismasperger.net

Judy Endow: www.judyendow.com

Anita Lesko: www.anitalesko.com

Neuroclastic: https://neuroclastic.com

International Association for Spelling as Communication: https://i-asc.org/

CommunicationFirst: https://communicationfirst.org/

## LIVROS ESCRITOS POR PAIS OU PAIS-PROFISSIONAIS

Fields-Meyer, Tom. *Following Ezra*: What One Father Learned about Gumby, Otters, Autism, and Love from His Extraordinary Son. New York: New American Library, 2011.

Grinker, Roy. *Unstrange Minds*: Remapping the World of Autism. New York: Basic Books, 2007.

Hall, Elaine; Kaye, Elizabeth. *Now I See the Moon*: A Mother, a Son, a Miracle. New York: HarperStudio, 2010.

Naseef, Robert A. *Autism in the Family*: Caring and Coping Together. Baltimore: Brookes, 2014.

Park, Clara Claiborne. *Exiting Nirvana*: A Daughter's Life with Autism. Boston: Little Brown, 2001.

Suskind, Ron. *Life, Animated*: A Story of Sidekicks, Heroes, and Autism. New York: Kingswell, 2014.

## ORGANIZAÇÕES QUE OFERECEM INFORMAÇÕES E RECURSOS NOS ESTADOS UNIDOS

Autism National Committee: www.autcom.org

Autism Research Institute: www.autism.com

Autism Self Advocacy Network: www.autisticadvocacy.org

Autism Society of America: www.autism-society.org

Global and Regional Asperger's Syndrome Partnership: www.grasp.org

Spectrum Theatre Ensemble: https://www.stensemble.org/

The Miracle Project: www.themiracleproject.org

## ORGANIZAÇÕES QUE OFERECEM INFORMAÇÕES E RECURSOS NO BRASIL

Associação de Amigos do Autista (AMA): https://www.ama.org.br

Instituto Singular: https://institutosingular.org/

Associação Brasileira Autismo Conexão (Abraac): https://abraac.org/

## AGRADECIMENTOS

Esta edição revista e atualizada de *Humano à sua maneira: um novo olhar sobre o autismo* não poderia ter sido escrita sem a assistência e o apoio de muitos. Gostaria de expressar minha profunda gratidão a algumas pessoas.

Meu colaborador, Tom Fields-Meyer, que mais uma vez me apoiou com amizade, bom humor e grande talento literário para ajudar a capturar tudo o que aprendi nas últimas cinco décadas. Um agradecimento especial à família de Tom: a rabina Shawn Fields-Meyer, Ezra, Ami e Noam.

Minha esposa, doutora Elaine Meyer, cujo interesse e cujo amoroso apoio inspiraram o começo da redação da primeira edição e, agora, a nova edição de *Humano à sua maneira: um novo olhar sobre o autismo*. Seu trabalho inovador e compassivo, treinando profissionais de saúde e em nosso retiro de um fim de semana para os pais de autistas, tem sido uma fonte inesgotável de aprendizado e de inspiração. Sua palestra TEDx "Não ser perfeito, mas estar presente" é altamente recomendada — pode ser encontrada no YouTube.

Meu filho, Noah, por seu amor e seu profundo e contínuo interesse por *Humano à sua maneira: um novo olhar sobre o autismo* e por meu trabalho. Quando comecei a escrever a primeira edição, ele estava começando seus estudos de graduação, e nesta segunda edição ele está iniciando a faculdade de medicina. Estamos orgulhosos do jovem atencioso que ele se tornou. Continuo a rezar para que possa encontrar em sua carreira o mesmo nível de realização que tive a bênção de encontrar em minha trajetória.

Meu pai, Sam, em abençoada memória, que sempre acreditou que eu faria as escolhas certas e cujo orgulho sempre animou meu espírito. E minha mãe, Taube, também em abençoada memória, que só viveu tempo suficiente para me conhecer na infância, mas cujo amor e cuja influência certamente me ajudaram a ser quem sou.

Minha irmã Debbie, por seu amor e pelo apoio e interesse contínuo pelo meu trabalho.

Minha animada companheira Nicki, que, com seu espírito de macaquinho, sempre me cumprimenta com energia positiva mesmo antes de o sol nascer.

Meu querido amigo Wally Zembo, que continua me ajudando a manter a vida no ritmo como tem feito nos últimos 35 anos.

Nossa fantástica agente literária Betsy Amster, por acreditar neste projeto desde o início, por suas valiosas contribuições, por sua perícia e por nos aplaudir e incentivar a cada passo do caminho.

Nossa maravilhosa editora da Simon & Schuster, Lashanda Anakwah, por ter acolhido esta edição revista e atualizada de *Humano à sua maneira: um novo olhar sobre o autismo* e por tê-la acompanhado ao longo do processo editorial com habilidade e grande entusiasmo.

Nossos leitores, Michael John Carley, doutora Elaine Meyer, Eliza Beringhause, a rabina Shawn Fields-Meyer e Mary Hanlon, cujos perspicazes comentários sobre nosso esforço inicial complementam esta nova edição.

Meus colaboradores no Modelo SCERTS, Amy Laurent e Emily Rubin. Muitos valores expressos em *Humano à sua maneira: um novo olhar sobre o autismo* refletem os ideais e as práticas que incorporamos no Modelo SCERTS. Estou muito orgulhoso de tudo o que já realizamos.

Meus mentores na carreira, os doutores Judy Duchan, David Yoder, John Muma e David Luterman, que acreditaram em mim e forneceram o apoio, os valores e as habilidades de que eu precisava para seguir uma carreira intensamente significativa. Agradecimentos especiais a David L., que me encorajou com persistência a escrever *"sua \*\*\* de livro"*.

Minha ex-colega e querida amiga doutora Adriana Loes Schuler, em abençoada memória, verdadeiramente uma das pessoas mais talentosas e únicas que já conheci. Nosso interesse comum inicial pela ecolalia e seu brilhante trabalho sobre os estilos cognitivos dos autistas acabaram por criar uma amizade profunda e duradoura, da qual sempre me lembrarei com carinho.

Barbara e Bob Domingue, nossos estimados amigos e parceiros de retiro, e todos os pais que participaram do nosso retiro de um fim de semana nos últimos 25 anos e fazem dele a experiência notável que se tornou. Sou muito grato por ter o privilégio de testemunhar, aprender e me inspirar com suas histórias incríveis, seu amor por seus filhos, seu bom humor e sua generosidade em ajudar outros pais.

Os profissionais, paraprofissionais, pais e administradores de escolas e órgãos públicos nos Estados Unidos e no exterior que optaram por dedicar suas vidas a ajudar crianças e famílias. Aprecio muito sua confiança e a oportunidade de trabalhar com eles e aprender com eles. Agradeço especialmente aos meus colegas que atendem crianças e famílias "na linha de frente" todos os dias, sobretudo aos meus parceiros na Brown University e no The Miracle Project da Nova Inglaterra: Anna Zembo, Julie Strandberg, Rachel Balaban, Shelley Katsh e Amy Laurent.

Minha querida amiga Elaine Hall, fundadora e diretora artística do Miracle Project, e seu marido, Jeff Frymer, também um amigo querido. Quando Elaine e eu pensamos pela primeira vez num trabalho teatral criativo inspirado em *Humano à sua maneira: um novo olhar sobre o autismo*, eu sabia que o sonho se tornaria realidade, e daí nasceu o filme musical *Journey to Namuh*. Os grandes talentos de Elaine e da liderança do Miracle Project, e acima de tudo os artistas autistas e neurotípicos, deram vida aos temas e valores de *Humano à sua maneira: um novo olhar sobre o autismo*.

Meu amigo e colega Dave Finch, meu "cúmplice" na produção e na coprodução de *Uniquely Human — The Podcast*. O grande senso de humor de Dave, seu talento em engenharia de áudio, sua curiosidade a respeito de seu próprio autismo e as experiências vividas por nossos convidados tornaram nosso projeto de *podcast* muito especial. E Taylor McMahon, que ajuda a tornar nosso *podcast* possível, mantendo-nos na linha e no horário com grande humor e paciência.

As famílias Canha, Correia, Domingue e Randall, que foram tão generosas ao me permitir apresentar suas jornadas pessoais para que outras famílias pudessem aprender com sua sabedoria.

Todos os indivíduos autistas e suas famílias, que têm sido uma parte tão essencial da minha vida e do meu aprendizado e que generosamente compartilharam suas histórias. Não é possível mencionar todos, mas um agradecimento muito especial a Michael John Carley, Stephen Shore, Ros Blackburn, Dena Gassner, Morènike Giwa-Onaiwu, Becca Lory Hector, Chloe Rothschild, Carly Ott, Anita Lesko, Conner Cummings, Danny Whitty, Jordyn Zimmerman, Scott Steindorff, Ron Sandison, Ian Nordling e Justin Canha. Muitos deles se tornaram colegas, amigos e mentores e me proporcionaram o grande privilégio de uma carreira profunda e significativa. Minha gratidão por eles verdadeiramente não tem limites.

— B. P.

Sou grato ao doutor Barry Prizant por me dar a oportunidade de trazer o trabalho de sua vida para estas páginas. Como pai de um jovem autista, aprendi que as pessoas mais úteis na vida de meu filho são as que têm compaixão, sabedoria e amor — as mesmas qualidades que valorizo como escritor. Barry tem todas elas em profundidade e abundância, e tem sido um privilégio aprender e criar com ele. Obrigado também à sua esposa, doutora Elaine Meyer, e ao filho, Noah, por sua calorosa hospitalidade e sua amizade durante os anos em que trabalhamos juntos.

Tenho a sorte de ter Betsy Amster como agente literária, uma verdadeira estrela que se tornou uma conselheira e amiga de confiança e cujos conselhos são sempre perfeitos. Sou grato à nossa editora Lashanda Anakwah, da Simon & Schuster, por esta edição atualizada. Ela nos brindou com um novo olhar, novas ideias e uma mente aberta.

Agradeço a minha amiga Elaine Hall, que tem feito muito pelos neurodivergentes e por suas famílias, pela nossa inclusive. Foi Elaine quem sugeriu que Barry e eu nos encontrássemos, pondo em execução este livro, que espalhou ainda mais benefícios e compreensão.

No decorrer de nosso trabalho nesta edição atualizada, perdi meu pai, Jim Meyer, um homem extraordinário que fez muito para melhorar a vida de inúmeras pessoas. Uma das muitas lições que ele me ensinou foi abordar todas as pessoas com a mente aberta e o coração compassivo. Ele se interessou particularmente pelo autismo não apenas como avô, mas também como alguém que achava que todos mereciam uma vida digna e significativa. Sou grato à minha mãe, Lora Meyer, que perpetua esse legado de interesse, carinho e apoio e raramente perde a oportunidade de compartilhar uma notícia ou um segmento de rádio sobre algum novo detalhe no mundo do autismo. Também agradeço a meus sogros Sandey e Del Fields, fontes constantes de apoio e amor.

Agradeço a meus filhos Ami, Ezra e Noam, por seu amor e apoio, sua música, sua contribuição editorial e por me fazerem rir. Acima de tudo, sou grato a minha sábia e maravilhosa esposa Shawn Fields-Meyer, que encorajou meu envolvimento com este projeto desde o início, que escuta todas as minhas ideias com paciência e discernimento e me apoia com um sorriso em tudo o que faço. Sou grato a ela e por tê-la em minha vida.

— *T. F.-M.*

# ÍNDICE REMISSIVO

*A fortaleza vazia* (Bettelheim), 242
ação judicial, 186-187, 193-194
ações repetitivas, *ver* ecolalia
ADA (Americans with Disabilities
  Act — Lei dos Americanos com
  Deficiências), 240, *ver também*
  concessões
adultos autistas:
  atender às necessidades dos, 16
  pais autistas, 248
  *scripting* (ecolalia tardia), 68-69
  *ver também* defesa de direitos;
  expectativas
afeto, manifestação de, 299
agressivo, comportamento:
  a frustração manifestada como,
    33-34, 46-47, 96
  assertividade dos pais diante do,
    186-187
  e a compreensão social, 139-140
  expectativa de, 172
ajudantes, *ver* profissionais
Alma, Jarvis, 264
alternância de códigos, 310
"alto desempenho", autismo de, 293-294
ambientes:
  compreensão social no ambiente
    escolar, 132, 139-144, 150-152
  entusiasmos por lugares, 81
  estratégia de tempo e lugar, 87-89
  memória emocional dos, 111-113,
    124-125
American Psychiatric Association, 15,
  202
amígdalas, 119
Angelou, Maya, 184
animais (exemplo de entusiasmo), 163
ansiedade, acontecimentos que
  provocam, *ver* medo, tipos de
ansiedade, *ver* medo
apoio vs. controle, 172
aquecedores de ambientes (exemplo de
  entusiasmo), 73

Asperger, síndrome de, DSM-5 sobre,
  15, 27, 202, 293-294
Asperger Syndrome Training and
  Employment Partnership, 202
Asperger's Are Us, 246
*Asperger's from the Inside Out* (Carley),
  202
aspersores de jardim (exemplo de
  entusiasmo), 78-79
aspiradores de pó (exemplo de
  entusiasmo), 79-80
assertividade dos pais, 186-187
ataques de pânico, *ver* memória
  emocional
atenção plena, *ver mindfulness*
Attwood, Tony, 265
Autism Awareness Australia, 120
"Autism Saved My Life" (Hector), 259
Autism Self Advocacy Network
  (ASAN), 69, 318
Autism Society of America, 13, 56, 256
Autism Society of America, 72
Autism Society of Ventura County,
  Califórnia, 256
*Autism: The Musical* (HBO), 193
*Autism: The Sequel* (HBO), 193
autodeterminação, 109, 287-288
"autoestimulação" *ver*
  "comportamentos"
autorregulação, 28, 36, 43, *ver também*
  regulação emocional
autorrepresentação:
  definição, 15
  e consciência das necessidades, 200
  movimento pela, 92, 242
  partilha da compreensão social, 142

baixa estimulação, 98, 297
"baixo desempenho", autismo de,
  293-294
barco, medo de, 100-101
Bascom, Julia, 69

bater braços, 23, 24, *ver também*
  perturbações motrizes e do
  movimento
Bergant, Wendy, 272
Bettelheim, Bruno, 242
Blackburn, Ros:
    defesa de direitos, 196-201
    estilo de vida comum de, 299
    sobre a compreensão do autismo,
      22-24
    sobre a compreensão social, 50, 94,
      130, 147
    sobre a ecolalia, 59
    sobre os acontecimentos que
      provocam ansiedade, 102
Blanc, Marge, 62
borboletas, medo de, 99
*Born on a Blue Day* (Tammet), 92
Bowman, Dani, 228
Bradley Children's Hospital, 221
Brazelton, T. Berry, 297
*bullying*:
    e a identidade, 244
    e a revelação do autismo, 237
    na escola, 257
    trauma decorrente do, 119
*Burnout* autista, *ver* esgotamento
  autista

CAA, *ver* comunicação alternativa e
  aumentativa
cabras miotônicas, 102
Calder, Jill, 156
Canha, Briant, 224, 225, 228
Canha, Justin, 131, 162, 183, 224-228, 245
Canha, Maria Teresa, 183, 224-228
capas de disco (exemplo de
  entusiasmo), 73
Carley, Michael John, 92, 196, 201-205,
  207
Carlos, Juan, 289
cérebro:
    e a desregulação emocional, 36-39
    transtorno de estresse pós-
      traumático, 118-120
Christensen, Shelly, 168
colecionismo (exemplo de entusiasmo),
  76

Collins, Paul, 35
comemorar os sucessos, 110
Comitê da Câmara dos Deputados
  para a Supervisão e a Reforma do
  Estado, 205
Communication FIRST, 254
Community Autism Resources, 175,
  223, 289
"comportamentos" (autoestimulação/
  *stimming*):
    como estratégias de
      enfrentamento, 41-43
    "desafios" vs. "pontos fracos," 237
    "extinguir" vs. compreender, 46-47,
      301-303
    foco na pessoa como um todo vs.,
      14-15, 157-160, 243
    ignorância planejada dos, 49, 58
    "listas de deficiências", 35, 46,
      169-170
    repetições de fala tratadas como,
      58
    saber quando pôr limites, 24-25,
      301-303
    terminologia, 39
    *ver também* ecolalia
compreensão social, 127-152
    como ensinar, 132-137, 147-150
    confiabilidade da, 110
    confiança nas pessoas, 92, 97-98
    confusão a respeito da, 127-128,
      134-138
    e a compreensão das emoções,
      144-147
    e as manifestações de afeto, 299
    em ambientes escolares, 132, 139-
      144, 150-152
    esgotamento autista em razão da,
      257
    explicar as regras, 110
    franqueza vs. falta de educação,
      127, 137-138, 309
    habilidades sociais vs., 147
    leitura de situações, 131-132
    o desafio de aprender regras
      sociais, 128-131
    o estresse da, 138-140
    o que os outros veem como falta
      de educação, 309

os entusiasmos como elementos
problemáticos, 85-87
relacionamentos pessoais, 43-45,
52-53, 67, 107
técnica das histórias sociais, 206
*ver também* confiança
comunicação alternativa e aumentativa
(CAA):
e o desenvolvimento da fala, 93-
94, 283, 306-307
tablet, programas de geração de
fala a partir de texto, 97, 184,
261, 263, 272-274
tipos de, 251-254
comunicação, capacidades de:
dominar a conversa, 45
e a frustração, 33-34
e o silêncio, 104
escrita vs. fala na, 268-268
inteligência interpessoal, 138
não verbal, 129-130, 147, 147-150
proporcionar instrumentos para, 51
reconhecer as tentativas, 109
sistemas de comunicação por
imagens, 97
verbal e não vocal, 250
verificação de compreensão,
136-137
*ver também* comunicação
alternativa e aumentativa;
ecolalia; desenvolvimento/
uso da linguagem; escutar; não
falantes; compreensão social;
imagens visuais
comunicação não verbal:
contato visual, 147-150
vs. expressão facial, 129-130, 147
comunidade:
com outras famílias de autistas, 284
e identidade, 245
encontrar comunidades de apoio,
180-182, 290-291
experiências das famílias com,
215-216, 223
importância da, 289-290
interdependência, conceito de,
261, 287
retiros de pais, 175-176, 223, 278-
279, 289

concessões, 238-240, 259-261, *ver
também* escolas
confiança, 91-110
construção da, 51-53, 108-110
controle e, 103-108
e o medo, 98-105
e os profissionais, 160
nas pessoas, 92, 97-98
no corpo, 92-94
no mundo, 92, 94-97
traição da, 91-92
*ver também* controle; medo
contato visual, 148-150
controle, 91-110
apoio vs., 172
e a gestão da memória emocional,
121-123
e as manifestações de afeto, 299
e confiança, 91-98, 108-110
exercício de, 105-107 e o medo,
98-105
nos relacionamentos interpessoais,
107-108
partilha do, 109, 159
*ver também* memória emocional;
medo; confiança
coragem, 101
corda bamba, metáfora da, 282
corpo, confiança no, 92-94
Correia, Cathy, 215-219
Correia, David, 215-217, 219
Correia, Matthew "Matt", 215-219
covid-19, pandemia de:
ansiedade decorrente da, 97
e a compreensão social, 131
e os Miracle Projects, 290
Crenshaw, Kimberlé, 247
crianças negras, diagnóstico de
autismo em, 248
culinária (exemplo de entusiasmo), 80
Cummings, Conner, 267-269
Cummings, Sharon Lee, 267


defesa de direitos, 255-277
Autism Self-Advocacy Network
(ASAN), 16, 69, 205
Blackburn, 196-201
Carley, 196, 201-205

Cummings, 267-269
defesa dos direitos das crianças pelos pais nas escolas, 179
direitos legais dos deficientes, 254, 267, 268-269
Grandin, 195
Hector, 259-261
Lesko, 265-266
Ott, 256-258
por parte de indivíduos autistas, 255
Rothschild, 261-264
Sandison, 269-272
Steindorff, 275-277
Zimmerman, 272-275
*ver também* os diversos defensores pelo nome
DeGeneres, Ellen, 39
dependência química, 204
desenho animado, filmes e personagens de:
como entusiasmo, 67-71, 81-83, 163
oferecer alternativas, 163
os personagens como elementos de conforto, 197, 199, 267, 269, 271
desenvolvimento/uso da linguagem:
alternância de códigos, 310
compreensão literal da, 136-137
ecolalia como estratégia de aprendizagem, 58, 65-69
exemplos de desenvolvimento, 210-215, 224-229
indução das regras da linguagem, 129
marcos e expectativas, 283-285
para a expressão emocional, 147
para a memória emocional, 116,
para se dirigir às pessoas, 134-136
*ver também* não falantes
desregulação (emocional):
controle como resposta à, 103-105
definição, 36-39
profissionais sem o "Fator X" como fonte de, 157-158, 168-174
reconhecimento do estado emocional, 110
*ver também* controle; regulação emocional; medo; confiança
Dia Mundial de Conscientização do Autismo, 193, 266

dieta, 106
diferenças culturais:
cumprimento maori (*Hongi*), 286
diagnóstico de autismo nas mulheres e nos homens, 248, 257
e a compreensão social, 131, 147-150
linguagem falada na cultura ocidental, 245
práticas de criação de filhos, 178
diferenças de processamento sensorial:
e a confiança no corpo, 92-94
e a desregulação emocional, 37-39
e a dieta, 106
e a gestão da memória emocional, 121-123
e as massagens, 52, 216
e o medo, 98-99
entusiasmos, 76-77
exemplo da ecolalia, 54-56
oferecer soluções para as, 48
disforia de gênero, 249
divórcio, 307-308
Dolan, Susan, 262, 264
Domingue, Barbara, 219-224, 282
Domingue, Bethany, 220, 222
Domingue, Bob, 219-224
Domingue, Nathan, 222
Domingue, Nick, 219-224

ecolalia, 54-71
como estratégia de aprendizado, 58, 65-69
como método alternativo de comunicação, 62-64
compreensão do contexto da, 56, 57-62
compreensão por parte dos membros da família, 64-65
definição, 35, 56-57
desregulação emocional como causa da, 36-39
ecoar padrões de fala, 44-45, 54-56
ecolalia imediata, 61
ecolalia tardia (*scripting*), 61, 67-69
escutar e encorajar a comunicação, 69-71

## ÍNDICE REMISSIVO | 327

memória emocional expressa na
forma de, 121
proporcionar válvulas de escape
para a, 66-68
ecolalia imediata, 61
ecolalia tardia (*scripting*), 61, 67-69
*Emergence* (Grandin), 195
emoções expressas pelos pais, 185-186
empatia, 139
emprego, concessões no, 238-240,
259-261
energizar o espírito, 286-288, *ver
também* expectativas
ensino escolar funcional, 167-168
entusiasmo por pessoas, 84-87
entusiasmos, 72-90
como habilidades extraordinárias,
76
como mecanismos de controle, 103
como pontos fortes, 89-90
compreender a motivação dos, 88
construir vínculos a partir de,
81-84
estratégia de tempo e lugar, 87-89
expansão dos pontos de vista a
partir dos, 73-75
inspiração para, 75-77
"obsessões" vs., 72-73
paixão, 77-81
por pessoas, 84-87
problemáticos, 86
*ver também* exemplos de
entusiasmos
equipes de emergência, medo de, 103
Escola Psicogênica, 242
escolas:
compreensão social em ambientes
escolares, 132, 139-144, 150-152
defesa de direitos das crianças
pelos pais nas, 179
encontrar ambientes ideais, 303
ensino domiciliar, 268, 269-271
ensino funcional, 167-168
experiências pessoais das famílias
com, 213, 222, 226
"Fator X" em ação nas, 161-166
trabalho em equipe nas, 51
visitas domiciliares dos
administradores, 166

*ver também* profissionais
escutar:
para compreender, 22, 49
para construir a confiança, 51-53,
*ver também* confiança
para reconhecer tentativas de
comunicação, 109
partilhar a compreensão social, 150
*ver também* ecolalia
esgotamento autista, 239
estátuas, medo de, 99
estereótipos, superação dos, 240
estilo de vida comum, 298-299
estimulação, nível de, 97-98, 296-298
Evans, Marc, 199
exemplos de entusiasmos:
animais, 163
aquecedores, 73
aspersores de jardim, 78-79
aspiradores de pó (exemplo do
"Livro Feliz"), 79-80
capas de disco, 73
colecionismo, 76
culinária, 80-81
filmes e personagens de desenhos
animados, 67-71, 81-83, 163,
226-229
horários de trens, 84
labirintos, 79
lava-rápidos, 77-78
lugares, 81
música, 76, 89
orelhas de Mickey, 267, 269
pessoas, 84-87
piadas, 83
placas de carro, 74
Prairie Pup, 271
presidentes dos Estados Unidos,
163
Stuart Little, 197, 199
tempo, 80
trens, 90
viagens aéreas, 207
expectativas, 278-288
a autodeterminação e a
energização do espírito, 286-288
conceito de interdependência,
260, 287
de "recuperação", 278-281

**328** | HUMANO À SUA MANEIRA

de felicidade vs. ir bem na escola,
285-286
e os marcos de desenvolvimento,
283-285
priorização de, 281-283
expectativas futuras, *ver* expectativas
experiências pessoais das famílias:
as jornadas dos indivíduos e de
suas famílias, 209-210
família Canha, 224-229
família Correia, 215-219
família Domingue, 219-224
família Randall, 210-215
expressões faciais, compreensão das,
129, 138, 147

fala, desenvolvimento da, *ver*
desenvolvimento/uso da linguagem
fala repetitiva, *ver* ecolalia
falas e ações repetitivas, *ver* ecolalia
fator humano, percepção do, 159
"Fator X", *ver* profissionais
Fay, Warren, 69
fé, 183-185, 269-272
festas, 101
figuras, *ver* imagens visuais
Finch, Dave, 14, 195, 243
flexibilidade dos profissionais, 160-161
Fontes, Wayne, 270
franqueza:
aprendizado das regras sociais
sobre a, 127, 137-138, 309
reação dos pais a críticas, 185-186
revelar o diagnóstico a terceiros,
238-240, 257-258, 300-301
*ver também* compreensão social

Gassner, Dena, 245, 291, 309
gatilhos de memória emocional, 116-
118, 121-123, *ver também* memória
emocional
gênero, diagnóstico de autismo em
mulheres e em homens, 248, 258
gênero, diversidade de, *ver* LGBTQ+
Giwa-Onaiwu, Morénike, 240, 247
Grandin, Temple:
*Emergence: Labeled Autistic*, 195

entrevista com Oprah (1989), 144
Prêmio Temple Grandin (Autism
Society of America), 13
sobre a identidade autista, 242
sobre o medo, 98
sobre os interesses especiais como
germes de uma carreira, 207
GRASP (Global and Regional Asperger
Syndrome Partnership), 202, 204
Gray, Carol, 196, 206

habilidades extraordinárias:
o entusiasmo como uma, 76
raridade, 113
Hall, Elaine, 192, 290
Hall, Neal, 192
HBO, 193, 244
Hector, Becca Lory, 243, 245, 259-261,
290
homens, diagnóstico de autismo em, 248
*Hongi* (cumprimento maori), 287
Hopkins, Anthony, 14
horários de trens (exemplo de
entusiasmo), 87
*Humano à sua maneira: um novo olhar
sobre o autismo* (primeira edição,
Prizant), 13, 193, 262
humildade dos profissionais, 174
humor:
dos pais, 189-191
dos profissionais, 160
e a identidade de grupo, 246
estimulação hipervigilante
(hiperativa), 97-98, 296-298
piadas (exemplo de entusiasmo), 83

identidade, *ver* identidade autista
identidade autista, 233-254
e a diversidade de gênero, 248-250
e a sobreposição de identidades,
246-248
e os não falantes, 250-254
humor e identidade de grupo, 246
mascaramento, 310-311
mudança da natureza da, 240-246
linguagem que "põe a pessoa em
primeiro lugar", 15, 243

# ÍNDICE REMISSIVO | 329

ressignificação, visão geral,
233-234
revelação da, a outras pessoas,
238-240, 257-258, 301-303
revelação da, a outros autistas,
234-238
identidades sobrepostas, 246-248
idiossincrasias, *ver* entusiasmos
"ignorância planejada", 58
imagens visuais:
dicas e memória emocional,
125-126
e as expressões faciais, 129-130, 147
nas reuniões com os pais e o
aluno, 187
para administrar a memória
emocional, 122
para comunicar uma mensagem, 66
para não falantes, 15
para revelar o diagnóstico, 237
quadro branco interativo para, 166
sistemas de comunicação por
imagens, 97
*ver também* comunicação
alternativa e aumentativa (CAA)
instinto dos pais, 179-180
inteligência interpessoal, 139
interdependência, 260, 287
interesses apaixonados, *ver* entusiasmos
International Association for Spelling
as Communication, 254
interseccionalidade, 246-248
ir ao dentista, medo de, 123-124

James, Dorothy, 90
James, Stanford, 90
jornadas das famílias, *ver* experiências
pessoais das famílias
*Journal of Child Neurology*, 279
*Journey to Namuh* (filme), 193

Kabat-Zinn, Jon, 261
Kanner, Leo, 41, 242

labirintos (exemplo de entusiasmo), 79
LaPaglia, Christy, 273

lava-rápidos (exemplo de entusiasmo),
77-78
Lawson, Wenn, 249
Lei Conner (Virgínia), 267, 268
Lesko, Anita, 235, 265-266
letreiros e teclados, 93, 250-254
levantar a mão, 133-134
LGBTQ+:
disforia de gênero, 249
diversidade de gênero e identidade
autista, 248-250
revelação, 239
limites emocionais, 139
linguagem com que se fala do autismo,
*ver* "comportamentos"
"listas de deficiências", 35, 46,
169-170
"Livro Feliz" (exemplo de entusiasmo),
80
local de trabalho, concessões no, 238-
240, 259-261
*Longe da árvore* (Solomon), 241
*Look Me in the Eye* (Robinson), 241
Løvaas, Ivar, 148, 235, 242
lugares, *ver* ambientes
luz, sensibilidade à, *ver* diferenças de
processamento sensorial

Mahler, Kelly, 264
*Manual diagnóstico e estatístico
de transtornos mentais* (DSM-5,
American Psychiatric Association),
15, 294
maori, cumprimento (*Hongi*), 287
marcos do desenvolvimento
infantil, 295-296, *ver também*
desenvolvimento/uso da linguagem
mascaramento, 310-311
massagem, 52, 216
maus-tratos infligidos por
profissionais, 171
McAuliffe, Terry, 269
medo, 91-98
ajudar as crianças a superar o,
100-103
compreensão, 33-36
controle como reação ao, 103-105
expressão do, 63-64

memória emocional expressa na
forma de, 121
papel do, 98-100
reação de lutar ou fugir, 123
*ver também* controle; memória
emocional; tipos de medo;
confiança
Melucci, Denise, 162, 226
memória, *ver* memória emocional
memória emocional, 111-126
coisas que desencadeiam a, 116-118
como explicação do
comportamento, 114-116, 121
criação de memórias positivas,
121, 123-126
de experiências positivas e
negativas, 111-112
e o transtorno de estresse pós-
traumático, 118-120
experiências das famílias com a,
222-223
gestão da, 121-123
impacto da, 112-113
memória traumática, *ver* memória
emocional
memórias negativas, *ver* memória
emocional
memórias positivas, *ver* memória
emocional
Mickey, orelhas de (exemplo de
entusiasmo), 267-269
*mindfulness*, 261
Ministério da Educação dos Estados
Unidos da América, 61
miotonia congênita, 102
Miracle Projects, 14, 125, 132, 192-193,
244, 290
modelo dirigido pelo participante, 214
Montclair (Nova Jersey) High School,
226
movimento físico:
cama elástica, 198
necessidade de, 43-44, 48-49
*ver também* perturbações motrizes
e do movimento
mulheres, diagnósticos de autismo em
homens e, 248, 257
múltiplas inteligências, teoria das, 138
música (exemplo de entusiasmo), 76, 89

Musk, Elon, 14
mutismo eletivo, 104
mutismo seletivo, 104
*My Interoception Workbook*
(Rothschild, Mahler, and Alma), 264

não falantes:
definição, 15
e a expressão da memória
emocional, 116
e a identidade autista, 250-254
e o transtorno motor da fala, 250,
252
linguagem falada na cultura
ocidental, 245
uso da tecnologia por, 251-254
National Disability Rights Network, 274
National Society for Autistic Children,
72
Natural Language Acquisition on the
Autism Spectrum (Blanc), 62
Ne'eman, Ari, 205
neurodiversas, pessoas:
estatísticas a respeito das, 20
movimento pela neurodiversidade,
13, 15
*ver também* transtorno do espectro
autista
neurotípicos:
como aprendem a interagir
socialmente, 129
desenvolvimento de
relacionamentos com, 52-53, 67
exigir-se um comportamento
diferente de, 109
limites emocionais dos, 139
modelagem do comportamento, 110
terminologia, 15
New York University, 205
Nordling, Ian, 93, 252

"obsessões" vs. entusiasmos, 72-73, *ver*
*também* entusiasmos
Oprah (programa de televisão), 144
Oregon Health & Science University, 69
otimismo, 182-183
Ott, Carly, 256-258, 309

# ÍNDICE REMISSIVO | 331

pais como especialistas, 176-179,
*ver também* defesa de direitos;
profissionais
pais/guardiões/familiares, 175-194
a linguagem de cada família, 64-65
abordagens centradas no
domicílio, 205
assertividade dos, 186-187
como especialistas, 176-179
críticas da família extensa, 185-186
divórcio dos pais, 307-308
energia e recursos dos, 192-194
estabelecer prioridades, 188-189,
281-283
expressão de sentimentos por
parte dos, 185-186
falta de apoio da família, 207
fé dos, 183-185
histórico de culpar os pais pelo
autismo, 242
humor dos, 189-191
instinto dos, 179-180
natureza universal das
preocupações, 293
necessidade de uma comunidade,
180-182
otimismo dos, 182-183
pais autistas, 248
papel dos irmãos e irmãs, 307
pensão alimentícia para pais
solteiros de adultos com
deficiências (Virgínia), 267, 268
reação ao diagnóstico da criança,
19-22, 157, 179
respeito pelos, 191-192
retiro da Community Autism
Resources para, 175-176, 223,
278-279, 289
sensibilidade dos profissionais aos,
173-174
*ver também* expectativas;
experiências pessoais das
famílias; perguntas frequentes
papel dos irmãos e irmãs, 307
Parceiros de Regulação da
Comunicação, 250
Park, Clara Claiborne, 72
Park, David, 72

Park, Jessy, 72-73
perguntas frequentes, 293-311
CAA, 306-307
autoestimulação 301-303
compreensão social e falta de
educação, 309
diferentes ambientes escolares, 303
divórcio, 307-308
estilo de vida comum, 398-299
manifestações de afeto, 299
mascaramento, 310-311
natureza universal das
preocupações, 293
nível de estimulação, 296-298
papel dos irmãos e irmãs, 307
profissionais que não ajudam,
305-306
questões de desenvolvimento
infantil, 295-296
revelar a terceiros o diagnóstico de
autismo, 300-301
terapia em excesso, 303-305
terminologia do autismo, 293-295
perturbações motrizes e do
movimento:
balançar o corpo, 23
como meios de autorregulação, 28
e a confiança no corpo, 92-94
ensino do controle físico, 164-165
o movimento físico acalma, 43-44,
48-49, 198
tiques, 217
transtorno motor da fala, 250, 252
piadas (exemplo de entusiasmo), 83
placas de carro (exemplo de
entusiasmo), 74-75
planos individualizados de educação:
envolvimentos dos pais nos, 173-
174, 187
vs. necessidades da criança, 170-171
polícia, medo da, 103
"por quê?", perguntar, 22-24, 141-142,
*ver também* regulação emocional
Prairie Pup (exemplo de entusiasmo),
270-271
Prêmio Temple Grandin (Autism
Society of America), 13
presidentes (exemplo de entusiasmo),
163

Prizant, Barry M.:
  Community Autism Resources,
    175-176, 223, 278-279, 289
  *Humano à sua maneira: um novo*
    *olhar sobre o autismo* (primeira
    edição), 13, 193, 262
  passado, 16-17, 25-27
  *ver também Uniquely Human —*
    *The Podcast* (Prizant)
problemas de saúde física e mental que
  acompanham o autismo, 22, 245,
  262-264
problemas de saúde mental que
  acompanham o autismo, 22, 245,
  262-264
profissionais, 155-174
  características e instintos
    necessários para os, 159-161
  como lidar com profissionais que
    não ajudam, 305-306
  eficácia, 155-157
  "Fator X", 157, 161-168
  interações entre os pais e os, 186-
    187, 191-194
  papel dos, 174
  Parceiros de Regulação da
    Comunicação, 250
  recomendações de terapia por
    parte dos, 303-305
  "Sem X", 157-158, 168-174
  "Semelhante ao X" 157-158
  terapeutas ocupacionais, 43, 52,
    179, 226, 264, 304
Programa de Autismo do John R.
  Oishei Children's Hospital, 59
programas estatais para adultos
  autistas, modelo dirigido pelo
  participante, 213

quatro etapas para a revelação do
  autismo, 237

raça:
  crianças negras e o diagnóstico de
    autismo, 248
  e comportamento problemático, 86
*Rain Man* (filme), 113, 210, 244
Randall, Allison, 210, 211, 215

Randall, Andrew, 210-215
Randall, Bob, 210-215
Randall, Jan, 210-215
reconhecimento das emoções, 146-147
"recuperação", 279-281
recursos, priorização de, 191-194
regras, como explicar, 110, *ver também*
  compreensão social
regulação emocional:
  atividades que colaboram com a,
    198
  autorregulação, 28, 43
  compreensão dos
    "comportamentos", 46-47
  definição de desregulação, 36-39
  desregulação causada por adultos
    com boas intenções, 47-50
  desregulação causada por
    profissionais sem o "Fator X",
    158, 168-174
  desregulação e controle, 103-105
  e as estratégias de enfrentamento,
    39-43
  e o medo, 33-36
  e os relacionamentos
    interpessoais, 43-45
  escutar e construir confiança em
    prol da, 51-53
  sucesso na comunicação social em
    prol da, 306
  *ver também* "comportamentos"
    (autoestimulação);
    tranquilização, técnicas/
    estratégias de; expectativas;
    medo
relacionamentos pessoais:
  controle nos, 107-108
  desenvolvimento de, 52-53, 67
  e a regulação emocional, 43-45
  *ver também* compreensão social
religião e comunidades religiosas, *ver*
  comunidade; fé
respeito pelos pais, 191-192
revelação do diagnóstico:
  para outras pessoas, 238-240, 257-
    258, 300-301
  para pessoas autistas, 207-208,
    218-219, 234-238
  processo de revelação em quatro
    etapas, 237

saber do diagnóstico na idade adulta, 201-202, 245, 257, 259-261, 265-266, 276-277

rituais:
como estratégia de enfrentamento, 39-43
como mecanismo de controle, 107
*ver também* entusiasmos

Robinson, John Elder, 241

Rossilli, Randall, Jr., 90

Rothschild, Chloe, 13, 261-264, 306

rótulos para emoções, 147

ruídos, sensibilidade a, *ver* diferenças de processamento sensorial

Rydell, Patrick, 61


Sam (barista adolescente dançante), 39

Sandison, Janet, 270

Sandison, Ron, 43, 245, 269-272

Savage, Matt, 89

*scripting* (ecolalia tardia), 61, 67-69

Secretaria de Educação para Deficientes do Ministério da Educação, 61

sensibilidade, 159

sentimentos, *ver* emoções específicas

Sharif, David, 298

Shepherd, Terry, 174

Shore, Stephen, 196, 205-208, 235, 245, 266

silêncio, 104

Sistema de apoio, *ver* comunidade

Solomon, Andrew, 241

som, sensibilidade ao, *ver* diferenças de processamento sensorial

South Coast Educational Collaborative, 213

Spectrum Theater Ensemble, 14, 290

*Spectrum Women* (antologia), 245, 261, 290

Steindorff, Scott, 244, 275-277

Stevenson, Prue, 41

*Stuart Little* (exemplo de entusiasmo), 197, 199

Szymanski, Tauna, 254

tablet, programas que convertem texto em fala, 97, 184, 261, 263, 272-274, *ver também* comunicação alternativa e aumentativa (CAA)

Tammet, Daniel, 92, 113

tempo, questões de:
desorientação causada por mudança de horário, 94-96
e os recursos dos pais, 188-189
estratégia de tempo e lugar, 87-89
gatilhos de memória emocional, 117-118
momento de revelar o diagnóstico, 236-237
o tempo como exemplo de entusiasmo, 80
quantidade vs. qualidade de terapia, 303-305

terapeutas ocupacionais, 43, 52, 179, 226, 264, 304

terapia, quantidade *versus* qualidade, 303-305

terapia em excesso, 303-305

terminologia que põe em primeiro lugar o grupo identitário, 15, 243

*The Complete Guide to Asperger's Syndrome* (Attwood), 265

*The Complete Guide to Autism & Healthcare* (Lesko), 266

*The Siege* (Park), 72

*This Is Not About Me* (filme), 273

Thunberg, Greta, 14, 243-244

tipos de medo:
barcos, 100-101
borboletas, 99
equipes de emergência e policiais, 103
estátuas, 100
festas, 101
ir ao dentista, 123-124

toque, sensibilidade ao, *ver* diferenças de processamento sensorial

"trabalho", evitar o termo, 125

tranquilização, técnicas/estratégias de:
a autoestimulação (*stimming*) como, 27-28
a ecolalia tardia como, 61, 67-69
comunicação alternativa e aumentativa (CAA), 94, 251-254

criatividade para, 96
estratégias de enfrentamento, 39-43
letreiros e teclados, 94, 250-254
para a ecolalia, 66-68
para motivação, 163-164
para o controle físico, 164-165
*ver também* exemplos de
entusiasmos; tipos de medo
transtorno de estresse pós-traumático,
118-120, *ver também* memória
emocional
transtorno do espectro autista:
a ecolalia como característica que
define o, 35, 56-57
aprender a diagnosticar o, 19-22,
157, 170
aumento do diagnóstico, 205, 211
diagnóstico, criação do (1943), 41
diagnóstico, revelação do, aos
autistas, 207-208, 218-219,
234-238
diagnóstico, revelação do, às
outras pessoas, 238-240, 257,
300-301
DSM-5 sobre a síndrome de
Asperger e o, 15, 27, 202
estatísticas na população, 20
experiência de vida vs., 204
importância de compreender, 22-29
lidar com autistas de todas as
idades/diversidade, 16
neurodiversidade, estatísticas de, 20
neurodiversidade, movimento
pela, 13, 15
outras doenças físicas e mentais
correlacionadas ao, 22, 245,
262-264
perguntar "por quê?," 22-24,
141-142
terminologia, 15, 27, 294
trabalhar contra ou a favor do
autismo, 235
transtorno global do
desenvolvimento, 216, 225
*ver também* defesa de direitos;
identidade autista; controle;
ecolalia; memória emocional;
regulação emocional;

entusiasmos; expectativas; medo;
pais/guardiões/familiares;
profissionais; escolas;
compreensão social; confiança
transtorno global do desenvolvimento,
diagnóstico de, 216, 225
transtorno obsessivo-compulsivo
(TOC), 42
trens (exemplo de entusiasmo), 90
Tribe (University of Virginia), 93, 250,
251-252

U.S. Centers for Disease Control, 20
*Um certo olhar* (filme), 198
*Uniquely Human — The Podcast*
(Prizant):
avisos de gatilhos, 122
convidados, 14, 195, 201, 247, 291
"Entusiasmo da Semana", 83
Finch e, 14, 195, 243
início do, 14
música do, 89
University of Virginia, 93, 250

válvulas de escape, *ver* tranquilização,
técnicas/estratégias de
viagem aérea (exemplo de entusiasmo),
207
videogames, 222, 223
*Views from The Spectrum* (Sandison),
271
Virgínia, pensão alimentícia para pais
solteiros de adultos com deficiências,
267, 268
visitas domiciliares, 166
Vosseller, Elizabeth, 251, 252

Weaver, Sigourney, 198, 199
*When Life Hands You Lemons, Make
Lemonade* (Lesko), 266
Whitty, Danny, 245, 253
Whitty, Tara, 253
Winfrey, Oprah, 144

Zimmerman, Jordyn, 254, 272-275

## SOBRE OS AUTORES

**Barry M. Prizant**, ph.D., é uma das maiores autoridades em autismo e doenças do neurodesenvolvimento em todo o mundo e é reconhecido como criador de abordagens respeitosas, centradas na pessoa e na família, para indivíduos autistas e neurodivergentes e suas famílias. Com mais de cinco décadas de experiência como clínico, pesquisador e consultor internacional, é pesquisador-convidado na Brown University, especialista em patologias da fala e da linguagem e diretor do Childhood Communication Services (um consultório particular). Atua no painel de conselheiros profissionais da Autism Society of America e nos conselhos consultivos do The Miracle Project e do Spectrum Theatre Ensemble. Barry é coautor do *The SCERTS Model: A Comprehensive Educational Approach*, modelo que vem sendo implementado em mais de uma dezena de países. Publicou quatro livros, mais de 140 artigos e capítulos e recebeu muitos prêmios, incluindo as honras da American Speech-Language-Hearing Association (o maior prêmio oferecido por essa associação), o prêmio de carreira da Princeton University Eden Foundation por melhorar a qualidade de vida de pessoas no espectro autista e o Prêmio Neurotípico Divino do GRASP, a maior organização mundial de autorrepresentação autista. Se apresentou nas Nações Unidas em duas ocasiões no Dia Mundial de Conscientização do Autismo. A primeira edição de *Humano à sua maneira: Um novo olhar sobre o autismo* (com Tom Fields-Meyer) foi publicada em 22 línguas, e Barry é coprodutor de *Uniquely Human — The Podcast*, com o escritor e engenheiro de áudio autista Dave Finch.

**Tom Fields-Meyer** é o autor do livro de memórias *Following Ezra: What One Father Learned About Gumby, Otters, Autism, and Love from His Extraordinary Son*, finalista do Prêmio Nacional do Livro Judaico. Foi coautor de muitos livros, e seus artigos jornalísticos e ensaios têm sido publicados em inúmeras plataformas nos Estados Unidos. Mora em Los Angeles, onde ensina no Programa de Extensão de Escritores da UCLA.

Este livro foi impresso pelo Lar Anália Franco (Grafilar)
em fonte Minion Pro sobre papel Pólen Bold 70 g/m²
para a Edipro no verão de 2024.